紫禁城

一部
十五世纪以来的
中国史

郑欣淼 著

漓江出版社　故宫出版社

目 录

导论

紫禁城流淌着
中华文化血脉

建筑是实用艺术的典范，从一个侧面展示着人类文明的发展轨迹。伟大的建筑往往成为一个城市、一个民族乃至一个国家的象征物。中国建筑与其文明一样悠久而辉煌。中国古代建筑是“皇宫本位”的建筑体系，宫殿建筑是最能代表中国建筑风格和成就的类型。

中国宫殿建筑源远流长。经对二里头夏代遗址、偃师商城遗址、郑州商城遗址、洹北商城遗址、殷墟宫殿区遗址、凤雏西周建筑基址等宫殿遗址的考古勘察，可以看到，夏商西周宫殿建筑的规划有一些相同或相近之处，主要体现在择中立都、宫室居中及中轴对称、前朝后寝、建筑平面四象之制等。周代是礼制高度发达的社会，宫殿同样也已制度化、规范化了。成书于春秋战国之际的《考工记·匠人营国》中有“匠人营国，方九里，旁三门。国中九经九纬，经涂九轨，左祖右社，面朝后市，市朝一夫”的记载。这应是既立足于一定实际，又带有理想化色彩的描述。

秦始皇统一中国后，自认为“德兼三皇，功盖五帝”，将“皇”“帝”这两个人间最高统治者的称呼结合起来，作为自己的称号，从此天子称为皇帝，中国也进入了绵延两千多年的帝制时代。在这一漫长的历史时期，皇帝是国家的象征，是专制主义中央集权的核心；同样，皇帝所居住并执政的宫殿也成为皇权的象征。秦汉以后，宫殿一般属于代表王权、皇权的统治者的建筑物，包括朝堂和居住的宫室。

秦代宫殿建筑之鼎盛，为中国古代社会所罕见，其中最负盛名的自然要数咸阳宫与阿房宫。咸阳宫建于秦孝公时，后经历代增修。秦

图 1
紫禁城三大殿
侧影

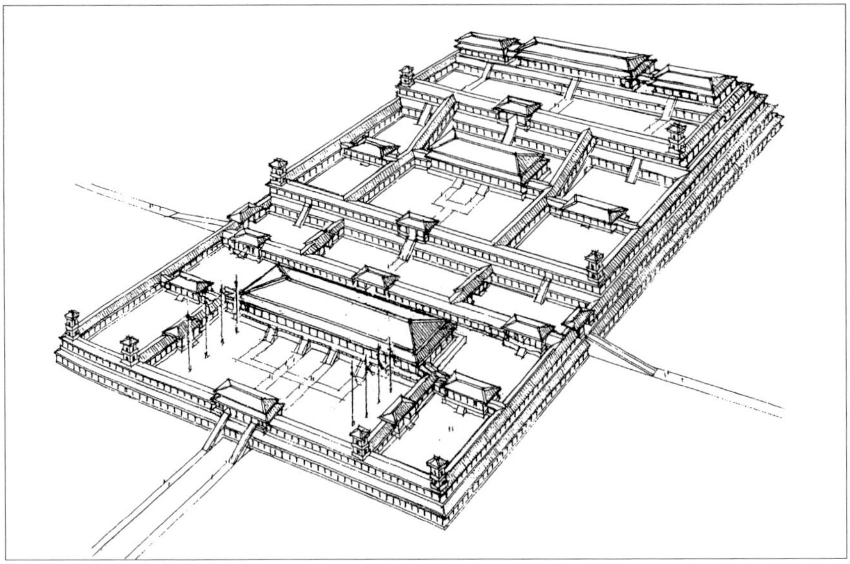

图 2
汉长安未央宫
前殿复原设想
鸟瞰图
引自杨鸿勋
《宫殿考古通论》

王嬴政凭借咸阳原高亢的地理形胜，大兴土木（“因北陵营殿”），使原先就颇具规模的咸阳宫又有了新的外延：仿效天上的“紫宫”宫门四开，有如天子星在人间的再现，从而建成一组布局严谨的建筑群。[1]秦始皇三十五年（前 212）又在渭南上林苑兴建朝宫，朝宫的前殿就是著名的阿房宫，《史记》中称它“上可以坐万人，下可以建五丈旗”。[2]阿房宫是一个未完成的工程。现西安市西三桥镇以南，东起巨家庄，西至古城村一带的前殿遗址，仍高出地面 10 米以上。它的旷世规模，早已成为历代文人描绘的对象。

西汉初年，当年与汉高祖刘邦一起造反打天下的弟兄虽然做了臣子，却不知君臣之礼。博士叔孙通便为新王朝制定了朝仪。刘邦在长乐宫大朝受贺时，实行新的朝仪，整个过程礼仪庄严，场面肃穆，一改过去那种混乱状态，刘邦高兴地感叹道：“吾乃今日知为皇帝之贵也！”[3]不久，刘邦看到修建中的未央宫“壮甚”，以为过度，怒责萧何，萧何回答说：“天下方未定，故可因遂就宫室。且夫天子以四海为家，非壮丽无以重威，且无令后世有以加也。”[4]刘邦听了大悦。这就说明了皇宫的性质和作用。

宫殿营造的指导思想是封建礼制，是尊卑贵贱的等级制度，它鲜明地反映了中国传统文化中注重巩固人间社会政治秩序的特点，特别是体现统治者的权威与财富，也象征着封建王朝的强大，它的建造自然就不惜耗费人力、物力，力求宏大壮丽。而这些宫殿建筑，既代表那个时代的最高建筑成就，也更能说明当时社会的主导思想以及历史

1 王学理：《秦都咸阳》第 72 页，陕西人民出版社，1985 年。
2 《史记·秦始皇本纪》。
3 《汉书》卷四三，《郦陆朱刘叔孙传》。
4 《史记·高祖本纪》。

图 3
莫高窟第 217 窟北壁
《观无量寿经变》表现的
唐代宫殿建筑风貌

图 4
唐长安大明宫
含元殿外观复原图
傅熹年 1973 年绘

2 1

和传统。唐初骆宾王有诗说：“山河千里国，城阙九重门。不睹皇居壮，安知天子尊。”[1] 而王维的诗句“九天阊阖开宫殿，万国衣冠拜冕旒”[2]，更使人们感受到唐代大明宫早朝时的庄严、帝王的尊贵以及唐王朝的威仪。

宫殿建筑在历史上还具有重要的政治意义，它既是至高无上的皇帝威权的反映，也是中国古代中央集权和国家统一的重要象征，是一个政治符号。在中国历史上，坚持传统的宫殿制度又与政权的继承性、正统性联系在一起，因而少数民族建立的全国政权，为求争取汉族上层分子的支持与合作并减少汉族民众的反抗，在所建政权的形式和宫

1 《全唐诗》卷七七《帝京篇》。
2 《全唐诗》卷一二八《和贾舍人早朝大明宫之作》。

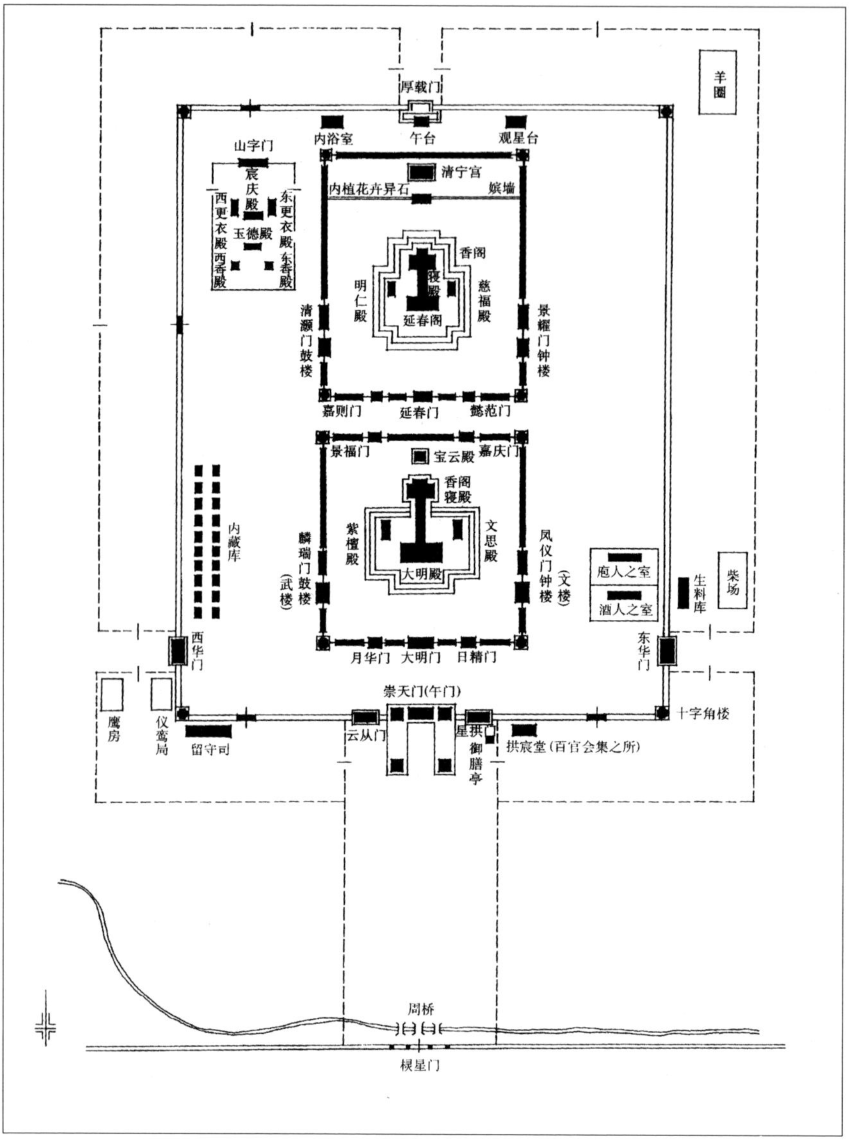

图 5
元大内图
引自《中国古代建筑史》第四卷

殿、都城及礼仪等典章制度方面，都不同程度地比附、效法汉族传统，尊崇儒家，以表明自己的正统地位。像元朝新建的大都及宫殿便是如此，而清人则基本使用了明朝的宫殿。当然，历代在宫殿建设上也会有其自身的一些特色，但基本格局是逐渐形成并不断完善的。

紫禁城是明清时代的皇宫。“紫禁城”是一个曾经令人敬畏而又充满神秘意味的名称，严格说来，这个名称大约是明代立国百年后才有的，此前称“皇城”。古代皇宫是禁地，又有紫微垣为天帝所居的神话，皇帝自称是上天的儿子，那么与紫微垣相对应，天子的宫殿就称为紫禁城。紫禁城现在叫故宫，故宫的意思是过去的宫殿，这是辛亥革命结束两千年帝制后人们对这一昔日九重宫阙的称呼。

紫禁城肇建于1406年，建成于1420年。从1420年至1911年清朝统治结束，491年间先后有明清两代24位皇帝在此居住并执政。明清两代是中国封建专制主义发展的高峰，也是封建典制最为完善的时期。这个时候修建的紫禁城，虽然没有历史上的未央宫等宫殿规模宏大，但它却是中国历代宫殿建筑的集大成者。

“天子至尊”“国中立宫”是紫禁城规划设计的指导思想，是皇权建筑语言最集中的体现。《考工记·匠人营国》记述了周朝的王城规划制度，但这些制度在秦、汉的都城及宫殿中没有明显的反映。明朝将紫禁城建在都城的中心，四周按“左祖右社，面朝后市”的布局，倒成为历史上最符合这一记载的实例。五门三朝，九重天子，前朝后寝，六寝六宫，都是附会古制而布局的，体现了儒家理想和封建礼制。在紫禁城中，反映秩序和等级的“礼”无所不在，它不只体现在总体布局上，也制约和影响着单体建筑，并且通过规模、形式，甚至色彩和装饰等的差别表现出来。紫禁城在建筑技术和建筑艺术上代表了中国古代官式建筑的最高水平，也是中国古代宫城发展史上现存的唯一实例和最高典范，是中国古代建筑史中最为辉煌的篇章。

紫禁城是中国传统文化的重要载体，其建筑设计反映了中国传统哲学思想（如天人合一）、伦理思想（如皇权至上）和美学思想（如壮丽重威、平衡对称）。传统的阴阳五行学说也在其中得到反映。即如遍布紫禁城的匾额、楹联，因宫殿使用功能的差异，各处风格都不

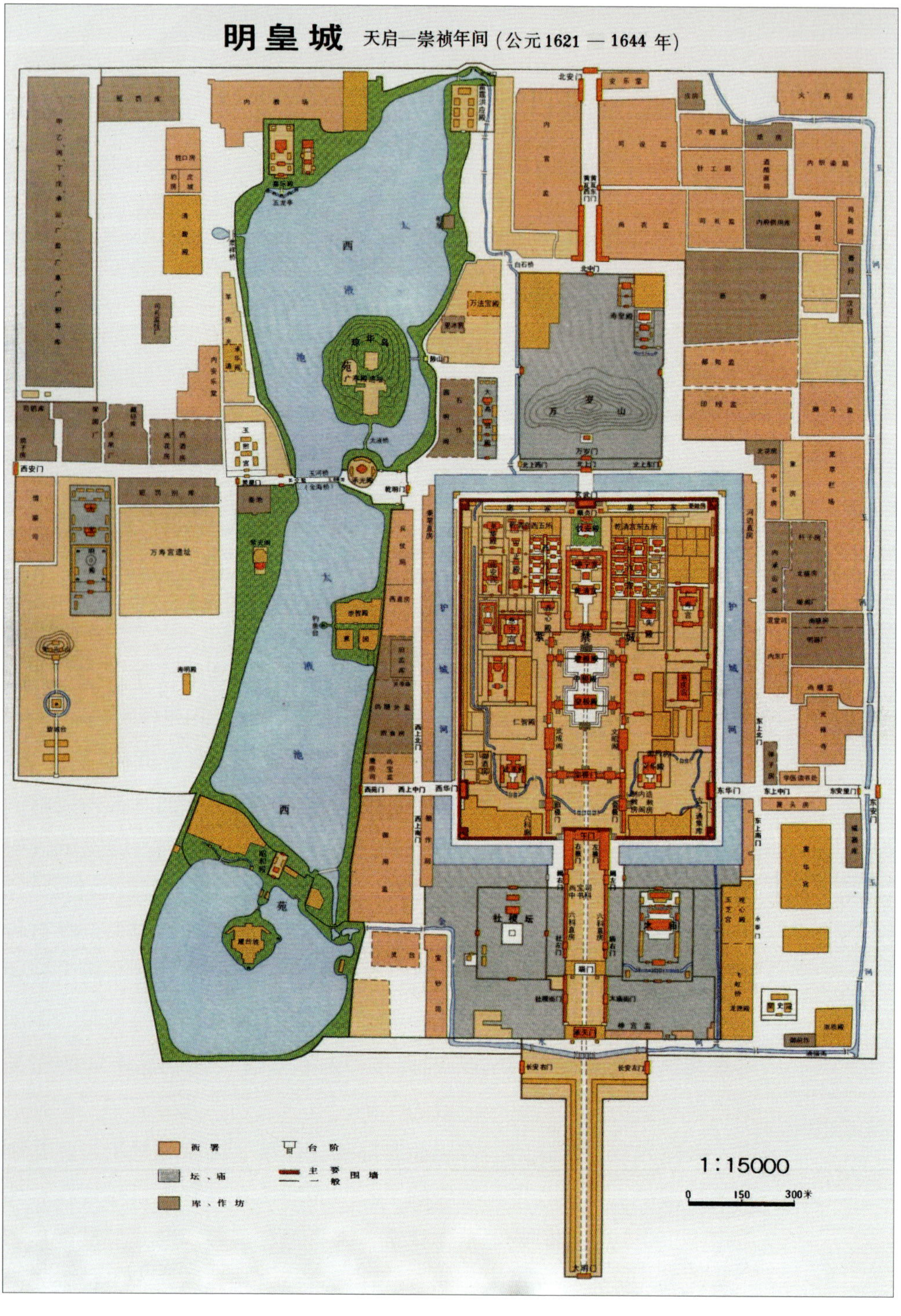

图 6
明北京皇城平面图
引自《北京历史地图集》

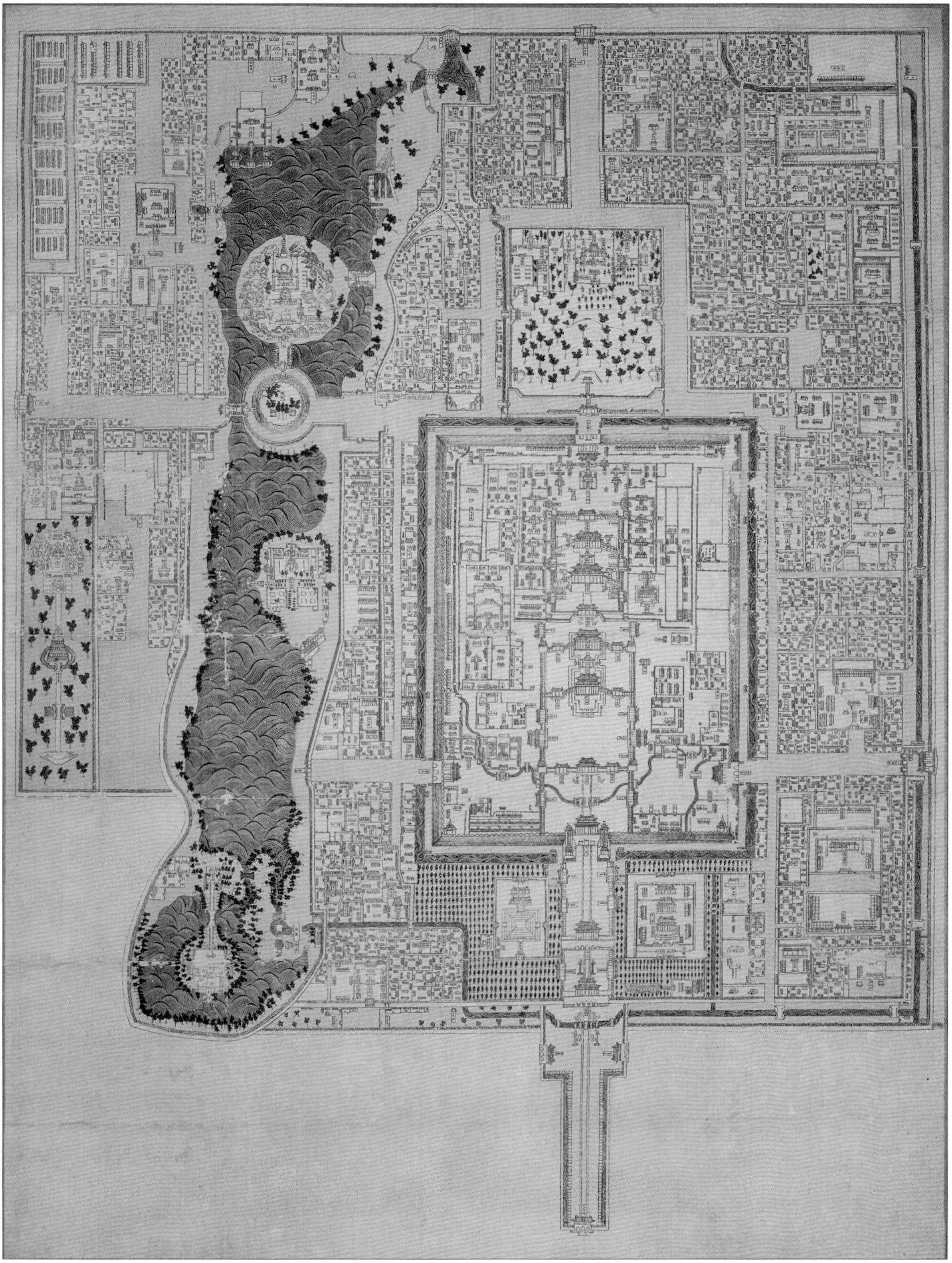

图 7

清康熙

《皇城宫殿衙署图》

这幅康熙八年（1669）的
《皇城宫殿衙署图》是目前已知
有关北京皇城建筑布局的
皇家舆图中年代最早的一幅
台北故宫博物院藏

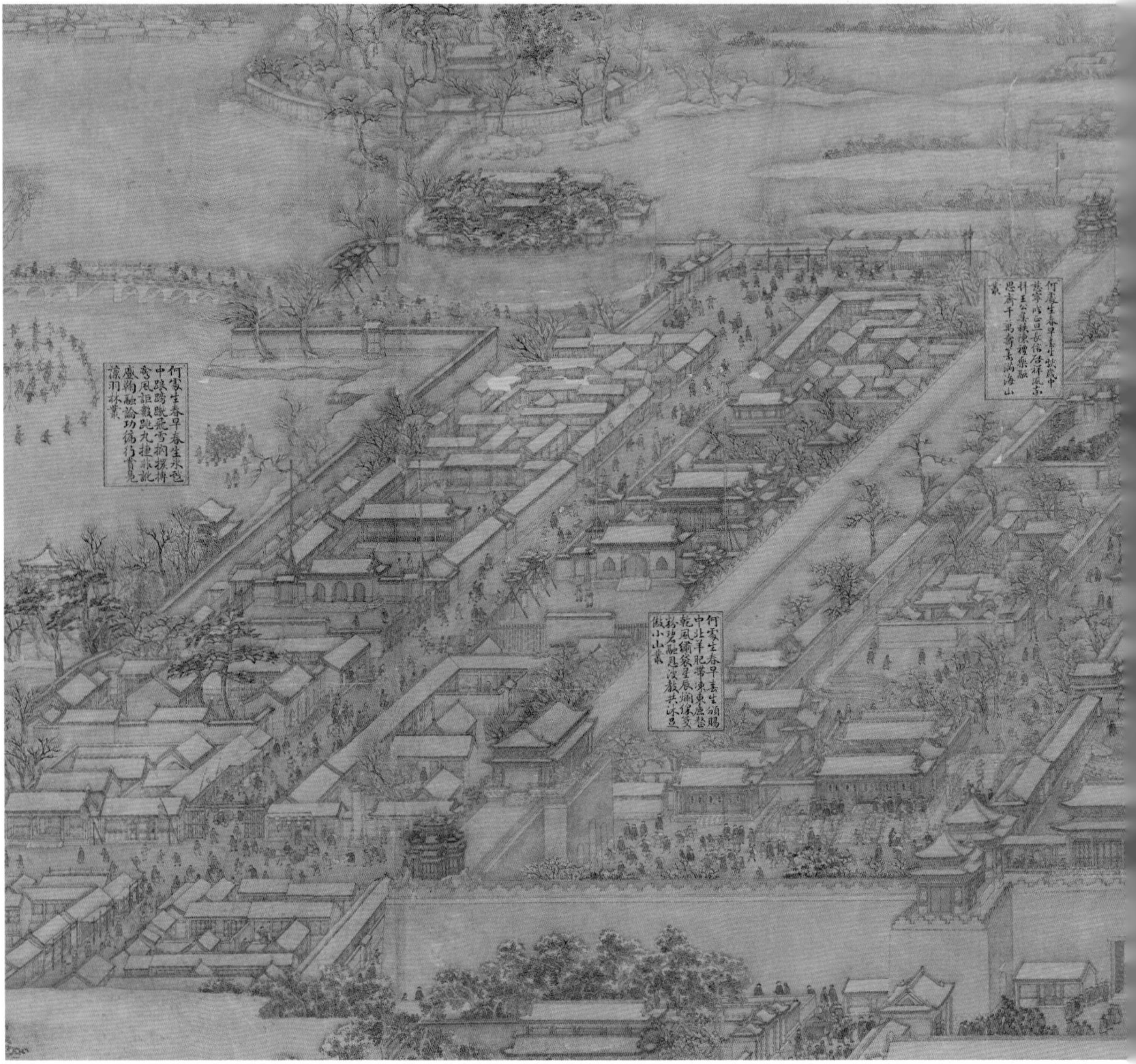

图 8
《京师生春诗意图轴》（局部）
乾隆三十二年（1767），
徐扬绘，故宫博物院藏

尽相同，体现了鲜明的政治文化内涵。

紫禁城也是中国历代艺术珍品的宝库。在帝制时代，皇权至高无上，财富、权力、尊严集中于皇家。宫廷既是政治中心，也是文化艺术品的中心，有着大量珍贵的文物收藏。这些收藏代表着当时社会文化艺术发展的最高水平，它不仅是皇家“宜子孙”的一笔宝贵财富，更与其“奉天承运”统治的合法性密切相关。

紫禁城还直接关系着北京城市的发展，赋予北京深刻的文化内涵。明清北京城的布局是以紫禁城为中心，在元大都的基础上进一步完善的，鲜明地体现了中国古代社会以宫室为主体的城市规划思想。以紫

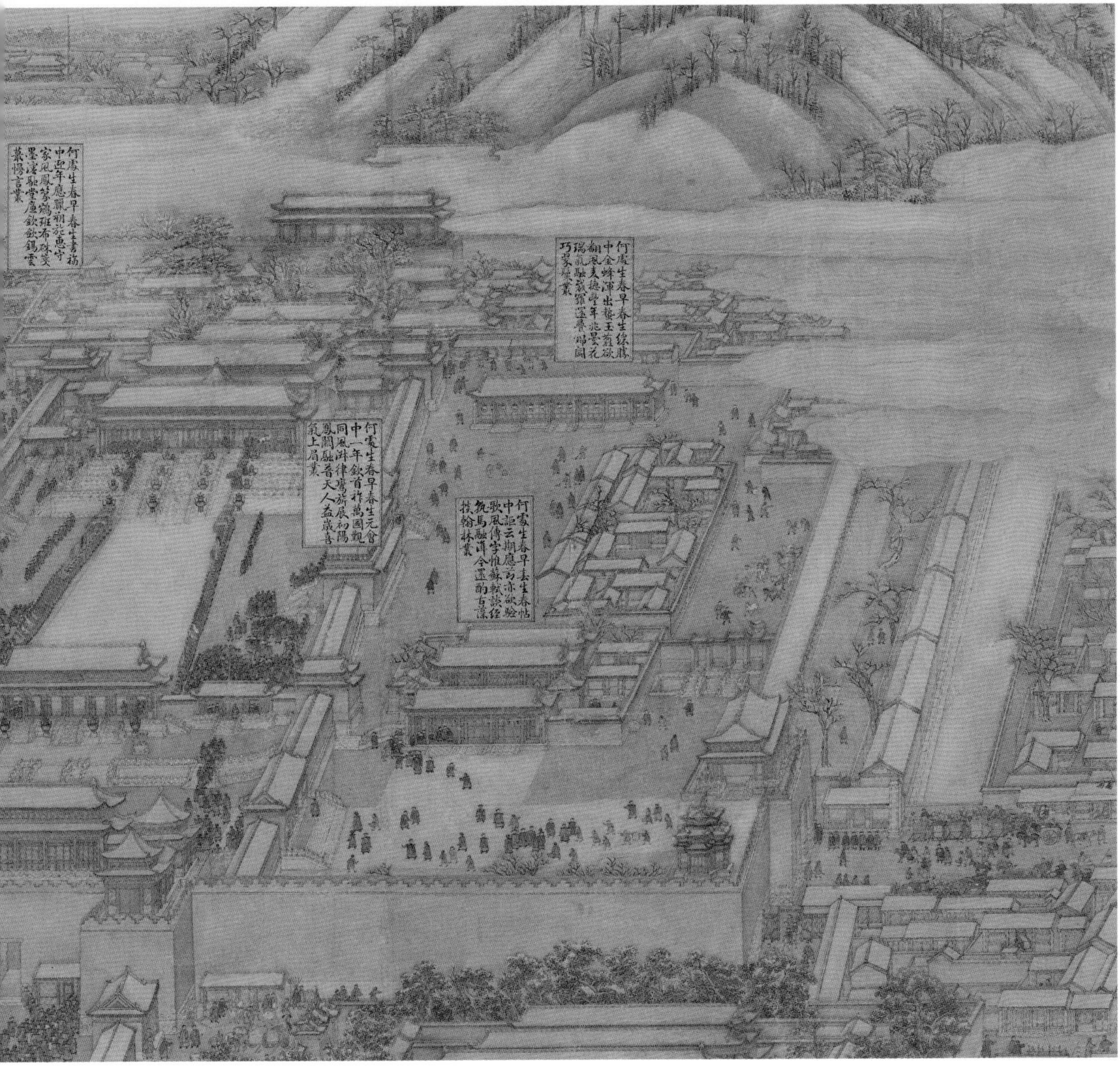

禁城为中心的中轴线向南北延伸，长达 7.8 千米，成为北京最明显的标志，使城市布局更为稳定，也从形象上强化了“面南而王”“唯我独尊”的帝王意识。从“大紫禁城”的观念来看，紫禁城西与西苑、北海，北与景山、大高玄殿，东与皇史宬等紧密相连。社稷坛、太庙以及天坛、地坛、日坛、月坛、先农坛等都是紫禁城的重要组成部分。不仅整个皇城，西郊的三山五园、散布京城的皇家寺观以及各地的行宫等，都与紫禁城有着不可分割的关系。

紫禁城文化是以皇帝、皇宫、皇权为核心的帝王文化、皇家文化。在中国的文化谱系中，在中国的大文化传统中，紫禁城文化属于大传

图 9
故宫博物院
世界文化遗产证书

统。这种文化的生成既有对更为久远的中国封建社会皇家文化的传承，又有其新的发展特点。它延续近五百年，虽然其间有所变异，并且反映了皇权衰落的历史，但相对来说有着一定的稳定性，充分体现了中华传统的主流文化，也带有多民族文化融合的一些特征。紫禁城从物质层面看是一座伟大的古建筑，同时它又是一座皇宫。中国历来讲究“器以载道”，紫禁城及其皇家收藏是几千年中国器用典章、国家制度、文化艺术、科学技术等的结晶，是中国传统文化最有代表性的象征物之一，就像金字塔之于古埃及、雅典卫城神庙之于古希腊。

故宫（紫禁城）作为 1987 年中国首批列入世界文化遗产名录的文化遗产，具有突出的普遍价值：“北京故宫是中国古代宫城发展史上的最高典范，它为中国古代社会的后期发展，特别是礼制文化和宫廷文化提供了独特的见证。在建筑群体布局、空间序列设计上，它传承和凝练了轴线布局、中心对称、前朝后寝等中国古代城市规划和宫城建设传统特征，成为中国古代建筑制度的典范。其宫殿建筑技术与艺术反映了中国古代官式建筑的最高成就，对清朝将近 300 年间的

图 10
李煜瀛手书
“故宫博物院”木质匾额
摄于 1925 年

中国官式建筑产生了广泛的影响。宫内的宗教建筑，特别是一系列的皇家佛堂建筑汲取了丰富的民族文化特色，见证了 14 世纪之后满、汉、蒙、藏等民族在建筑艺术上的融汇与交流。同时，它所拥有的上百万件的珍贵皇家藏品、皇家生活用具，以及大量古代工程技术的文字、图纸、烫样等档案载体，见证了中国明清时期的宫廷文化和典章制度。”

成立于 1925 年 10 月 10 日的故宫博物院，是在明清两代皇宫（紫禁城）和宫廷旧藏文物的基础上建立起来的，以宫殿建筑群、古代艺术品及宫廷文化史迹为主要展示内容的大型综合性国家级博物馆。故宫博物院的成立，将昔日帝王居住的宫苑禁地变为平民百姓可以自由出入的场所，象征君主法统的清宫旧藏为人民所共有并同享。因此，故宫博物院被赋予了维系中华民族文化和传续中华文明血脉的新内涵，故宫文物南迁又进一步使故宫文物与国家命运和民族精神产生紧密联系。

紫禁城是一部浓缩的中华 5000 年文明史。这是国外任何一个博

图 11
太和殿门口参观的观众

物馆都不具备的。世界四大古老文明中，与古埃及、古印度、古巴比伦等相比，中华文明的起源不能算是最早的，但中华文明是唯一未曾中断过的文明，是同一种文明按照自己的逻辑演进、发展并一直延续下来的，今天生活在这片土地上的人民就是那些创造古老文明的先民的后裔。其他的古老文明数千年前就相继干涸了，这些国家的博物馆和收藏这些国家文物的西方博物馆所展现的文明历史是中断了的，而不是延续的。

对紫禁城的认识，就是对中国历史的认识，就是对我们中华民族的文化的认识。封建专制时代随历史潮流结束了，但紫禁城仍有重要的研究价值和象征意义，它代表了中国的过去，新的政权就是在这个历史基础上建立起来的。我们只有在扬弃传统文化的基础上，才能创造新的文化。我们今天应科学地对待紫禁城文化，认真研究，分清其精华与糟粕，进行创造性继承与创新性发展。随着全社会文化遗产观念的进一步提升，人们更加关注紫禁城、爱护紫禁城，从以紫禁城为代表的文化遗产中吸取创造新生活的智慧，去建设更加美好的未来。

紫禁城是个取之不竭的文化宝藏。保护紫禁城及其藏品，就是保持我们与祖先联系、沟通的渠道，就是保护中华民族的文化根基。紫禁城丰厚的文化资源，对于我们传承中华民族的优秀传统文化，对于弘扬和培育民族精神、建设中华民族共有精神家园，对于加强同世界各国的文化交流、扩大中华文明的国际影响力，都能够发挥独特的重

图 12
“丹宸永固——紫禁城建成六百年”展览期间的午门展厅

要作用。在今天兴起的社会主义文化建设新高潮的伟大实践中，故宫博物院努力探索在保护中利用、在传承中创新、在弘扬中发展的新思路与新举措，为实现中华民族的伟大复兴和中华文化的继往开来做出应有的贡献。

紫禁城从建成至今，虽经多次维修、重建、改建，但仍保持了始建时的基本格局并遗存了许多不同时代的建筑物。2020 年是紫禁城建成 600 周年。600 年的岁月沧桑，紫禁城风神依旧，它不仅见证了作为明清时代国家中枢 491 年的历史烟云，也记录了成立近百年的故宫博物院的辉煌历程；同时，它也凝聚着中国三千多年宫殿史、两千多年帝制史的丰富内涵。紫禁城，其中流淌着中华民族文化的血脉。

紫禁城是有生命的，因为文化是活的生命。经历了蜕变、经历过风雨的紫禁城，承袭着中国的传统文化，今天又接续着我们的现代文明。紫禁城是民族的，也是世界的；是传统的，也是现代的；是历史的，也是未来的。

紫禁城，可以说是一部 15 世纪以来的中国史。

第一章

紫禁城的营建

明朝是中国历史上继元朝之后的一个统一王朝。明太祖朱元璋与因“靖难”继位的明成祖朱棣，奠定了有明一代政治体制的基本格局。明成祖时代是一个充满开拓精神的时代。明帝国在15世纪欧亚史乃至世界史上写下了精彩篇章。明成祖为了实现自己“君主华夷”“天下一统”的政治理想而迁都北京，建造了宏伟壮丽的紫禁城。这是中国历代都城东移北上的终点，它直接影响了明朝的历史，也对此后的中国政治发展产生了深远影响。夺取了大明政权的满族统治者完全使用了现成的紫禁城。现在的紫禁城实际上是明清两朝文化的结晶。紫禁城见证了中华多民族统一国家形成与发展的历史。

一 15世纪欧亚史中的明帝国

历史学家把1492年视为世界近代史的开端。这一年，欧洲航海家哥伦布奉西班牙女王之命，为了找寻富庶的东方，经过两个多月艰难的向西航行，冒险穿过大西洋，终于来到一个“岛屿”。他以为这里就是印度，所以把当地人称为印第安人。其实他进入的是欧洲人闻所未闻的一个新大陆——美洲。

15世纪末的这一偶然事件，把亚、非、欧、美四大洲联系了起来，开启了世界历史的新纪元，接下来人类历史发生着一系列惊天动地的变化。15和16两个世纪从此迥然有别。于是在人们的印象里，

似乎一切美好都是从 16 世纪开始的，而 15 世纪则平淡无奇，乏善可陈。事实当然不是如此。

图 1-1
明人《明宣宗射猎图》轴
宣宗朱瞻基在位于15世纪前期，自幼善射，在位期间重视武备，练兵讲武，文武兼备。图中可见其服饰仍有蒙元遗风
故宫博物院藏

15 世纪的明帝国是世界强国

要认识 15 世纪，就不能不了解 15 世纪的欧亚史。欧亚大陆在人类文明发展史中占据着重要地位。正如一位美国当代历史学家所言：“正是欧亚大陆，构成了世界历史的‘中心地带’。它占有世界陆地的五分之二，囊括世界人口的十分之九，是人类最早、最先进的文明的发源地。1500 年以前的世界历史实质上正如这里所阐释的，是欧亚大陆的历史。只有欧亚大陆，才存在各民族、各文明之间的巨大的、持续的相互影响。”[1] 蒙古人在 12—14 世纪缔造庞大帝国的过程中，给整个欧亚大陆的大部分地区带来巨大的破坏，但同时也促进了不同社会民族之间的互相交流，促进了欧亚一体化。中国不仅是东亚的重要国家，也是欧亚大陆的重要一员。要了解这个时期的欧亚史，就不能不把关注点聚焦在中国。

15 世纪是明朝的前期，贯穿了从明成祖永乐，历洪熙、宣德、正统、景泰、天顺、成化以至弘治诸朝。这个在此前数千年历史中就

1 ［美］斯塔夫里阿诺斯著，吴象婴、梁赤民译：《全球通史——1500 年以前的世界》第 4 页，上海社会科学院出版社，1999 年。

曾对世界文明做出过重大贡献的国家，15 世纪又以勃勃雄姿出现在东方，它的许多举措，其间的重大事件，深刻关联着当时的欧亚，也对后世产生了影响，令人回味无穷，至今仍是专家学者关注的研究课题。拂去历史的烟尘，从欧亚史的视域来看，明朝前期的成就、贡献与荣耀，不仅可圈可点，也为似乎黯然无光的 15 世纪增添了几分鲜亮的色彩。

元朝末年，在各地风起云涌的反元义军中脱颖而出的朱元璋，最终推翻元朝统治，平定四方战乱，完成国家统一大业，建立了统治中华 276 年的大明帝国。作为开国皇帝的明太祖朱元璋对元末政治拨乱反正，在政治、经济、军事、法律制度等方面进行了一系列改革：进一步强化专制主义的中央集权制度，加强对基层社会的控制；全面复兴儒家文化，恢复华夏正统地位；实行安养生息的经济政策，采取诸多有利于恢复和发展农业生产的措施。

因“靖难”而践祚的明成祖朱棣，继续推动着明初社会经济的全面恢复与发展，并力排众议迁都北京，奠定了有明一代政治体制的基本格局。当时，蒙古势力退守漠北草原，雄踞中亚、西亚、南亚的帖木儿帝国陷于内乱纷争，为明朝的由乱入治提供了有利的外部环境。永乐时岁入达到明代最高峰。永乐年间的综合国力在亚洲乃至世界都堪称首屈一指。这是明王朝的鼎盛之际，也是明朝地域最广之时：东北抵日本海、鄂霍次克海、兀的河（今乌第河）流域，西北到新疆哈密，西南包括今西藏、云南，东南到今东海、南海并及海外诸岛。

明王朝建立时，正值欧洲中世纪的后期，社会充满着诸多不确定的因素与社会变革的先兆。15 世纪，中国拥有上亿的人口、具有巨大生产能力的农业、广泛而复杂的国内贸易网络，并且在每一个品种和每一个方面都要优于已知的欧亚大陆的其他地方。例如，15 世纪早期，一个欧洲外交使者在访问中亚政治和贸易中心撒马尔罕之后，描述他所看到的中国货物是进口到该城的货物中“最丰富、最精致的……因为，震旦（Cathay，即中国）的手工艺人以其远远高于其他国家的最精湛的技巧而闻名于世”；中国虽然和欧亚大陆的其他国家一样，在 15 世纪中期发生了严重的经济、政治困难，但在 1492 年哥伦布首次穿越大西洋时，中国经济和明朝的统治正从其早期的困难中迅速地恢复过来，“的确，在 15 世纪晚期，中国仍然是全世界最强的经济大国”。[1]

以朝贡体系为中心的天下秩序、郑和下西洋的壮举及以青花瓷文化为标志的海外贸易与文化交流活动，这相互联系的三个方面是明帝国在 15 世纪欧亚史乃至世界史上写下的精彩篇章。

以朝贡体系为中心的天下秩序

新朝鼎建，明太祖即着手重建帝国与外邦的联系，展开了新王朝的对外攻势。他像中国历代皇帝一样，把做天下共主当作自己的最高理想，期盼着“四夷宾服，万国来朝”的盛况。他恢复了儒家处理对

1 ［美］牟复礼、［英］崔瑞德编，史卫民译：《剑桥中国明代史·1368—1644年》下卷，第357页，中国社会科学出版社，2006年。

图 1-2
明太祖
朱元璋像

外关系的传统，实行外邦进贡制度。这是古代中国基于地缘关系和传统思想中的“天下观”理念而形成的一套对外关系的体系，即通过礼仪将外邦“番王”纳入中华帝国尊卑有序的体制之中。费正清称之为“朝贡体系”或“中国的世界秩序”[1]，也有人称之为“天朝礼制体系”[2]。

明朝的对外政策确立于洪武、永乐两朝，这两朝也被视为朝贡体系的全盛时期。清代沿袭了这种制度。明清朝贡体系作为古代东亚地区的一种国际秩序，对中国及其周边相关国家的发展产生了重大影响。鸦片战争之后，随着西方列强不断入侵，东亚地区这种传统的国际秩序被打破，朝贡体系也渐被西方的“条约体系”取代。甲午战争使中国失去了最后一个朝贡国——朝鲜，这个延续了500余年的体系遂告彻底结束。

1 [美] 费正清、邓嗣禹：《论清代的朝贡制度》，载《哈佛亚洲研究杂志》1941年第2期。此后，费正清还在多部著作中对中国朝贡制度进行了比较细致的研究。

2 黄枝连：《天朝礼治体系研究》上、中、下，中国人民大学出版社，1992、1994、1995年。

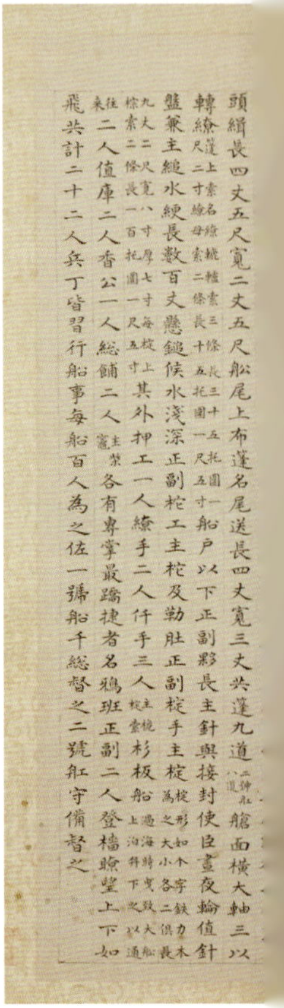
頭緝長四丈五尺寬二丈五尺船尾上布蓬名尾送長四丈寬三丈共蓬九道（二帥杠八道）艙面橫大軸三以
轉繚（蓬上索名繚繩繚索二條長三十五托圍一尺二寸繚母索二條長十五托圍一尺五寸）船戶以下正副彩長主針與接封使臣晝夜輪值針
盤兼主纜水綆長數百丈懸鉈候水淺深正副柁工主柁及勤肚正副椗手主椗（椗形如个字鉄力木為之大小各二俱長
九丈二尺寬八寸厚七寸每椗上棕索二條長一百托圍一尺五寸）其外押工一人繚手二人仟手三人（主桅索）杉板船（過海時載大船上泊岸下之以通
往來）二人值庫二人香公一人總鋪二人（主爨）各有專掌最蹻捷者名鴉班正副二人登檣瞭望上下如
飛共計二十二人兵丁皆習行船事每船百人為之佐一號船千總督之二號舡守備督之

明朝自建立伊始，就力图恢复元末以来消失殆尽的“上国”地位及“天子”的尊严，重建以华夏为中心的天下秩序。朱元璋初登大宝，即向周边的朝鲜、安南、日本、真腊等国都派去了使节，通告中国皇帝的登基。这些国家很快也遣使进贡，另外 100 多年以前曾被蒙古征伐过的一些国家也从海上商道遣使来朝。朱元璋认为：“海外蛮夷之国，有为患于中国者，不可不讨；不为中国患者，不可辄自兴兵。”[1] 他将朝鲜、日本、安南、真腊、暹罗、占城、苏门答剌、爪哇、湓亨、白花、三佛齐、渤泥等国列为“不征之国”，即世代不与之交战的国家，并写入《皇明祖训 · 祖训首章》，确定为明朝子孙必须遵行的基本国策之一。王朝对外交往的和平基调于此确立下来。

朝贡又与朝贡贸易紧密联系。周边国家的贡使向中国皇帝“朝贡”，中国皇帝对他们“回赐”，另外还有一些附带私物在中国交易，这种物品交易形式在历史上被称作“朝贡贸易”。“朝贡”亦即一种变相的贸易关系，“朝贡”一词既包括政治外交，又寓有贸易往来之意。

明初朱元璋就颁布了海禁令。所谓“海禁”，就是禁止海外贸易，主要是禁止民间海外贸易，官方贸易也受到严格限制。海禁最直接最主要的原因是“海疆不靖”。因方国珍、张士诚的残余势力亡命东南海上，日本倭寇又严重骚扰中国沿海，海禁就是为了阻止海内外多种敌对势力联合起来反对新兴的明王朝，所谓“片板不许下海”。明朝海外贸易唯一的合法方式是“朝贡贸易”，也就是外国与明廷进行有时间、地点规定的官方贸易。外国商船载贡品、土特产来华，明廷收

1 《明太祖实录》卷六八，洪武四年（1371）九月辛未。

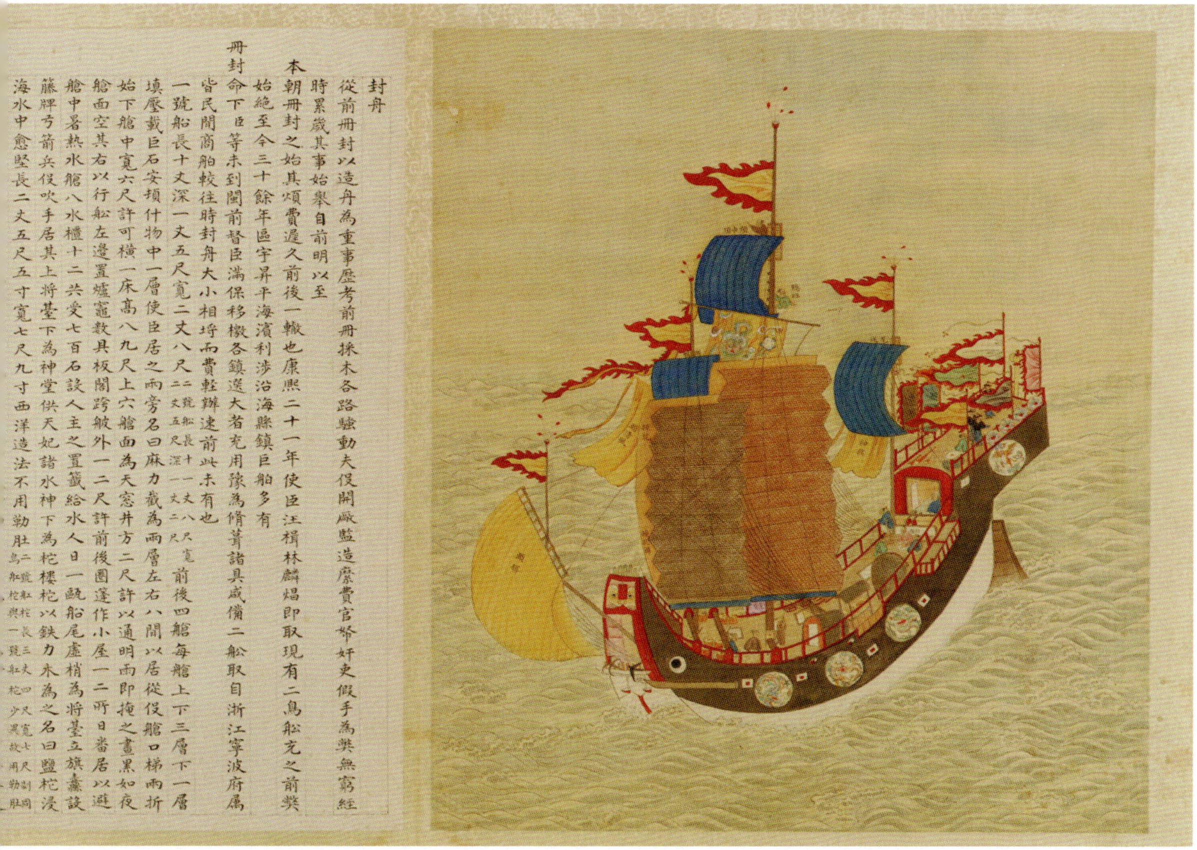

图 1-3
《册封琉球全图：封舟图》
故宫博物院藏

取贡品等物后，以赏赐的方式回酬外商所需的中国货物。各国贡期有三年、五年、十年不等，如规定高丽一年一贡，爪哇、暹罗、安南、占城三年一贡，日本十年一贡，满剌加和古里不定期。西域诸国须走西域贡道，西洋诸国则走南海贡道。贡船须持明廷颁发的“勘合”（执照签证）。明朝把朝贡和贸易，或者说外交和通商完全合二为一，形成了海外贸易政策的鲜明特征。海外国家必须首先与明朝建立朝贡关系，才能获得在特定条件下进行通商的权利。

朱棣在对外交往上更加“锐意通四夷”，表现出了非凡的气魄和胆略。他即位刚三个月，即谕礼部“今四海一家，正当广示无外，诸国有输诚来贡者听”[1]。他放松对海禁的控制，遣使四出，对周边诸国广加招徕，并优待来使。在明朝派出的使节中，除最著名的郑和外，另一著名人物是陈诚，他以“行人”（官名，后升为都转运使）身份奉命五次出使中亚，奔走在西北陆路。其所著《西域番国志》，成为研究中亚历史地理、社会文化的宝贵资料。此外，出使西南诸国的主要是侯显，他数次出使尼八剌（今尼泊尔）、榜葛剌（今孟加拉国）

1 《明太宗实录》卷一二上，洪武三十五年（1402）九月丁亥。

和沼纳朴儿（今印度中部）；出使蒙古诸部的主要是宦官海童。他们对促进中外交往都做出了很大的贡献。

有明一代，对日关系一直居于十分重要地位。洪武初年，中日交往曾得以恢复，但这种友好的关系没能维持多久。朱棣即位后，即遣使赴日，使两国断绝了 20 余年的官方关系得以恢复。在此后三年多的时间里，中日两国之间的使臣往来频繁。因日本国王遵照成祖的告谕歼灭了劫掠中国滨海居民的贼寇，把其 20 多个首领进献朝廷，并遣使进贡，朱棣更加嘉许，于永乐四年（1406）正月“遣侍郎俞士吉赍玺书褒嘉，赐赉优渥，封其国之山（阿苏山）为‘寿安镇国之山’，御制碑文，立其上”[1]。永乐五年（1407），朱棣再次敕日本国王，赏赐了两百来件红雕漆器，其中一部分还标有尺寸大小，这件诏书至今保存在日本。在此后一个多世纪中，中日两国维持着正常的交往。

日本和东南亚加入朝贡体系，有着重要的意义。在此 100 多年前，元世祖忽必烈在灭亡南宋以后，曾对越南、柬埔寨、缅甸发起了多次征服之战，结果总难以如愿。在 1274 年和 1281 年，忽必烈两次从海上入侵日本，但都被台风挫败。他于 1286 年试图第三次征讨日本，但因同时在南方发动的对越南陈朝的进攻受挫造成国力匮乏而作罢。

日本接受明朝的册封成为外臣，象征着东亚在政治上的一体化，东亚开始了融为一个整体的历史过程。从区域合作的角度来看，意义更大。此前，唐代有着广阔的贸易交往空间，没有构建东亚体系的要

1 《明史》卷三二二《日本传》。

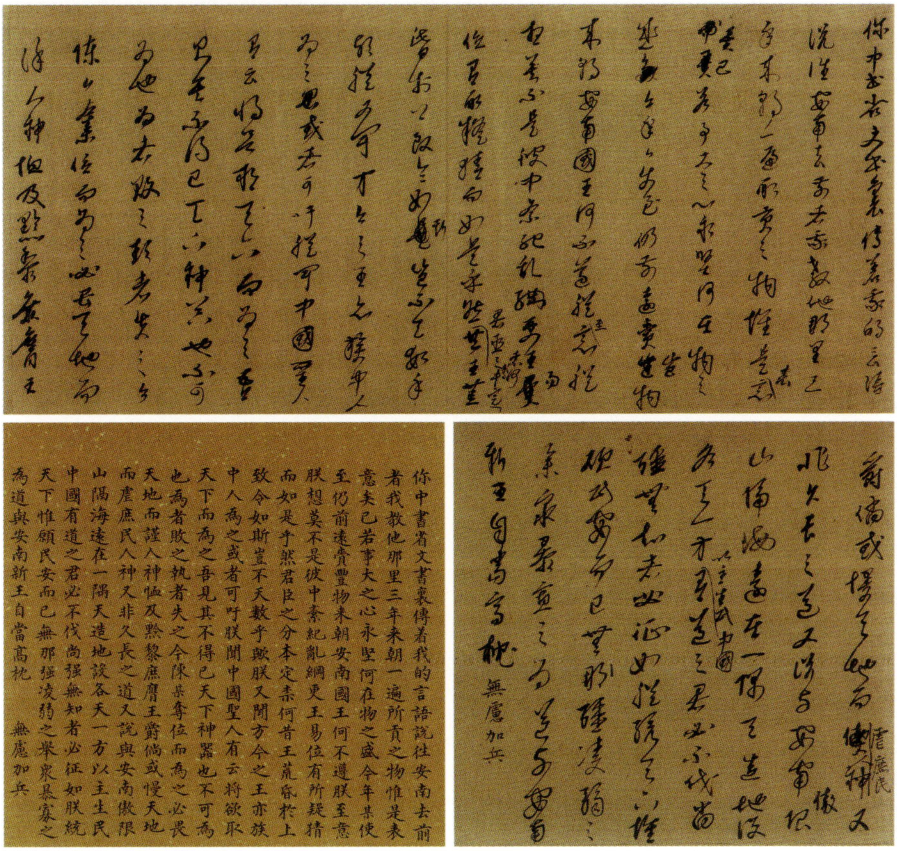

你中書省文書裏傳着我的言語說往安南去前
者我教他那里三年來朝一遍所貢之物惟是表
意矣已若事大之心永堅何在物之盛今年其使
至仍前遠貢豐物來朝安南國王何不遵朕至意
朕想莫不是彼中紊紀亂綱更王易位有所疑猜
而如是乎然君臣之分本定奈何昔王荒昏於上
致令如斯豈不天數乎歟朕又聞方今之王亦族
中人為之或者可吁朕聞中國聖人有云將欲取
天下而為之吾見其不得已天下神器也不可為
也為者敗之執者失之今陳其奪位而為之必畏
天地而謹人神恤及黔黎庶膺王爵倘或慢天地
而虐庶民人神又非久長之道又說與安南傲恨
山隔海遠在一隅天造地設各天一方以主生民
中國有道之君必不伐尚強無知者必征如朕統
天下惟願民安而已無那强淩弱之舉衆暴寡之
為道與安南新王自當高枕 無慮加兵

图 1-4
《明太祖御笔》之《谕书安南事》
下左图为后人楷书释文
引自陈国栋：《朝贡制度剪影——〈明太祖御笔〉中的越南与占城》，载《故宫文物月刊》第 443 期

求；宋代民间贸易兴盛，不可能形成一种区域整合作用；以武威著称的元代，在外交上却是失败的。直到明朝初年，随着多方面条件的具备，一个建立在朝贡体系之上，以中国为中心的东亚区域合作秩序才得到确立。整合后的东亚贸易结构以国家间官方贸易为中心，这一变化可以视为东亚区域合作的开端。明初朝贡体系的盛况不仅寄托着明成祖的理想与自信，更是他苦心经营的结果。

朱元璋所制定的朝贡体系的基本准则，是不攻击海外的国家，不利用朝贡关系获利，而且努力通过和平方式解决国家间的争端。朱元璋称帝后，临海国家最早来朝贡的依序是占城、朝鲜和安南。[1] 当时占城与安南纷争不断，因此都积极遣使向中国朝贡，争取支持。朱元璋没有采取武力干涉的方式，而是发诏书、遣使者，宣谕两国讲信修睦，并晓之以利害，“二国之君，宜听朕言，各遵其道，以安其分，庶几尔及子孙，皆享福于永久，岂不美欤”！史载，“诏至，二国皆听命罢兵”。[2] 在朱元璋的文集和《明太祖实录》中，留下若干针对两国的敕谕，而《明太祖御笔》中的《谕书安南事》《谕安南国王》，更

1 越南地理在阮朝时分为北圻、中圻、南圻三大地区，安南大约相当于现今的北圻，占城相当于中圻，而西贡所在地的南圻，是 18 世纪末才加入越南。『越南』这个现代国名，则是嘉庆皇帝于嘉庆八年（1803）由『安南』所改的。

2 《明太祖实录》卷四十七，洪武二年（1369）十二月壬戌。

充分反映了他反对“强凌弱”“众暴寡”，“惟愿民安”的思想。

明清帝王当然有着藩属国对于天子尊崇的敏感性，同时对任何的轻忽和不足都十分警觉。

洪武二十五年（1392），李成桂废黜高丽最后的国王并取而代之后，即派人向明朝奏明，自己登位乃受前国王的“禅让”和举国臣民的推戴，并且提出改变国号，请求朱元璋在“朝鲜”和“和宁”之间钦定。朱元璋钦定使用“朝鲜”的国号。这样，有着将近500年历史的高丽王国最终落下了帷幕。次年朝鲜在为变更国号谢恩的表上使用了被明朝认为是轻侮的言辞，结果被朱元璋断定为非礼行为。明朝认为外交文书中的言辞问题是关系到礼制的大问题。朱元璋的态度十分强硬。朝鲜国王为此向明朝派去使者进行解释，同时按照明朝的要求将该表笺的作者解送至南京。这一外交文书非礼事件——表笺问题一直延续到朱元璋去世。

在清代，也有过中国对朝鲜外交文书非礼事件问罪的记载。康熙十七年（1678），朝鲜国王在向清朝皇帝奏上的冬至表文中没有“避讳”，清朝礼部认为朝鲜国王“殊欠敬慎”，决定罚银五千两，康熙皇帝对此表示“从宽免罚”，赦免了朝鲜国王。朝鲜国王表示“合被重罪”而得到恩赦，特意派遣宗室成员李偙前往北京谢恩。清朝方面没有接受李偙呈上的贡品，借此表示对朝鲜国王的惩罚。研究者认为，明清统治者对此类事件的处理似乎是小题大做，其实背后有着当时涉及国家安全的重大原因。[1]

1 以上所引资料见《明实录》《清实录》《朝鲜王朝实录》、朝鲜《同文汇考》，转引自［日］夫马进：《明清时期中国对朝鲜外交中的『礼』和『问罪』》，中国社会科学院历史研究所明史研究室编《明史研究论丛》第十辑，故宫出版社，2012年。

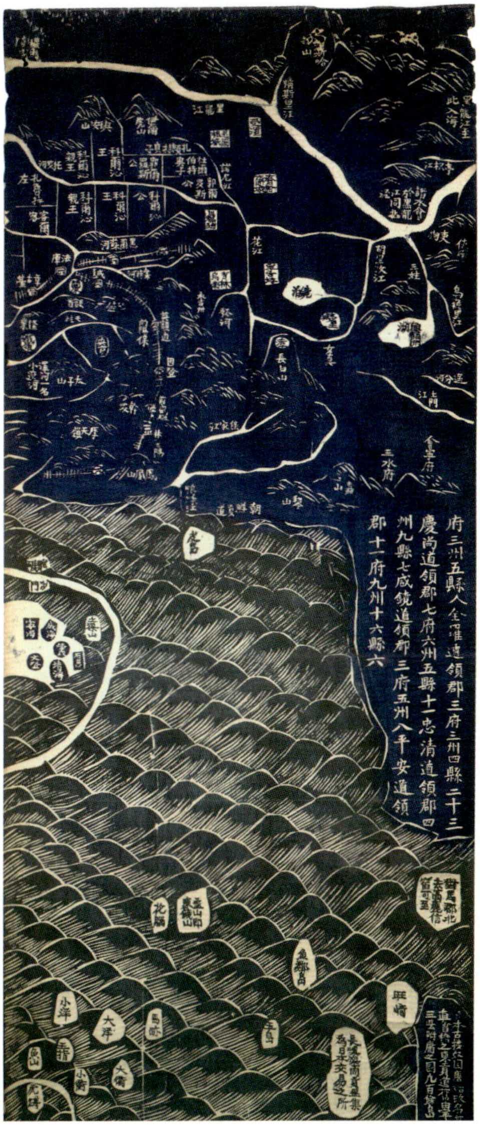

图 1-5
《朝鲜贡道图》
嘉庆十七年（1812）绘
北京大学图书馆藏

明政府在朝贡中厚往薄来，目的是让这些国家看到天朝大国的富有，体察到天子的博大胸怀，以图“四夷怀服”。永乐六年（1408），李朝国王遣世子李禔入华朝贺，以马具作为礼品，明成祖隆重礼迎并“赐国王（芳远）朝服，白金千两，绒锦、绮罗百三十匹”[1]。明廷重视履行宗主国的责任，有时也会发兵帮助外邦抵御外敌。万历时，明政府就两次派军队支援朝鲜反抗日本侵略，对朝鲜取得胜利起了重大作用。

有论者认为，明代朝贡制度是逆经济规律的病态贸易，严重影响了明朝社会经济的发展。这话固然有道理，但也不无偏颇。朝贡体系

1 《明太宗实录》卷七五，永乐六年（1408）正月庚戌、丙辰。

起到了整合区域国际秩序的作用。15世纪初期，一个建立在朝贡体制之上，适应区域内各国的需要，以中国为中心整合的东亚区域合作秩序得到确立，形成了一种区域国际贸易的良好环境。我们还应看到，明朝作为世界东方最大的国家，对维护这一区域的和平稳定是负有国际责任的，是秩序规则的制定者和维护者。明朝政府所奉行的安抚周边国家、"厚往薄来"，以协和万邦为核心宗旨的朝贡体系，正是体现了明朝作为东亚广阔区域核心大国的一种责任担当。历史地看，中国朝贡体系作为东亚国际关系体系，在维护地区和平、促进区域发展方面做出了重要贡献。

"麒麟贡"

明永乐时期，海外诸国纷纷到中国朝贡方物，因此带来了许多奇珍异宝，"明月之珠，鸦鹘之石，沉南龙涎之香，麟狮孔翠之奇，梅脑薇露之珍，珊瑚瑶琨之美，皆充舶而归"[1]。但最有名的是"麒麟贡"。

龙凤龟麟，为中国古代传说中的四种灵物，麟居其一，所以《诗经》咏麟趾，《春秋》相传绝笔于获麟，因此又称《麟经》。麟被当作祥瑞，由来已久。据殷代甲骨文记载，麟就是鹿类，"获白麟"也就是获白鹿。永乐十二年（1414），榜葛剌的使臣将一只长颈鹿送到京城。长颈鹿在索马里语中的发音"Giri"就接近汉语中"麒麟"的发

1 〔明〕黄省曾著，谢方校注：《西洋朝贡典录校注》自序，中华书局，2000年。

图 1-6

《麒麟图》

引自郑淑方：《画史图形备远宾——职贡图的风格形成与涉外意识》，载《故宫文物月刊》第 443 期

音，长颈鹿献来中国，其译音又适合于中国原有的古名，所以被称为瑞物。这不得不说是一种完美的诠释。

古人视麒麟为神兽，麒麟自然表示永乐皇帝的圣明与正统。皇帝让翰林院修撰沈度写下了一篇《瑞应麒麟颂》，沈度赞文中的“圣人有至仁之德，通乎幽明，则麒麟出”，就揭示了瑞兽出现对永乐政权的重大意义。上半部是沈度颂，下半部为一弁夫牵一长颈鹿的绘画——《明人画麒麟沈度颂》（又称《瑞应麒麟图》），这幅绘画有多幅流传。[1] 这也开启了明初的“麒麟贡”。非洲第二只来华的“麒麟”是由麻林国（今肯尼亚的马林迪）进贡的，同样引起了举国轰动，不

1 常任侠：《十五世纪初一幅中印友好的绘画——明初榜葛剌国贡麒麟图》，载《南洋学报》1948 年第 5 卷 2 辑。

仅满朝文臣上文表贺，就连永乐帝也亲自在南京奉天门迎接这位远道而来的贵宾。第三次“麒麟”来到中国出现在郑和第五次下西洋之后，这只“麒麟”是由远在今天也门一带的阿丹国进贡的。正统三年（1438）榜葛剌再次进贡“麒麟”，这是明代最后一只莅临中国的“麒麟”。明内府汇集的《瑞应麒麟诗》就有十六册。

明廷如此大张旗鼓地宣传“麒麟贡”其实是不奇怪的。在中国古代，来自异域的珍稀动物都会与统治者的所谓德政联系在一起。清代的“狮子贡”也曾轰动一时。康熙十七年（1678），西洋国王阿丰素遣使臣本多白垒拉进贡狮子。[1] 中国不产狮子，称狮子为狻猊，并有关于狮子的诸多传说。西洋国进贡真狮，自然轰动朝野。康熙命将狮子放置在神武门旁，召掌院学士陈廷敬等人同来观看。陈廷敬等奏道：“皇上加意至治，不贵异物，而圣德神威，能使远人慕化归诚，自古不可多觏。”诸臣各赋七言律诗一首以进。皇帝头一天就要他们观后作诗，他们每人已写了七言古诗一章，“至是复遵谕进诗以昭皇上慎德格远之化云”。[2] 当时咏狮子的诗歌很多，“老名士”尤侗及陈梦雷等还写有《西洋贡狮赋》。

郑和的船队

从永乐三年（1405）到宣德八年（1433），宦官郑和率领船队七次出使亚非 30 多个国家和地区，这是中国航海史和外交史上的重大

1 《清圣祖实录》卷七十，康熙十七年（1678）八月庚午。

2 《康熙起居注》卷六，康熙十七年八月甲戌。

事件，也是 15 世纪初期人类文明发展史上的光辉一页，更是至今为人们所称颂不已的千古绝唱。

郑和所下的西洋，是指中国南海以西海域。明永乐时期，国家强盛统一，政府致力于恢复和发展中国与海外诸国的关系，开展大规模的外交活动，从而有郑和下西洋之壮举。郑和原籍云南，信奉伊斯兰教，因此是与西洋诸国穆斯林统治者打交道的合适人选。郑和前后七次出使西洋，航程最远到达非洲东岸，他率领的船队的分艅则远至红海和麦加。郑和首次“下西洋”，最远抵达印度。第二次和第三次出海也到了印度。这三次主要任务是在东南亚和南亚为明王朝树立“声威”，并为下一步向南亚以西更远的地方航行建立中途候风转航的据点。后四次主要任务是向南亚以西继续航行，通过开辟新航路，让自古罕通中国的海外国家的贡使接踵而来，“宾服”于中国，为明王朝在海外建立前所未有的功绩和广泛联系。第四次曾抵达亚丁湾及波斯湾的霍尔木兹海峡，第五次也到了亚丁湾。第七次航海，再次到达霍尔木兹海峡。1433 年，郑和在归途中客死古里（今印度南部西海岸的科泽科德）。郑和下西洋这一历史性事件前后历时 28 年，累计航程约 7 万海里，绕地球三周有余。

郑和下西洋建立了明朝与亚非国家的和平关系，提高了当时中国在国际上的威望。两洲数十个国家沿着郑和所开辟的航路，不远万里，纷纷东来，明王朝声威远播，实为历代所罕有。另外，郑和下西洋开辟了亚非之间的海上交通网络，把中国与亚非国家间的国际贸易事业推进到一个新的发展阶段。

郑和船队带往海外诸国的货物，主要是体现中华物质文明优势的丝绸、瓷器、茶叶、印花棉布、铁器、漆器、纸张文具、中药材等品种，还有用来赏赐各国君主和其他人士的金银珠宝。所到之处，这些具有鲜明中国特色的货物和礼品皆大受欢迎。据统计，七下西洋的过程中郑和船队带回中国的异域珍品包括香料、药材、珍宝、五金、颜料、动物、食品等，竟有185种之多，还大量引进了一种叫“苏麻离青”的颜料，高钴低锰，色泽和稳定性皆优于中国青料，成为永乐、宣德年间青花瓷的主要色料。为了满足海外市场的需求，以景德镇为中心的瓷器业，以苏州为中心的丝织业，以松江为中心的棉织业，以芜湖为中心的漂染业等，都有较快的发展，对中国社会经济的进一步发展起到了促进作用。

郑和船队所带去的中华民族的服饰、礼仪、语言、文字乃至生活习俗，展示了中华文化的精神魅力，对沿途各国的文明发展产生了潜移默化的影响。这些在马欢的《瀛涯胜览》、费信的《星槎胜览》中都有记述。例如，据《瀛涯胜览》载，爪哇国原来“男子蓬头，妇女椎髻，上不着衣，下围手巾”，“坐卧无床凳，吃食无匙箸”，受郑和船队影响而逐渐改变；占城国“书写无纸笔”，郑和船队到访后带去的中国文具，也在该国得到推广普及；至于苏门答剌“买卖交易皆以十六两为一斤”，爪哇国“买卖交易俱用中国历代铜钱”，更是中华文化的影响。[1]

1 〔明〕郑士龙辑，许大龄、王天有主点校：《国朝典故》卷一〇六，北京大学出版社，1993年。

图 1-7
二千料海船
（千吨级）模型
为郑和下西洋“舟师”
中的主要海船
引自周文林等编著
《郑和史诗》第 216 页，
云南美术出版社等，
2005 年

郑和下西洋开拓与发展了明朝与南洋各国的关系。时称南洋为东西洋，以婆罗洲的文莱为界，日本、吕宋为东洋，马来亚、苏门答剌及其以西以南为西洋。郑和第一次下西洋于永乐五年（1407）回国，“是年，琉球中山、山南、婆罗、日本、别失八里、阿鲁、撒马尔罕、苏门答剌、满剌加、小葛兰入贡”[1]。其中，除少数几个国家外，大都与郑和出使有关。许多国家的使节就是搭乘郑和的船只来中国的。例如，永乐十七年（1419）郑和第五次下西洋回国时，就带回了 17 个国家和地区的贡使。永乐二十年（1422）郑和第六次下西洋回国，第二年来明朝朝贡的共“十六国，遣使千二百人贡方物至京”。这种盛况在古代中外关系史上不说绝后，至少是空前的。

这样大规模的航海活动是人类历史上的头一次。这反映了当时中国造船技术的发展水平。朱棣在位期间的头三年，就建造了 1622 艘远洋船，其中 255 艘是专为航行到国外而建造的。船队主体一般由 60 多艘大、中号宝船组成。大号宝船长 44.4 丈（约 150 米）、阔 18 丈（约 60 米），船身上下有 4 层甲板，内有 12 个防水密封舱。加上其他类型的船只，如座船、战船、粮船、水船等，每次出使，共乘巨舶百余艘，其中第一次乘 208 艘，为七下西洋中动用船只最多的一次。郑和历次远航，随员均多达两万七八千人。

1 《明史》卷六《成祖本纪》。

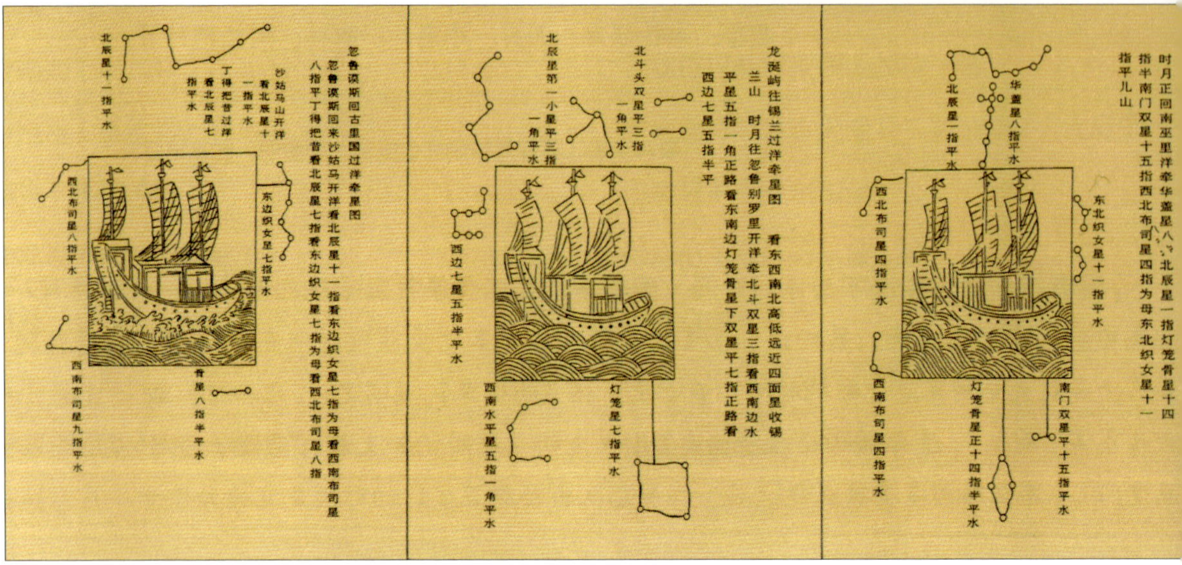

图 1-8
《郑和航海图》中的四幅《过洋牵星图》
这组图显示了郑和船队独特的天文导航技术，刊于《古今对照郑和航海图》
引自《郑和史诗》第 229 页

郑和船队在太平洋和印度洋上纵横驰骋近 30 年，不仅开辟了横渡印度洋直达非洲以及通往阿拉伯诸国的新航路，而且向南越过了南纬 4°，在印度洋和南洋的各个海域分别开辟了多条新航线，对后代的印度洋和南洋航海所采取的航线有很大的影响。新航线的开辟有赖于郑和使团掌握的先进航海技术和所具有的海洋科学知识。记有航向、方位、航程、停泊地点、暗礁浅滩、港口等的《郑和航海图》，集中反映了有关太平洋、印度洋地区的地理知识，并为后世留下了中国最早、最具体完备的关于牵星术的记载。

郑和的航海成就反映了一个王朝强盛时期的活力与朝气。在世界航海史上，郑和下西洋比哥伦布于 1492 年发现美洲早 87 年，比达·伽马于 1498 年到达好望角要早 93 年。郑和率领的船队规模之大，航程历时之久以及在造船工艺上的成就之高，在世界航海史上也是史无前例的。

令人遗憾的是，自 1433 年以后，下西洋之盛事戛然而止，无复再有。对于明帝国终止下西洋的原因，历来有不同的说法，如海禁说、耗费极大国力难以支撑等说法，都有一定道理。但是下西洋的中止，表明明政府逐渐放弃了在印度洋上的前进政策，这也为正在发展中的崇尚资本扩张和重商主义的欧洲各国提供了广阔的商贸空间，同时使中国与世界其他地方的官方联系受到相当程度的影响，明帝国也确实越来越孤立于国际事务之外。但是，郑和下西洋所展现的明代人开阔的视野和走向远方的足迹，却历久弥新，千古长存。

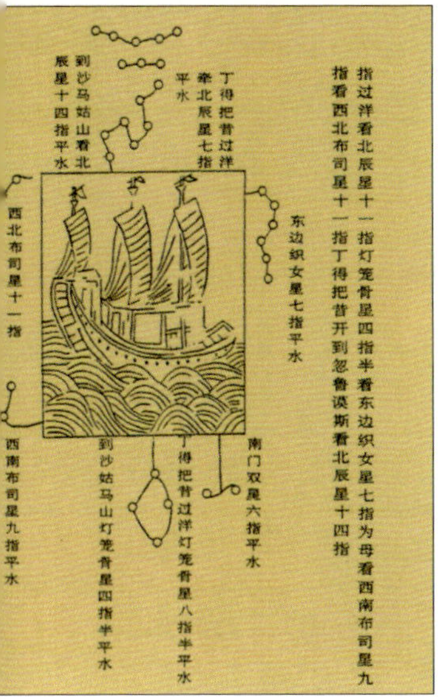

青花瓷文化

中国瓷器在宋元时期就大量输出并在东南亚、中西亚地区产生了广泛影响，但是真正形成世界性的中国瓷器市场以及大规模的东西陶瓷文化交流，则是在明初三宝太监郑和七下西洋之后。其中尤以青花瓷的影响最大。

青花瓷是指一种在瓷胎上用钴料着色，然后施透明釉，以1300℃左右高温一次烧成的釉下彩瓷器。釉下钴料在高温烧制后，呈现出蓝色，习惯上称为“青花”。中国青花瓷的制作始于唐代，成熟的青花瓷出现在元代的景德镇。元青花瓷一改传统瓷器含蓄内敛的风格，以鲜明的视觉效果，给人以简明的快感，其中体现的豪迈气概和艺术原创精神，将青花绘画艺术推向顶峰，确立了后世青花瓷的繁荣与长久不衰。

明代永乐、宣德两朝官窑瓷器胎质细腻洁白、釉层晶莹肥厚、青花色泽浓艳，因此永乐、宣德两朝成为历史上青花瓷烧造的黄金时代。当时名为苏麻离青的钴料来自伊朗的卡善地区，主要是通过海洋贸易到达中国。[1] 明代景德镇的青花瓷是釉下彩发展的最高阶段，景德镇也成为中国的瓷都。青花瓷作为中国瓷器生产主流在明清两代长盛不衰将近600年。瓷器成为中国骄傲，享誉世界的历史，正是从青花瓷的出现开始的。

明初，朝廷与东南亚、南亚、中亚、西亚等海外国家建构的海、

1 温睿：《苏麻离青考辨》，《故宫博物院院刊》2017年第1期。

陆朝贡贸易，共同构成了中国青花瓷在广大伊斯兰国家和地区完整的贸易圈。郑和船队开辟了一条“海上丝绸—陶瓷之路”，所到 30 多个国家和地区，均有关于中国陶瓷的记载。白地蓝花的青花瓷器素雅高洁，大放异彩，备受海外欢迎。据郑和的随员马欢《瀛涯胜览》一书记载，因为甚爱中国青瓷盘碗等品，占城国“则将淡金换买”，爪哇国“则用铜钱买卖”，锡兰国“则将宝石、珍珠换易”等。郑和下西洋期间，景德镇官营瓷业需要不断地向船队提供大量的贸易用瓷，仅郑和第七次下西洋的宣德八年（1433），明廷就向景德镇派造瓷器 443 500 件。[1] 景德镇官窑由原来的 20 座增至 58 座。

陆路瓷器运输，京师北京是起点，瓷器则由内河航运过来。北京设有接待各国贡使的会同馆，分为南、北二馆，弘治五年（1492）南、北馆发展到房屋 387 间、376 间。成化十五年（1479），由于各国来京的使臣、商人购买瓷器的数量不断增加，妨碍市场的正常销售，为此明政府规定每人限买“青花瓷器五十副”[2]。到万历时期，前朝的各种限制早已不复存在，北京市场上外销瓷数量又与日俱增。明人沈德符曾于京师“北馆”目睹“天方诸国”的“贡夷”归程时所载各种物品中，仅瓷器一项“多至数十车”，每辆车的高度竟达三丈多（约 10 米）。进行长途运输的有女真、鞑靼及天方诸国。[3] 土耳其的伊斯坦布尔是西亚的终点，而今伊斯坦布尔的托普卡帕皇宫博物馆还保存着一万多件元、明、清时期的青瓷、青花瓷和彩瓷。[4] 伊朗阿德比尔清真寺也藏有明代各类青花瓷器 500 多件，其中有一件 1 米高

1 《明宣宗实录》卷一一四，宣德九年（1434）十一月丁丑。
2 《大明会典》卷一九四《窑冶》。
3 〔明〕沈德符：《万历野获编》卷三十，《夷人市瓷器》。
4 〔土耳其〕爱赛·郁秋克：《伊斯坦布尔的中国宝藏》中文版，土耳其共和国外交部 2001 年出版。

图 1-9
葡萄牙曼努埃尔一世的订烧盘

的青花大花瓶。[1]

在广大的中亚、西亚地区，特别是波斯地区，青花瓷更是受到当地人普遍青睐的物品。波斯当时大量的细密画，即反映了其社会对蓝彩白胎瓷器的偏爱。

由于奥斯曼帝国对西欧及亚洲间贸易的垄断，14—15世纪时，中欧之间并无直接贸易或朝贡关系。那时出现在欧洲的少量瓷器多数是来自那些与欧洲权贵有着相同社会地位的近东统治者和贵族。中国明代青花瓷器于15世纪初传入欧洲时，被作为东方文化代表的神奇之物而视若拱璧。根据史料，1461年埃及苏丹把少许明代青花瓷器作为礼品送给威尼斯的多吉·帕斯奎尔·马尔皮罗之后，欧洲的首领们也开始热衷于收集中国瓷器。洛伦佐·德·美第奇在1487年获得了他的第一件瓷器。1498年瓦斯科·达·伽马从葡萄牙启程到印度时，从曼努埃尔（Manuel）一世（1469—1521）那里接受了寻找香料、基督教徒和“瓷器”的特殊使命，他于1499年就带了一些瓷器返回里斯本。在此后的20年间葡萄牙人进一步向东方推进，他们找到的中国货物是如此之多，以至于曼努埃尔国王开始把向欧洲王室赠送明朝青花瓷器作为一项惯例。[2] 在欧洲，现藏德国卡塞尔（Keisel）朗德博物馆的青瓷碗，附加的金属饰具上有克宋·冶令伯克伯爵（1435—1455）的纹章图案，可确认为现存欧洲最早的具有可靠年代的明代瓷器。现存里斯本的属于葡萄牙曼努埃尔一世的纹章瓷、青花执壶，可视为迄今已发现的中国为西欧特殊订货所制的最早外销瓷。[3]

1 戴柔星：《阿德比尔清真寺收藏的中国瓷器》，载《紫禁城》2016年第3期。
2 《剑桥中国明代史·1368—1644年》下卷，第358—359页。
3 中国硅酸盐学会主编：《中国陶瓷史》第411页，文物出版社，2011年。

图 1-10
《诸神之宴》中的
中国青花瓷
美国国家美术馆藏

这些异国情调的青花瓷器还引起了意大利文艺复兴时期艺术家的注意，并出现在15世纪的重要宗教绘画中，它们被视为向基督教和古典诸神献祭饮食的合适用具。譬如，弗朗西斯科·贝纳利奥（Francesco Benaglio，1432—约1492）的一幅1460—1467年间的画作中就展示了一只盛满献给圣母和耶稣的新鲜无花果的中国青花瓷碗。一只青花瓷杯则作为三博士之一给新生的基督的礼物出现在安德里亚·蒙塔纳（Andrea Mantegna）的《三博士来拜》中。设置在基督教语境中的青花瓷，可理解为画家想象东方的符号化表达。而在乔凡尼·贝里尼（Giovanni Bellini）1514年绘制的《诸神之宴》中，大型青花盘被用于奉上食物。

中欧之间直接的商业联系直到16世纪早期葡萄牙人抵达中国时才得以建立。景德镇弘治年间的青花瓷器被葡萄牙船队运到欧洲之后，立即成为欧洲君主和贵族珍藏的对象。

可以说，中国瓷器特别是青花瓷自传入欧洲起，便成为中国艺术和东方文化的象征，它在不断地浓缩欧洲人所认为的中国情调的同时，

图 1-11
伊斯坦布尔画册中
一幅著名画作
以沙漠为背景，绘有一支迎亲队伍中的车子，车上满载青花瓷，地点位于 15 世纪的撒马尔罕或大不里士
引自《伊斯坦布尔的中国宝藏》第 131 页

又凝聚了他们对古老东方的持续想象，因而得到欧洲各阶层民众的普遍欣赏和广泛接受，并作为一种珍贵文物被西方很多国家收藏。

陶瓷艺术的传播过程也是思想观念和文化信息的传播过程。青花瓷在远销世界的同时，也把陶瓷艺术和中华文化传播到世界各地。

在这一过程中，青花瓷深受海外诸国的喜爱和崇尚，并对当地民众的生活习俗、文化艺术等产生了重要影响。同时，中国陶瓷文化的影响，也使陶瓷烧造技术广为传播，以至于不少国家和地区在明代同时期也烧造出既有中国器型和绘画元素，又有自己本土特色的瓷器来。暹罗、占城多次派工匠到中国学习瓷器烧造技术，仿烧中国瓷。朝鲜 15 世纪中期之前烧造的瓷器就已逐渐融入了中国青花瓷的风格。伊斯兰地区的制瓷业也获得了许多青花瓷制造的宝贵经验和技术。在土耳其陶器生产的黄金时期，其产品还作为贡物流入了中国。据《明史》记载，嘉靖二十七年（1548）和嘉靖三十三年（1554）土耳其入贡明朝的贡品中就有“花瓷器”。《大明会典》中记载的阿拉伯国家使臣向明政府进贡的物品中也有“花瓷汤壶”。[1]“汤壶”亦称“汤瓶壶”或“汤瓶”，是穆斯林专门用于净手及沐浴的器具，具有显著的文化标识性。青花瓷的输入同样也影响欧洲，促使意大利佛罗伦萨、荷兰代尔夫特等地区大量生产出仿青花软质瓷和蓝彩瓷砖，并刺激德国迈森陶瓷厂于 1710 年成功研制出欧洲第一件硬质白瓷。当然，由于陶瓷原料和制作工艺水平的差异，欧洲瓷器终难媲美中国瓷器。因此，历史上中国瓷器在国际陶瓷市场一直处于绝

1 《大明会典》卷一百七《朝贡三》。

对的领先地位。

青花瓷的输入改变着亚洲、欧洲、非洲以及美洲等地富裕阶层室内装饰的风格，也对其用餐方式带来革命性的改变。例如在坦桑尼亚基尔瓦岛，主持发掘的学者奇蒂克指出，对于穷人来说，地方陶器的生产已经能够满足要求。在 15 世纪时，大量的地方小陶碗的增加，表明人们已用自己的饭碗来吃饭了，不像中国瓷器大量进口以前，用公用的陶盆一起吃饭。[1]

文化交流总是双向的。青花瓷虽为中国制品，其中的青料却产自阿拉伯地区和中亚，主要成分是“钴蓝”。这类进口青料自然形成的黑铁斑和浓艳的青蓝色相映成趣，被视为无法模仿的永乐、宣德青花瓷器的显著特征。

明初朝贡贸易对中国青花瓷制作的影响，主要表现在适应海外诸国的生活习惯、宗教习俗、文化审美等要求，在青花瓷的器物造型、装饰风格、纹饰图案等方面都有所变化。如受西亚地区金属、陶器的影响，永乐时烧制具有域外风格的器形，如双系扁平大壶、如意耳扁瓶、水注、花浇、盘座、烛台等。在纹饰上，有的域外风格比较明显，如锦纹、卷枝纹、阿拉伯文字，有些则与中国传统纹饰融为一体或完全采用中国传统纹饰。这种瓷器造型、装饰等艺术特色的相互融合与创新的艺术发展方式，反映了瓷业生产市场化和陶瓷艺术多元化的方向，是青花瓷文化交流的成果。

15 世纪的明帝国在欧亚史上写下了浓墨重彩的一页。在明代中

图 1-12
永乐青花折枝花纹
八方烛台
此烛台造型是模仿西亚地区清真寺的铜烛台烧制。铜制烛台在古代埃及和叙利亚地区很流行
故宫博物院藏

1 马文宽、孟凡人：《中国古瓷在非洲的发现》第 60 页，紫禁城出版社，1987 年。

期以后，中国的生产和出口在世界经济中仍具有重要甚至领先地位。16世纪早期中欧之间展开了直接的商业联系。16世纪中期隆庆年间海禁的部分解除使私人海外贸易获得迅速发展。以生丝、丝织品和瓷器为主的中国商品广泛地进入世界市场。中国长期的出口顺差主要通过外国人用白银偿付来保持。据估算，从16世纪中期到17世纪中期，美洲与日本生产的总计约38 000吨的白银，最终流入中国的约7000吨到10 000吨。保守估算，当时中国占有了世界白银产量的1/4到1/3。[1] 从有关资料综合估算，在隆庆开放后的七八十年间，通过各种渠道流入中国的白银大约1亿两，这可能还是一个保守的估计。[2] 白银的大量流入对中国社会经济产生了重大影响，有力地促进了商品经济的发展与资本主义萌芽的滋生和成长。

二 功烈与惭德

明成祖朱棣（1360—1424），明太祖朱元璋第四子，洪武三年（1370）受封为燕王，洪武十三年（1380）就藩北平（今北京），多次参与出征、备边等军事活动，为朱元璋所倚重。1398年朱元璋太孙朱允炆即位，是为建文帝。建文登基即实行削藩。朱棣遂于建文元年（1399）7月发动靖难之役，建文四年（1402）6月攻入南京，夺取了皇位，次年改元永乐（1403—1424）。朱棣在位22年。他在统

1 [德] 贡德·弗兰克：《白银资本：重视经济全球化中的东方》第140页，中央编译出版社，2008年。

2 晁中辰：《明代海外贸易研究》第275页，故宫出版社，2012年。

图 1-13
明成祖朱棣像

治期间，干了一件又一件的大事，当时也是明代国力最为强盛的时代。如果说朱元璋搭建了明代各项制度的框架，朱棣则做了进一步的充实、完善与改进，二帝同为明王朝此后 200 多年的国祚打下了基础。

明成祖时代是一个充满开拓精神的时代，是一个意气风发的新生王朝不断进取的英雄的时代。与此同时，"篡弑者"的污名则像挥之不去的梦魇一样，折磨了永乐帝的后半生。

永乐气象

"文治光昭于日月，武烈弘靖于华夷"[1]，这是《明太宗实录》编纂者的溢美之词，但也有充分的事实依据。朱棣不愧为一代雄主。

朱棣以武力得天下，又以高压治国，却锐意标榜文治。他下令编

1 《明太宗实录》卷首《进实录表》。

纂了多种图书，其中尤以《永乐大典》最为著名。靖难之变余波未平，他就把修书列入军国要务。永乐元年（1403）7月，朱棣要求修一部“毋厌浩繁”的巨著：“凡书契以来经史子集百家之书，至于天文、地志、阴阳、医卜、僧道、技艺之言，备辑为一书，毋厌浩繁！”[1]这是何等宏大的气魄！解缙等奉饬编修，次年成书，名《文献大成》。成祖嫌内容简略，又派姚广孝、解缙等重修，于永乐六年（1408）完成，改称《永乐大典》。以年号为书名，说明朱棣对此书的重视，是要让他的时代、他的业绩与这部鸿篇巨制永存不朽。正如他在《永乐大典》的序言中所说：“尚惟有大混一之时，必有一统之制作，所以齐政治而同风俗，序百王之传，总历代之典。”全书22 937卷（目录、凡例60卷），分装11 095册，约3.7亿字。参加编校的学者和参与抄写的书手近3000人。《永乐大典》采辑宋元前古籍七八千种，按韵目分列单字，依单字辑入各项文史记载。全书收罗宏富，元以前佚文秘籍多赖以保存，对辑佚或校勘古籍有重要价值。清修《四库全书》时即从中辑出500多种书。《永乐大典》在装帧上也别具一格，用端正楷书抄成，绘图精丽工致；书面硬裱，黄绫面，包背装。《永乐大典》原来只抄正本1部，未刻印，后又摹写副本1部。正本约毁于明亡之际，副本在清咸丰时也渐散失，1900年八国联军入侵北京时，所余卷帙大部分遭焚毁。现存世约800卷，散存在10多个国家的30余个公私收藏机构或收藏家手中。

《永乐大典》是中国古代最大的一部类书，它不仅是我国文化遗

1 《明太宗实录》卷二一，永乐元年（1403）七月丙子。

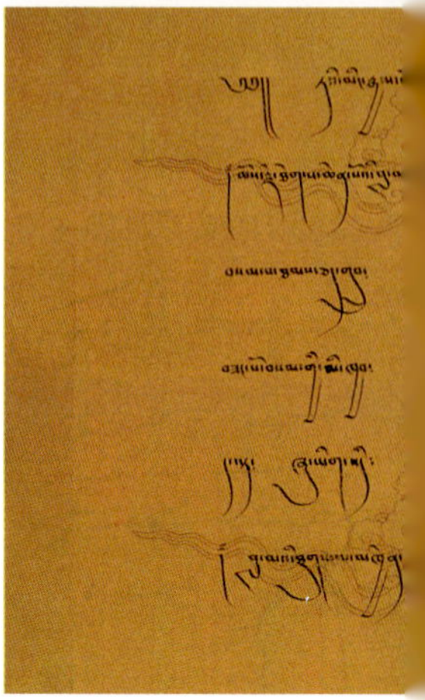

图 1-14
明《少数民族像》册页
此图册中所绘人物是向明廷朝贡的少数民族使者。运用肖像写实的手法，具有较高的艺术水平，应出自明宫廷画家之手
故宫博物院藏

产中的珍品，在世界文化史上也享有崇高的地位。《不列颠百科全书》在“百科全书”条目中称《永乐大典》为“世界有史以来最大的百科全书”。《永乐大典》已成为中国文化的一个重要符号。

永乐帝积极经营边疆，开边守土，在中国统一的多民族国家形成过程中发挥了重要的作用。他继承洪武时期的政策，对北方故元势力怀柔与武力兼施。五次亲征漠北，解除残元复辟势力的威胁。永乐九年（1411）设奴儿干都司，有效地管辖今黑龙江、精奇里江、乌苏里江、松花江流域和库页岛等广大地区，并多次派钦差大臣前往出巡，又在都司所在地修建永宁寺，竖立永宁寺碑，以记载对黑龙江下游及库页岛等地的管理之事。他经营西北，建立了众多羁縻卫所，其中以永乐四年（1406）哈密卫的设立意义最为重大。哈密是明朝通往西域的孔道，在交通和军事上有着重要地位。朱棣先后封哈密首领为忠顺王、忠义王，颁给金印，建筑王城，置官一如朱姓亲王。哈密卫的政务由朝廷直接控制。西域、中亚的国家和地区来朝廷进贡，都是先到哈密，并由哈密卫“译表以上”[1]，又派人护送到京。明朝对哈密

1 ［明］严从简撰：《殊域周咨录》卷十二，中华书局，1993年。

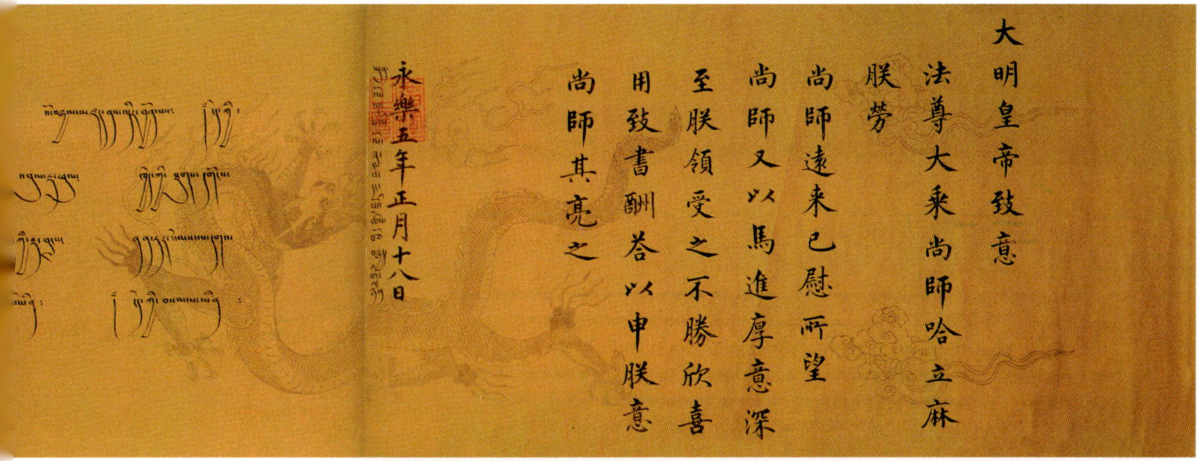
大明皇帝致意
法尊大乘尚師哈立麻
朕勞
尚師遠來已慰所望
尚師又以馬進厚意深
至朕領受之不勝欣喜
用致書酬答以申朕意
尚師其亮之
永樂五年正月十八日

图 1-15
永乐皇帝给尚师
哈立麻的书信
西藏自治区档案馆藏

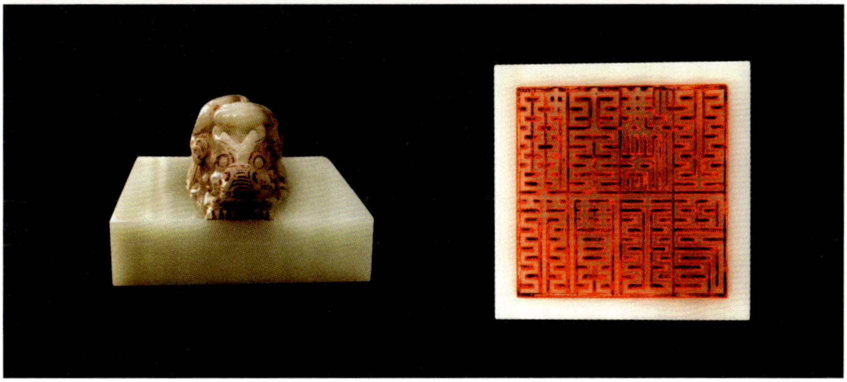

图 1-16
白玉龙钮“如来大宝
法王之印”
此印是永乐五年（1407）
明成祖颁给噶玛巴却贝桑布的。
印文为九叠体篆书“如来
大宝法王之印”8 字
引自《明永乐宣德文物特展·
永宣文物萃珍》
紫禁城出版社，2010 年
西藏博物馆藏

的控制，也对钳制蒙古起了一定作用。在西南少数民族地区，长期实行的是形成于元代的土司制度，即利用当地少数民族上层人物进行统治，长官世袭。明成祖即位后，便开始在条件成熟的地方实行“改土归流”，即按照内地实行的政治体制，委派有一定任期的流官担任当地的长官，以取代世袭的土官，变间接统治为直接统治。明成祖改土归流的最大成绩是永乐十一年（1413）设立贵州省，这无疑是中国历史上的一件大事。改土归流历经数百年，直到清代最后完成。

明朝把青海、西藏一带称作西番。在这里居住的藏族信仰佛教，即藏传佛教，宗教领袖亦即行政长官。朱元璋沿元旧制，尊礼当地宗教首领，并设立卫所及行政机构，主要通过茶马互市维系西藏和内地的关系。朱棣即位后，对西番进一步加强统治和管理，其特点是对当地宗教不同派别的领袖多封法号，给予极高的礼遇，通过他们对该地实施有效的管辖。例如番僧哈立麻来到南京朝贡，明成祖给予优渥的待遇，并请哈立麻在南京灵谷寺大斋七日，为朱元璋和马皇后祈福。他又封哈立麻为“万行具足十方最胜圆觉妙智慧善普应佑国演教如

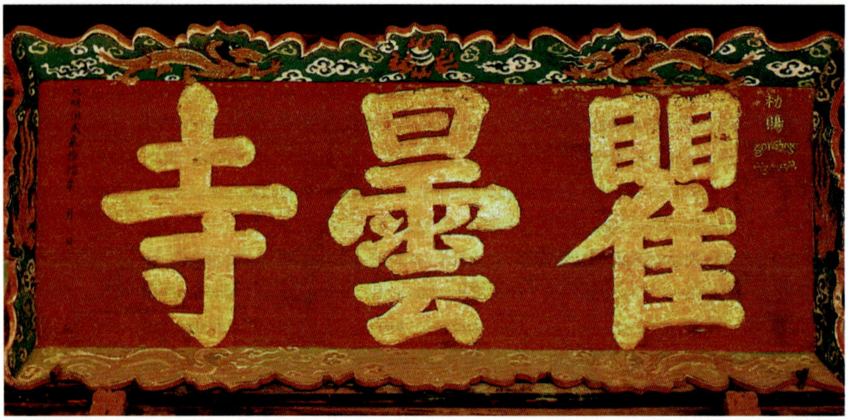

图 1-17
明太祖敕赐“瞿昙寺”匾

图 1-18
瞿昙寺全貌

来大宝法王西天大善自在佛”，统领天下佛教，同时赐给印诰、金银、彩帛、法器、鞍马等。[1] 明成祖赐给哈立麻的玉印，以及为明太祖及皇后建普渡大斋的 49 幅长卷画，至今仍珍藏在西藏罗布林卡。

明代在河湟地区“大建梵宇，特赐专敕”，其中最著名的是乐都瞿昙寺。“瞿昙”一名为明太祖所赐。永乐、宣德时，明廷多次从京城和西宁征调工匠和军夫对瞿昙寺进行扩建，使该寺逐渐发展成为一座具有皇家宫殿风格的名刹。明成祖、宣宗及仁宗诸帝都曾给该寺颁赐护敕、匾额、佛像，诏立碑记，至今仍多珍存。[2] 永乐的治藏政策，也对后世产生了深远影响。

永乐时期，国家强盛统一，皇帝更致力于恢复和发展中国与海外诸国关系，开展大规模的外交活动，成效卓著。史称：“威德遐被，四方宾服，受朝命而入贡者殆三十国，幅员之广，远迈汉唐。成功骏

《明史》卷三三一《乌斯藏大宝法王》。
崔永红等主编：《青海通史》第 309 页，青海人民出版社，1999 年。

图 1-19
《职贡图》中的
苏禄国人形象

烈，卓乎盛矣！”[1] 据统计，洪武年间，自洪武二年（1369）2 月开始有贡使来华，到朱元璋去世的 29 年间，共有各国使节来华 183 次。永乐年间，自永乐元年（1403）2 月至明成祖去世的二十余年间，共有各国使节来华 318 次。洪武年间平均每年 6 次，永乐年间则平均每年 15 次。永乐年间各国贡使“络绎于道”。来华的除了有一般的使节和王子、王妃，还有先后 7 次来访的 4 个国家的国王，这是历代封建王朝所不曾见过的，他们都受到明成祖的盛情款待，其中有浡泥（一般认为在今加里曼丹岛）、苏禄、古麻剌朗（故地在今菲律宾）三国国王死在了中国，并葬在中国。例如，苏禄当时有三个王，三人一起率领 340 余人的庞大使团来访，其间东王去世，明成祖命为东王立碑勒铭，并亲自撰写碑文。苏禄东王墓和所立石碑至今尚存，地址在今德州市北门外，已被列为国家重点文物保护单位。东王王妃于

1 《明史》卷七《成祖本纪》。

永乐二十一年（1423）回国，共守墓 6 年。其次子和一些随从则长期在中国住了下来，一直享受很多优待。现在德州北门外的安、温二姓都是其后裔。

朱棣继续明初社会经济的恢复与发展，政治稳定，但由于他的好大喜功，国家支出过大，赋役征派繁重，致使有些地区发生了农民流亡与起义。

迁都：英雄之略

中国历史上第一个由南而北统一全国的王朝是定都于南京的明朝，但是仅仅过了 50 多年，明成祖就将首都迁移到了北京。这是中国历史上的一件大事，它直接影响了明朝的历史，也对此后的中国政治发展产生了深远影响。

确立都城之事曾困扰朱元璋 20 多年。朱元璋在南京即位，却迟迟定不下来以何处为都城。他曾与大臣们讨论过迁都西安、洛阳、开封、北平等地，但考虑到王朝基础尚不稳固，大规模修建都城必然给百姓带来过重负担，因此不适合迁都。洪武十一年（1378）终于下诏改南京为京师，正式确定为国家的首都。但是朱元璋对南京的局限性看得比较清楚，认为应天府偏于江左，去中原遥远，“控制良难”[1]，更忌讳应天府“六朝国祚不永”，风水不好，非建都理想之地。他属意的是中原。洪武二十四年（1391），朱元璋还派太子朱标巡视西安，

1 《明太祖实录》卷八十，洪武六年（1373）三月癸卯。

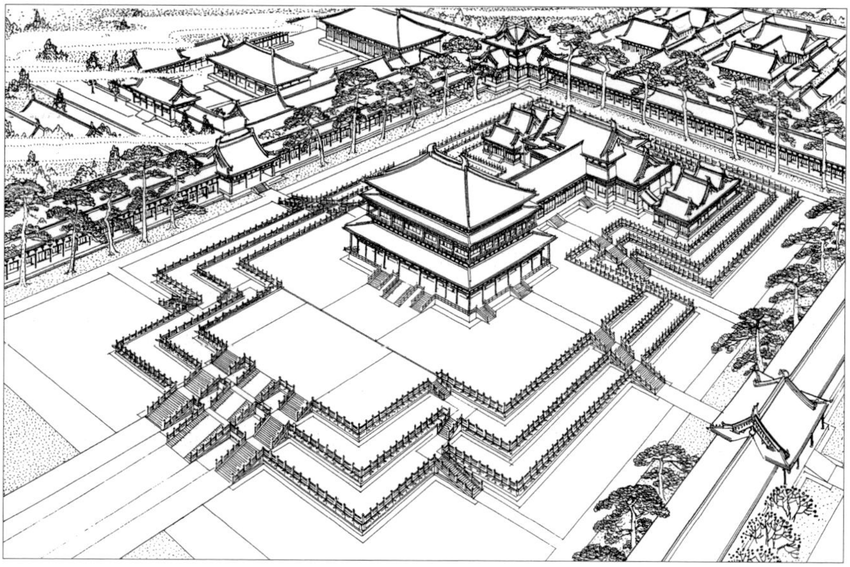

图 1-20
元大都大内延春阁建筑群复原图
傅熹年 1992 年绘

有迁都之意，太子归后献陕西地图，不久因其病死而此事作罢。这时朱元璋也届垂老，迁都之事遂搁置。

明成祖为什么要迁都北京？永乐朝迁都的最终实现以北京宫殿的修建完成作为首要前提，但这样重大的历史事件，《明太宗实录》记载却非常少，清康熙皇帝就说："朕遍览明代《实录》，未录实事，即如永乐修京城之处，未记一字。"[1] 出现这种情况应与永乐帝迁都计划的保密有关。因为最初的营建动议不过是"以备巡幸"，而实际营建过程，却是按都城加以规划和执行。[2] 为什么要保密？因为迁都虽然出于皇帝本人及其旧部的愿望，但也不得不慎重对待江南集团这一存在客观障碍的政治势力。[3]

永乐十九年（1421）四月初八，耗费巨资修建多年始告完成的北京奉天、华盖、谨身三殿被雷电击毁。朱棣以天变示警下诏求言，群臣大部分又提出不该迁都，朱棣震怒，主事萧仪遂被关进牢狱，并在狱中死去。朱棣说："方迁都时与大臣密议，久而后定，非轻举也。"[4] 又说："北平之迁，吾与大臣密计数月而后行。彼书生之见，岂足以达英雄之略哉！"[5] 朱棣强调迁都北京绝不是"轻举"，而是经过"密议"，甚至是"密计数月"的决定，指斥批评者是"书生之见"，完全不了解他的"英雄之略"。

什么是朱棣的英雄之略，他没有细说。值得注意的是，永乐十四年（1416），"复诏群臣议营建北京"，六部、都察院所上奏疏提出迁都的意义，说北京"山川形胜，足以控四夷，制天下"。永乐十八年

1 《清圣祖实录》卷二七三，康熙五十六年（1717）七月乙酉。
2 李燮平：《明代北京都城营建丛考》第 243 页，紫禁城出版社，2006 年。
3 阎崇年：《明永乐帝迁都北京述议》，载北京市社会科学院历史所编《北京史研究（一）》第 92—115 页，北京燕山出版社，1986 年。
4 《明史》卷一四九《夏原吉传》。
5 [清] 于敏中主编：《日下旧闻考》卷五《形胜》，北京出版社，2018 年。

图 1-21
《大驾卤簿图书》卷（局部）
元人绘
中国国家博物馆藏

皮軒車
崇德車
鸞旗車

（1420）朱棣颁布的迁都诏则有“君主华夷”，而北京“实为都会”及“华夷绥靖，隆古今全盛之基”等话。[1]两者都突出了“华夷”问题。结合朱棣登基后全身心致力于“华夷秩序”的建构，因此，有理由相信，其迁都北京（元大都）的目的主要在于“君主华夷”“控四夷，制天下”，这应是他的英雄之略。[2]那种认为成祖迁都到自己兴王之地北京是为了巩固统治，或有利于抵御北方蒙古残余势力侵扰等看法，都是简单肤浅的，乃“书生之见”。

永乐帝这一战略决策的形成，是基于他对元朝的深刻认识，特别是在20多年的燕邸生涯中对昔日大都的深切感受，以及他的建构华夷秩序的雄图大略。

元代是一个奉行重商主义、多民族交错、多元经济混合、疆域极其广阔的大帝国。元统治者还推崇朱子理学为正统，给孔子加上了“大成至圣文宣王”的头衔。元之时，中国已是一个世界性的帝国。这个历史遗产，接替的政权是不得不去面对、处置的。后人常以民族革命的视角看待朱元璋的反元建明。其实明朝从朱元璋开始，便承认元朝在历代皇朝系统中的正统地位。元帝妥懽帖睦尔从大都退回大漠，朱元璋认为他这是顺应天命，退而避之。元帝死后，朱元璋谥其为顺帝，取其“顺应天命”之意。

朱棣生于元末，长于明初。他在南京宫廷中度过了青少年时期，11岁被封为燕王，21岁到他的封国北平就藩。从洪武十三年（1380）到建文元年（1399）起兵“靖难”，这19年朱棣基本上是在北平度

1 《明太宗实录》卷二三二，永乐十八年（1420）十一月戊辰。

2 毛佩琦：《永乐皇帝大传》第330—332页，辽宁教育出版社，1994年。

过的。他的藩邸所在，正是元朝的大都和旧宫。大都曾作为元朝的首都将近百年。历史上中原政权为北方少数民族困扰的局面在元朝不复存在。元朝建立的是一个真正的华夷一体、四海混一的国家。元朝定都于大都，不仅是因为蒙古贵族兴起于漠北，或是为了方便而简单地承辽、金之旧，而且是中国封建社会统一的多民族国家发展中的一个重大步骤。大都作为全国政治中心，使漠北与中原地区统一在一个政治中心之下，加强了长城内外、大漠南北的联系。

朱棣熟悉文风特盛的秀气的江南，也接受了开放包容的雄强的北国。忽必烈和他的子孙们正是在大都君临天下的。对于朱棣来说，这是一个每日可见的令人神往的榜样，残破的宫殿中犹留有大元帝国盛世的影子。北京使朱棣开阔了视野。朱棣具有开国君主的气质，不安于现状，要有所作为，欲建立超迈其父的功业，因此他必然要追随忽必烈的足迹，憧憬与承继忽必烈时代的制度遗产。如果说都城迁于北京有利于征服蒙古，那么征服蒙古也只能是朱棣英雄之略的一部分。朱棣迁都北京，可以说在明朝尚文的宋代传统中纳入了尚武的金元传统，由“江南体制”过渡到“统一体制”。北京作为全国统治中心的地位是历史形成的。它处于北方农业区与牧区接壤处，交通便利，形势险要，是汉、蒙古等各族贸易的中心以及北方政治与军事要地。定都于此，不仅可以统治广大的中原和南方，可以抗击自北入侵的蒙古人，而且可进一步控制东北地区，有利于维护全国统一。北京不仅是联系汉人与南方各族人民的纽带，而且也是联系女真人、蒙古人、西域各族人民的纽带，有利于各民族的交往与融合。朱棣的迁都正是继续推进统一的多民族国家发展的进程。因此他的决定并不是偶然的历史事件，而是具备其历史必然性的政治举措，表现出了他的政治远见，也就是他的“英雄之略”。事实也证明，洪武时期以来建立的以明朝为中心的华夷秩序的框架，经过朱棣的完善最终得以完成。[1]

朱棣迁都是先干后说，或只干不说，并抓住时机，步步推进。永乐元年（1403），诏以北平为北京，改北平府为顺天府，并设北京行部以掌地方事务，后复设行在六部，加强了北京的政治中心地位。这是北京名称首次出现，清朝沿用了北京一名，距今已有 600 多年的历史。这也是北京称“顺天府”之始。永乐四年（1406），朱棣下诏，次年五月修建北京宫殿。永乐五年（1407）七月，皇后徐氏病死，朱棣在北京营建山陵。山陵地点选择在北京昌平县（今昌平区）北黄土山下，朱棣改其为天寿山。永乐十一年（1413）山陵建成，定名为长陵，皇后由南京迁葬长陵。长陵为十三陵之首。这也明白宣告了朱棣毫不动摇的迁都决心。永乐七年（1409）后，朱棣多次北巡，长期住在北京，而以太子监国南京，天下奏章都要送往北京行在所。这时北京已成为实际的政治中心。永乐十四年（1416），又下令营建北京宫殿。永乐十八年（1420），北京宫殿落成。这年九月，朱棣下令以北京为京师，正式迁都北京，南京为留都。

在中国古代都城中，每一个都城都是当时政治、经济、军事、文化的中心。北京要成为都城也必须具备这些条件。为此，在这 18 年

1 ［日］檀上宽著，王晓峰译：《永乐帝——华夷秩序的完成》，社会科学文献出版社，2015 年。

间，朱棣就迁都北京做了大量的准备工作，除加强北京军事力量、逐步提高北京地位以外，也在经济上做了认真准备。主要有两方面：一是开通漕运。建都北京，最大的缺点是北方粮食不能自给，必须依靠南粮北运。为此，永乐九年（1411）派工部尚书宋礼等疏浚会通河，永乐十三年（1415）又派平江伯陈瑄等开凿淮安附近的清江浦，使久废的运河重新畅通，漕运可以直抵通州。二是增加人口，减免赋税，发展经济。最有效的办法就是实行移民政策。朱棣即位刚两个月，即开始下诏从山西等地向北京大规模移民。山西共进行了十多次大的移民，前后人数达百万左右。“问我祖先何处来？山西洪洞大槐树”！就是这个时代留下的老话。至今，北京郊区多山西地名，如大兴的屯留营、沁水营、孝义营、河津营、霍州营、潞城营、黎城营、长子营、解州营、蒲州营、潞州营、石州营、大同营、山西营，顺义的忻州营、稷山营、河津营、夏县营、绛州营、洪洞营等，可以清楚地看到当时安置移民的痕迹。这些地方的移民不忘故土，直接用老家的地名命名屯田的营地。朱棣又从江浙移富户充实北京，如选应天、浙江的富民3000户为北京宛平、大兴两县的厢长，其中有破产逃亡的，另选其原籍殷实户补充。这些都为顺利迁都北京奠定了经济基础。

精神的折磨

如果说，朱棣自即位开始，就做出迁都北京的决定，且意志坚决，不断推进，念兹在兹22年，那么，如何洗刷篡弑者的污名，以证明自己所拥有的皇位的合法性，也是困扰了他22年的绝大心事。

朱允炆是朱元璋所确立的合法皇帝，但却被这位声称“遵奉祖制”的叔父所推翻。朱棣通过靖难之役夺取了皇位，这是乱臣贼子的行为。他背负着篡弑的罪名，承受着巨大的心理压力。“惭德亦曷可掩哉？”[1]德行有亏，这是《明史》对他的评价。为了掩盖德行上的缺陷，他采取了种种手段，费尽了心机。

当朱棣登上觊觎已久的皇位时，他就感到整个南京是不欢迎他的。建文朝臣多不肯迎附，或四处逃匿，或面斥其非，甚有图谋行刺者。朱棣相信暴力。对于建文旧臣强烈的反对和抵制，他采取铁血手段，毫不留情地予以镇压，大肆屠戮。他是打着清君侧的旗号起兵的，先后列出左班文臣“奸恶”百余人，进行严厉惩治。他曾和这些人当面争辩，也直接指挥对这些人用刑、杀戮。他打算借重号称“读书种子”的著名文士方孝孺起草即位诏书，被方孝孺拒绝并痛斥后，下令诛杀方家九族及其门生873人，开创了亘古未有的杀十族酷刑。[2]御史大夫景清藏着凶器入朝，想刺杀朱棣，事败，处以磔刑，不仅株连他的家族，还把他的乡亲与邻居全部处死，整个村子变为废墟，谓之“瓜蔓抄”。[3]朱棣亲自审问兵部尚书铁铉，铁反背坐于廷上，谩骂不止，成祖盛怒之下，命将其耳鼻割下，但铁铉仍骂不止，被磔杀于市，又将其父母安置海南，12岁的长子谪戍河池（今属广西），7岁次子发往匠铺，后被戮死。[4]这些拥护建文帝官员的妻女被罚入教坊司，充

1 《明史》卷七《成祖本纪》。
2 〔明〕朱国桢编撰：《皇明逊国臣传》卷一《文学博士方先生》。
3 《明史》卷一四一《景清传》。
4 〔明〕黄佐撰：《革除遗事》卷四《铁铉》；朱国桢编撰：《皇明逊国臣传》卷二《兵部尚书铁公》。

当官妓，世代相传，永操贱业，后流落到山西、陕西。300 多年后的雍正元年（1723），这些山、陕乐户贱籍始被雍正帝下令除豁。[1]

这些建文旧臣之所以大义凛然、视死如归，是因为他们坚信自己恪守的是儒家伦理道德，这是一种根深蒂固的价值信念。朱棣领略到了这种价值信念的力量。因此，他的杀戮可以逞一时之快，聊解心头之恨，但是这种弥漫在南京、在普天之下的正统意识，也不断噬咬着他的内心，使他愈益发狂，愈益灵魂不安。

要证明自己皇位的合法性，必须让天下知道，这与建文无关，他的皇位来源于其父朱元璋。朱棣起兵“靖难”，经金川门一役入城，听从指点，先谒孝陵，然后才登帝位，以此显示继皇位于太祖朱元璋，而非从建文帝手中所夺。朱棣为了标榜自己称帝的合法性，自然必须否定建文帝的合法性，并彻底消除建文帝的痕迹。他组织力量重新编写洪武帝与建文帝时期的史实，革除建文年号，把建文四年（1402）改称洪武三十五年（1402），第二年改元为永乐元年（1403），也表示他的帝位与建文帝无关，而是直接继承于乃父朱元璋。

朱棣又在谥号上做起了文章。帝王谥号是对死去的帝王根据其生平功过进行评价，而给予的或褒或贬的称号。明初，谥法以简不以繁，谥字不以多为贵。即便是太祖皇帝谥号也仅一字，谥号为“高”，后世称太祖高皇帝。永乐元年（1403），朱棣认为，太祖高皇帝“惟尊号未称功德”，为了“丕显宏谟”“合万世之公，惬尊亲之志”，[2] 便重新尊谥太祖高皇帝为“圣神文武钦明启运俊德成功统天大孝高皇

1 雍正元年（1723）三月二十日，署掌陕西道事浙江道事监察御史年熙具折奏请削除乐籍，以广圣化。四月十九日，经礼部议覆，奉旨削除。

2 《明太宗实录》卷二十上，永乐元年五月乙卯。

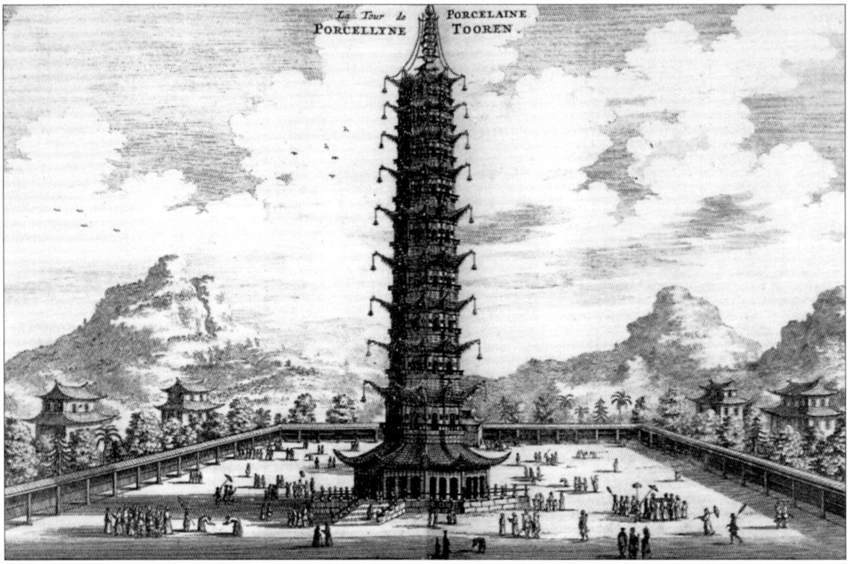

帝”，增谥号为 17 字，并举行了隆重的上尊谥典礼。他说得冠冕堂皇，上改谥是为了尊崇太祖，同时宣扬太祖创建大明之基业，其实质则是通过尊上太祖谥号的仪式向天下诏告自己继位于太祖皇帝，而非夺取帝位。朱棣自然不会为建文帝尊上谥号。到了清代，才由顺治帝追谥朱允炆为“让皇帝”，庙号惠宗；乾隆再追谥为“恭闵惠皇帝”，恢复被朱棣削夺的建文年号，后世简称明惠帝。

朱棣为了纪念明太祖和马皇后，还在南京修建了大报恩寺。该寺原址是建于东吴的建初寺和阿育王塔，后毁于兵燹。明洪武末重建，费金 25 000 两。永乐六年（1408），寺毁于火。朱棣遂以纪念明太祖和马皇后为名，于永乐十年（1412）敕于原址重建，寺名大报恩寺，令“梵宇皆准大内式”，并在其中造九级琉璃塔。该寺工程浩大，征集良匠军工达 10 万人，包括建塔在内，从永乐十年（1412）至宣德六年（1431）历时 19 年（寺在宣德六年完工，用时 16 年）才完工，费银 25 万两，后来郑和下西洋所余百余万两也用于造塔。寺内栽种郑和从西洋带回的“五谷树”“娑罗树”等奇花异草。寺内有 500 余名僧人，当时全国佛教十大宗派，每个宗派都在寺内设有讲座。朱棣又令该寺雕刻印刷 5000 卷以上佛经，号称“永乐南藏”。寺塔俱毁于 1854 年清与太平军之役。有论者认为，永乐帝修大报恩寺，其实是纪念他的生母碽氏。如果没有切实的证据，这只能是一种推测。正因为朱棣是碽氏所生，不是朱元璋的嫡子，为确保他的皇位的合理正当性，他就越发要掩盖事实真相，坚称自己是明太祖和马皇后的嫡

图 1-22
西人所绘南京“瓷塔”（大报恩寺塔）
尼霍夫记录并绘制自广东到北京旅途中的所见所闻。书中一幅版画即为以“瓷塔”之名而闻名的南京大报恩寺塔。当时西方人视之为代表中国的标志性建筑
引自约翰·尼霍夫《荷兰东印度公司使节出访大清帝国记闻》，1665 年出版
吉美博物馆藏

图 1-23
武当山金殿
位于武当山天柱峰顶端，海拔 1612 米，面积约 160 平方米，始建于明永乐十四年（1416），是中国现存最大、等级最高的铜铸鎏金大殿

图 1-24
钦安殿铜鎏金真武大帝像

子，是他们的正统继承人。他一直在不懈地做着这种努力。

朱棣为靖难寻找各种理由，为感谢真武玄帝而大修武当山即是一例。为巩固他的皇权地位，证明靖难的合理性和合法性，他大肆宣扬和神化玄帝在靖难中的庇佑功能，加封玄帝为“北极镇天真武玄天上帝”。永乐十年（1412）敕谕文告称：“真武阐扬灵化，阴佑国家，福被生民，十分显应。我自奉天靖难之初，神明显助，威灵感应至多”；现兴工创造，“上资荐扬皇考皇妣，下为天下生灵祈福”。[1] 永乐十一年（1413），又在武当山大兴土木，命工部及武当山道官，根据《真武经》中真武修真神话，充分利用自然，采取皇家建筑法式，统一设计布局，动用军民工匠 30 余万人，历时 11 年，建成九宫、九观、三十六庵堂、七十二岩庙、三十九桥、十二亭等 33 处建筑群，建筑线长达 60 余公里。永乐赐名“大岳太和山”。武当山建筑群在建筑艺术和建筑美学上达到很高的成就，并有中国古代文化科技的丰富内涵。1994 年，武当山建筑群被联合国教科文组织列入世界文化遗产名录。朱棣还在北京新建宫城的中轴线北端，修建了规模宏大的钦安殿，殿内正中供奉着高 1.8 米的真武大帝铜像，与武当山遥遥对应。这是紫禁城中轴线上唯一的宗教建筑，也是 600 年来中轴线上唯一没有遭受过损毁的宫殿。

北京都城与宫城、武当山及大报恩寺，是永乐时期的三大皇家重点建设工程。朱棣还干了一些大事，例如下令铸造永乐大钟。此钟通高 6.75 米，口沿外径 3.3 米，重约 46.5 吨。钟体内外遍铸佛教经咒

1 ［日］间野潜龙著，王建译：《明朝与武当山》，载《世界宗教文化》1990 年第 3 期。

图 1-25
永乐大钟

《法华经》《金刚经》等 100 多种，由汉、梵两种文字组成，共 23 万多字。字形端正清晰，为明初馆阁体书法艺术的代表作，一说为明初书法家沈度的手迹。它是中国已知形体最大的青铜钟，也是世界上的著名大钟之一。朱棣为什么要铸造这口大钟，后人多有猜测。清乾隆帝认为，明成祖诛杀建文旧臣过于惨毒，铸这口布满佛教经文的大钟是为了忏悔。他在《觉生寺大钟歌》中写道："谨严难逃南史笔，忏悔讵赖佛氏钟！"[1]

对于雄图大略的朱棣而言，干出一番惊天动地的大事业，让事实证明他是治世之主，让历史铭记评说，这才是为他正名的最好办法。他的拓边守土、国家治理，他的积极的外交政策，声威远播的郑和下西洋，气势恢宏的建筑工程等，都是惊世的手笔。他励精图治，夙兴夜寐，勤于政事，这些都足以证明他是一个伟大的君王。也正由于他

1 《清高宗御制诗初集》卷一三。

图 1-26
青玉明成祖谥册
嘉靖十七年（1538）
上成祖文皇帝谥册，一册 10 片。
两封面刻描金二龙戏珠，
上书“孝玄孙嗣皇帝臣厚
熜稽首再拜”
故宫博物院藏

过分在乎这些功业、荣耀及评价，就常和好大喜功联系在一起，以致劳民过甚。在晚年疾病缠身的情况下，他仍然以超乎常人的狂热工作，以缓解他所承受的巨大精神压力，显示其身为天子的责任。朱棣曾五次亲征桀骜不驯的蒙古势力。第一、第二次各有胜负。迁都北京次年，即永乐二十年（1422）三月，朱棣第三次亲征蒙古，而且是连续三年，每年一次。第三、第四次都是无果而终。永乐二十二年（1424），他统率数十万大军开始了第五次也是最后一次蒙古亲征。与前两次亲征同样，明军没有遭遇任何敌军，于是朱棣下令启程返回北京。七月七日，明军到达名叫清水源的地方，朱棣还下令杨荣在一处数十丈高的岩壁上刻字，记录明军经过此地之事，传于后世。七月十八日，朱棣走完了他六十四年波澜起伏的一生，在榆木川（今内蒙古自治区多伦县西北）的营帐内逝世，可谓鞠躬尽瘁，死而后已。

朱棣十分在意后人对他的评价。他去世后，洪熙元年（1425），上尊谥为“体天弘道高明广运圣武神功纯仁至孝文皇帝”，庙号为太宗。“文”是一个评价很高的谥号，古代帝王的谥号，首选的就是“文、武”。但在永乐帝长眠 114 年后，他又意外地获得了“成祖”的谥号。

嘉靖十七年（1538），明世宗朱厚熜敕谕礼部大臣：“朕为我国家之兴，始皇祖高皇帝也，中定艰难，则我皇祖文皇帝也，二圣同创大业，功德并焉，宜称祖号。”[1] 为文皇帝再定庙号曰“成”。“成”意，按《说文》：就也；《广韵》：毕也，凡功卒业就谓之成；《谥法》：安

1 《明世宗实录》卷二一六，嘉靖十七年（1538）九月辛未。

图 1-27
长陵祾恩殿
摄于 1870 年代

图 1-28
长陵祾恩殿内景
摄于 1870 年代。殿内的大木结构部分：梁、柱、枋、檩及鎏金斗拱，全部采用名贵的金丝楠木加工而成，支撑殿宇的楠木巨柱共有 60 根，都是一色整楠木，其中林立殿内的 32 根重檐金柱最为高大，达 12.58 米，直径均在 1 米以上

图 1-29
太和殿内巨大的蟠龙金柱

民立政曰成，又礼乐明具曰成。一般只有开国皇帝才得称“祖”，后世皇帝只能称“宗”，所以即便是英武如李世民，也只是被称作太宗。但对于虽非开国之君，却有特殊功勋的，庙号则可破格称为“祖”，这在历史上极为少见。朱棣由“文皇帝”一变而为“成祖”，似是“不虞之誉”，倒是实至名归。被一些史学家称为“最后一位世界性大帝”的朱棣，他的作为是当得起成祖庙号的。为了彰显太祖的功绩，突出其开国之功，区分二祖的身份和地位，嘉靖皇帝又于是年冬十一月加上太祖谥号，由 17 字变为 21 字。嘉靖的这一做法当然有其私心，他与朱棣都是小宗入承大宗，由藩王当了皇帝，为体现自己皇位的合法性，为把他的父亲兴献王朱祐杬纳入大宗，极力抬高朱棣地位便是嘉靖处心积虑的一个举措。

长眠在北京天寿山下长陵中的明成祖应是欣慰的。

三 从南京到北京

皇帝居住和理政的皇宫是皇权统治借以安身立命之本，是国家的中枢，是宫廷建筑的核心。皇宫的建设自然是迁都的前提。从永乐四年（1406）开始准备，经过 10 年的充分准备，北京皇宫从永乐十四年（1416）至永乐十八年（1420）建成，于永乐十九年(1421）正式迁都，但是此后又经历了一个反复的过程。直至过了 20 年，在英

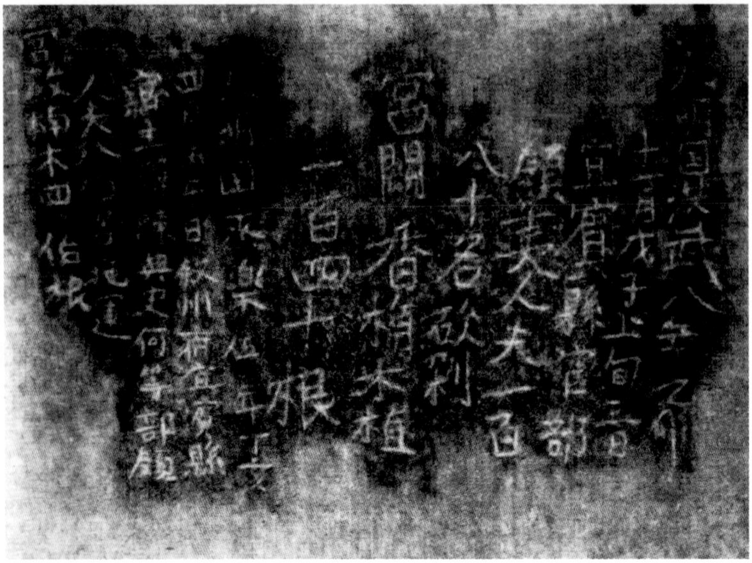

宗正统六年（1441），北京的首都地位才尘埃落定。

木、砖、石与工匠精神

紫禁城肇建的全面准备工作开始于永乐四年（1406）。这一年闰七月，决定修建北京宫殿。首先是备料。中国古代宫殿建筑的木结构特点，决定了北京宫殿的建材主要是木、砖、石。而木、砖、石的征集和制作则是相当艰巨的任务。

木料是最主要的物料之一，采办木材所耗费的人力物力也最多："遣工部尚书宋礼诣四川，吏部右侍郎师逵诣湖广，户部左侍郎古朴诣江西，右副都御史刘观诣浙江，右佥都御史仲成诣山西，督军民采木。"[1] 明代主要宫殿等官式建筑的梁柱及主要构件基本使用楠木，门楼木材也以楠木为主，因此明朝所谓采木，主要是指采楠木，其次是采杉木。四川是楠、杉的主要产地，楠木主要采于四川，采木地点集中于湖广（今湖北、湖南）与四川交界之处。第一次大规模入川采木，在永乐四年（1406）至永乐十七年（1419）。宋礼在四川马湖府山中采得围以寻尺、干逾寻丈者若干，朱棣遂封此山为"神木山"，立祠祭祀，并命学士胡广撰写碑文。永乐十七年（1419）九月，朱棣对宋礼说："卿采材于蜀数年，殚竭心力，可谓劳矣，今材以足用，可回京视事。"[2] 在深山采木的过程极为艰难，要踏勘山林，确定采木地点，接着伐树、取材、穿鼻、扎筏，将木料凿眼穿成木筏，并拽

图 1-30
云南省昭通市盐津县
滩头乡界牌村营盘社龙塘湾
发现的明代摩崖壁，记有
洪武和永乐年间采木之事
题刻原文为："大明国洪武八年
乙卯十一月戊子上旬三日，
宜宾县官部领夷人夫一百八十名，
砍剁宫阙香楠木植一百四十根。
大明国永乐五年丁亥四月丙午日，
叙州府宜宾县官主簿陈典史何等
部领人夫八百名，拖运宫殿
楠木四百根。"接着又有："夷人
百长阿奴领夫长佰夷拾名，在此
拖木植，永乐五年六月。"
左下角还有四句打油诗："八百
人夫到此间，山溪险峻路艰难，
官肯用心我用力，四百木植早早完。"
引自周崎文《明代采木遗迹
考略》，载《紫禁城》2010 年
第 8 期增刊

1 《明太宗实录》卷五七，永乐四年闰七月壬戌。

2 《明太宗实录》卷二一六，永乐十七年七月辛酉。

运到河。运输也相当艰辛，《四川通志·木政》记载："楠木一株，长七丈，围圆一丈二三尺者，用拽运夫五百名，其余按丈尺减用。沿路安塘，十里一塘，看路径长短安设。一塘送一塘，到大江。"大木沿长江顺流而下，"出三峡，道江汉，涉淮泗，以输于北"[1]。采木、运输给百姓带来深重灾难。

明代采木具体地点，史籍记载甚少，今多已不可考，有研究者在云南省盐津县滩头乡发现了一处明永乐时的采木遗迹，十分珍贵。

第二次大规模集中采木，在嘉靖二十年（1541）至嘉靖三十九年（1560）。

通过运河运到北京的木材，多存于设在今崇文门外的神木厂和今朝阳门外的大木厂。到清乾隆时，神木厂里仍有永乐时所采大木，其中有长6丈（约20米）、头围2丈5尺5寸（约8.5米）、尾围1丈6尺5寸（约5.5米）的巨楠等，乾隆帝御制《神木谣》《神木行》记之，并修缮木神庙，春秋设祭。另外还有大木仓，约在今北京西单稍北大木仓胡同，存放从山西经桑干河至永定河运到北京的木材。据记载，大木仓中有仓房3600间，直至正统二年（1437）仍有库存木材38万根之多。[2]

台基厂是为了木构件的预制加工而设的。由于木构架建筑设计采取模数制，大部分构件均可规格化，为预制创造了良好的条件，施工时仅组装工序，既可缩短现场施工工期，又减少了各工程的交叉作业。这种传统施工的经验在筹建宫殿工程中得到更大发展。[3]

1 ［明］吕毖：《明朝小史》卷四《永乐纪》。

2 孟凡人著：《明代宫廷建筑史》第42—46页，紫禁城出版社，2010年。

3 于倬云著：《中国宫殿建筑论文集》第10页，紫禁城出版社，2002年。

图 1-31
夕阳映照下，
金砖墁地、熠熠生辉的
太和殿内景

图 1-32
万历年造
带款金砖

成造砖瓦也是一项重要任务，永乐皇帝交给了泰宁侯陈珪、北京行部侍郎张思恭。

紫禁城宫殿所需的砖瓦，品种之多、数量之大是十分惊人的。其用量大不仅在于房屋之多、城垣之大，而且与一些特殊的工程做法是分不开的。如庭院地面，至少墁砖三层，甚至墁上七层。全部庭院估计需用砖 2000 余万块。城墙、宫墙及三台用砖量更大，估计所用城砖数达 8000 万块以上。每块城砖重达 48 斤有余，共重 193 万吨，因此在生产和运输上都非常艰巨。其中城砖（又称停泥城砖）用量最大，多用于垫层和隐蔽部分。其次是澄浆砖。这种砖，在制坯前，先将泥土入池浸泡，经过沉淀，澄出上面的细泥，晾干后做坯。澄浆砖质地细，宜用作干摆细磨的面砖。这种细泥澄浆砖主要产自山东临清。临清又傍临运河，砖烧成检验后可直接装船解运京师。当时官府规定，凡运粮船路过临清必须装上一定数量的砖才能北上。第三种是室内和廊子地面所铺的方砖和金砖。房顶用瓦，绝大多数用黄琉璃瓦，少数用青瓦（黑瓦或布瓦），个别的用金属瓦。[1]

1　于倬云著：《中国宫殿建筑论文集》第 125—127 页，紫禁城出版社，2002 年。

紫禁城主要宫殿室内地面所铺墁的细料方砖，颗粒细腻、质地密实，敲起来有金石之声，所以叫“金砖”，为苏州所造。制作金砖须经取土、澄泥、造坯、装窑、焙烧、出窑等多个环节，每个环节又须经过更为细致的工序。不仅工序复杂，对时令要求也非常严格。焙烧时又分为软火和硬火两种，明代苏州主持成造金砖的工部郎中张问之所著的《造砖图说》记载：“先以糠草熏一月，乃以片柴烧一月，又以棵柴烧一月，又以松枝烧四十日，凡百三十日，而后窨水出窑。”[1]

金砖不仅烧造过程复杂，其铺墁也十分讲究，包括砍磨分位、粘接挤缝和表面处理等三道工序。金砖铺墁之前，务须砍磨分位。铺墁金砖，粘接挤缝需用灰、桐油、白面等料。关于每种材料的用量配比，几斤、几两、几钱，都有具体规定。金砖表面处理还须经过水磨、钻生泼墨、烫蜡等几个步骤。因此，凡铺墁金砖必须水磨铺墁，金砖方能平整，待其干燥，始可烫蜡。金砖烫蜡对气候要求甚严，先行加工磨平，俟八九月间，金砖干燥时，再行烫蜡。因每年九月以后，天气寒冷，金砖不能干燥，难以烫蜡，故俟次年春天金砖干燥时，再行烫蜡。烫蜡工序需黄蜡、黑炭、江米、木柴等料，例如乾隆四年(1739)，“养心殿前后殿及穿堂共用金砖一千二十块。共行取黄蜡一百九十一斤四两、黑炭一千九百二十斤、江米一石二斗七升、木柴一千二百斤”[2]。

正因为金砖制作如此不易，所以清乾隆皇帝亲自管理这一“钦工物料”的使用。乾隆五十九年（1794）六月，84岁的乾隆在热河

1 《四库全书总目提要》卷八四，史部，政书类存目二。

2 宋玲平：《清宫金砖档案研究》，载中国第一历史档案馆、故宫博物院编《清宫金砖档案》第27页，紫禁城出版社，2010年。

得知金砖仅剩 2000 块，工部又要制作 6000 块（另有副砖 2400 块），就责令严查这十年来全部金砖的使用情形。后查得这些金砖的取用清楚，乾隆又让查替换下来的旧砖，发现短少 1853 块，依照新砖共价银 1320 两 2 钱 4 分 8 厘，敕令各监督分赔。总理工部事务的金简因“未曾奏明，遽行换墁金砖，自请赔缴银一千四百四十余两”。[1]

作为基础建筑材料，石料在明代已经得到广泛应用，明代北京营建工程对石料产生巨大需求。紫禁城宫殿建筑使用石料的比重相当大，包括宫殿须弥座、石栏板、石道、石踏跺、华表、石狮、日晷、螭首、石刻雕像以及石碑等，均需用大量的石料。这些石材主要包括汉白玉、青砂石、豆渣石、花斑石以及紫石等石料。汉白玉是建筑石料中的主要品种。明代北京营建工程所用的汉白玉、青白石等石料绝大部分采于北京西部和北部山区。石料开采工程量大，需要大量的人力。一般良材都埋藏较深，开采后从地下翻出，故石料开采地点一般称为塘坑。如明天启年间修建皇极殿用的花斑石，出自河南浚县境内的天、地、玄、黄、白祀这 5 处石塘坑。石料开采出来之后，首先要从塘坑内翻出，此项工作极其困难，特大石料翻塘上车需要一万个军工。石料运输相当艰难，《两宫鼎建记》载：“三殿中道阶级大石长三丈、阔一丈、厚五尺。派顺天府等八府民夫二万，造旱船拽运。派同知、州判、县佐贰督率之。每里掘一井以浇旱船、资渴饮。计二十八日到京，官民之费，总计银十一万两有余。”[2] 旱船拽运在冬季进行，趁严冬结冰时，沿途每里挖一口井，以井水浇路结冰，由军夫、民夫

1 中国第一历史档案馆、故宫博物院编《清宫金砖档案》第 139—170 页。

2 [明] 贺仲轼撰：《两宫鼎建记》卷上，商务印书馆，1937 年。

图 1-33
保和殿后大石雕

图 1-34
慈宁宫花园东院遗址发掘的磉墩

拖运装载巨石的旱船在冰上缓慢移动，一路拽运至工地。从体量来看，紫禁城内最大的是今保和殿后的一块云龙阶石，长 16.5 米、宽 3 米、厚 1.7 米，用一整块汉白玉雕成，重达 200 多吨，当年运输的艰难可想而知！明万历时，督理其事的郭知易发明了较为省力的搬运巨石的办法，即造 16 轮大车，用骡 1800 头拽运，计 22 日到京，费用不足 7000 两。[1]

对于紫禁城宫殿地基，人们一般都知道是三合土夯基，属“满堂红”式地基基础，十分坚固。但具体结构怎样，做法怎样，则不大清楚。通过今天的考古发掘，紫禁城宫殿地基可有一个明晰的呈现。2014 年 8 月，故宫慈宁宫花园东院西侧进行高压线铺设工程，开挖一条南北向的施工沟时，发现一处保存较好、规模宏大、工艺考究的大型宫殿建筑基址。据文献记载，该区域元代属大内范围，明代初年为大善殿分布区。明代嘉靖时期，改变原有宫殿格局建成皇太后居住的慈宁宫。清代继续沿用，康熙、乾隆时期这里是万寿庆典的重要活动场所。近年来，经国家文物局批准，故宫考古研究所对该遗址进行了抢救性考古发掘，发掘总面积 670 平方米。该基址由地钉、桩承台、磉墩、夯土层、夯砖层等遗迹构成，至迟始建于明早期、废弃于明后期，与始建于明永乐、废弃于明嘉靖时期的大善殿相对应。根据

1　[明] 贺仲轼撰：《两宫鼎建记》卷上，商务印书馆，1937 年。

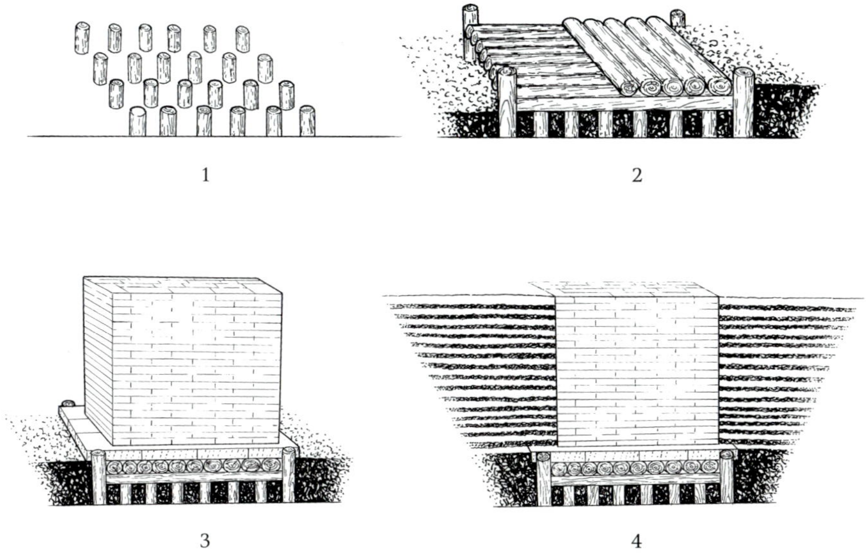

图 1-35
紫禁城建筑基础工艺复原示意图（以单个磉墩为例，工序为：1. 基槽内打地钉；2. 铺排木，建桩承台；3. 铺土衬石，砖砌磉墩；4. 周边铺夯土层、夯砖层）

层位关系和遗迹现象，可以推测该宫殿建筑基础的营造工艺顺序为：下挖大型斗形基槽；基槽内打木质地钉，地钉上铺设舞台式桩承台；台上铺土衬石，周边夯筑碎砖；土衬石之上再砖砌建筑磉墩；磉墩之间层层交替铺设夯土层、夯砖层作为拦土墙，磉墩之外的基槽内同时也层层交替铺设夯土层、夯砖层。这种在软质基础上建设大型宫殿建筑的基础做法，与北宋《营造法式》记载的建筑基础做法基本一致。[1] 正因为有了这样一丝不苟的处理，有了如此坚固牢靠的基础，历经 600 多年风雨沧桑的紫禁城宫阙才仍巍然屹立。

紫禁城是在全面规划、长期准备、周密计划、充足备料的基础上认真施工建成的。在总体规划方面，文献多记载泰宁侯陈珪、工部侍郎吴中和太监阮安的规划设计才能，实际上贡献最大的是蔡信。他有瓦木各作的丰富知识，有精湛的设计才能，使设计和施工紧密结合，因此他的设计方案为各位匠师所敬佩。营建北京宫殿的石、瓦、木作的匠师代表人物分别是陆祥、杨青和蒯祥。陆祥石作技术高超，操作认真，他所掌管的北京宫殿坛庙石活都能雕琢精细，尺寸严格，工精料实，一丝不苟。从钦安殿的白石勾栏到三台螭首的“千龙喷水”，都可以看出他的精湛技术。瓦工杨青，擅长估算，精于调配工料。他的工料估算对完成宫殿施工起了很重要的统筹安排作用。蒯祥的父亲曾主持过南京宫殿的木作工程，他在少年时代随父学艺，后接父亲的班掌管南京宫殿的木作工作。永乐十五年（1417）紫禁城宫殿营建开始进入大规模施工高潮时，蒯祥随永乐帝从南京到北京，主持宫殿

1 徐华烽：《故宫慈宁宫花园东院遗址：揭秘紫禁城『地下宫殿』》，载《紫禁城》2017 年第 5 期。

图 1-36
太和殿周围的
石雕栏杆和螭首

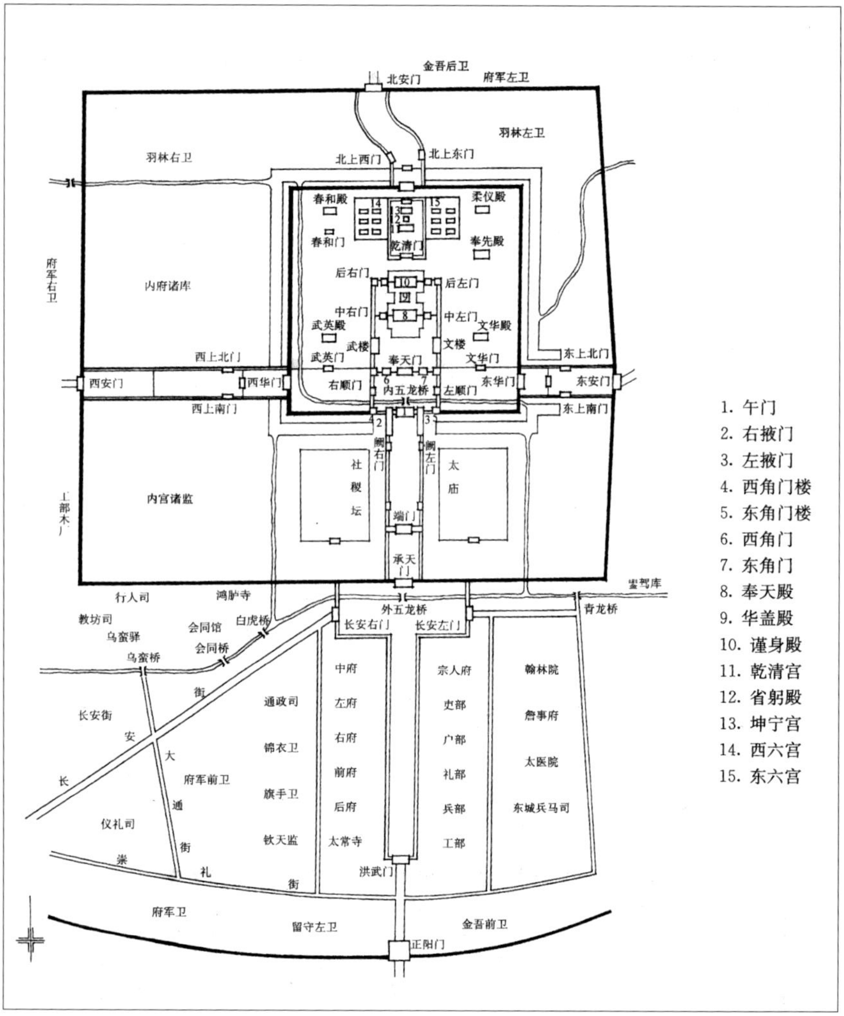

1. 午门
2. 右掖门
3. 左掖门
4. 西角门楼
5. 东角门楼
6. 西角门
7. 东角门
8. 奉天殿
9. 华盖殿
10. 谨身殿
11. 乾清宫
12. 省躬殿
13. 坤宁宫
14. 西六宫
15. 东六宫

图 1-37
明代南京皇城复原图
引自《中国古代建筑史》第四卷第 113 页，
中国建筑工业出版社，2009 年

的施工。古代木构建筑的营建中，很多用料的尺寸都是以斗拱的模数计算出来的，因而木骨架的设计是各种专业设计的基准，蒯祥既能设计、绘图，又有操作技术，因此人们称他为“蒯鲁班”。[1]

紫禁城宫殿既凝聚着这些管理者、设计者及著名技师的心血，又是参加营建的十万工匠与百万夫役的劳动成果，更是中国数千年来宫殿建筑的终极之作。

悉如南京而壮丽过之

永乐十八年（1420）十一月，北京宫殿城池告成。“初营建北京，凡庙社、郊祀、坛场、宫殿、门阙，规划悉如南京，而高敞壮丽过之。”[2] 北京宫殿也全用了南京的名称。“过之”二字，也有着不断完

1 于倬云著：《中国宫殿建筑论文集》第 129—130 页，紫禁城出版社，2002 年。

2 《明太宗实录》卷二三二，永乐十八年（1420）十二月癸亥。

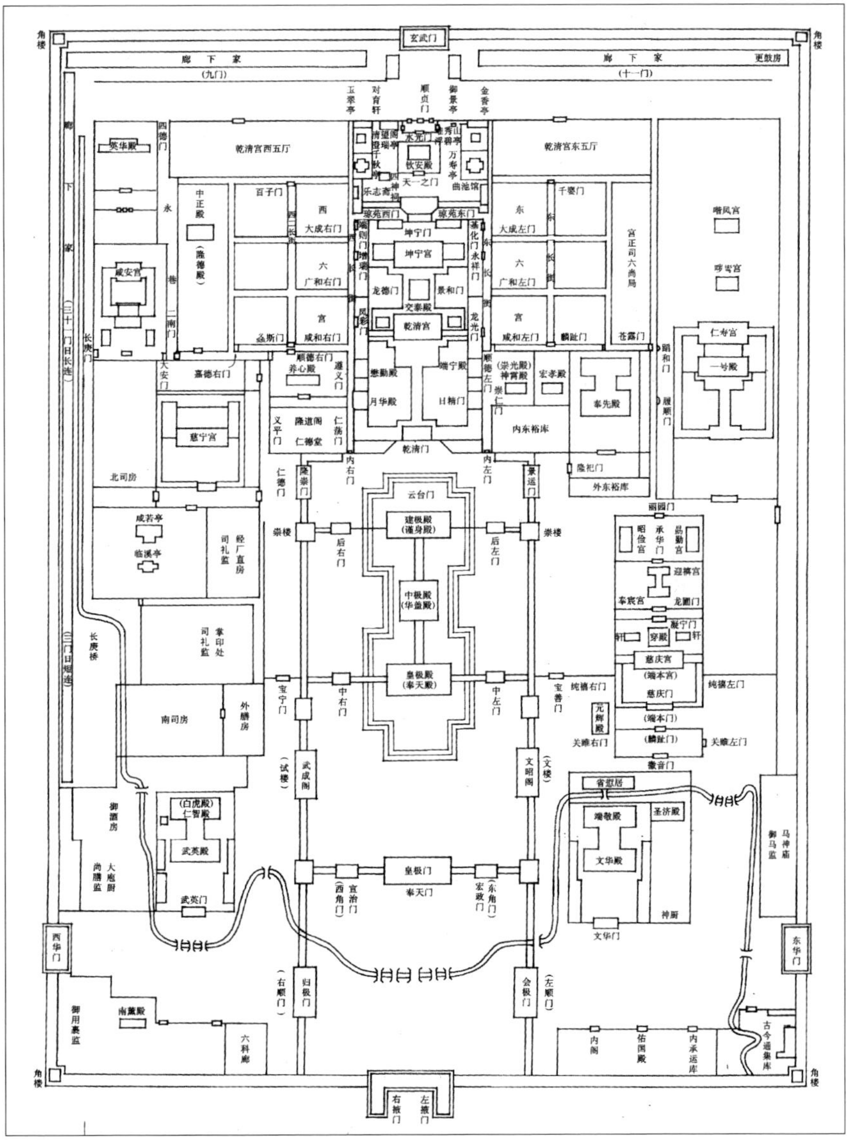

图 1-38

明代北京紫禁城殿宇位置图

引自《中国古代建筑史》第四卷第 118 页，
中国建筑工业出版社，2009 年

善的意思。

紫禁城庞大的建筑群体，既是帝王统治国家、日理万机的政治中心，也是其与皇室人员居住生活的地方。根据朝政活动和日常起居的需要，紫禁城分为南北两部分，以谨身殿（今保和殿）后至乾清门前之间的横向广场分隔内外，形成了宫殿建筑外朝、内廷的布局。外朝在前部，亦称前朝，是颁布大政、举行集会和仪式以及办事的行政区，主要由中轴线上的奉天、华盖、谨身（今称太和、中和、保和）前三殿及其东西侧对称布置的文华殿、武英殿三组建筑群组成。内廷位于紫禁城北半部，以后三宫即乾清宫、交泰殿、坤宁宫为中心，左右有供后妃居住的

图 1-39
三大殿

图 1-40
太和殿的轩辕镜

东西六宫，皇子居住的乾清宫东西五所；供皇太后居住的慈宁宫、寿康宫、寿安宫分布在内廷的西部；另有花园、藏书阁等文化娱乐、游憩及服务设施，是皇帝处理日常政务、生活起居的主要场所。紫禁城采用严格对称的院落式布局，按使用功能分区，依用途和重要程度有等差、有节奏地安排建筑群的体量和空间形式，代表了中国古代建筑组群布局的最高水平。

前三殿作为紫禁城的主体建筑，其建筑形式保留了更多的古制。前三殿南面开有三门，正门是面阔九间、重檐歇山顶的奉天门（今太和门），明代这里是皇帝“御门听政”的地方。奉天门与午门之间形

图 1-41
太和殿金漆龙椅
现存龙椅为明嘉靖年间制作

成一横长矩形广场，东西两面有通文华、武英二殿和东华门、西华门的左顺（今协和）、右顺（今熙和）二门。有与城外护城河相连的内金水河横过广场，同自承天门（今天安门）至午门的纵长广场形成对比。奉天门内殿庭中建“工”字形的台基，和前面三重高的月台共同形成一个“土”字形的石台基座，俗称“三台”，高 8.13 米，周围绕以石雕栏杆。台上自南而北依次建奉天、华盖、谨身三殿。

明代奉天殿面阔九间，进深五间，合“九五之数”，四周有一圈深半间的回廊。殿内面积 2000 多平方米，重檐庑殿顶，前有宽阔月台，下临广大殿庭，供元旦、冬至大朝会和其他大典使用。奉天殿是

图 1-42
紫禁城建筑工艺之一:
太和殿院东北崇楼外檐龙草
和玺彩画小样

图 1-43
紫禁城建筑工艺之二:
养心殿西配殿屋顶滴子、
勾头及帽钉

图 1-44
紫禁城建筑工艺之三：
太极殿平身科斗拱后尾

图 1-45
紫禁城建筑工艺之四：
御花园内万春亭藻井

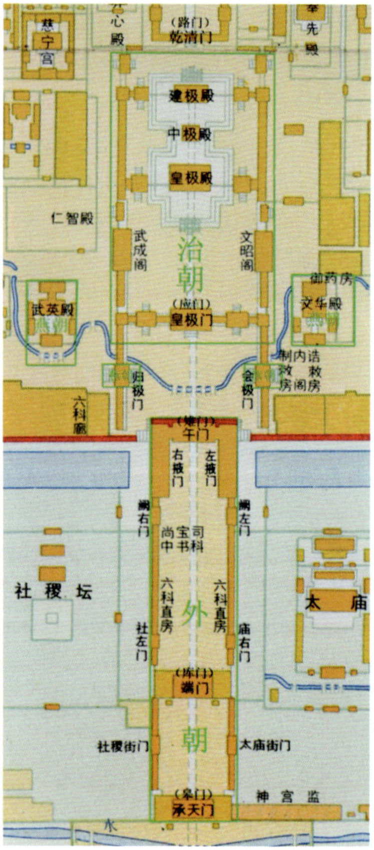

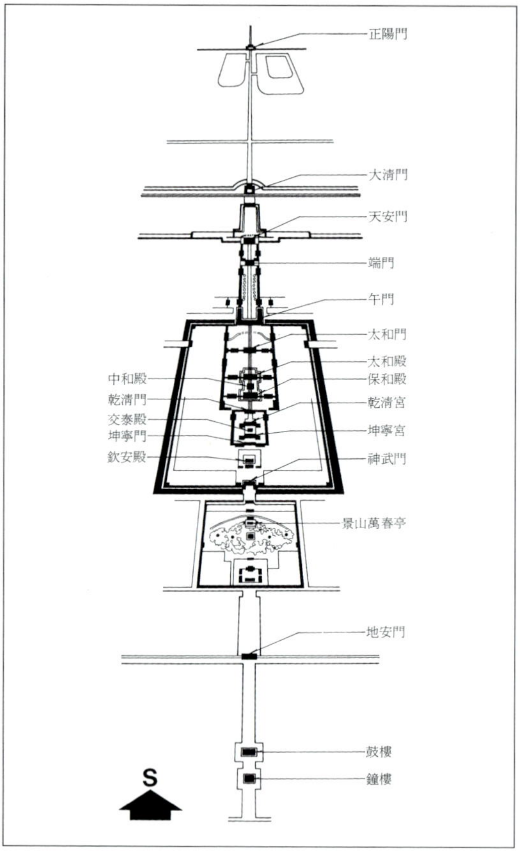

外朝主殿，也是全国现存最大的古建筑。奉天殿的装饰与陈设均为中国古建筑中的最高等级。檐宇四角安有仙人走兽 10 个，为现存中国古建筑中的孤例。殿内正中放置须弥座式宝座台，台上金漆龙椅，俗称金銮宝座。奉天殿是整个宫殿区乃至整个北京的构图核心，它的巨大的体量，它和层台形成的金字塔式的立体结构，使它显得非常凝重稳定，象征着皇权的稳固。

紫禁城在规划设计上充分体现了儒家的礼制，反映了皇权至上的伦理观念，它继承了传统的宫城、内城、外城的三重城制度，居都城中央。紫禁城的主要建筑，可以看到是附会《周礼·考工记》而布置的。例如，前三殿与后三宫的关系体现了“前朝后寝”的制度；位于宫城前面东侧（左）的太庙与西侧（右）的社稷坛，表现了“左祖右社”的制度。又如，午门、奉天门（明嘉靖时改名皇极门、清改名太和门）以及武英、文华二殿等门殿，反映了“三朝”之制；奉天殿前有大明门、承天门、端门、午门、奉天门五重门，以象征“五门”之制。《国朝宫史续编》又称内廷部分的乾清、坤宁二宫象征天地，乾

图 1-46
明代五门三朝示意图
（天启—崇祯年间）
引自李燮平：《明清紫禁城“五门三朝”的比较研究》，载故宫博物院编《故宫学术讲谈录》第二辑，故宫出版社，2014 年

图 1-47
北京城中轴线上主要建筑位置图
引自于倬云主编《紫禁城宫殿》

图 1-48
慈宁花园鸟瞰图
引自于倬云主编《紫禁城宫殿》

清宫东西庑日精门、月华门象征日月，东西六宫象征十二辰，以乾东、西五所象征天干等，可见宫殿建筑除具体的使用功能外，更重要的是以建筑形象表现封建皇权至高无上的地位。为了体现等级制度，紫禁城又通过殿宇的开间、屋顶的形式、屋脊上的走兽和斗拱出跳的数目以及彩绘的形式等建筑语言来加以区分。

紫禁城凝聚着丰富的传统文化，例如风水、阴阳、五行等。风水是古人居住价值观的反映，其外在表现是山水，本质是“气”。阴阳学说是中国古代的一种宇宙观和方法论。五行的金、木、水、火、土与阴阳是相辅相成的。阴阳学说又是古代中国风水理论的基础。按照风水理论，北面必须有“镇山”，即“靠山”，又要配以水，只有二者的结合，才是完美的福地。于是便在宫城四周开挖护城河，引护城河水入紫禁城，同时将开挖的大量土方运至宫城北侧，堆砌成山，即今天的景山，它与金水河共同构成紫禁城依山面水的气势，宛如一道天然屏障，守护着紫禁城。金水河命名又来源于五行学说，因河水从皇城和宫内的西方流入，西方属金，金又生水，故名“金水河”。阴阳

图 1-49
故宫太和门前的
内金水河

图 1-50
从紫禁城东北角楼处
看景山

五行对建筑的影响，主要体现在方位的选定、环境的处理、建筑的装饰、色彩的运用等方面，手法比较含蓄，然而寓意深刻。一条南北中轴线将宫城分为东西阴阳二区，东为阳，五行中属木，色彩为绿，表示生长，因此东部的某些宫殿为太子居住和使用。西方为阴，五行中为金，属秋季，生化过程为收，所以部署了与“阴”有关的建筑，如皇太后居住的寿安宫、慈宁宫等。就外朝与内廷来说，外朝为阳，内廷为阴，等等。这些都是中国古代建筑与文化融合的特色所在。

紫禁城的建筑艺术也体现了中国建筑的特点及中国传统的审美观念。例如，中国建筑有集群性特点，即建筑物往往是群体的组合，这在紫禁城反映得尤为突出。紫禁城实际是个庞大的建筑群，它强调和追求的不是向空中的发展，而是在地面上的延伸和量的积累。辽阔才是伟大，集群方显崇高。这种以平面延伸为壮美的观念体现了中国人的空间意识，同时群体的序列有助于渲染统治王朝的威严。但紫禁城的庞大群体不是散在的，如前所述，紫禁城的营建者通过贯穿南北的中轴线，使这些群体呈现为极规则的分布。这种分列也从尊卑、亲疏的区别出发，由近而远相对排开，使宫中大量的建筑组成一个轴线突出、主从分明、统一和谐的整体，形成一种中高边低、群星拱月的格局。从伦理层面上说，这种格局体现了儒家的等级观念，把君臣、父子、夫妇等封建伦常关系，通过建筑空间形象体现出来。从审美的层次上看，强调群体组合，强调有序化和对称性，追求平面伸展、主次对衬，又是中华民族普遍的审美观的体现。同时，紫禁城中这些大小规模不同的院落和建筑外形的差异又造成多种多样的空间形式，使之在总体的统一和谐中又富于变化，充分体现了中国古代建筑中院落式布局的特点和艺术表现力。

迁都的反复

北京宫殿城池于永乐十八年（1420）十一月甫一告成，永乐十九年（1421）正月初一日，朱棣即御奉天殿，宣布以北京为京师，正式迁都北京，受文武百官朝贺。朱棣诏告天下，诏书特意写明迁都北京是“上以绍皇考太祖高皇帝之先志，下以贻子孙万世之弘规”。北京改称京师，而在习惯上仍称北京。

但是，历史的发展往往出乎人的意料。朱棣死后，其子朱高炽即位，是为明仁宗，这位皇帝的继位，使得明朝在都城的选择上再一次发生变化。洪熙元年（1425）三月，仁宗皇帝命皇太子朱瞻基“往谒祭诸陵，因留南京监国”[1]，并“命诸司在北京者，悉加‘行在’二字，复建北京刑部及后军都督府”[2]。四月，仁宗皇帝命修葺南京皇城，明确表示于明年春天返回南京。这标志着大明皇朝的都城要再次转移到南京。

产生这种变化的原因，除了因明仁宗本人一直生活在南京，对南京有着无法割舍的情怀，漕运造成的经济困难也是重要原因。永乐年间反对迁都的呼声一直不断。仁宗即位后，朝廷上再次出现还都南京

1 [清] 查继佐撰：《罪惟录》第一册卷四《仁宗昭皇帝纪》第 99 页，浙江古籍出版社，1986 年。

2 《明仁宗实录》卷八下，洪熙元年（1425）三月戊戌。

的强烈呼声，理由是还都南京可以“苏南方传输之劳，省北地供给之费”[1]。仁宗皇帝遂决定复都南京。但正当准备回銮南京时，登基不到一年的明仁宗却突然去世，还都南京的心愿只能在遗诏中表达："南北供亿之劳，军民俱困，四方向仰咸南京，斯亦吾之素心，君国子民，宜从众志。"[2]遗诏的内容难免悲伤，但却表达出还都南京意愿的迫切。

明仁宗去世，宣宗即位，形势又即刻发生转折。从小生活在北京的宣宗，对北京有一种深厚感情，本身对回銮南京的欲望不强，但迫于其父仁宗皇帝的遗愿，他在位的十年间，一直未明确宣布定都何处，名义上以南京为京师，北京仍为行在，但实际上北京才真正起着京师的作用。宣德二年（1427）十一月，宣宗诏谕南京法司“不得理在外诉讼”，“凡有告讦者，俱送北京”。[3]次年三月敕谕北京行部曰："尔北京行部，实总畿内之郡邑，以宣政化，以共国用。"[4]八月又令“革北京行后军都督府及行部”[5]。这些举措都表明，北京在实际上已代替了京师的地位，总揽全国政事。虽然似乎有些混乱，北京的地位也有点尴尬，但北京为都的意识在宣德年间逐渐得到加强。

在这段反复期中，明朝廷逐渐认识到定都北京的必要性。北方经济经过永乐至宣德几朝已有所恢复并发展。至明英宗即位时，北京作为都城的基础已经牢固，而且除太祖孝陵在南京外，其余祖宗陵寝均在北京，朝臣中提议南返的官员也几乎没有了。英宗即位不久，即陆

1 《明仁宗实录》卷三下，永乐二十二年（1424）十月壬戌。
2 《明仁宗实录》卷十，洪熙元年（1425）五月辛巳。
3 《明宣宗实录》卷三三，宣德二年（1427）十一月庚子。
4 《明宣宗实录》卷三九，宣德三年（1428）三月壬辰。
5 《明宣宗实录》卷四六，宣德三年（1428）八月辛卯。

续修建北京皇城，至正统六年（1441）九月全部竣工。北京为都已成不可逆转之势。这年十一月，英宗皇帝在重建的北京奉天殿颁诏“改给两京文武衙门印”，北京诸衙门去“行在”二字，“于南京诸衙门增‘南京’二字”。至此，以北京为首都、南京为留都的两京制最终确立下来，一直困扰明初统治者的都城问题终于彻底解决。

永乐年间对北京城的营建只能算是草创，北京城还有很多地方需要完善，后来的正统、嘉靖两朝都有重大作为。

明英宗即位之初便注意经营北京城池宫殿，动用军夫数万人，修筑京师九门城楼，加深城壕，改建桥闸，在城墙四角还修建了角楼，历时四年始告工成。此前北京有五个城门仍用元代旧名，这时全改新名：改丽正门为正阳门、文明门为崇文门、顺承门为宣武门、齐化门为朝阳门、平则门为阜成门。这次北京城池工程是永乐以来规模最大的一次，也可以说是朱棣营建北京的延续。通过这次整修，北京的内城城垣基本定型，以后再也没有什么大的变动。明英宗正统年间还大规模营建官署。永乐时诸衙门大都沿用元代旧官舍，分散在各处。明英宗下令按照南京之制，在大明门以北与承天门以南的“T”字形广场东西两侧，依序兴建官署。明初，北京城垣仅外城砌有砖皮。正统十年 (1445)，把城垣的内侧统统用砖包砌了起来，又在城垣外壁加砌一层大城砖。明英宗的又一大举措是重建永乐年间焚毁的宫殿。过了整整 20 年，正统六年（1441）九月，奉天、华盖、谨身三殿及乾清、坤宁宫又巍然屹立在紫禁城。

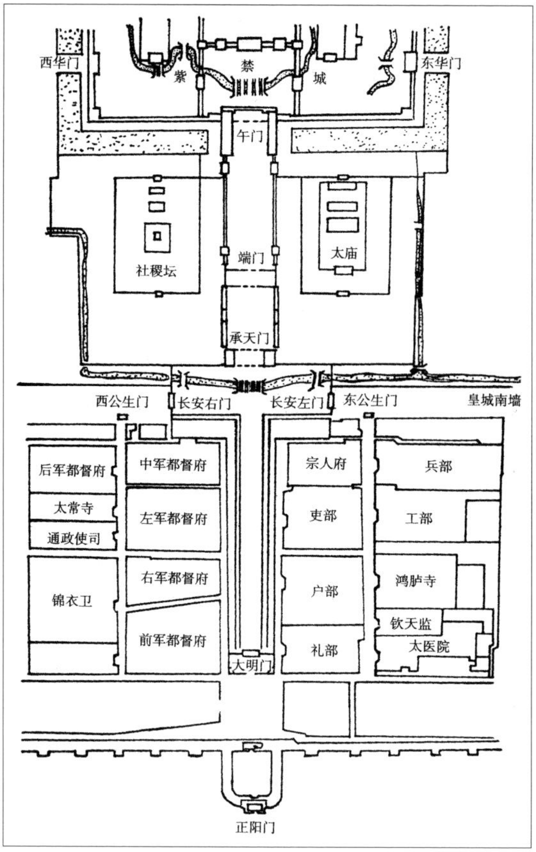

图 1-51
明北京午门至正阳门两侧的坛庙与衙署平面图
引自李宝臣：《北京城市发展史(明代卷)》第 112 页，北京燕山出版社，2008 年

中国古代的城一般都既有城又有郭，城与郭相辅相成。明代前期，北京一直没有增建外郭。嘉靖朝，为了巩固京师的防卫，保护城外周围的居民，朝臣对修筑外城的呼声又高涨起来。最初计划在京城外面四周筑外城一圈，后来嘉靖帝顾虑工费浩大，经过复议，改为只围南面，其余部分待财力许可时再说。这个外城将正阳门、崇文门、宣武门外的关厢地区以及天坛、山川坛（今先农坛）等处全都圈进城内，于是形成了外城在南、内城在北，两部分紧密相连而又各成体系的“凸”字形。外城的建成，使得从正阳门向南有一条笔直大道穿过东西并列的天坛和山川坛之间，直抵永定门。这是北京内城中心御道的延长，也是全城中轴线的明显标志。

嘉靖三十六年（1557）四月十三日，雷电击毁前三殿，文武二楼，左顺、右顺、午门及午门外左右廊房连带烧毁。至嘉靖四十一年（1562）重建完工，三大殿分别更名为皇极、中极、建极，突出了皇权的至高无上，这应与当时的“大礼议”背景有关。史称嘉靖年间是“土木岁兴”之年，但所兴的土木工程，大多在陵寝、坛庙、道观

图 1-52
明人绘《北京宫城图轴》
南京博物院藏

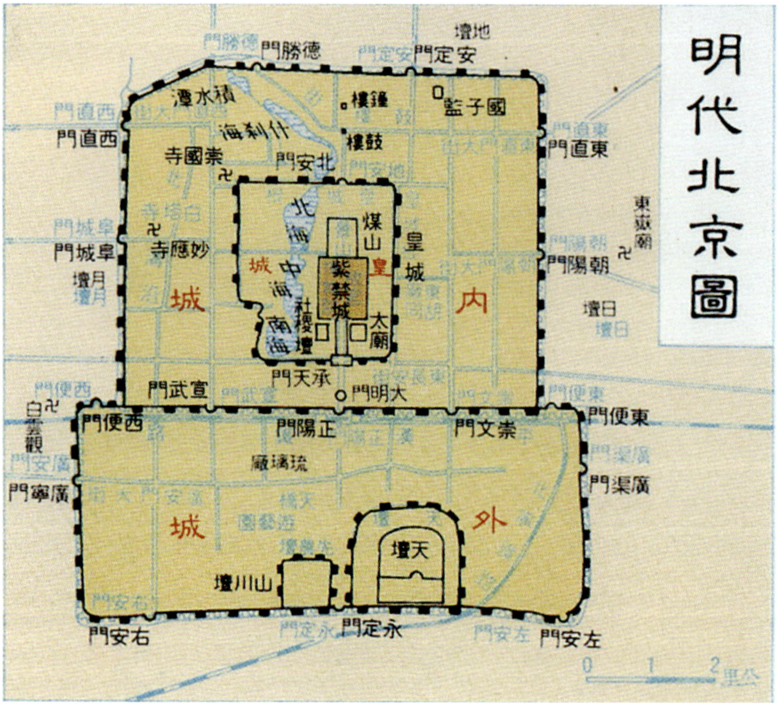

图 1-53
明代北京图
引自李宝臣：《北京城市发展史（明代卷）》首页插图，北京燕山出版社，2008 年

方面，对紫禁城内的修建，主要是重建、改建，创建、新建甚少。据《明世宗实录》记载，世宗在位 45 年多，共动各种土木工程 204 项，其中紫禁城内的工程大小合计只有 23 项，约占总数 11%。这些工程中，较大的新建工程，只有崇先殿、太皇太后宫、太后宫、慈宁宫和养心殿 5 项在紫禁城内，其余 181 项均在紫禁城外皇城以内、京城四郊、留都南京及承天府（今湖北钟祥）等外地，武当山大道观尚未包括在内，对紫禁城内的建设着力较少。[1]

火厄

木结构建筑最怕火。紫禁城从建成时起，宫殿就屡遭火灾，史书上常有“不戒于火”的记载。从永乐十八年（1420）到崇祯十七年（1644）明朝倾覆，总计 224 年，宫内共发生大小火灾 45 次，其中人为 28 次，雷击 17 次，平均每五年发生一次。如此频发的火灾，成为明朝皇帝挥之不去的梦魇，只能望火兴叹，“修省自责”。[2]

其实北京宫殿的第一次火灾发生在永乐十三年（1415），当时紫禁城尚未建成，失火地点是朱棣临时巡幸之所的午门。这年正月十五元宵节，早已住在北京的永乐帝登午门城楼看烟火，传旨在午门前搭

1 北京市地方志编纂委员会编：《北京志·世界文化遗产卷·故宫志》第 4 页，北京出版社，2005 年。

2 纪天斌主编：《故宫消防》第 3 页，紫禁城出版社，2005 年。

图 1-54
乾清门前的
铜鎏金水缸

起数丈高台，扎起彩阁，谓之“鳌山灯火”。在试放时，皇帝觉得烟火不旺，又多办一些。烟火自正月十三放到十五，但不料着了火，而且烧到午门城楼，且烧死多人，当时军事长官马旺在指挥救火时也不幸身亡。皇帝很自责，说他“意在与民同乐，不意失火伤人，虽由不谨之故，亦上天以垂戒不德也。方兹祇惧以务修省”[1]。

紫禁城最为雄伟和重要的奉天、华盖、谨身三大殿，在永乐十九年（1421）、嘉靖三十六年（1557）、万历二十五年（1597），即1421年至1597年的177年间各焚毁一次，俱为雷击所致。单士元说：“似乎老天成心和天子为难，每次火灾都是由于雷电引起，当日无避雷针的科学知识，及中国建筑又是木结构之因。三殿是一组建筑，一失火便延烧无遗，甚至顺廊房一直烧到午门。无论皇帝怎样‘修省’，也无济于事。今天看来，这是由于高大建筑缺乏避雷装置和消防设备所致。”[2]20世纪50年代，紫禁城有了避雷装备，一般雷电就无法肆虐了。

明代使用北京皇宫初期，制定了比较严格的防火制度，例如，“禁中不得举火，虽阁老亦退食于外”，为的是尽可能减少明火。但有次明宣宗朱瞻基得知后，就改变了这个规定，下令在院子中烹煮膳食。阁老们就不用退出宫外吃饭了。[3]到天启年间，各宫值房与外廷就没有区别了，都设置了厨房举火做饭。上行下效，轻视了防火，是明代宫中火灾频繁的一个重要原因。内廷的乾清宫、交泰殿、坤宁宫，在明代的225年间，四次遭到火灾，皆是人为。第一次是永乐二十

1 《明太宗实录》卷一百六十，永乐十三年（1415）正月丁巳。
2 单士元：《故宫史话》第25—26页，新世界出版社，2004年。
3 《古今图书集成》卷九八《火部纪事》。

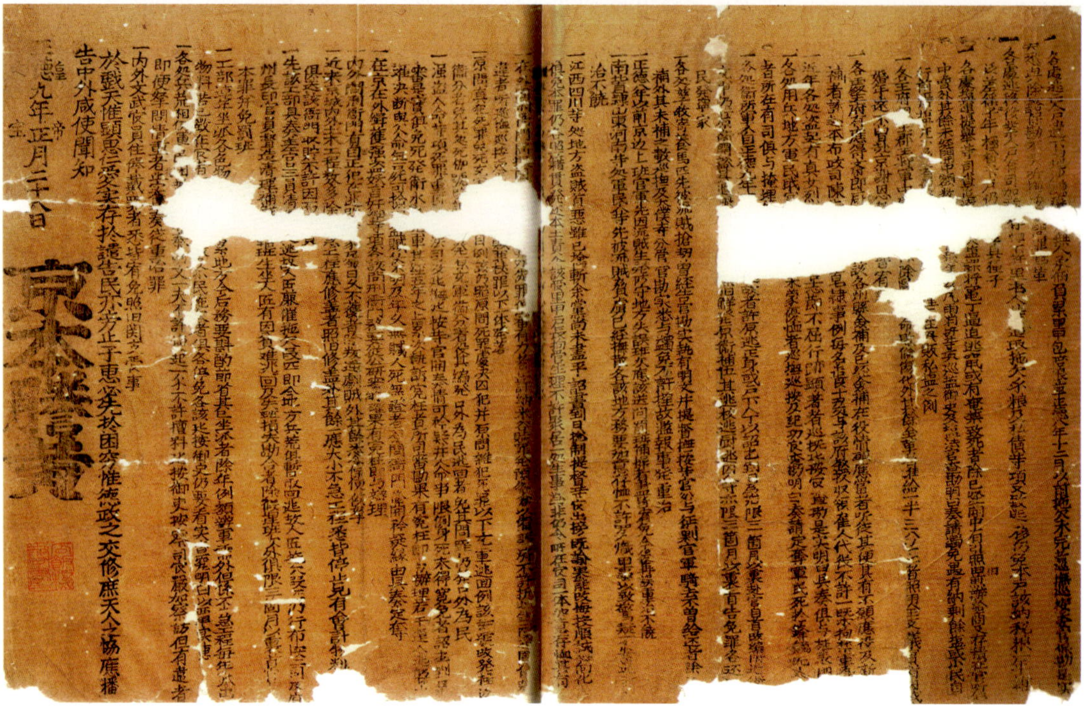

图 1-55
明正德帝的《罪己诏》

年（1422），第二次是正德九年（1514），第三次是隆庆二年（1568），第四次是万历二十四年（1596）。

值得一提的是正德九年（1514）的火灾，发生在正月十六。皇帝即位以来，每岁张灯为乐，所费以数万计。宁王朱宸濠就献来新鲜的灯火玩意，附着柱壁悬挂，辉煌如昼。“上复于宫廷中依檐设毡幕而贮火药于中，偶弗戒，遂延烧宫殿。自二鼓至明，俱烬。火势炽盛时，上犹往豹房省视，回顾光焰烛天，戏谓左右曰：‘是好一棚大烟火也。’”[1] 真是一个荒唐透顶的皇帝。对于这次火灾，《明史》仅有“庚辰，乾清宫灾”六个字。《明武宗实录》则有较多记载，例如皇帝认识到这场火灾的严重性，视朝时换上了浅淡色服装，撤去了宝座，让文武群臣“直言无隐”，也采取了一些措施。正德帝还为乾清宫火灾发布过《罪己诏》。1972 年，江苏无锡前洲镇挖出的一个明代棺材里，有这个《罪己诏》的“京本誊黄”，即地方官府照京本而翻刻的诏书，成为中国现存的《罪己诏》的唯一实物。[2]

明末紫禁城的最后一把火是李自成放的。崇祯十七年（1644）三月十八日，起自陕北的农民武装李自成大军围攻北京，从彰义门涌入。三月十九日破晓，当崇祯帝得知北京内城被攻陷，便亲自在前殿鸣钟召集百官，可是钟声再响也没召来一个人。于是，他与宦官王

1 《明武宗实录》卷一百八，正德九年（1514）正月庚辰。
2 冯其庸藏录编著：《瓜饭楼藏文物录》下册，第 172—180 页，商务印书馆，2019 年。

图 1-56
武英殿

承恩在万岁山（景山）自缢。崇祯亲笔在衣襟上写道：“朕凉德藐躬，上干天咎，然皆诸臣误朕。朕死无面目见祖宗，自去冠冕，以发覆面。任贼分裂，无伤百姓一人。”[1] 实践了先前对群臣所说“国君死社稷，朕将焉往”的壮语。这个空怀“中兴”之志的孤独的勤政者与大明帝国同时进入了历史。

三月十九日中午，李自成穿着缥衣，头戴毡笠，骑着乌驳马进入午门，成为紫禁城的新主人，但是为时很短。一个月后，李自成被吴三桂联合清军打败。四月二十九日晚，李自成在武英殿仓促称帝，给七代祖先都追加帝后尊号，立妻子高氏做皇后，穿上皇帝礼服，陈列仪仗接受朝驾，过了一把皇帝瘾。其部下和明朝降官曾多次劝他早日即位为帝，但李自成忙于清点明宫财物，没有立即应允，不过朝官已经开始演习登基大典的朝仪了。

李自成把搜索的金银和宫中国库中的帑藏、器皿全部熔化，铸成金饼，每只金饼重一千两，约几万只。这一夜又“先运薪木积于内殿，纵火发炮，击毁诸宫殿，通夕火光烛天。须臾，九门雉楼皆火发，城外草场并燃，与宫中火光相映。太庙、武英殿门仅存”[2]。四月三十日黎明，李自成带着一长串装有金饼的骡车，在大队人马的簇拥下离开了京城，向他的家乡陕西奔去。他不时回头望着火光冲天的紫禁城。

1 《明史》卷二四《庄烈帝本纪》。

2 [明] 谈迁著、张宗祥校点：《国榷》卷一百一，第6079页，中华书局，1958年。

紫禁城在火光中结束了一个时代，也迎来了新的主人。

这就是史家所称的“甲申国难”。

四 两朝文化的结晶

在中国历史上的王朝兴替中，前朝宫殿往往被代之而起的统治者破坏。烧宫殿、掠财宝成了改朝换代的老例，繁华的都城与威严的皇宫瞬间变成废墟，或者败落下去，“黍离麦秀”就成为感慨亡国之词。

清朝作为一个少数民族建立的王朝，崛起于东北一隅，夺取了大明政权，并逐渐统治了以汉族为主的整个中国，接受了汉文化。清朝统治者没有毁坏明代宫殿，而是利用了现成的紫禁城。有清一代，紫禁城内虽多次重建、新建、改建，这些建设在乾隆时代达到高潮，并且出现了满汉及南北建筑风格的交融，但紫禁城在明代形成的总体形制布局、主要建筑群的配置模式，以及中轴线上主体建筑的梁架结构等都没有改变，并在继承明代宫殿建筑的基础上有所变化与发展，形成了今日紫禁城建筑的规模和气概。现在的紫禁城实际上是明清两朝文化的结晶。

图 1-57
“太和充满”匾
宁寿宫区颐和轩内
乾隆皇帝的题匾，
今原件存原地

清初的修建、改建与重建

李自成给清人留下一个破烂不堪的紫禁城，宫内很多建筑被毁。新王朝的统治者只能将就着在紫禁城遗存的建筑中居住和办理朝政。顺治帝自关外入宫时，先在武英殿升座，即皇帝位则在皇极门（今太和门）举行。顺治二年（1645）元旦，顺治帝到堂子行礼后还宫受贺。按惯例，清帝要在正殿接受群臣及邻国使臣的朝贺。由于皇极殿严重毁坏，只好在皇极殿旧址上搭起帷幄，完成了新春朝贺礼仪。朝鲜国王李倧所遣使臣也在这里表贺元旦并贡方物。[1] 在清朝定鼎北京的最初两年中，凡重大礼仪都在武英殿举行。

清廷的重要任务是修复宫殿。顺治二年（1645）五月决定修皇极、中极、建极前三殿。耐人寻味的是，还未动工，首先把三大殿名称改为太和、中和与保和。为什么要改三大殿的名字？

顺治帝在紫禁城登极，满人实现了入主中原的愿望，不仅如此，他们还雄心勃勃，要一统华夏。一个仅据东北一隅的少数民族，要来统治一个已有近两千年君主专制历史的中原大国，实在是一个严峻考验。古代把“和”看作一种理想的境界。“太和”即和之至也。三大殿是皇权神圣的象征，如此强调“和”，是紫禁城新主人治国理念和指导思想的宣示，即希望以“和”为准则，达到最理想的统治境界。这反映了作为少数民族的清朝统治者的意向和心态，有着深刻的政治意义。顺治的年号应也体现了这种含义，即治国顺利，实现华夏一统。

1 《清世祖实录》卷十三，顺治二年（1645）春正月乙酉。

图 1-58
乾清宫

清统治者又将明代紫禁城最南面的承天门改名为“天安门”，以显示清王朝与前朝的不同。为了与紫禁城南面的天安门相呼应，顺治九年（1652）又对原明代的北安门进行修葺，并更名为“地安门”，与紫禁城南面的天安门相对应。此外，紫禁城还有一些带“和”字的宫、殿、门、轩，主要有元和殿、体和殿、永和宫、体顺堂（同和殿）、颐和轩、云光楼（养和精舍）、协和门、熙和门（雍和门）、延和门、近光左门（景和门）、咸和左门、咸和右门、履和门、永和门、蹈和门等。这些建筑物的名字，除极个别外，都是清代先后重新命名的。乾隆帝的“太和充满”匾，更是这一理念的充分反映。

紫禁城的修复，自顺治元年（1644）至顺治十四年(1657)，主要在原宫殿建筑基址上逐步复建宫阙，其中仅有少数宫殿因毁坏严重又亟待使用，不得不进行重建。为了恢复朝仪，复建了大内前部之午门、天安门，外朝太和门及前三殿。太和殿等三大殿整修工程的竣工，使定鼎北京不久的清王朝结束了以武英殿为施政中心的时期。自顺治四年（1647）始，清廷的重大朝会都在太和殿举行。顺治年间的内

图 1-59

乾清宫前的

江山社稷金殿

乾清宫前东西两侧的铜制亭式建筑，造型和尺寸完全相同，为顺治十三年（1656）五月顺治帝下令安设。东侧的宫殿称为江山殿，西侧的宫殿称为社稷殿。“江山”寓意国家政权，“社稷”寓意国土

图 1-60
坤宁宫
皇帝大婚洞房

廷工程，有乾清宫、交泰殿、坤宁宫，东路钟粹、承乾、景仁，西路储秀、翊坤、永寿等六宫，以及慈宁宫、奉先殿等。顺治年间，对内廷建筑的整修虽然规模较大，但是工程质量却欠佳。特别是乾清宫，“落成之始，尚有可观”，但两年后，就出现了“经雨辄漏，墙壁欹斜，地砖亦不平稳，阶石坼缝，甚不坚整”的现象，使得皇帝大为恼怒，他指责工部等“疏忽怠玩，不用心督造及匠役草率所致”，下旨“著详察该衙门经管各官并营造人等，严行议处”。[1] 内廷重建后，乾清宫不仅成为顺治的寝宫，也是他召见大臣、处理政务和举行日讲的场所。伴随着后三宫及东三宫、西三宫的建成或修毕，清宫嫔妃的册封也在加紧进行。通过修缮，紫禁城稍具观瞻之雄，外朝内寝皆有其所。此时的建筑基本上沿袭了明代建筑的格局和规制，概从简朴，没有什么重要更动。

在内廷的整修中，又根据使用的需要进行过一些改建。变化最大的是坤宁宫。坤宁宫位于紫禁城中轴线上，是明朝皇后的寝宫。皇后主内廷，统摄六宫。坤宁宫为内廷的中宫，建筑规模也在六宫之上。其面阔九间，进深三间，重檐庑殿顶。顺治十二年（1655）仿沈阳盛京清宁宫规制重修。嘉庆三年（1798）仿照盛京清宁宫的规制又进行了改造。同明代前檐明间开门的旧制不同，其门设在东次间，具有典型满族“口袋房”的特色，即正门不在中间，而偏于东侧。室内明间、东西次间、西梢间通为一体，明间以西，南、西、北三面环大炕，俗称“万字炕”或“蔓枝炕”，此四间为萨满祭祀的场所，神位供奉于西炕和北炕。与其相通的东次间与门相对的后檐，单隔一室，

1 《清世祖实录》卷一一八，顺治十五年（1658）六月丁卯。

图 1-61
坤宁北炕萨满祭祀处，
中供夕祭神画像轴

内设锅灶，为萨满祭祀时杀牲煮肉之用。东梢间、次梢间通为一室，称暖阁，为清代皇帝大婚之洞房。西次梢间无门，为存贮祭祀用具的密室，出入走窗户。坤宁宫门为板门，设棂花隔扇窗。坤宁宫前交泰殿后设有立杆石，用于祭祀时设立索伦杆。显然，重建后的坤宁宫除了体量和外形，在形制和功能上，已截然不同于明代。皇帝大婚礼例于坤宁宫东暖阁举行，并在此住二日，然后移居乾清宫或养心殿。可见清代坤宁宫的性质发生了改变，已变为一座神堂，成为紫禁城内最具满族文化特色的建筑。

除了坤宁宫，据史料记载，宁寿宫、南三所以及永寿宫后殿东西配殿、启祥宫（体元殿）后殿东西配殿、长春宫后殿东西配殿等，清代初期都曾改建为“口袋房”“万字炕”“吊搭窗”的形式。另外，乾清宫在顺治时期也曾设有“万字炕”，只是后来又恢复了原有的形式。

康熙初年，仍以整修前三殿和后三宫为主。从康熙二十二年（1683）到康熙三十四年（1695），清朝统治者进行了大规模复建，先后营建了经筵用的文华殿、传心殿，太后居住的咸安宫、宁寿宫，后妃住的东路景阳、永和、延禧三宫，西路咸福、长春、启祥三宫，皇子居住的乾东头所、二所，乾西五所及撷芳殿、毓庆宫等，重建了太和殿及乾清宫、坤宁宫、奉先殿，使宫寝建筑更为完备，而且还设置了上驷院、造办处、内务府等服务性建筑。概括起来，主要是以太和殿为中心的外朝主体建筑，内廷皇室成员的寝宫，礼仪建筑和功能建筑。至此，紫禁城宫殿群已基本恢复到前明时的规制。

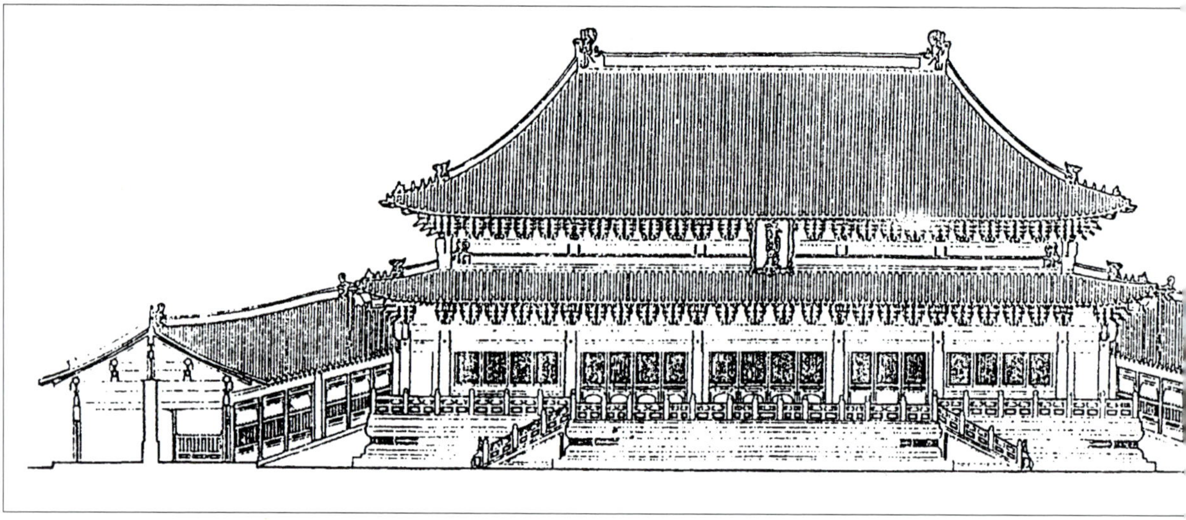

图 1-62
康熙重建后的
太和殿

图 1-63
青海瞿昙寺
隆国殿正立面图
隆国殿以抄手斜廊
与两侧廊庑相属的组合关系
是摹自明初的紫禁城
引自青海省文化厅编《瞿昙寺》
第 21 页，四川科学技术出版社、
新疆科技卫生出版社，
2000 年

康熙朝，太和殿的重建是一项重大工程。康熙十八年（1679），太和殿因不戒于火又遭焚毁。重建太和殿经历了十余年的准备。在备料中，巨材楠木最难筹办，康熙决定以塞外“大而可用”的松木取代楠木作殿材。火灾后的第16年，即康熙三十四年（1695），重建太和殿的工程才正式启动。越两年，太和殿告成。在维持明代旧制的基础上，这次重建也做了些变动。一是将原来的面阔九间改为十一间，进深仍为五间，这是因为难以找到明代时那样巨大的楠木，只好缩短桁条的跨度。但为了符合正殿布局的“九五之尊”制度（面阔九间、进深五间），将东西尽间，各砌一道与山墙平行的砖墙，形成独立的夹室，从而使大殿主体相通的部分依然为九间之制。这种处理方法，还使得太和殿更加符合古代宗庙的形制。另一重要变化是将太和殿两侧的斜廊改为阶梯状封火墙。在这次重建之前，太和殿仍然采用传统宫殿建筑的廊院制，依然保存有平廊和斜廊的建筑。这一变化当然旨在加强火灾防范，避免因木结构的相互连接，酿成一殿失火殃及他殿的悲剧。其实，这次重建不只太和殿两侧筑起了防火墙，东西廊庑也每隔五间起一道隔火砖墙，直达屋顶；左翼门、右翼门、体仁阁、弘义阁等门阁两侧，也改建为一段厚墙，从而将原本联为一体的廊庑分割为六段。[1] 这是明代所不曾有的形制。太和殿此前所采用的传统宫殿建筑的廊院制形式，现仍保留在青海省瞿昙寺的隆国殿。太和殿此次重建，以“掌尺寸”的匠头梁九贡献最大。据江藻《太和殿纪事》，梁九为顺天府（今北京）人，明末师承工部负责宫殿监造的匠师冯巧，“尽

1 单士元：《故宫史话》第22页，新世界出版社，2004年。

图 1-64
养心殿全景鸟瞰

图 1-65
养心殿后皇帝寝宫

传其奥”，由于技艺精湛，清初“大内兴造，梁皆董其事”。

雍正时期只有13年，紫禁城内修建工程不多，主要有紫禁城内西北隅的城隍庙，东一长街南的仁祥、阳曜二门之中的斋宫等。但雍正年间紫禁城内最大的变化却是养心殿功能的转换。乾清宫西侧的养心殿，清初顺治皇帝病逝于此地。康熙年间这里曾是宫中造办处的作坊。康熙去世，梓宫奉安在乾清宫。养心殿作为祭奠之处，雍正皇帝在内守丧，但持服27日后雍正未移居乾清宫。此后养心殿就一直作为清代皇帝的寝宫。养心殿区经不断改造、添建，成为一组集召见臣工、处理政务、皇帝读书及居住为一体的多功能建筑群。一直到溥仪出宫，清代有八位皇帝先后居住在这里。

乾隆的遗产

乾隆在位60年，政局稳定，国库财力雄厚，是康乾盛世的高峰，也是紫禁城宫殿建设的高潮。从乾隆元年(1736)的寿康宫工程，至乾隆六十年（1795）的毓庆宫改建，整修和建筑工程几乎从未停止过，据记载共有55项。在这些工程中，对紫禁城最具贡献的还是那些新建筑，重要的有重华宫、建福宫、建福宫花园、雨花阁、宁寿宫、宁寿宫花园等，不仅工程量很大，而且都颇具特色，甚至成为经典之作。乾隆时期，宫中园林、休闲和宗教建筑或设施不同程度地增加，生活气息更浓。

图 1-66
由建福宫花园望乾西二所

乾隆即位后，首先对乾西五所进行大面积改造。东西六宫之北，各建五所并排的院落，是皇子的住所，统称为乾东五所、乾西五所。乾西五所初为皇子所居，清初沿明制，乾隆帝即位前于雍正五年（1727）成婚，居二所，即位后将乾西五所改建为重华宫、漱芳斋、建福宫花园。

乾隆曾居住的乾西二所，在其登极后，作为肇祥之地升为宫，屡经修葺，大学士张廷玉、鄂尔泰拟宫名曰“重华”，取《尚书·舜典》孔颖达疏“此舜能继尧，重其文德之光华”之意。重华宫南北三进院，第二进院为正殿。重华宫作为皇帝新年受贺、举行茶宴、接见外藩与文臣赋诗联句之地。从乾隆御制诗可以看出乾隆经常临御此宫，是一座利用频繁的宫室。漱芳斋即原乾西五所之头所，添建院内戏台 1 座，室内小戏台 1 座，为重华宫宴集时演戏之所。重华宫及其周围建筑之改建具有开创性意义，它在不违背严肃规整的礼制布局的基础上，力求创造具有生活气息，舒适合用，并有园林意境的宫室空间，对于后来清代紫禁城规划有着一定的影响。

建福宫花园亦称西花园，因位于内廷西侧而得名，为紫禁城第二大花园。乾隆七年（1742）始建，占地约 4020 平方米，园内建筑以延春阁为中心，有静怡轩、慧曜楼、敬胜斋、吉云楼、碧琳馆、妙莲华室、凝晖堂、积翠亭等建筑 10 余座。建福宫花园曾是乾隆皇帝最喜爱的休憩娱乐的场所，同时也是其大量珍宝玩物的存放处。民国十二年（1923）建福宫花园毁于大火。从史料可见，从设计建

图 1-67
建福宫花园
延春阁老照片
故宫博物院藏

园始，乾隆即投入了相当高的热情，他为建福宫花园内大部分馆室作过诗。延春阁的牡丹，静怡轩的梅花，碧琳馆的竹子，以及春雨冬雪，在这位皇帝的笔下多有吟咏，使人们可以想见当年花园的美景。

内廷西六宫之西为雨花阁区，包括雨花阁、梵宗楼、宝华殿、中正殿，是紫禁城中最大的也是最重要的一处藏传佛教的活动场所。雨花阁是宫中唯一的一座汉藏形式结合的建筑，乾隆十四年（1749）依照西藏阿里古格的托林寺坛城殿，在明代原有建筑的基础上改建而成。雨花阁前东西两侧有面阔五间、高二层的配楼，均为乾隆年建，曾分别供过三世章嘉和六世班禅的影像。

雨花阁是一座相当精美的建筑，内供西天梵像。阁外观三层，内一、二层之间设一暗层，为明三暗四的楼阁式建筑。下层四面出抱厦，

图 1-68
雨花阁上部

图 1-69
雨花阁内底层坛城

中层为歇山顶黄琉璃瓦蓝剪边屋面，上层改为正方形平面的四角攒尖顶，覆以铜镀金筒瓦板瓦，四角垂脊各为一条立体铜镀金行龙，顶中安铜镀金塔式宝顶。每层供奉不同佛祖坛城，由下至上称智行层、德行层、瑜伽层、无上层，分别代表密教四续部佛祖。在阁内底层安置有三座珐琅制作的坛城模型，称“大曼荼罗”。坛城安置在汉白玉雕花石座上，外有硬木亭式外罩，坛体以嵌银丝珐琅烧造，十分华美。在紫禁城一片黄色屋面的海洋中，兀立了如此精巧、高峻、蓝金色调屋面的楼阁，不仅是对整个宫殿天际构图的调节，更突显了其艺术的魅力。

乾隆时期最为精美的建筑还是位于紫禁城东北部的宁寿宫区。宁寿宫是康熙二十八年（1689）在明代仁寿殿、哕鸾宫的基址上改建的奉养东朝之所。乾隆三十五年（1770），乾隆皇帝为履行自己在位不超过其祖父康熙 61 年的诺言，决定在宫中建立太上皇宫殿，作为自己归政后颐养天年的居所。宫址就选在宁寿宫区，于乾隆三十六年（1771）动工，历时 5 年建成，仍称宁寿宫。宁寿宫全区

图 1-70
皇极殿

“左倚城隅直似弦”，占地约 50 000 平方米，周围有高大的红墙。中轴线贯穿南北，仿三大殿、后三宫，前有九龙壁、皇极门、宁寿门，后有皇极殿、宁寿宫、养性殿、乐寿堂、颐和轩、景祺阁等六座中路建筑，是一个缩小的前朝与内廷。皇极殿为宁寿宫区的主体建筑，为太上皇临朝受贺之殿。乾隆六十年(1795)，以明岁元旦举行授受大典，改元嘉庆，于嘉庆元年（1796）正月初四在皇极殿举行盛大的千叟宴。光绪二十年（1894）在皇极殿行慈禧六十寿辰贺礼。光绪三十年（1904）慈禧太后七十寿辰前后，在此分别接见奥、美等 9 国使臣，接受外国使臣祝贺。宁寿宫规制仿坤宁宫，内建煮肉锅灶，有满族萨满祭神的场所。宫后东西两侧各添做烟囱 1 座，四面包砌细城砖，上安铜顶，为宁寿宫灶房及室内烟道所用，保留了满族习俗建筑特点。养性殿为乾隆皇帝退位后准备居住的地方。乾隆虽未在养性殿居住，但却是常来的，“养性新正例有诗”，并曾于此赐宴。

中路外又有东路、西路。东路有具备三层台面的畅音阁大戏楼，楼后有书房和三进排房，最后为景福宫及佛日楼、梵华楼两座佛楼。

西路是一座幽深的宁寿宫花园，俗称乾隆花园。前后是四个以山景为主相通连的景区，占地 6500 平方米，间以轩、亭、楼、阁等各式建筑，共有景点 20 余处，可谓宫殿环抱、别有洞天的“仙境”。位于宁寿宫花园最北端的倦勤斋，室内空间分隔巧妙，装修大量采用竹黄、镶嵌、双面绣等特种工艺，其室内西为方形亭式小戏台，四壁为

图 1-71
畅音阁

1 2 1

图 1-72
乾隆花园古华轩后
通往遂初堂的院门

图 1-73
倦勤斋西三间
仿斑竹纹月亮门

170 平方米的绢本重彩通景画卷所覆盖，系由郎世宁的弟子王幼学等人绘制。全景画在几张大的丝绢上，覆盖于四壁及穹顶，通景画穹顶是串串藤萝，融中西画法为一体，既有西方的透视感，又具中国的写意性，其中心点正位于宝座和戏台的中间，站在这个点仰望周围的藤串，只见满目藤串逐渐向下倾斜，越往下斜度越大，造成了一种奇妙的立体感。画中的篱笆正与南方仿竹纹木制夹层的篱笆相连，画面中的月亮门与实景中的月亮门遥遥相对，南北呼应，将大自然移入室内，使宫殿内豁然开朗、生机勃勃。小戏台似于藤萝架下，构成天然风景。

宁寿宫全区建筑类型齐全，俨然一座小型紫禁城。又由于吸收了

图 1-74
皇极殿斗拱与和玺彩画

图 1-75
文渊阁

清初百余年来的建筑经验，其造园艺术、修建技术均达到封建社会的最高峰，宁寿宫是乾隆盛世期宫殿的代表作。据档案记载，这一项工程，修建殿宇、楼台、房屋共计 1183 间，除官办松木等价银外，耗银 127 万余两。光绪年间为庆贺慈禧太后六十寿诞，清廷拨 60 万两白银重修宁寿宫一区，将外檐和玺彩画改为苏式彩画。20 世纪 70 年代末，皇极殿、宁寿宫一区重新修葺，恢复了外檐和玺彩画。

明代紫禁城有文渊阁，为宫廷藏书、编书之处，也是“天子讲读之所”，明末毁于战火。乾隆三十九年（1774），于文华殿之北，以宁波范氏天一阁阁式，“以构度贮之所”。乾隆四十一年（1776）文渊阁建成，成为清代紫禁城中极具标志意义的文化建筑。阁内藏《古今图书集成》《四库全书》等清修大部丛书。

紫禁城众多的楹联、匾额留下了乾隆皇帝的印记。紫禁城的殿、堂、宫、斋以及楼、台、亭、阁，一般都有楹联，甚至有多副。这些楹联大都是皇帝的手笔。乾隆时是紫禁城楹联题写的一个高峰。今天的前三殿、后三宫、东六宫、宁寿宫、御花园各处的楹联大多为乾隆皇帝所写，至今仍按原状悬挂于宫内各处，抒发着当年主人的心声，记载着宫廷的历史，并以其精美的形式与古建筑融为一体。参观太和殿的游客，从门口向金銮殿的皇帝宝座看去，令人注目的是“建极绥猷”的匾额及两边“帝命式于九围，兹惟艰哉，奈何弗敬；天心佑夫一德，永言保之，遹求厥宁”的对联，可能多数人看不懂，但也会对乾隆帝方圆兼备、布白得宜、结构稳重、刚柔相济的书法风格印象深刻。

图 1-76
太和殿内

“水晶宫”

嘉道以降，内忧外患频仍，国势日衰，清廷对紫禁城基本上以维持为主，几乎没有什么大的营建活动。值得一提的是嘉庆时的西六宫变动，启祥宫改为太极殿，拆长春门建体元殿，与长春宫连通。拆储秀门，改建翊坤宫后殿为体和殿，连通翊坤宫、储秀宫两宫院，打破了原来六宫各自一体互不相通的规制，西六宫变为西四宫，但西六宫的主要殿座未改。

清末的两次大火给紫禁城宫殿带来的损失不算小。一次是武英殿之灾。自康熙年始，武英殿就作为刊刻图书之所。同治八年（1869）的火灾，延烧房屋 30 余间，也将书籍版片焚烧殆尽。另一次是贞度门、太和门、昭德门之灾。光绪十四年（1888）十二月十五日深夜，太和门等被焚毁。这离来年正月二十日的光绪大婚仅一个多月时间，而太和门局势宏敞、建筑壮丽，若按原式重建已经来不及。此事震惊朝野，认为是不祥之兆。为了不影响原定的大婚吉期，决定在原址赶

图 1-77
《紫禁城午门至正阳桥
牌楼拟修工程图》
光绪二十七年（1901）绘，
图为午门局部
引自冯明珠：《清宫档案丛谈》第77页，台北故宫博物院，2012年

搭一座彩棚应急，同时由工部会同内务府勘察现场，准备在大婚后实施重建。彩棚按太和门原有形制，“高卑广狭无少差。至榱桷之花纹，鸱吻之雕镂，瓦沟之广狭，无不克肖。虽久执事内廷者，不能辨其真伪。而且高逾十丈，凛冽之风不少（稍）动摇”[1]。

被八国联军损坏的午门城楼的修缮，是清末紫禁城的最后一次维修。光绪二十六年（1900）七月，八国联军进逼北京，慈禧太后挟光绪出走西安。联军入北京后焚杀淫掠，紫禁城也遭到抢劫破坏。1901年《辛丑条约》签订，两宫要回銮，工部赶修跸路，即从正阳桥牌楼经大清门、天安门、端门，直至午门的路线。军机处档案现存工部尚书张百熙关于维修跸路的奏折录副。光绪皇帝在《辛丑条约》签署的前一天批准了这个奏折。奏折有多张附图，其中《紫禁城午门至正阳桥牌楼拟修工程图》是当时的估修工程图，图上有浮贴签条

1 《天咫偶闻》，载章乃炜等编《清宫述闻》初续编合编本，第91页，紫禁城出版社，2009年。

图 1-78
清末未完工的
延禧宫灵沼轩框架

89 张，分别详载这条入宫跸路上的 89 处待修工程，午门有浮贴签条 16 张，即应修 16 处，可见午门遭到的破坏。工程共计费用 129 514 两。但是，清廷刚刚签订了赔款四万万五千万两的和约，把中国带入灾难的深渊，为了两宫回銮，粉饰太平，又花费巨资赶修跸路，并在正阳门上张灯结彩，怎能不令人慨然长叹！

20 世纪初，延禧宫修建了一座轰动一时的西洋式建筑——“水晶宫”。延禧宫位于东六宫区域内，为后宫嫔妃之居所。道光二十五年（1845），延禧宫失火，共烧房 25 间。宣统元年（1909），隆裕太后下令兴建一座西洋式水殿，将延禧宫改建为游憩之地。所谓“水殿”，即参仿西方“水晶宫”样式，以汉白玉为材料建造殿堂楼阁，再以铜铁为棂，以玻璃为窗。主殿一层，四壁镶嵌玻璃，四周引水环绕，池内种植水草，蓄养游鱼。观者置身水殿之内，可透过玻璃观游鱼戏水，亦可泛舟环池，赏一泓碧水。隆裕太后自题匾额曰“灵沼轩”，俗呼为“水晶宫”。《清宫词》亦载：“御花园近石廊西，灵沼轩头榜字题。引得玉泉三百斛，光明世界现琉璃。”至宣统三年

(1911)，水晶宫建筑格局基本完成。《申报》1911年8月15日以“水晶宫内容纪闻”为题做了详细报道。又据报纸记载，水晶宫工程款预计需金100万元，截至1911年8月15日，工程费用支出已达78万元。[1]

灵沼轩，可以说是紫禁城内最早的一座近代建筑，其建筑所需材料及设备大多采购自国外，例如铜质框架和加厚玻璃等。1910年6月，隆裕太后令派西苑电灯公所，为延禧宫新修的水殿添安电暖炉、电风扇及电灯等现代设施。经勘察设计，西苑电灯公所向天津西门子洋行、江南制造局等处采购了电暖炉24台、电风扇14台、挂灯壁灯48只，以及大批橡胶水管、蓬布水管和螺栓、电线等配套器材，耗银近万元[2]。因财力匮乏，时建时停。直至辛亥革命爆发，工程亦尚未完全竣工。故宫博物院现存有一套延禧宫建筑烫样，据其黄签内容，为同治时期仿照长春宫式样重建延禧宫的烫样。灵沼轩的遗址犹在，白玉雕砌，铸铁架构。其建筑上下共三层，地下一层，地上二层，高处平台四角各有一座铁亭，东南、西南为六角单檐铁亭，东北、西北为八角单檐铁亭，中间为八角双檐铁亭。此前圆明园多有西洋建筑，但那是园囿，而当西洋式的灵沼轩矗立于庄严肃穆的紫禁城时，意义自不寻常，预示着一个新时代的来临。

1 《百万金之水晶宫》，《真光报》1911年第10卷第7期，第62—63页。

2 心昊：《清末延禧宫安设电暖炉》，载《紫禁城》1987年第2期。

图 1-79
建福宫立样
故宫博物院藏

“样式雷”

“样式雷”为我国清代著名的建筑世家，祖籍江西。从第一代“样式雷”——雷发达在康熙年间由江宁来到北京，到第七代“样式雷”——雷廷昌在光绪末年逝世，雷氏有七代长达 200 多年为皇家进行宫殿、园囿、陵寝以及衙署、庙宇等设计和修建。因为雷家几代都是清代样式房的掌案头目人，所以被世人称为“样式雷”。

从康熙至清末，雷氏一家完成了大量建筑设计，制作了大量画样、烫样及工程做法等图籍、模型。现存两万余件。其图样内容广泛，有宫殿、皇城、行宫、园囿、陵寝、衙署、王府、庙宇、营房、桥梁、河道、内外檐装修以及在庆典中临时支搭的楼阁戏台等工程项目。种类也很丰富，有为平面图的地盘样，有相当于立面、轴侧图或透视图的立样，有展示结构的大木立样等图样。按设计阶段分为糙样、糙底样、底样、细底样、进呈图样等。图样大小不一，大者盈丈，小者数寸。绘制色彩上有墨绘、朱墨绘、彩绘、描金彩绘。绘图纸张，除了个别用绢，大部分用中国手工纸，也有少量用机制纸。这些图样集中反映了清代国家建筑工程设计程序及雷式画样的图学成就，同时也是清代皇宫建筑设计及营建活动的真实记录，极具文物及史料价值。故宫博物院现藏样式房和工部绘制的建筑图样 2435 号。例如所藏建福宫立样，绘制精细，故宫博物院在 21 世纪复建建福宫时，这些图就发挥了重要作用。

“样式雷”还留下一批烫样。样式房做出的建筑物模型，制作中需要熨烫工序，因此也叫“烫样”。古代建筑，凡是工匠能明白承做的，一般不再画图。而对于宫廷重要建筑，向皇帝呈报，需做出模型，这是设计过程中非常重要的环节。烫样根据一定的比例，在空间表现设计意图。故宫博物院现珍藏的 80 余具烫样，建筑形式有单体的和群体的两种，包括紫禁城建筑，还有圆明园、长春园、万春园、颐和园、北海、天坛等处，主要是清代同治、光绪年间重建圆明园、颐和园、西苑等地时所做，至今有 100 多年的历史。由于烫样专为恭呈皇帝御览而做，钦准后才能据以绘制施工设计画样、编制工程做法即设计说明，以及核算工料钱粮，因此烫样制作是清代建筑设计的关键步骤。烫样上都贴有黄色标签，叫“贴黄”。标签上面记录了建筑的高度、面宽、进深等各个部位的尺寸，以及重建或修缮的要求，记述简明清楚。这个标签是非常重要的，也是烫样所具有的珍贵历史价值的体现。由于烫样完整地表现出了建筑的结构、体量、形式、色彩等，所以留有烫样的建筑，不管因为什么原因，当建筑实体不存在的时候，都能找到原始的例证。

烫样作为建筑物实体有规律的缩影，凝聚了古代建筑独特的艺术形式、建筑美感，也反映了封建帝王对建筑的需求以及审美情趣。同

图 1-80
延禧宫烫样
故宫博物院藏

图 1-81
光绪二十年（1894）慈禧皇太后万寿庆典景设计图样
中国国家图书馆藏

时其精巧的制作工艺，也显示出古代匠师的智慧和技艺，更是研究古代建筑设计思想、建筑准绳、建筑艺术发展的实物资料，是建筑艺术这门非物质文化遗产的组成部分。

至今还有一些“样式雷”建筑图样和烫样流散在日本、法国、美国、德国等国。

第二章

作为朝廷的紫禁城

图 2-1
文华殿鸟瞰

紫禁城既是帝王的居所，即宫廷，也是帝王议政的地方，即朝廷、朝堂。宫廷与朝廷不仅有地域的含义，更演变成政治性的概念。朝廷也因此成为国家政权或帝王的代称。杜甫《登楼》诗中“北极朝廷终不改”的“朝廷”，就是这个意思。与代指政权的“朝”字相对的字词为“野”。

景运门与隆宗门之间的广场把紫禁城内的建筑分为外朝和内廷两大部分。对于家、国一体的帝王来说，内廷是“家”，外朝是“国”。以太和、中和、保和前三殿为中心，文华殿、武英殿为两翼的外朝建筑，是紫禁城宫殿重心之所在，明清两代重大朝会典礼均于此举行。权力至高无上的皇帝在乾清宫、养心殿批阅奏折，召见臣工。午门内东庑外的内阁与乾清门内右门外西侧的军机处及有关机关，作为位于宫禁的官署，它们是中枢行政机构，都在为皇帝的治国理政服务。在这一庞大的统治机器的运行中，大臣与皇帝进行着制度化的联络和合作，处理日常政务，决定军国大计，保持着国家机器的正常运转。这就构成了紫禁城朝廷的空间结构。

图 2-2

毓庆宫正殿惇本殿

乾隆八年（1743）毓庆宫添建后供皇子读书，乾隆六十年（1795）扩建以迎接皇太子颙琰，即后来的嘉庆帝。后光绪帝载湉在此学习长达 20 年

图 2-3

毓庆宫明间北墙槅扇上方与两侧嘉庆御笔贴落对联

贴落题为《毓庆宫述事》，对联内容为“就傅幼龄居前星继照，慎储家法守旧地重华”

一 君与臣

紫禁城的主人是皇帝，皇帝需要臣子的辅佐。皇帝才德的培养，大臣的选任，君臣关系的处理，都是关乎王朝统治的重大问题。

皇帝的养成

集政柄于一身的专制帝王的个人修为和政策举措，常常导致“一人兴邦”和“一人丧邦”。但帝王的素质又不是天生的，其才德须由学习积累而成。中国君主专制制度在发展中仍能保持相当的清明与理性，且历代不乏垂情古典、游意经艺的君主，他们的学识德行，正是经由教育而来的，[1] 因此注重帝王教育就成为皇帝制度的组成部分。

1 郑钦仁主编：《中国古代制度略论》第 249 页，黄山书社，2011 年。

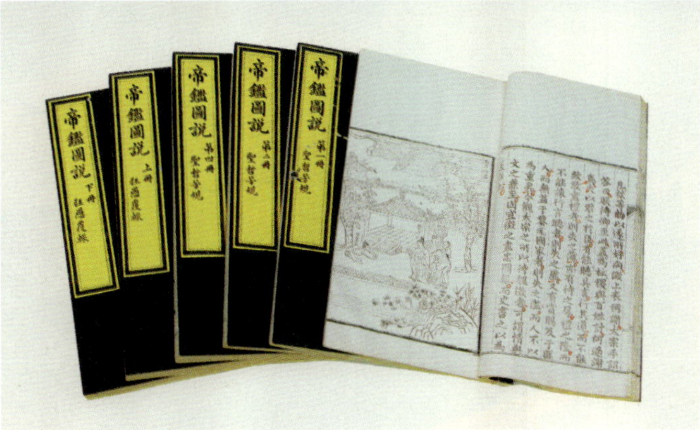

图 2-4
《帝鉴图说》
系隆庆六年（1572）年底，大学士张居正、吕调阳为新继位年仅 10 岁的万历皇帝编写的绘图教材。内容为尧舜到唐宋历代帝王善事 81 件、恶事 36 件，以此为皇帝借鉴，也是清代皇子的启蒙教材。
本书为清末内务府图绘写本
故宫博物院藏

帝王教育包括了皇储教育与做了皇帝的继续教育。不仅做太子要受教育，即使当了皇帝，也还要继续通过圣学，格君心之非，启沃君德，不断提高治平能力。可以说，皇帝是一个养成的过程。

皇帝在登基后就要预立太子，这是皇帝制度延续的基本保证。明朝实行中国传统的嫡长子继承制。嫡长子就是皇太子。朱元璋在册封朱标为皇太子的诏书中明言：“国家建储，礼从长嫡，天下之本在焉。”[1] 太子是储君副贰，属于“国本”。皇太子所居住的宫殿因在皇宫东部又称东宫，后来东宫也成为太子的代称。明代太子东宫在今紫禁城东华门内南三所，叫端本宫。“端本”即“国储为天下之本”的意思。明万历朝因册立太子问题，朝中分成两派，争论不已，被称为“国本之争”。端本宫西侧又建有端敬殿。清代在端本宫、端敬殿的基础上改建出诸皇子居住的三所殿宇，俗称“阿哥所”，其中所为撷芳殿，是一处拥有 200 余间房屋的大型建筑群。清初建有太子宫毓庆宫，随着立储制度的改变，毓庆宫也成为皇子居所。

明朝统治者十分重视皇太子的教育问题，设立专门教育辅导太子的机构詹事府，选择道德、学问俱佳的宿学旧儒充当东宫师傅，如宋濂、解缙等人，以期培育出合格的储君和下一个治世明君。

明代皇太子 8 岁入学，此前则在自己居住的东宫接受启蒙教育，包含读书、习字、演练礼仪等，多由身边内臣近侍口授。8 岁后出阁讲学。这里的“讲学”，是“出就外傅”，研习、学习之意，即开始了正式的东宫教育。地点最后定在文华殿东厢房。太子教育内容十分丰

1 《明太祖实录》卷二九，洪武元年（1368）正月乙亥。

富，上午读书、听讲、练字，下午学习骑射或游乐，学习与娱乐相结合，知识与锻炼并重。太子通过讲经学史，习得正心修身的根本大计；依靠师傅陈说朝廷时政，学会治国理政之法。

到了晚明，由于皇帝怠政，皇子皇孙的讲学也得不到保证，这在嘉靖朝尤为突出。嘉靖帝迷信方士陶仲文“二龙不相见”之说，迟迟不立太子，直到嘉靖十八年（1539），才立朱载壡为太子，离规定的8岁入学已晚了三年。朱载壡死后，裕王朱载垕当立为太子，但嘉靖未再立，使得朱载垕后来仅以藩王身份入继大统，终身未能接受东宫教育。万历朝，皇长子朱常洛13岁始出阁讲学；皇长孙朱由校出阁时已17岁了。后朱由校成为明熹宗，他治下的天启朝出现魏忠贤、客氏乱政，这不能不说与他童年、少年时代的经历有关。不重视皇位继承人的教育，对晚明政治产生了严重的后果。

明代皇子教育的一本重要读物是南宋理学家真德秀写的《大学衍义》。万历朝张居正等编撰的《帝鉴图说》与焦竑编的《养正图解》，也成为明清两代皇子教育的辅助教材。

明代皇帝教育的方式是经筵和日讲。经筵是为帝王讲论经史、接受儒臣教育而设的御前讲席。这一制度起于汉唐，宋代始称“经筵”，以翰林学士等官员担任讲官，君臣之间相互阐发儒家经典。明代直到英宗朱祁镇时期才对这项活动真正重视起来。朱祁镇这位承接仁宣之治余绪的明代第六任皇帝，初登大宝时才9岁，实际年龄为7周岁又两个月。对他的教育，就是储君教育与皇帝教育的结合了。柄政的

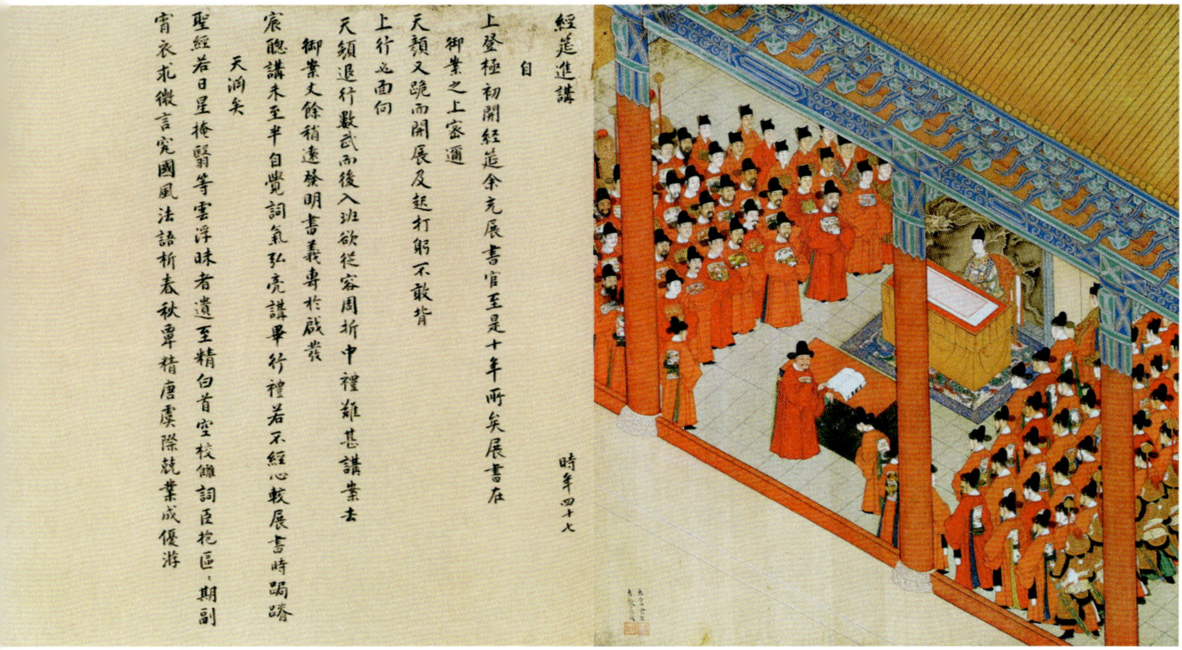

图 2-5
《徐显卿宦迹图 · 经筵进讲》
明万历余士 、吴钺绘。
这幅图展现了明代
经筵进讲时的君臣画面，
作为展书官的徐显卿也有
具体的文字记述
故宫博物院藏

三杨（杨士奇、杨荣、杨溥）深感幼主教育之重责大任，上疏请开经筵。正统元年（1436）确立经筵制度，经筵地点在文华殿。经筵的制度化，是为了使帝王的讲学不致间断，以收持之以恒的功效。明人十分注重经筵，认为“帝王大节莫先于讲学，讲学莫要于经筵”[1]，坚持经筵绝不可一日稍废。

作为帝王“缉熙圣学”的盛典，经筵有一套繁琐的仪式。特别是新皇帝嗣位后首次开经筵及每季之初开讲日，礼仪更为隆重，为天下观瞻。经筵礼毕，皇帝传命赐酒饭。其实“经筵”之名，即来自讲后赐宴。明代经筵赐宴最精，《大明会典》记载了菜谱，并规定可带随员、家僮等，把吃剩的饭菜打包带走。明代帝王也常赏赐经筵官，但有的做法却有损讲官的尊严，例如宣宗“每临讲幄，辄命中官掷金钱于地，任讲官遍拾之，号恩典”。[2]

由于经筵礼仪繁琐，流于程式，于是在经筵之外复有“日讲”。“日讲”即每日讲读之意，仪式比较简单，也始于明代正统元年（1436）。明代经筵日讲最有影响的当是万历朝的张居正。万历皇帝10岁践祚时才出阁读书两个月，张居正肩负起辅佐教育的遗命，亲自拟定日讲课程、日程、仪注，制定讲筵礼仪、编纂教材。诸多努力都体现着要将皇帝培养成圣贤明君的殷切期待。

1 《明孝宗实录》卷十四，弘治元年（1488）五月壬辰。
2 《明史》卷一五二《仪智传》。

图 2-6
乾清宫“正大光明”匾

图 2-7
嘉庆做皇子时学诗的习作
红字是皇子师傅的批改
故宫博物院藏

经筵日讲有规范化的程式，但往往只被少帝严格遵守，成年皇帝也只有少数几人能维持经筵制度。明代帝王中，对经筵态度最积极的是弘治帝，他恢复了经筵制度，并专门发敕文，要讲官认真辅导，在进讲中不要有所顾忌。弘治十年（1497）二月，皇帝在后苑游玩之后“御经筵”，侍讲学士王鏊进讲“文王不敢盘于游畋”，反复规劝，对他触动颇大。事后他批评了引导他玩乐的宦官，遂罢游猎。[1]

清帝惩于明亡之鉴，更注重对子孙的教育。康熙曾仿汉族王朝之制册立皇后所生嫡子胤礽为皇太子，为他在内廷东侧建造了毓庆宫。但由于种种原因，胤礽两立两废，直至幽禁而死。接班人问题困扰康熙一生。从雍正帝开始，改为密立皇储。皇帝把选定的储君名字密封藏于匣内，贮于乾清宫顺治所题“正大光明”匾额之上，待皇帝驾崩时取出拆封宣布。乾隆、嘉庆、道光、咸丰四位都按秘密建储制继承皇位，其余皇帝则通过其他继承方法登位。

雍正帝为了便于自己直接监督稽察皇子的课业，将上书房移至乾清门内东侧南庑，作为皇子、皇孙等的固定读书处。凡皇子年届六龄

1　《明史》卷一八一《王鏊传》。

即入书房读书。一年四季由翰林们授课，每天从凌晨5时到下午4时，课程主要是满蒙汉语文、“四书”“五经”、吟诗作文及骑射等，虽严寒酷暑而不辍。康熙帝诸幼子和雍正、乾隆、嘉庆、道光帝诸子均曾在此读书。乾隆五十四年（1789），皇帝查出，7天竟没有一位师傅到上书房授课，就处分了这些师傅，刘墉以上书房总师傅旷职，降侍郎衔。上书房的学习没有时间限制。嘉庆皇帝回忆说，他和兄弟永璘在此学习了“二十余年”；他又在乾隆五十四年（1789）写的一首诗的注中说，上书房已集皇子、皇孙、皇曾孙、皇元孙四代于一堂。道光皇帝曾写道，他在上书房30余年，无日不与诗书相砥砺。咸丰皇帝奕詝一直学到登上皇位。咸丰朝以后，清宫再无皇子出生，上书房才失去了原先的功用。清代皇子教育以严格有名。乾隆朝任过军机处章京、内阁中书、翰林编修的赵翼记载了自己的见闻：早五更时天犹黑暗，“然已隐隐望见有白纱灯一点入隆宗门，则皇子进书房矣”。他颇有感慨：“本朝家法之严，即皇子读书一事，已迥绝千古。”[1]

同治帝载淳6岁登基，同时在乾清宫之西的弘德殿入学读书。皇帝学习时精力不够集中，师傅翁同龢在日记中留下了“如此光景，奈何？奈何”的记载。但19岁去世的同治，仍留有诗作336首，有论、赋、文115篇以及评史短文78篇，他的文化素养应是较高的。光绪帝4岁继承皇位，5岁入读毓庆宫。师傅翁同龢与光绪帝建立了深厚的友情。伴随光绪年龄增长，翁同龢等人增添授课内容，讲解了贺长龄、魏源所辑《皇朝经世文编》，进讲了越南、朝鲜、日本以及中国台湾地

1 ［清］赵翼撰：《檐曝杂记·皇子读书》，上海古籍出版社，1996年。

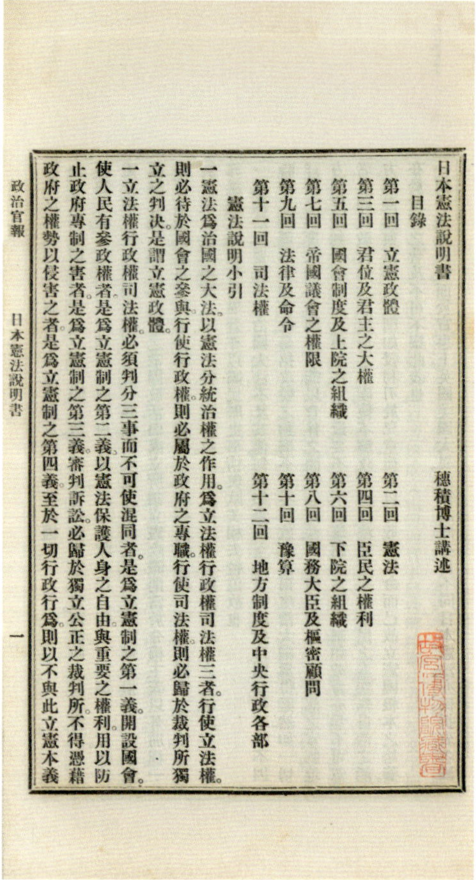

日本憲法說明書　　穗積博士講述

目錄

第一回　立憲政體　　第二回　憲法

第三回　君位及君主之大權　　第四回　臣民之權利

第五回　國會制度及上院之組織　　第六回　下院之組織

第七回　帝國議會之權限　　第八回　國務大臣及樞密顧問

第九回　法律及命令　　第十回　豫算

第十一回　司法權　　第十二回　地方制度及中央行政各部

憲法說明小引

一憲法爲治國之大法。以憲法分統治權之作用。爲立法權行政權司法權三者。行使立法權。則必待於國會之參與。行使行政權。則必屬於政府之專職。行使司法權。則必歸於裁判所獨立之判決。是謂立憲政體。

一立法權行政權司法權。必須判分三事而不可使混同者。是爲立憲制之第一義。開設國會。使人民有參政權者。是爲立憲制之第二義。以憲法保護人身之自由與重要之權利。用以防止政府專制之害者。是爲立憲制之第三義。審判訴訟。必歸於獨立公正之裁判所。不得憑藉政府之權勢以侵害之者。是爲立憲制之第四義。至於一切行政行爲。則以不與此立憲本義

政治官報　　日本憲法說明書　　一

图书和魏源撰《圣武记》《海国图志》等书，随后又讲解有关洋务的折件，使光绪帝眼界大开。光绪十六年（1890）20 岁的皇帝开始学习英语，同文馆首届学员、累计在国外生活过 27 年的张德彝是英语教师。翁同龢在日记中称赞“上于西文极用意也”。光绪的英语学习一直持续到光绪二十年（1894）慈禧下令停止。光绪去世前不久留下了一份朱笔写的向内务府索书的单子，有《华英音韵字典集成》《英华大辞典》和《华英进阶全集》3 种学习英语的书以及《日本宪法说明书》等近 40 种有关东西方历史、地理和宪政方面的书籍。[1] 现在故宫图书馆仍藏有其中的 19 种。

明清两朝前期统治者都重视对嗣君治国理政等能力的训练。中国历史上有一种监国制度，即皇帝不在京师时，国家由太子看守。人们普遍认为最有成效的要数永乐帝朱棣。永乐七年（1409）至永乐十九年（1421），朱棣常驻北京，皇太子监国于南京，皇太孙伴随自己。他在离开二京远征漠北时，则置太孙于北京。太子、太孙就是后

图 2-8
清光绪帝载湉像
故宫博物院藏

图 2-9
《日本宪法说明书》内页
故宫博物院藏

1 叶晓青：《光绪帝最后的阅读书目》，载《历史研究》2007 年第 2 期。

图 2-10
碧玉《御制经筵论》册
此为乾隆帝《经筵论》玉刻版，玉料为碧玉，一共九片
故宫博物院藏

来创造了“仁宣之治”的洪熙与宣德二帝。康熙也曾让皇子雍正随从自己出巡、避暑、打猎、祭祀30多次，使他能参与军国大事，为以后执政积累经验；又让年少的乾隆常伴随自己，接受教诲与熏陶。

清代延续了明代经筵日讲制度。清初顺治、康熙俱冲龄践祚，皇储教育的不足促使其格外关注经筵日讲。顺治帝亲政时，对汉文还很陌生，但他通过经筵日讲，广泛浏览经史子集，汉文化积累逐渐深厚。他不仅能够背诵许多古典诗文，还注意当时的文学作品，欣赏文学批评家金圣叹，认为金评《西厢记》《水浒传》“议论尽有遐思，未免太生穿凿，想是才高而见僻者”。[1]康熙帝坚持经筵日讲15年。康熙二十五年（1686）以后，皇帝的学习热情转移到了西学方面。据耶稣会士法人费赖之《在华耶稣会士列传及书目》（中华书局，1995年）记载，前后有10余人曾为康熙宫中教师。他学习的科目至少有天文学、几何学、静力学、西洋乐理、哲学、解剖学等。从皇帝教育的角度来说，这可以称得上是另外一种形式的“经筵”，也反映了康熙帝对科学的兴趣及其非凡的眼光。

清中后期诸帝自幼在上书房接受严格的教育，文化修养普遍很高，经筵制度便失去了皇帝教育的功能；而皇帝又在经筵中逐渐占据主讲位置，这是宋乃至于明代都绝无仅有的现象。不仅如此，从乾隆朝开始，经筵中出现了固定的群臣“跪聆御论”环节，使得经筵成了乾隆皇帝训导臣下并展示自己才学的工具。

皇帝的养成显然是不容易的。明清两代帝王的执政能力与宫廷教

1 [明] 道忞：《北游集》，转引自白寿彝总主编《中国通史·第十卷》，第130页，上海人民出版社，1999年。

图 2-11
《明人绘考试图》横轴
故宫博物院藏

育有直接关系，但教育不是万能的，太子教育的成效，也取决于太子自身的资质和意愿，取决于王朝治乱的发展规律。例如明朝实行嫡长子制度，“立嫡以长不以贤，立子以贵不以长”[1]，明中后期帝王多“生于深宫之中，长于妇寺之手”，有的资质鲁钝，有的甚至德性败劣，教育解决不了这些问题。

从总体上看，清代帝王教育的成效要胜于明代，皇帝的素质也是中国历史上其他朝代所难以比拟的。但长期闭关锁国、妄自尊大造成的后果是极其严重的，中国传统文化受到外来文化的巨大冲击，以儒学为核心的传统帝王之学已无法应对汹涌的世界潮流，难以解决面临的实际问题。这不只是皇帝个人的知识结构、思维方式的问题，而是涉及国家制度变革的问题。

满朝进士

明清两代皇权高度集中，行政组织严密，与之相应的是有一支庞大的官吏队伍和十分复杂的官吏制度。

明清官员的来源有科举、学校、荐举、捐纳等途径，但最主要的是科举取士。科举是隋唐以来以考试选拔官吏的制度，因分科取士故名。考试的精神在维持公正，遵循的是能力本位原则。科举制作为专制王朝选任官吏的制度性安排和人才筛选的最重要机制，最根本的目的是选拔合适的人才进入官僚阶层。

1 《公羊传》隐公元年。

明清科举只有进士一科。政府高中级官员主要来源于进士。科举考试及第者对主考官自称“门生”。科举最高级别考试是以皇帝名义举行的殿试，皇帝是主考官，被录取的进士自然成为“天子门生”。这是士人梦寐以求的荣光，也是皇帝所希冀的效果。试想，满朝都是进士，又都是皇帝的门生，皇帝自然会有“天下英雄入吾彀中矣”的得意感。紫禁城见证了这一抡才大典伴随着明清王朝由兴而衰直至终结的整个过程。

明代于洪武三年（1370）开设科举，“使中外文臣皆由科举而进，非科举者毋得与官”[1]。洪武十七年（1384）礼部颁行《科举成式》，遂为永制。明代进士独重。明太祖朱元璋还命建状元坊，以旌表状元。朱棣则命工部建进士题名碑于国子监。关于明代科举考试的过程有许多文字记载，但是较少相关的图像，故宫博物院所藏《明人绘考试图》横轴，虽然绘制较为粗糙，但其勾画的考场规模以及监考制度、形式，给我们考察明代科举制度带来很大帮助。

在科举考试方面清沿明制。顺治元年（1644）清王朝定鼎北京，第二年颁布《科场条例》，同年全国各省举行乡试，顺治三年（1646）春举行会试。这是清代科举考试制度的开始。

明清两代科举有共同点：将学校纳入科举体系；八股文为固定的考试文体；专取“四书”“五经”命题，以朱熹集注为依据，考试经义、策，“代圣贤立言”等；殿试、会试录取名额南北方有一定比例；文科举外还开设武科举等。此外，防止舞弊的措施，如搜检、回

1 《明史》卷七十《选举志二》。

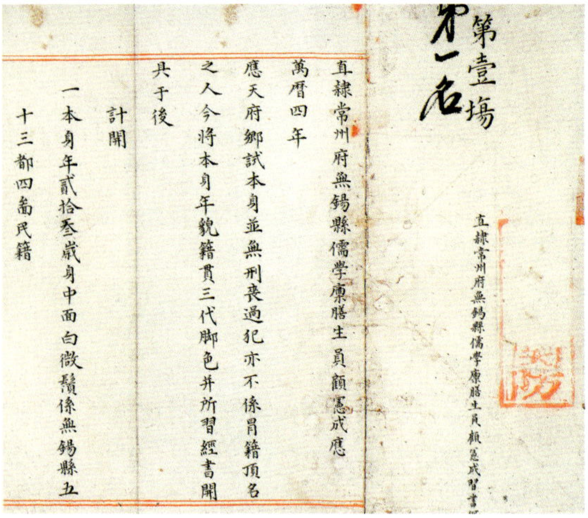

第壹場
第一名
直隸常州府無錫縣儒學廪膳生員顧憲成應
萬曆四年
應天府鄉試本身並無刑喪過犯亦不係冒籍頂名
之人今將本身年貌籍貫三代腳色并所習經書開
具于後
計開
一本身年貳拾叁歲身中面白微鬚係無錫縣五
十三都四啚民籍
直隸常州府無錫縣儒學廪膳生員顧憲成習書

图 2-12
万历四年（1576）
明代大儒、东林党领袖
顾宪成的试卷稿册
中国国家博物馆藏

图 2-13
顺天贡院
摄于 1901 年

避、复试等也不断完善。

明清两代也有一些不同。如明代殿试录取外国人，清代则不录。明代允许安南、高丽、占城之士在本国乡试毕，至京师会试，不拘额数选取。洪武四年（1371）辛亥科，高丽至京会试者三人，金涛中进士，授官县丞，后还高丽为其国宰相。景泰五年（1454）甲戌科，安南阮勤中进士，未回国，在京服官，仕至刑部侍郎。[1] 明代不考律诗，清代从乾隆二十二年（1757）恢复了科举试诗。这一变革，使试律诗在唐宋之后再次成为国家储才、选才及用人行政的重要标准，对清代中后期的士林风气影响深远。清廷对科场作弊的惩处也是最严厉的。咸丰年间充任顺天乡试主考官的军机大臣兼内阁大学士柏葰就因说情事而被处斩。

明清 500 年的科举考试由童试、乡试、会试、殿试四级构成。

自明朝以后，科举必由学校。官方办有太学及府、州、县儒学。学校的主要任务是养育士人以应试科目。学校与科举相辅相成。读书人如果走科举入仕的途径，需要先考童试。童试要通过县试、府试、院试等三次考试，方成学校的生员，俗称秀才。秀才没有年龄的限制。秀才要取得参加乡试的资格，还要经过科试的选拔。

每三年的八月在各省省城举行一次省试，即乡试。是年亦称大比之年。中式者为举人，举人又称乙科，第一名称解元。举人可参加京师举行的会试。明清举人也获得了入仕资格。清代的知县约有三成半出身举人，进士出身者只占二成多一点。

1 商衍鎏：《清代科举考试述录》第 344 页，故宫出版社，2014 年。

会试由礼部主持，乡试的次年二月在京举行。会试中式者为贡士，第一名称会元。贡士方能参加殿试。殿试通过后就成为进士，进士又称甲科。

会试在北京内城东南的顺天贡院举办。天顺七年（1463）会试首场发生火灾，烧死举人90余人。这一惨痛教训使后来贡院的条件得到不断改善并扩展号舍至近万间。皇帝深知科举选士对于巩固江山社稷的意义，十分关心聚集在顺天贡院的全国士子精英。雍正八年（1730）会试，雍正帝派出大臣监看举子饭食，并于常例外，每场添赏饭一次及饼饵、茶、炭之类。乾隆四年（1739）己未会试，因天气尚觉寒冷，皇帝除照例赏给入场士子棉氅衣及姜汤、茶饼外，还按名给与木炭，许其携带手炉，以温笔砚。富于激情与诗情的乾隆帝还曾驾幸近在咫尺的贡院，当场赋诗，词臣则恭和进册。[1]会试是国家大典，一直坚持在京城举行。因庚子之乱，举场废，1903年乃借闱河南，补行1900年和1901年的恩科、正科并科会试。

最引人注目的还是殿试，这是皇帝主持的最高考试。明初以三月朔日由皇帝亲试，后改为三月十五日。清初殿试定于四月初一举行，乾隆二十六年（1761）改为四月二十一日。明代殿试开始在奉天殿（今太和殿），后在奉天殿丹墀东。清代殿试在太和殿前丹墀，后迁至保和殿内。殿试不黜落，只确定考生的名次。

殿试之日，皇帝亲临试场，要奏乐鸣鞭，仪式十分隆重。自洪武三年（1370）开始，殿试仅考时务策一道，要求对策“惟务直述，

1 章乃炜等编：《清宫述闻》初续编合编本，第43、51页，紫禁城出版社，2009年。

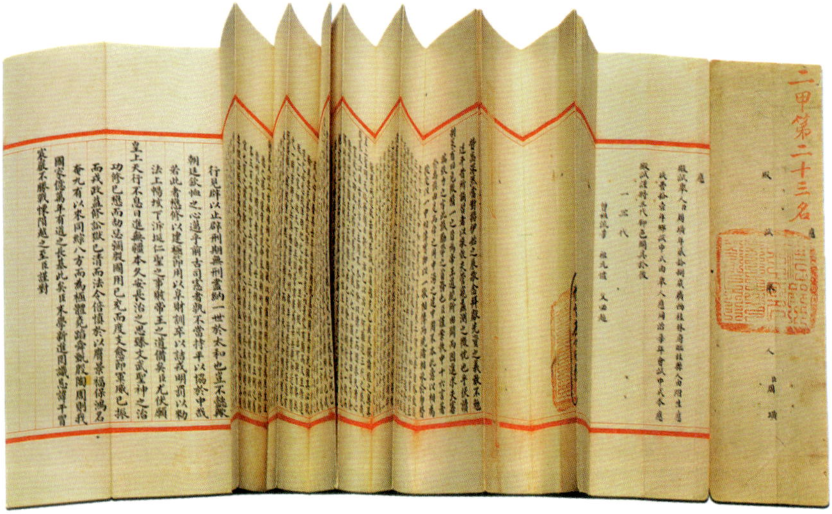

图 2-14
同治七年（1868）
周璜殿试卷，殿试名列
二甲第二十三名
中国第一历史档案馆藏

限一千字以上”[1]，不用八股文，体现出皇帝希望考察士人处理行政事务的能力。宣德五年（1430）殿试，宣德帝临轩发出策问后，又赋《策士歌》，说他于此取士，不尚虚文，欲得“若刘蕡、苏辙辈”能直言抗论的忠鲠之士为用。[2]

清初殿试仅考时务策一道，策题长二三百字，所问也只二三事，如顺治六年（1649）殿试试题为“联满汉、养民力、化顽梗”三项。康熙以后，策题乃长至五六百字。康熙以时政要求贡士发表意见，详切敷陈，以期得到通达时务的人才。如康熙四十二年（1703）殿试试题，要求回答吏治、风俗、刑狱三方面的问题。

殿试时间为一日，当天必须交卷。据清朝最后一榜探花商衍鎏回忆：试士多自携考桌，其制用光面细布蒙薄板，以铁条为活四柱，纳于板背，折叠成片，支起扣于套环之内，即为一桌，较内廷所备者稍高；以藤筐盛布箱，贮考具应用之物，其筐即为坐椅。[3] 试卷封弥后第二日交考官评阅，明代规定当天必须阅完，清代则限两日内阅完。阅卷完毕后主考官拟出三甲，再上呈皇帝定夺。

殿试排名，分为一甲、二甲、三甲三个档次。一甲只有三人，大学士把前十名的卷子提供给皇帝，皇帝圈出三名，按名次称状元、榜眼、探花，这三鼎甲授进士及第、进士出身、同进士出身。状元之称始于唐，因唐制举人赴礼部试者，皆须投状，故殿试第一谓为状元。甲第档次对以后仕途升迁具有重要意义。一甲特别是第一名即状元的确定，并不完全根据成绩排名。明永乐二十二年（1424）殿

1 《大明会典》卷七七《贡举·岁贡·科举》。
2 赵中男等著：《明代宫廷典制史》上册，第440页，紫禁城出版社，2010年。
3 商衍鎏：《清代科举考试述录》第136页，故宫出版社，2014年。

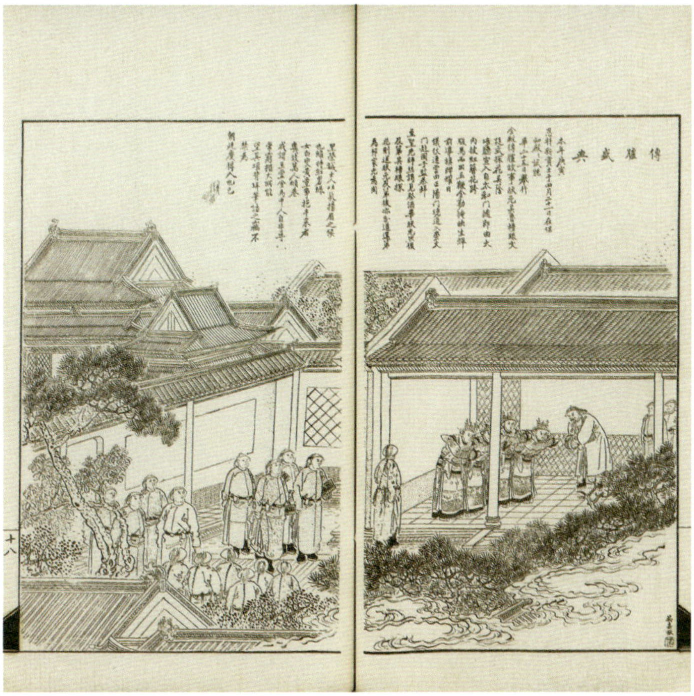

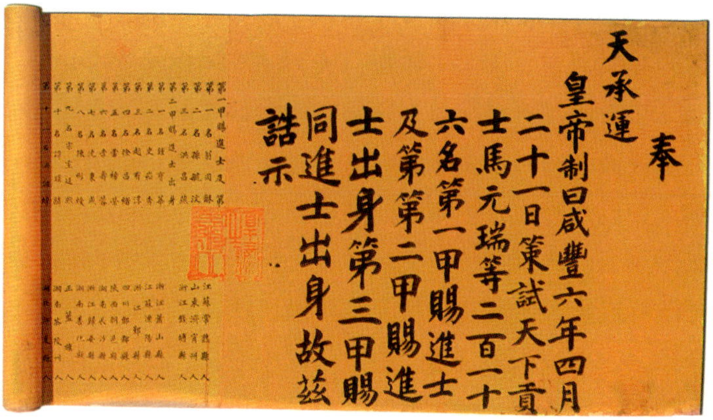

图 2-15
《点石斋画报 · 传胪盛典》
清光绪年间出版
故宫博物院藏

图 2-16
咸丰六年（1856）
大金榜（局部）
中国第一历史档案馆藏

试，初拟孙日恭为状元，成祖谓“日恭”二字，合之乃一暴字，遂降为第三，而以邢宽易之，言恰与暴相反。明代状元兼以貌选。建文二年（1400），王艮“封策第一”，但由于“貌寝”，状元变为胡广。燕王靖难之师逼至南京城下时，王艮自杀，为建文殉葬，胡广则效忠朱棣，官至文渊阁大学士。此事常为人提起。[1] 康熙三十年（1691）殿试，初报吴昺第一，戴有祺第二，康熙以书法改戴有祺为状元，吴昺第二。乾隆十六年（1751）殿试，进呈卷第一为江苏人赵翼，第三为陕西人王杰。乾隆以状元多属江浙省，乃改王杰为第一名，而以赵翼置第三，陕西自是始有状元。光绪二十一年（1895）殿试，在呈

1 《明史》卷一四三《王艮传》。

送的前十卷中，状元骆成骧卷本在后，光绪阅其卷有“主忧臣辱，主辱臣死”之言，因甲午新败，大为感动，遂拔置一甲第一。[1]

接下来是传胪大典，这是皇帝主持下的公布进士录取名单的典礼，在奉天殿举行，仪式甚为隆重。设卤簿法驾于殿前，设中和韶乐于殿檐下，设丹陛大乐于奉天门内。钦定一甲三名，填皇榜毕，皇上御奉天殿唱名。传制官传制完后，贡士行俯伏礼，并拜四拜。此后，贡士才改称进士。赞礼官引状元、榜眼、探花趋至奉天殿殿陛下迎榜。榜亭出，一甲三人随之出，由午门正中而出，此实为异数；因午门中路非御跸不启，在皇帝大婚时，皇后仅可经过一次。之后将皇榜张挂于长安左门外。顺天府尹于东长安门外设彩棚为鼎甲敬酒、簪花，张伞盖仪仗护送状元归第。所谓归第者，实送归各人本省之会馆。这样沿途吹打，唤起人们奔走围观，“全城争看状元郎”，以示无上的恩荣，此之谓“夸官”，亦是三年方出现一次的京城内盛事。公开张挂的黄榜又称“大金榜”，黄纸墨字，清代书满汉两种文字，以皇帝诏令的形式下达，即所谓“金榜题名”。进呈皇帝的则称“小金榜”。

殿试过程中的这一系列仪式有着重要的意义，它在不断昭示着王朝、科举与士人间的密切关系。科举作为国家选拔人才的方式，人才依此标准程序脱颖而出，为皇朝创造了一个川流不息的文官集团和与民众建起媒介关系的士人社会集团。因此，科举的每一个层次都是紫禁城关注的头等大事，凝聚着整个皇朝的希望，也关系着国家社会阶层的有序流动。

1 商衍鎏：《清代科举考试述录》第345页，故宫出版社，2014年。

清承唐宋旧制，于正常科举考试之外，增设制科取士，即为选拔“非常之才”而举行的不定期、非常规考试。最为人称道的是康熙十八年（1679）的博学鸿儒科。此为清廷首开制科，试内外诸臣荐举之博学鸿儒 143 人，共录取 50 人。考试的录取工作由康熙亲自主持，对入试的遗民与名士则取之甚宽，如严绳孙仅作一诗，未作赋，竟被列于中卷取之；彭孙遹卷中有“意圆语滞”之病，亦被录取；朱彝尊诗中有不佳之句，康熙帝认为“斯人固老名士，姑略之”，令其通过。[1] 当时天下名士，除顾炎武、黄宗羲等人拒不接受荐举外，其他如朱彝尊、汪琬、毛奇龄、施闰章等都应选，被录取后入翰林院纂修《明史》。这不仅保证了这部史书的编写质量，而且对于消弭汉族士大夫的反抗思想，促进满汉统治阶级的进一步合流，产生了较大影响。

在明代，还有一种中式的第二甲、第三甲进士考选庶吉士的制度。所谓庶吉士，是一种正式评级授官前的储备官员。当选者入翰林院学习三年，学成后授予官职。明代馆阁大臣多出于此。清沿明制，殿试后亦选庶吉士，并从雍正开始，由皇帝亲自主持考试，形成了清代的进士朝考制度。皇帝对出题十分重视。乾隆朝有一次朝考，乾隆帝拟定考题，考试当天亲书封交。待到阅卷官呈上试卷后，他才发现自己将“稽古”之“稽”误写为“积”字，影响到进士答题，却无人敢言，他为此写了《笔误识过》一文，书以自责。[2]

进士皆由朝廷授官。明清两朝高中级官员主要来源于进士。天顺二年（1458）后，在国家重要的储才机构翰林院与中枢机构内阁中，

1 徐珂编：《清稗类钞·考试类·康熙朝试宏博之宽》。
2 《清高宗御制文三集》卷十四。

进士、翰林、阁臣有着密切关系："非进士不入翰林，非翰林不入内阁，南、北礼部尚书、侍郎及吏部右侍郎，非翰林不任。"有明一代内阁宰辅大学士共 170 余人，十分之九出自翰林。[1] 官员入仕的途径称为出身。清代凡由进士、举人入仕的称为科甲出身，为正途。据统计，有清一代汉族大学士 119 人全部是科甲出身，其中仅左宗棠 1 人起自举人，左宗棠因此被李鸿章称为"破天荒相公"，余下大学士"皆起家进士"，而"状元官大学士者"14 人。大臣中就任尚书、侍郎、总督、巡抚等职人员的出身，亦以进士为最多，其次是举人 95 人，学校和恩荫出身 54 人；杂途出身的，从康熙至道光朝只 37 人。[2]

明代从洪武四年（1371）至崇祯十六年（1643）共科考 90 次，产生了 24 636 名进士、90 名状元，平均每科 274 名。清代自顺治三年 (1646) 至光绪三十年 (1904)，共计科考 112 次，取进士总数为 26 845 名，其中顺治壬辰、乙未两科满汉分榜，各有状元 1 名，故清代状元总计 114 名，平均每科约 240 名。

明清社会的发展变化，特别是世界潮流的冲击，使传统科举考试制度的功能受到严峻的考验。到了晚清，外患频仍，中国已处于危急存亡之秋，传统学术显然不能应付新的挑战，废除八股呼声日高。"我劝天公重抖擞，不拘一格降人才。"光绪二十七年（1901）废八股文，乡会试首场改试中国政治史事论五篇，二场改试各国政治学艺策五道；诏开经济特科。光绪三十一年（1905），清廷终于下谕停科举，兴办新式学校。在中国绵延 1300 多年的科举制度从此结束。

图 2-17
京师大学堂运动会留影
创办于 1898 年的京师大学堂，体育课程是学生的必修课程之一。这是 1905 年 4 月该学堂举办第一届运动会的一张留影

1 《明史》卷七十《选举二》。
2 朱彭寿：《旧典备征》卷一，北京文岚印书局。

君臣·主奴

君臣是君主专制体制下中央权力的核心力量，是一个充满矛盾的统一体。君臣关系的好坏直接影响到整个政治系统的运作以及国家的发展前途。风云际会，君臣遇合，是帝制时代流传千古的佳话。

君臣关系的重要表现是皇权与相权的消长。明以前的历代王朝在皇帝之下设宰相，皇权往往要受到相权的制约。唐宋时代，君权虽尊，但是皇帝权力的行使却多有节制，形成与士大夫同治天下的理念。但历史发展的趋势是皇权越来越大，而相权则逐渐削弱。

朱元璋有次读《孟子》，读到“君之视臣如草芥，则臣视君如寇仇”时十分恼火，“谓非臣子所宜言”，遂把孟子撤出孔庙。后虽恢复配享，但仍命儒臣修《孟子节文》，删去“君之视臣如草芥，则臣视君如寇仇”及“民为贵，社稷次之，君为轻”，“君有大过则谏，反复之而不听，则易位”等所谓“犯上作乱”的话语共85条，只剩下170多条，刻板颁行全国学校，“课士不以命题，科举不以取士”。这是中国皇权专制制度高度发展的标志性事件，也决定了有明一代君臣关系的基调。[1]

朱元璋同时废除了在中国分别存在1000多年的丞相制度和700多年的中书省。这是中国政治史上前所未有的政治体制改革。皇帝“自操威柄”，独揽一切，改变了中国政治文化所具有的士大夫政治的基色和正常发展轨迹。朱元璋还采取特务手段，侦缉臣僚私下的言行。

1 关于朱元璋对于孟子的态度，进一步的讨论可以参看朱鸿林著《明太祖与经筵》，生活·读书·新知三联书店，2021年。

图 2-18
太和门广场
明代多次廷杖的发生地

这既是他猜疑多虑的性情所致，更是出于控制臣僚的目的而为。国子监祭酒宋讷在家独坐，面有怒容。第二天朝见时，朱元璋问他为什么生气，宋讷大吃一惊，照实说了，朱元璋遂把派人偷着给他画的像拿了出来。[1]

废除丞相可实现皇帝独裁专制，但在实施中并未能完全如愿。朱元璋又仿宋制设殿阁大学士，为皇帝侍从顾问，不预政务。朱棣时设立内阁。阁臣的政治影响力后渐增，虽非丞相，但在某些历史时期发挥了类似丞相的政治作用。在这种情况下，阁臣与皇帝之间的冲突屡屡发生，如刘健、谢迁、李东阳与正德皇帝，杨廷和、蒋冕、毛纪、石珤与嘉靖皇帝，以及张居正死后，万历皇帝对张居正及其家属、僚属的清算。此类君臣冲突说明，一有机会，士大夫限制君权的冲动与努力就是不可遏止的。

1 《明史》卷一三七《宋讷传》。

儒学和科举的结合孕育了明代士大夫的精神和理想。在“靖难之役”“土木之变”“夺门之变”等大时局转变中，士大夫可能权宜地屈从某一政治势力，但是在士大夫群体中始终存在一个终极的是非标准——道义，坚持以道事君，捍卫儒家礼制。明代不少士大夫重名节，好清议，凡不合圣贤祖训之事，朝野立即奏议纷纷，据理力争，常爆发廷谏、廷争之事。为了劝阻正德帝南巡，先后 146 名朝官谏阻；嘉靖大礼议时，226 个朝官哭谏。皇帝用降斥、谪贬不够，又屡屡用廷杖、下狱立威，但这些都不能摧折他们的精神。嘉靖帝是明代强横之君的典型代表，不容许臣下针对自己的任何批评和议论，刻毒地打击谏臣，但谏诤者依然前赴后继。海瑞于嘉靖四十四年（1565）上《治安疏》痛责皇帝“君道不正”。雒于仁于万历十七年（1589）上《四箴疏》，痛斥万历帝患“酒色财气”之疾。臣下如此明目张胆且不留情面地抨击时君，在中国古代极为难见。

廷杖是明代特有之酷政，始于洪武初，工部尚书薛祥曾毙于杖下。成化前，大臣受杖尚容着厚棉底衣，以重毡叠裹，意在示辱，故不致死。正德时，刘瑾窃权，乃去衣行刑，受杖者每立毙杖下，幸不死者亦残废终身。正德南巡，大臣因谏阻而受廷杖者达107人，死11人。嘉靖时争大礼受杖者134人，死16人。廷杖这种法外之刑在摧残士大夫身体的同时，更凌辱着他们的人格尊严。廷杖虽残酷，然正人被杖，天下以为至荣，终身被人倾慕，孟森称之为自朱元璋以来，与臣下争意气不与臣下争是非所养成之“美俗”。[1]这也可见明代的士林风气与社会舆论导向。

在帝制框架内士大夫政治与皇权专制极端化的冲突中，礼制、道德并不能超越现实的政治权力格局。胜利者往往是以皇权为依托的皇帝。万历时持续15年的立皇太子争论即“国本之争”，不少朝臣因此获罪，虽以神宗屈从众议而告终，但从中可见晚明士大夫政治文化之张扬气象。君臣之争的激烈，事实上引发了诸多问题，如君臣关系趋向恶化，士大夫群体内部纷争不断、党争渐起，内阁制度趋向末路等，明朝的败象于此已分明显露。

清代专制主义中央集权发展到康熙、雍正、乾隆时期，呈现出更为强化的趋势。君臣关系具主仆性，臣下对皇帝俯首服从。清代犯颜抗争、指摘皇帝过失、廷谏的情况极少，像明代集体进谏、抗旨的现象更不再出现。但是，清代皇帝特别是康、雍、乾三帝都是具有雄才

1 孟森：《明清史讲义》上册，第85页，商务印书馆，2011年。

图 2-19
乾隆御笔“福”字

大略的帝王，他们为了江山社稷，以自己的汉文化素养以及勤政与胆识，获得了臣子的广泛尊敬；他们大胆拔擢人才，身边都聚集了一批优秀的文臣贤士，为康乾盛世奠定了基础。

清代帝王巩固皇权、驾驭大臣的一个重要举措是实行奏折制度。奏折的保密性可使官员充当君主的耳目，同时与皇帝联络感情。清代帝王还通过赐物赠诗，力图建立温和的君臣关系。从康熙朝开始，元旦佳节前后，皇帝都要在内廷亲笔书写“福”字，赏赐给京城的王公大臣及远在封疆的各直省将军及督抚大员。乾隆时历任侍郎、尚书等职 31 载的王际华，将历年所受赏的 24 幅“福”字装裱后，悬挂在府邸中堂，名为“二十四福堂”，以显示得到皇帝的特别恩宠。

皇帝还颁赐水果、肉类、糕点以及书籍等给大臣，这些大臣的谢恩折至今保存在中国第一历史档案馆。赏“紫禁城内骑马”更是无上的荣光。明代从未有此规定。万历朝阁臣沈鲤扶病入掖垣，屡至颠仆。乾隆中后期，被恩准在紫禁城内骑马的官员，如年老有病，经特准后，可以乘车入禁城。大学士兼礼部尚书赵国麟就被时人目为“车丞相”。上马也觉艰难的年老足疾之人，准令乘小椅，旁缚短杆，用两人抬椅入直，以示皇帝眷念大臣、恩加体恤之意。道光年间，有的还可在紫禁城内坐暖轿以御寒，这也是人性化的举措。

图 2-20
雍正帝“为君难”印玺
印为长方形，印文为椭圆形双螭纽，刻阳文“为君难”汉文篆字
故宫博物院藏

图 2-21
雍正帝“为君难”印文

雍正皇帝对于君臣关系有过较多思考。他在雍正元年（1723）给年羹尧的朱批中就希望能与年“做个千古君臣知遇的榜样”。他对源出于孔子的“为君难，为臣不易”之说深有体会。他在雍正二年（1724）给闽浙总督觉罗满保的满文谢恩折的朱批中说：“‘为君难’数字，朕写成匾额，镌刻宝印，时刻置放眼前，心中时常挂记思考。为臣之人，理应如此将‘为臣不易’四字照尔所奏谨记思索。”他的“为君难”，是指识人难、得人难、用人难，“若能遇一名贤能之人，乃朕如得活宝矣，将欣喜若狂”。他要求臣下讲“为臣不易”，砥砺自身行为，遵守臣道，特别是应有良心，有竭尽忠诚的意念。君主则应有爱惜臣工之心，体谅为臣不易，应给臣工以恩惠；用人不当，君主应羞愧自责。总之强调君臣要相待以诚，彼此肝胆相照，互不负心。他在河南巡抚田文镜奏折上批道：“朕就是这样汉子，就是这样秉性，就是这样皇帝。尔等大臣若不负朕，朕再不负尔等也。勉之！”[1] 这是一种江湖汉子性格，更是对臣工的一种笼络手段。雍正也基本是这样做的，但他为人刻薄寡恩，因反对朋党扩大化而伤害不少人才。这也应了“伴君如伴虎”“君恩不足恃”的老话。[2]

乾隆帝也学其父镌刻了“为君难”印，并为其父“为君难”匾写跋。在他看来，为君之难不是难在君臣关系，而是创业与守成的难易问题。乾隆身边聚集了一批文臣。他说“君臣之谊，等于父子家人”[3]。沈德潜假满返回北京，乾隆见到他十分高兴，赋诗说：“朋友重唯诺，况在君臣间。”[4]

1 《河南巡抚田文镜奏谢着部议叙买米微劳折》，第188页，载中国第一历史档案馆编《雍正朝汉文朱批奏折汇编》第四册，江苏古籍出版社，1989年。

2 冯尔康：《从满文朱批解读雍正帝的『为君难』——以〈雍正朝满文朱批奏折全译〉为论述资料》，载《雍正——清世宗文物大展》，台北故宫博物院，2009年。

3 [清]李元度纂：《国朝先正事略》卷十八，岳麓书社，2008年。

4 《沈德潜给假葬亲毕还朝诗以赐之》，《清高宗御制诗初集》卷四十一。

图 2-22
乾隆帝《为君难跋》青玉册

清代的大臣，存在着满、汉两个畛域。清帝在中央机构的官员任用方面实行“满汉复职制度”，即满汉官员同任一职，但决定权却往往掌握在满洲贵族手中。满洲大臣不仅在御前言必称奴才，而且在与皇帝奏对时亦自称奴才，这在清代君臣关系中，就出现了“臣”与“奴才”两种称谓。乾隆帝曾三次以上谕的形式，对满洲大臣奏事的称谓做出规定：凡奏公事俱应称臣，私事仍称奴才。此后的乾隆三十五年（1770），因为汉臣周元理与满臣西宁等列名会奏的一折内，分别自称“臣”与“奴才”，引起乾隆反感，便要求以后满汉臣僚同奏的场合，或满或汉，皆可以一称贯之。乾隆三十八年（1773），御史满臣天保、汉臣马人龙合奏一折，折内书衔因天保在前，遂概称“奴才”。这本来符合乾隆帝的规定，但这次他又不高兴了，重新规定为“嗣后凡内外满汉诸臣会奏公事，均著一体称臣”。

陈垣在《释奴才》一文中指出，“以奴才书衔”为清朝特有之典制，“奴才”称谓的实质非分公私、文武，而在“分满汉也”，强调了存在满汉畛域的清代政治的特殊性。乾隆帝为什么会有这两次谕批？“盖皇上知汉人中有以奴才二字为自昔北俗骂人之词，而不甘为满洲奴才也，故借周元理以警惕之。在马人龙则恐其冒认奴才焉，在周元理则恐其不服为奴才焉，操纵臣下之术亦神哉！”[1]可见，在乾隆帝不断明确“奴才”的使用者身份的同时，这一称谓从书写格式到使用场合的规范，便成为一种体现清代特有的君臣关系的制度化符号。[2]

宣统二年（1910）正月，清廷以“君臣为千古定名”为由，宣

1 陈垣：《陈垣全集》第 1 册，安徽大学出版社，2009 年。
2 祁美琴：《清代君臣语境下『奴才』称谓的使用及其意义》，载《清史研究》2011 年第 4 期。

布正式废除“奴才”的称谓。宣统三年（1911），武昌起义爆发，君臣关系走进了历史。

二 国家机器的运转

紫禁城里帝王的根本任务是执掌管理国家的权力，也就是所谓的“坐江山”。他们要处理朝廷政务，擘画军国大计，保持国家机器的运转，以使天下太平，国祚绵延。

礼仪大典

掌握最高权力的皇帝在皇权运行中都有哪些职责，或者说他的政务活动主要有哪些？ 1796 年，86 岁的乾隆帝把皇位禅让给儿子颙琰，这一年成为嘉庆元年。他在一首诗的注中说：“今年归政后，一切承祭、视朝、经筵、阅武、耕耤、行师诸典均为子皇帝之事。”[1]

传统的国家典礼有吉、嘉、宾、军、凶五礼。吉礼指各种祭祀活动，即乾隆说的“承祭”；“经筵”“耕耤”属嘉礼；“行师”“阅武”属耀武扬威的军礼；还有接待宾客与使臣的宾礼，以及丧葬的凶礼。清代五礼共 256 项。可见，乾隆所移交的政权，亦即“子皇帝”嘉庆所承担的要务分为两类：一是各种礼仪大典，二是处理具体政务的临

1 《惠山园八景》诗注，《清高宗御制诗文全集》。

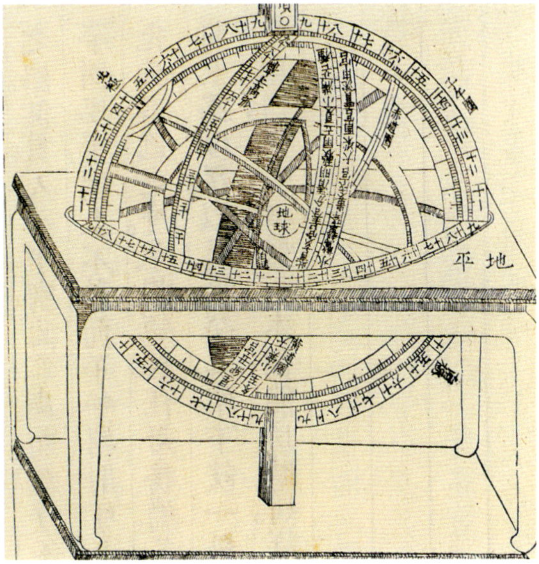

图 2-23
铜镀金浑天合七政仪
18 世纪英国制造
故宫博物院藏

图 2-24
〔清〕允禄等纂
《皇朝礼器图式 卷三》中
绘制的浑天仪

朝听政，即“视朝”。这是做了 60 年皇帝的乾隆对皇帝主要职责的概括。

各种礼仪大典要占用皇帝相当多的时间和精力。虽然是礼仪性的，但意义重大，它影响到皇帝的形象与地位，关涉到政权的合法性与稳固性，因此也是帝国的最大政务，是维系整个国家机器运转的重要纽带。

中国古代强调“以礼治天下”。“礼”是社会等级，是统治秩序，也是人际交往准则。对于明清统治者来说，礼仪建设有着特殊的紧迫性与重要性。明朝创建者以全面恢复中断百年之久的华夏礼乐文明的号召和实践，昭示其重建社会秩序的重任。崛起于东北一隅的满族，则亟须通过礼乐建设来教化百姓，体现其承统的合法性与合理性。因此，明清时期礼乐建设总体是以恢复儒家的古礼并充实儒家思想内涵为主要特色。明太祖时对历代遗留的礼乐做了大胆改革，嘉靖皇帝又做了较大变更甚至是新创。清朝从顺治至康乾时期的礼乐制作，在大力继承、发展汉族礼乐的同时，也坚持了满族礼仪文化特色。

举行礼仪大典需要使用礼器。乾隆二十四年（1759）钦命绘制的《皇朝礼器图式》，“仪器部”收入天文仪、地理仪、测绘仪、光学仪和时钟 5 类共 50 件，有 38 件实物还存于故宫博物院与北京东便门古观象台，其中 21 件来自英、法、德等国。天文仪器中的前 6 件为比利时传教士南怀仁所制，它是反映清初社会动荡的历法之争事件的重要实物资料。以地球为中心的浑天仪和以太阳为中心的英国制浑

图 2-25
清帝于天坛第二层祭拜图
引自〔美〕卫三畏《中国总论》，1883 年

天合七政仪，是罗马教廷对日心说解禁的见证。超过 40% 的标有西文款识的仪器被堂而皇之地列为皇家礼器，既是乾隆以天朝上国自居，强调“八方向化，九土来王”，对世界格局全然不知的反映，又是当时社会对西方文明几乎毫无认识的体现，以为只要是仪器，就具备“以齐七政”的作用。[1]

“国之大事，在祀与戎。”祭祀活动在中国古代受到特别的重视。吉礼包含了系统的宗教祭祀制度。明清时有庞大的祭祀体系。根据历史传统、政治需要与祭祀对象之间的差别，祭祀仪式分大、中、小三祀。明代三祀共 46 项，平均每月举行祭祀 4 次；清代三祀共 78 项，平均每月举行祭祀 6 次。除每年定期举行的这些常规祭祀外，遇即位、天象异常、自然灾害、册封、营造、巡幸、亲征等大事时，朝廷都要举行隆重的祭祀活动。明初大祀有圜丘、方泽、宗庙、社稷、朝日、夕月、先农等。清初大祀有圜丘、方泽、祈谷、太庙、社稷，后又加常雩。清朝还保留了满族的祭祀旧俗，如“堂子之祭”“坤宁宫祭神”等。

1 刘潞：《一部规范清代社会成员行为的图谱——有关〈皇朝礼器图式〉的几个问题》，载《故宫博物院院刊》2004 年第 4 期。

祭祀礼仪不但是宗教信仰的反映，更是以天子为中心的秩序表达，仪式的不断强化，是政权合理性的象征。明清的公祭活动是国家政治生活中的大事。国家祭祀有一套管理体系，礼部是祭祀的总理部门，太常寺是执行机构，光禄寺是祭祀器物的管理机构，鸿胪寺是祭祀仪式过程的辅助机构，钦天监是祭祀日期的选择机构，还有与祭祀活动有关的监察机构，如都察院、六科等。

天地、宗庙、社稷象征国家政权，这三大祀都是由天子主祭的最隆重的祭祀。其中祭天最具特殊意义。皇帝是“天子”，登极必告天地，表示“受命于天”，承天意而治国。明代诏书的首语就是“奉天承运”，宝玺有“皇帝奉天之宝”“奉天承运大明天子宝”等。如果臣民有私家告天拜斗的，则作为“亵渎神明”，要杖八十。[1] 明初为天地合祭，嘉靖年间改为分祀，此制沿袭至清。清代祭天依然定于冬至之日。

祭天是坛庙祭典中最重要的活动。祭天典礼的传统政治文化意义是和君权联系在一起的。人们对清雍正继位的合法性多有疑问。康熙六十一年（1722）十一月七日，皇帝病重；九日，命皇四子胤禛恭代祭天。胤禛就是后来的雍正帝。康熙此前也曾因病派大学士前去祭天，而绝无派皇子代行的先例。胤禛能够在国家最隆重的祭天仪式上代皇父向天行礼祈福，这无疑透露了康熙帝有关传位的重要信息。

敬天法祖体现在国家祀典上，祭天是表达敬天的情结，祭太庙则是表达法祖的诚孝。太庙即宗庙，供奉皇室祖先，以功臣、宗王等人

1 《大明会典》卷一六五《亵渎神明》。

图 2-26
斋戒铜人
故宫博物院藏

图 2-27
斋戒牌
故宫博物院藏

配享。明清皇家建筑最高屋顶形式是重檐庑殿顶。紫禁城三大殿仅太和殿是庑殿顶，而太庙三大殿全是庑殿顶。方泽（地坛）祭祀，其视牲、斋戒等准备事宜与祭天相同，礼仪亦相似。社、稷代表土地和农业，"社稷"历来作为国家的代称。祭祀社稷是上自天子，下至王国、州、府、县都要举行的全国性活动。举行三大祀的宗教意义在于一种政教上的宣示，主要是表明皇朝的正统。以清初为例，至崇德元年（1636）建大清国号，才开始行国家大祀，且礼制简陋，多有东北旧俗。从顺治元年（1644）定鼎燕都，天地、宗庙、社稷之大祀，开始全面继承中原自古相延的礼制，而将满洲旧俗保留在宫中。这一转变对于文明的延续与统一具有重大的意义。

明清皇帝在大祀之前，要斋戒告庙，并省视献神的牺牲和乐器；祭天、常雩等大祀，前一日皇帝于太和殿内视祝版；皇帝亲祭地坛、太庙、社稷坛等之前，要在中和殿检查祝版、祝文。洪武二年（1369），皇帝命礼部制一高尺五的铜人，手执竹简。如果是大祀礼仪，在竹简上刻"致斋三日"，中祀则刻"致斋二日"，由太常寺官将此竹简放置在斋戒处所，监督皇帝斋戒。各衙门要放置刻有"国有常宪、神有鉴焉"的木斋戒牌。清因明制。雍正九年（1731）在紫禁城内建斋宫，为皇帝大祀前在宫内斋居之所。御斋宫时，忌用辛辣。若庙社之斋，则在养心殿斋居，虽勿忌辛辣，亦不用葱韭。斋戒日，王公大臣衣襟前悬"斋戒牌"，或银，或象牙，长约二寸，广一寸。祭前一日，皇帝出宿于南郊斋宫，可见这一仪式的崇隆。

祭祀的重要性不仅表现在皇帝的虔诚，也需要官员的敬慎。清嘉庆十九年（1814）八月皇帝下谕旨："向例，每逢祭祀大典，朕出入禁城，各衙门派有官员迎送。近日，迎送之员甚属寥寥，殊非敬慎之道。"[1]

明清国家诸如祭天等以上充满神性的政治性祀典，其目的在于树立一统之君的神性与统治的合法性以及为皇朝的教化做出表率。

还有一类与人们日常生活相关的祭祀，期盼风调雨顺、年景丰收、安居乐业等。

中国古代以农立国，男耕女织，自给自足，凡与农、织有关的神都受到特别的重视。社稷神（土神和谷神）之祀在明清两代都是大祀，先农、先蚕之祭皆为中祀，其中先农之祭在明初一度也曾被列为大祀。每年仲春，皇帝亲祭先农坛（山川坛），接着行"耕耤礼"：皇帝右手秉耒，左手执鞭，耆老牵牛，农夫扶犁，顺天府尹执青箱，户部尚书播种。先蚕之祭是在明嘉靖时定制祭祀的，乾隆时建先蚕坛于紫禁城之西苑。每岁季春，由皇后率领宫中妃嫔及宫外的命妇等妇女们祭祀，祭后行亲蚕礼。这些是朝廷每年都要进行的活动，皇帝、皇后按照既定的礼仪认真地表演，这是他们的职责，表示国家重耕重织，以为天下之表率，也是不违农时的一个动员。

康熙帝还在西苑修建丰泽园，旁有数亩稻田和几十株桑树，他亲自种稻养蚕。到雍正年间，皇帝在每年亲耕礼前，先预演礼于丰泽园。丰泽园之西又有春耦斋，是皇帝演耕礼时的休息场所。乾隆曾将宫中

1 《清仁宗实录》卷二九四，嘉庆十九年（1814）八月辛未。

图 2-28
《耕耤礼图》（局部）
绘于清雍正时
法国吉美博物馆藏

珍藏的唐代韩滉所绘的《五牛图》贮存于此，供休息时观赏。他还说，耕种之事，牛出力最巨，因此每次展观，更知耕事之艰。[1]

雩祭也是明清国家的重要礼制，是祈雨的专门祭祀。在中国历史上，旱灾是危害最严重的天灾，往往持续时间长，死的人也多，更带来社会的大动荡。明崇祯后期持续七年之久的全国性大旱，使流民激增，终于引发大起义，明朝统治也随之而终结。

雩祭不仅是祈雨仪式，而且是以天子为中心的中国古代农业社会沟通神灵的重要祭典。明初雩祭为临时祭祀，礼仪较为简化，但皇帝把他作为天子这一角色的精神义务看得非常严肃认真。洪武三年（1370）大旱，朱元璋令皇后和妃子“亲执爨为昔日农家之食”，由太子及其他王子送到斋所。六月初一黎明前，他穿着素袍和草鞋步行至山川坛，铺上一张席子坐下，然后在烈日下暴晒，顷刻不移，夜卧于此，三天后回宫继续斋戒。据记载，五天以后，便下起了大雷雨。[2] 嘉靖九年（1530）后改为常祀，位列大祀，称为“大雩”。嘉靖十一年（1532）建崇雩坛，作为举行“大雩”的专门场所，并制定了雩舞和乐章。万历十三年（1585）时，皇帝亲往郊坛祷雨，为了显示虔诚，在去往郊坛的途中，没有坐辇，而是步行，并为此专门设置了步祷仪式。

乾隆九年（1744），皇帝亲自前往圜丘践行常雩礼，并将常雩列入大祀。大雩的举行表明灾害严重且多方祝祷无效，往往带有皇帝罪己的性质。大雩礼仪式繁重，耗费巨大，并且难以保证效果，轻

1 吴空：《中南海史迹》第60—61页，紫禁城出版社，1998年。

2 《明太祖实录》卷五三，洪武三年（1370）六月戊午。

图 2-29
《皇帝法驾卤簿图》（局部）
清嘉庆年间绘制
故宫博物院藏

易不举行。有清一代，大雩礼只举行了两次，分别在乾隆二十四年（1759）和道光十二年（1832）。乾隆二十四年四月初七日，为解旱常雩，乾隆帝以农田望泽，命停止卤簿，祀天于圜丘，步行虔祷；五月二十二日素服诣社稷坛祈雨，二十八日以雨泽未沛，不乘辇，不设卤簿，由景运门步行祭方泽；六月十一日自斋宫步至圜丘行大雩礼。祝文中说，在他治下的二十四年，“无岁不忧旱，今岁甚焉。曩虽失麦，可望大田，兹尚未种，赤地千里”，“计穷力竭，词戆诚罄”，反复祈祷“呜呼，其惠雨乎”。据记载，是日大雨竟日。[1] 整个祈雨期间，乾隆还采取了包括下诏求言、清理冤狱、省刑宽禁和禁止宰杀牲畜等许多措施。

皇帝的另一类活动是朝会典礼，这是宫廷礼乐文化的重要组成部分。朝会包括“朝贺”与“朝仪”两部分。朝贺实际上是庆祝性的典礼活动，朝仪则涉及国家日常事务的处理，但朝仪中的“朝参”也主要是仪式性的。登极大典、授受大典是不定期的；元旦是一岁之始，冬至是一阳之始，皇帝诞辰是人君之始，元旦、冬至、万寿这三大节朝贺则是定期的，其他还有上尊号仪、册立册封仪、巡行仪、命将出征仪、凯旋仪等。这些都是宣示威仪的典礼。

上述祭祀与朝会的仪式都是庄严、隆重甚至是热烈的，不仅规模浩大、过程纷繁，还有一个共同点，即皇帝卤簿的陈设以及中和韶乐、丹陛大乐等的演奏。旌旗遮日，鼓乐喧天，剑戟如林，足以渲染出皇帝至高无上的威严和尊贵。

图 2-30
太和殿前的铜铸品级山
清朝大朝会时官员排班行礼之位标。其物仿明朝木制朝牌之例以铜铸，呈山状。上嵌满汉字品级阶位。每举行典礼之时，摆列太和殿前丹墀内御路两旁，东西各两行，每行自正、从一品至正、从九品，各十八座，总共七十二座
故宫博物院藏

图 2-31
《紫光阁赐宴图》上描绘的陈设在乾隆帝御座两旁的中和韶乐

1 《清高宗实录》卷五八四，乾隆二十四年（1759）四月乙卯；卷五八七，乾隆二十四年（1759）五月辛亥、五月乙巳；卷五八八，乾隆二十四年（1759）六月庚申。

卤簿仪仗是君主专制社会皇权尊威无比的最外在的体现和象征。这一皇帝的仪仗制度肇始于秦始皇，名称则在汉代开始出现。皇帝卤簿场面十分庞大。唐代的“大驾卤簿”多至万人之众。卤簿制度以后历代各有增损，到清代乾隆年间根据不同的场合，有四种不同规格的名称：祭天、祈谷、常雩等三大祭祀中使用的大驾卤簿，共有旌旗伞盖等 713 件；方泽祭地，祭太庙、社稷坛等三庙及朝会时使用的法驾卤簿，共有 553 件；行幸皇城中使用的銮驾卤簿，共有 104 件；巡幸外地或大阅时使用的骑驾卤簿，共有 162 件，同时对后妃也规定了不同等级。故宫博物院现存卤簿仪仗文物 1900 余件，有陈于太和殿檐下的完整成套的金八件（金提炉二、金唾壶一、金水瓶二、金香盒二、金盥盆一）；有设于太和殿前御道两侧，用于整肃大典秩序的静鞭等；有从太和殿丹陛上下一直排列到午门以外的各种伞、盖、扇、旗、节、旌、鼓等，组合非常繁复，以表现盛大仪式的场面和肃穆庄严的景象。

在这些活动中，礼与乐是相互配合使用的。中和韶乐是明清两代宫廷的雅乐，由金、石、丝、竹、土、革、匏、木八类质料所制的乐器（称为八音）组成乐队，祭天时使用 18 种乐器。此外朝会中还有由 10 种乐器组成的丹陛大乐。在故宫博物院 2300 余件清宫遗存的乐器中，以坛庙祭祀和殿陛朝会使用的典制乐器规格最高、数量最多，如中和韶乐的 16 种乐器，其中的镈钟、编钟、建鼓、方响、柷、敔等，后世已罕见。皇帝四种卤簿所用的“卤簿乐”乐器也为数可观。

图 2-32
《太和殿筵宴图》(局部)

明清时期有名目繁多的宫廷宴会，规模最大的为“三大节”，即元旦、冬至、万寿，其他还有各种寿筵、节庆宴、喜庆宴以及赐宴。明永乐、宣德时期，各种宫廷宴会逐渐正规化，宴席的膳品也已基本形成定制并载入《大明会典》。

筵宴的形式后面是强烈的政治气氛，并有着传统礼仪的严格规范。也正因为如此，筵宴必有乐舞表演。明武宗正德皇帝对此有过谕旨：“庆成大宴，华夷臣工所观瞻，宜举大乐。迩者音乐废缺，无以重朝廷。”[1] 他的见解是有道理的。宫廷宴会中的乐舞表演，不仅是一种娱乐，而且是盛大宴会的组成部分，乐舞与宴会相得益彰，充分体现源远流长的中华礼仪文明。“华夷臣工”通过观瞻，更加敬畏中央王朝，也就是所谓的“重朝廷”。明置教坊司，掌朝会宴享之乐及乐舞，雅乐俗乐并用之。宴乐是明代宫廷音乐中最为繁多且有特色的音乐。每宴必用乐，但规格、礼仪稍有不同，用乐亦有小异。

清宫大宴和节日筵宴不仅多，而且盛大、隆重、程序繁复，充分显示礼仪化特征。最著名的是“三大节”的太和殿筵宴。殿内宝座前设皇帝御宴桌。殿内设 105 张宴桌。殿前东西檐下设中和韶乐、中和清乐。丹陛上设 43 张宴桌。丹墀左右设皇帝的法驾卤簿，并设三品以下官员的宴桌。外国使臣的宴桌设于西班之末。太和门内檐下设丹陛大乐、丹陛清乐。届时，皇帝礼服御殿，及先后进茶、进酒、进馔，都分别奏有关音乐，然后进庆隆舞，奏蒙古乐曲，进各族乐舞及杂技百戏。最后，中和韶乐奏《和平之章》，皇帝还宫。乐止，众人

1 《明史》卷六十一《乐志一》。

图 2-33
千叟宴养老银牌

退出，宴会结束。[1]

朝廷对于边疆民族首领每年进京朝贺元旦的安排及宴飨十分重视。蒙古各王公首领及回部伯克、四川土司、蒙藏喇嘛等，各按人数多寡编定若干班次，每年各以一班于年节时轮流入京朝觐。凡该班来朝者，除各按品秩供给路费、廪饩及赏赍外，例与内地王公等一体朝会宴飨，并于除夕至元宵前后赐御宴数次，典礼极为隆重。这一管理制度一直延续到清末。例如对内外扎萨克元旦筵宴的次数和地点都有明确规定："年班来京，于除夕燕一次，设于保和殿。元宵燕一次，设于圆明园正大光明殿。除夕前、元旦后、元宵前后，加燕数次，或设于中正殿，或设于紫光阁，或设于圆明园山高水长。皆由院预期奏请。五旗王府各令设燕一次。蒙古王以下，副章京、长史以上，并准入燕。"[2]

清宫宴会中规模最为壮观的当属康乾时的四次"千叟宴"。其中乾隆五十年（1785）的千叟宴与宴者三千九百余人。据内务府《御茶膳房簿册》记载，一等、次等共八百桌，连同御宴，共用猪肉

1 《北京志·世界文化遗产卷·故宫志》第 412—413 页。
2 嘉庆《大清会典》卷五十一《理藩院·王会清吏司》。

图 2-34
太和门

一千七百斤，菜鸭、菜鸡各八百五十只，肘子一千七百个。另据内务府《奏销档》记载，内务府荤局和点心局烧用柴三千八百四十八斤，炭四百一十二斤，煤三百斤。而嘉庆元年（1796）的千叟宴仅备膳用的直径二尺和一尺一寸的板沿锅、生铁锅就准备了一百一十六口，雇用端送酒膳、推运行灶的人夫一百五十六名。[1] 清代中叶以后，随着国势渐衰，这些风华盛事不再，遂成为清室聊堪追慕与缅怀的一页永久的历史了。

礼仪有规范垂训的功用。在各种纷繁而冗长的典礼中，在臣庶一次次的跪起叩拜中，王朝的天命、皇帝的权威被不断地确认和巩固。

朝政与决策

明清两朝，国家最高的政事处理和政务运作，主要体现为朝会论事和文书流转两个方面，这两个方面又紧密关联在一起。朝会论事就是皇帝“视朝”。两朝依靠有关机构和大臣的辅佐，形成了各具特色的中枢决策体制，使国家机器在解决问题中运行。

皇帝处理政务的朝会制度称为常朝。明代的常朝形式有朔望日朝参和早朝、午朝。朔望日朝参又叫朔望日起居，每月的初一和十五日，皇帝御殿，百官朝服奏事。洪武时皇帝穿皮弁服御奉天殿，朝参官员二叩首，鞠躬颂呼“圣躬万福”，省府台部官员有奏事者奏事，无奏事者，皇帝还宫。但朔望日朝参后来在政务方面的意义越来越弱化，

1 转引自刘毅：《明清宫廷生活——六百年紫禁城写真》第112页，天津古籍出版社，2000年。

主要成为体现君臣尊卑关系的重要仪式。日复一日，皇帝本人也不堪其累。弘治十一年（1498）十月十三日凌晨，明孝宗朱祐樘因昨夜清宁宫失火，“朕奉侍圣祖母，彻旦不寐，今尚不敢离左右”，遂向内阁臣提出：“欲暂免朝参，可乎？”[1]这一仪式自然难以坚持下去了。

处理政务的早朝又称御门听政，是皇帝的工作制度。皇帝多御奉天门听政。自从朱棣即位以后，考虑到北方气候等因素，明代诸帝早朝时经常在奉天门举行象征性的朝见礼，然后御右顺门或左顺门便殿听政。英宗幼年即位，规定早朝奏事必须预进事目，并限制每朝奏事8件数，此后成为定例。隆庆六年（1572）规定每旬三、六、九日为视朝奏事之日，一直沿用到明末，自然不可再称“日朝”了。嘉靖和万历两朝，数十年不朝。明末三帝则履职颇勤。

由朱元璋首创的明代早朝的效果总体不好，被认为太重、太繁，礼法太严，逐渐失去行政功能。早朝所理之事异常繁碎。《大明会典》载洪武二十八年（1395）所定各府部衙门“合奏启事目”竟达184款，例如像守卫皇城官军搜检出被盗内府财物一类事，也要早朝时由皇帝亲自发落。上朝官员相当庞杂，就连在京“仓场卫分”小官，也“日逐随朝”。[2]许多应预朝的官员“失朝”（逃避朝参）。宣德六年（1431）一次早朝，文武官不至者500余人。[3]成化二十三年（1487），一次失朝官员竟达1118人。[4]嘉靖帝由外藩入继，开始勤于视朝，常天不亮就点烛上朝，阁臣为此还担心他的健康。他极想挽回颓风，但毫无效果。这位皇帝后来自己也退让了，认为“朝堂一坐

1 《明孝宗实录》卷一四二，弘治十一年（1498）十月乙亥。
2 胡丹：《明代早朝述论》，《史学月刊》2009年第9期。
3 《明宣宗实录》卷八十，宣德六年（1431）六月庚子。
4 《明宪宗实录》卷二九二，成化二十三年（1487）七月乙卯。

亦何益”，[1] 这固然是为自己怠政找借口，但确实说明早朝存在着问题，但这些规矩是祖宗定下的，又是不能改变的。

午朝亦称晚朝，即皇帝于午后召见文武官员议事，始于永乐四年（1406）。朱棣以早朝奏事多，无法商榷，午后事简，君臣可从容陈论，故定制。这说明了明早期帝王的勤政。景泰初年定午朝仪式，但早朝尚不能坚持，午朝就可想而知了。万历十五年（1587）正月二十四日，突然传来消息，说皇帝要举行午朝。当时午朝已多年未举行，仪注尚未完备，文武百官自相惊扰，仓促奔进宫禁，后发现这是一场误传，皇帝并没有召集午朝。盛怒之下的万历皇帝认为此事实在有损朝廷体统，下旨对全部京官罚俸两个月。[2]

当宣德朝开始出现廷臣大规模“失朝”记录的同时，在朝廷政事处理中以奏事为中心的票拟制度则正在形成。

票拟制度又与内阁制度的发展有关。明代综理国家政务的最高行政机构是内阁。洪武时罢中书省，废丞相制度，后设文渊阁等殿阁大学士。永乐初破格选拔翰林院官员入文渊阁当直，参与机密重务。宣德和正统时，阁制始备，代言拟旨之责，逐渐成为协助皇帝决策的中央机构。明中叶以后，阁臣朝位班次列六部尚书之上，专责起草诏令，票拟批答。嘉靖至万历初，首辅更以相体自尊，独专票拟，阁权至重，六部似乎都成了它的下属。

随着明朝发展出以章奏的流转和处理为核心的政务制度，皇帝就主要通过批答章奏处理国事。章奏也称题本，是六部等中央机关、地

1 《明世宗实录》卷三六四，嘉靖二十九年（1550）八月癸未。

2 《明神宗实录》卷一八二，万历十五年（1587）正月癸丑。

方高级官员向皇帝请示政务的公文。章奏由内阁票拟，即在一个称为票签的纸上拟写初步处理意见，连题本一起呈送皇帝。皇帝参阅票拟后，写出最后的处理意见，处理意见用红字写，故称“批红”。皇帝对阁臣票拟的意见一般都能接受，按票本批红。如果皇帝不同意，阁臣可以坚持阁意，执奏不改，或不予拟票，上奏停止了这件事。

但是，内阁的权力也是有制约的。从正统以来，皇帝往往不亲政事，阁票入内，例由宦官二十四衙门之首的司礼监承旨批复，内阁之权，多为宦官所制。隆庆、万历间，阁臣相构，时与司礼监相结，以为助力。天启时，魏忠贤擅政，以内阁为羽翼，内外大权一并归入宦官。

明代还有一种“留中”制度，即皇帝把臣下的奏疏留于宫禁中，不交议，也不批答。这以万历朝为最。明代官至礼部尚书的董其昌曾把万历皇帝“留中”的奏疏编为《神庙留中奏疏汇要》一书，共收奏疏301件。“留中”自然破坏了国家行政中枢的运转机制。

明朝中央决策机制有一个重要变化，是实行“廷议”，即廷臣会议。廷议内容为位号、祭祀、官制、人事、财政、军事等军国大事。参加者包括阁臣、九卿、科道，以及与所议内容有关的官员。廷议的结果要“署议”，即由与会者在上面签名。皇帝对廷议结果有否决权，可以把结果一再“复下廷议”，直到自己满意，甚至可以推翻廷议结论。据统计，《明会要·集议》所载廷议共101次，其中88次被皇帝接受，占廷议件次总数的87%；在否决或不报的13次中，多为宗庙、典礼等可以说是皇室内部的事务。[1] 这说明廷议结果绝大多数为皇帝所接受。作为一种制度，廷议一直沿用至明末。有人认为，这是一种比较公开、公平和公正的新机制，具有近代决策机制的若干重要特征。[2]

同样值得重视的是明代的廷推制度。廷推是廷议在选用高级官员时的运用，也叫会推、会举。由吏部会集九卿、科道等官进行推举。候选人一般都是众望所归，但还需经科道官审核。奏报皇帝的名单通常是一正一陪。与推者须在人选名簿上署名。皇帝一般会擢用正推人员，有时违背惯例，录用陪推，但被录之陪推每遭舆论的谴责，大都不愿或不敢接受新职。如万历时，“河南缺巡抚，廷推首王国，（王）士性次之，帝特用士性。士性疏辞，言资望不及国”[3]。崇祯皇帝还曾仿古代枚卜典礼，将阁臣会推时推出的名单放进金瓯，以抓阄的方式，用匙把名单逐个取出，按先后次序任命。崇祯元年（1628）钱龙锡等 6 人入阁，就是用这种方式点用的。廷推结果的最后决定权当然在皇帝手中，但廷推依然起着很大的约束作用，皇帝不能无视廷推的结果。

明代还有“封驳”，指封还皇帝不恰当的诏命，驳正臣下有违反规章制度或措置失误的奏章。封驳是官仅七品的六科给事中的职责，因此亦称“科参”。在正常情况下，一切文件乃至宦官之传旨（如宣德时），均得经六科抄发才能生效。六科的封驳，对于审核国家政令、抑制宦官擅权，都在不同程度上起到作用。顾炎武就说：“万历之时，

1 林乾：《论中国古代廷议制度对君权的制约》，载《社会科学战线》1992 年第 4 期。
2 李伯重：《明代后期国家决策机制研究》，载《中华文史论丛》2019 年第 1 期。
3 《明史》卷二二三《王宗沐传附王士性》。

图 2-35
《康熙帝朝服像》轴
故宫博物院藏

九重渊默，泰昌以后，国论纷纭，而维持禁止，往往赖科参之力。”[1]内阁票拟以及互有联系的廷议、廷推、封驳，均是明代中央决策体制围绕皇权而运行的方式。总的来看，当政治较清明时，它们能正常运转，对政事有所辅助；当议处大政、选用大臣之权落入宦官或首辅之手，封驳权则被废止，这时中央决策体制便陷于混乱了。[2]

清代的专制主义中央集权，经过顺治、康熙两朝，到雍正、乾隆时已发展到历史的顶峰。康熙说“惟是天下大权当统于一”[3]；乾隆声称“乾纲独断，乃本朝家法”，“一切用人听言大权，从无旁假”[4]。明清两代都重视官员的考铨任用。明正统以前，书天下文武方面官姓名于武英殿东廊，或奉天门西序。正统三年（1438），则书名于文华殿。明朝高级官员的选用采取廷推制。清顺治初年，有御屏京官职名册。自乾隆间始，在养心殿西暖阁西门上，悬各省总督以下、知府以上，将军以下、总兵以上姓名单，西壁悬天下缺分繁简单（标注某地政务繁简程度，以便选用）。清朝废除了明朝的廷推制。高级官员的选任，由吏部将有资格者全部开列，提供皇帝圈定。清代还实行

1 顾炎武：《日知录》卷九《封驳》。
2 白钢主编：《中国政治制度通史·第九卷·明代》，第129页，人民出版社，1996年。
3 《清圣祖实录》卷二七五，康熙五十六年（1717）十一月辛未。
4 《清高宗实录》卷三二三，乾隆十三年（1748）八月辛亥。

图 2-36
乾清门
清御门听政处

官员引见制度，即皇帝亲自对即将提拔或任命的中下级官员进行面试、考察。被引见的官员须呈报自己的履历，这些履历档案由军机处收藏，现已影印出版的《清代官员履历档案全编》，共收录从康熙至光绪朝文武官员履历 55 883 件，其中康、雍、乾时期的就有 31 899 件，在雍正年间的 3000 多件履历片中都抄录了皇帝的朱批。

皇帝是全国的最高决策者。满族的少数民族身份，使清帝怀有强烈的责任感与戒惕心，以防止决策的失误。他们以勤政为行使皇权的家法，办理政务事无巨细，尤其是亲自处理题本、奏折。他们广泛开辟信息渠道，充分地掌握情况，依靠臣工的赞画咨询，进行着国事决策。清代事权集中，中枢办事机构干练，中间环节减少，也加强了中央决策应变的能力，适合于封建社会晚期客观政治环境的需要，并创造了帝制中国最后一个盛世的辉煌。

御门听政是清朝皇帝公开处理政务的主要形式。顺治时皇帝已经开始在太和殿听政。康熙六年（1667）七月初七日，14 岁的康熙“躬亲大政”，“是日，上御乾清门听政，嗣后日以为常”。[1] 此后非遇

1 《清圣祖实录》卷二三，康熙六年（1667）七月己酉。

图 2-37
养心殿西暖阁
雍正帝至咸丰帝时，皇帝多在这里召见军机大臣，商谈机要大事。室内御座前的御案和文房四宝，都是皇帝批阅奏章时的用具

重大事件或皇帝患病，终康熙之世，御门听政始终不辍，成为常朝制度。御门听政时，各部院官员面奏政事，内阁大学士、学士以折本请旨。所谓“折本”，也是题奏本章的一种，即由内阁撰拟票签，皇帝未给出指示而折角留待进一步处理的题本和奏本。在讨论折本时，康熙除直接面谕决断外，还鼓励官员大胆直言、申说己见，对缄默不言、依违从众者，则严加训斥。那时很多重大决策，诸如讨伐吴三桂的叛乱，反击沙俄侵略等重大事件，都是经过御门听政做出的。就御门听政而言，康熙皇帝以其终生的不懈坚持，在中国帝王的治国史上留下了为人称颂的一页。

雍正时期，随着强调文书机密性的奏折制度的完善，以及辅助处理奏折的军机处的成立，出现了围绕奏折处理而进行的另一种朝会形式。这种朝会几乎每天都在乾清宫或养心殿进行，主要是皇帝接见军

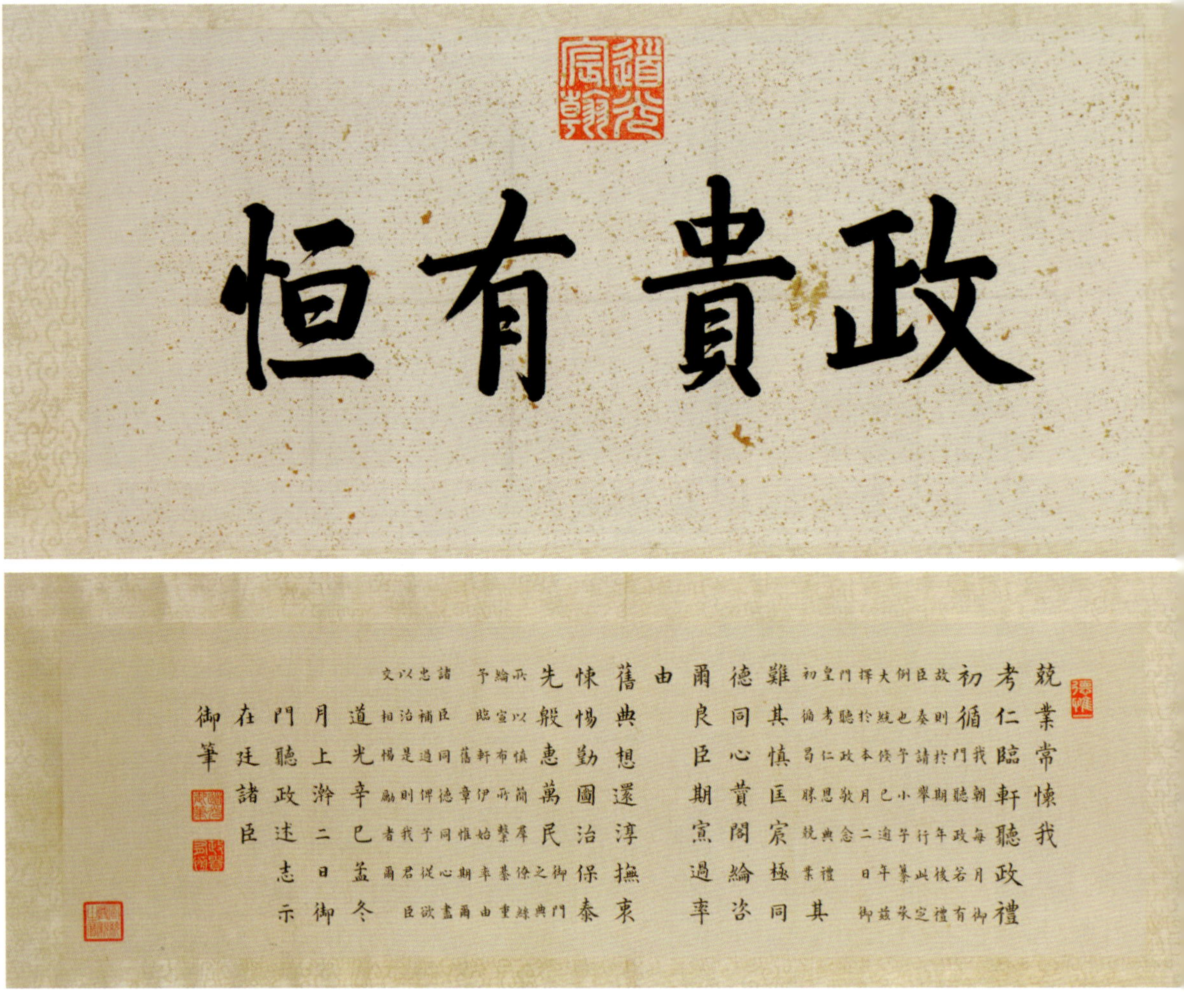

图 2-38
道光帝《御门听政诗》

机大臣、部院堂官轮班值日奏事。这样御门听政次数就相应减少了。同治即位后，御门听政制已完全停止。

清代辅助皇帝决策的机构，主要有议政王大臣会议、内阁和军机处。

清前期议政王大臣会议是满族上层贵族及大臣参与处理国政的制度，又称“国议”，在清王朝统一全国的过程中对重大决策曾起过重要作用。随着国家的逐渐统一及君主专制制度的加强，这一象征贵族政治权力的制度难免式微，渐至无事可议，最终于乾隆五十六年（1791）撤销。

清代内阁仿效明代，名义上仍为最高官署，作用则有所变化。清初改内三院为内阁，设大学士满、汉各二人，协办大学士满、汉各一人，并加殿阁衔，设有多个机构。清代前期，国家的重要政务经由题本、奏本两类文书上呈，虽仍由内阁票拟，但与明代不同的是，阁臣要得到皇帝的授意后再撰拟处理意见。雍正时设军机处，使内阁逐渐失去“宰辅”的至高地位，降低为办理例行政务的寻常机构。光绪后期废止题本，内阁更为闲曹。宣统三年（1911）改责任内阁，旧内阁即告废除。

清内阁袭用了午门内明代内阁的官舍，而“规制宏敞，较前明所云东阁五间，白昼秉烛者，气象迥不同焉”[1]。内阁也是清要风雅之地。明宣宗曾赐内阁象牙棋一副，明宪宗则赐种兰的两个瓷缸，都被传为佳话。在清代，内阁虽起不到明代那样的中枢作用，但仍然有着崇高的地位。大学士位列百僚之首，阁臣皆为有名望之士，修书充总裁官，经筵充领讲官，会试充主考官，殿试充读卷官等。内阁大堂内悬有乾隆“调和元气”的题匾。康熙曾幸内阁，问“三老五更”之义。康熙以内阁地位重要，下旨勿用“赀郎”，即出钱捐官者，特遴进士有才望者充其选。

清代政治中枢中影响最广、所起作用最大的机构是始于雍正七年（1729）的军机处，直至宣统三年（1911）清廷宣布成立“责任内阁”时废止，存在了182年。军机处秉承皇帝意旨办理机要政事：掌书谕旨，参赞军国机务，参议重要政务及刑狱；用兵时则考其山川道里、兵马钱粮之数，以备顾问；管理文武官员的奏补任免，以及拟定对外藩朝觐者的颁赐等。军机处无正式衙署，其办公处所设于内廷隆宗门内，称为值房，无专职官员，全部工作由军机大臣主持，设军机章京办理一切事务。清帝常在乾清宫召见军机大臣。军机大臣跪见

1 [清]于敏中等撰：《钦定日下旧闻考》卷六十二。

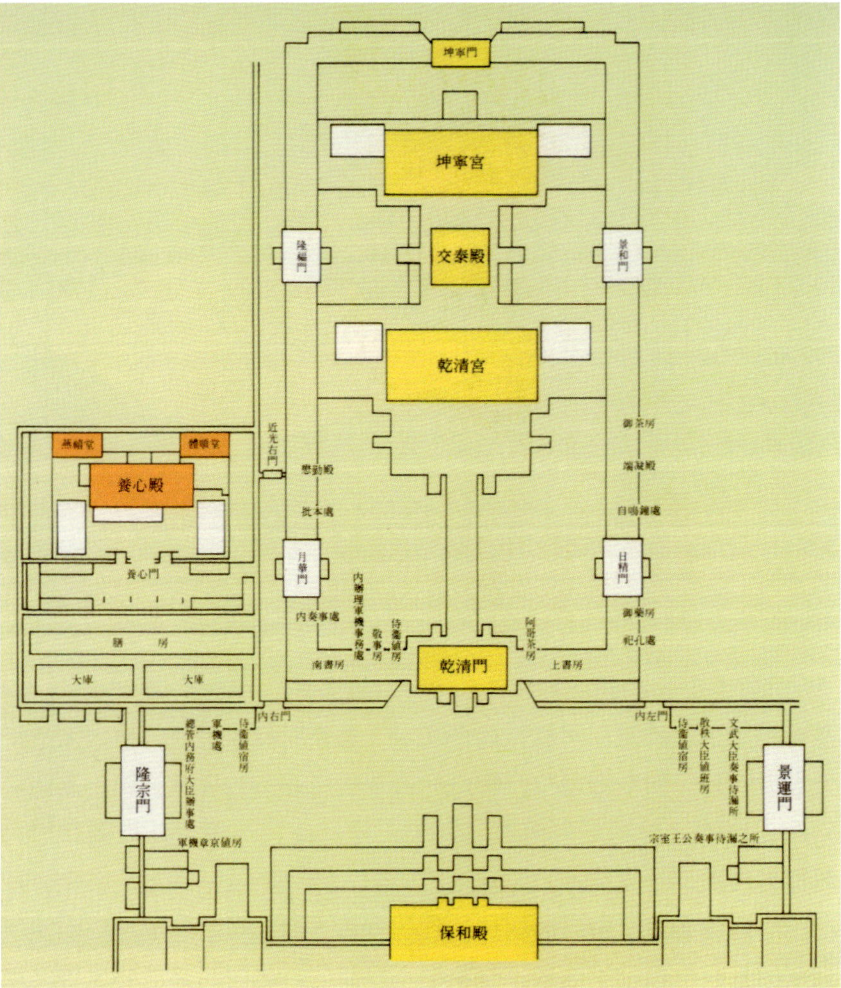

图 2-39

乾清宫廊房、军机值房及养心殿等处位置示意图

引自万依等主编《清代宫廷生活》第 57 页，商务印书馆香港分馆，1985 年

承旨，动逾晷刻，御榻前设毡垫，俗称“军机垫子”。大臣为防止跪久膝痛，膝间必以厚棉裹之。清代唯三品以上入内廷者准服全红帽罩，行走军机处者则无不全红。

当年和时代风云联系在一起的七间军机大臣值房，今天看来未免显得低矮与简陋。内部陈设简单，只有桌、椅、炕、笔、砚等物。室内三面墙壁上挂有匾额，南壁是雍正御书“一堂和气”，东壁是咸丰御书“喜报红旌”，北壁是筹备立宪内容的匾额。隆宗门内南侧面阔五间的军机章京值房，在 1924 年 10 月溥仪出宫后，曾成为世人所关注的清室善后委员会的办公处。

清代晚期，两次鸦片战争，帝国主义用大炮轰开了中国的大门，加速了中国封建制度的瓦解，中国成为半殖民地半封建社会。特别是从咸丰十年（1860）清政府与英法俄三国签订《北京条约》起，在

图 2-40
军机处值房
在紫禁城乾清门外西侧

图 2-41
军机处值房内景

很短的几十年里，清朝的政治制度终因基础发生动摇而走向坍塌。

随着西方近代外交制度的发展，中国的朝贡制度在不断地受到挑战、冲击。乾隆五十八年（1793）九月，乾隆在热河行宫避暑山庄接见英国特使乔治·马戛尔尼（George Macartney，1737—1806）一行。马戛尔尼勋爵奉英王之命，以为乾隆帝补祝八十寿辰之名率使团来华。他提出公使驻京、开放通商口岸、允许传教等七条要求，但均被清廷拒绝。在当时清廷看来，不仅这七条要求属于“奢求”，而且马戛尔尼在觐见乾隆皇帝时还不依中国“三跪九叩”之礼，却坚持行其本国之礼“单腿跪礼”，引起中西礼仪之争。通过这次觐见，马戛尔尼得知大英帝国国王在乾隆眼里只是海外一个无足轻重的外藩属国的首领。马戛尔尼在开拓中国市场方面一无所获，但了解了中国许多真实的情况。这是一件重大的历史性事件。

此后历史的发展是乾隆帝绝对想不到的。嘉庆二十一年（1816），英国向中国派遣了以阿美士德为首的使团。这个使团因拒绝以跪拜礼节觐见嘉庆帝而被驱逐离京。外国使节向清帝递交国书时的觐见礼仪，尤其是是否行跪拜礼，是困扰清政府的一个心病，清帝因此长期拒绝接见外国使节。随着19世纪60年代总理各国事务衙门的建立以及70年代清朝第一个常驻使节的派出，清政府逐渐接受了西方近代外

图 2-42
《在北京朝廷接见外交使团》
由英国著名漫画家和版画家
詹姆斯·吉尔雷绘制，
1792年9月14日被制成
版画出版。英国伦敦国家
肖像画廊藏。此图所绘正是
马戛尔尼行礼之状，
画面上单腿向乾隆帝行礼的
是马戛尔尼

图 2-43
养心殿东暖阁
垂帘听政处

交制度。1873 年 6 月 29 日，英、法、俄、美、荷、日六国使节以西礼觐见同治帝，这一觐礼之争终于有了结果。这与大清的国运有关，与朝贡制度的衰落直至消亡有关，当然也与观念的变革有关。

在论及清季最高统治者与中国政治时，绝不能忽略无皇帝之名而有皇帝之实的慈禧太后。她在咸丰帝逝后，曾与慈安太后共掌政事 20 年，尔后又独操权柄 27 年。王公大臣为此拟定了听政事宜十一条，后载入《会典》，成为典制。从咸丰十一年（1861）到光绪三十四年（1908），慈禧听政训政 47 年，成为紫禁城的真正主人。养心殿东暖阁，与皇帝以黄纱帘相隔，是她的垂帘听政处。在其执政期间，中国半殖民地化程度进一步加深，政治制度也发生着一系列变动。她废除戊戌新政，签订《辛丑条约》，后宣布“预备立宪”，以缓和矛盾，抵制革命。在她死去近 3 年后武昌起义的枪声，表明中国选择了革命，走向民主共和。

奏折与朱批的流转

皇帝对章奏的处理，是皇帝理政最重要的内容之一。

明朝的文书，出现了题本和奏本。题本是内外大臣凡兵马钱粮、刑名等公事向皇帝上的奏章，奏本则为官员各项私事报告皇帝所用。题本、奏本都有规定的格式。朱元璋处理国家政务勤勉不怠，每天天没亮就起床批阅公文，直到深夜。据吴晗统计，以洪武十七年（1384）9月间的收文为例，从14日到21日的8天中，共收内外诸司奏札1660件，计3391事，平均每天要看200多份公文，处理400多件事。[1]明初诸帝对章奏处理较为及时，但中后期的皇帝多有懈怠，有的甚至对正常章奏很少批答，更多是假于内阁与司礼监之手。章奏的处理涉及一个皇帝的行政能力、素质及为政态度等多个方面。明中后期的皇帝多是少年即位，受教育不够，又耽于享乐，普遍健康不佳，多有荒唐之举，不少人服食有毒的丹药，往往死于40岁以前。清代则没有这些现象。清代皇帝大都是勤政的，处理奏折是相对认真的。

清沿明制，题、奏本章并行，格式亦同于明制，为在京各衙门及地方等高级文武官员奏陈公私事务所使用的主要文书。这种奏报制度的缺点是奏章繁文缛节，格式僵化，处理程序复杂，如题本、奏本的

1 白寿彝总主编：《中国通史·第九卷·明时期（下）》第1122页，上海人民出版社，1999年。

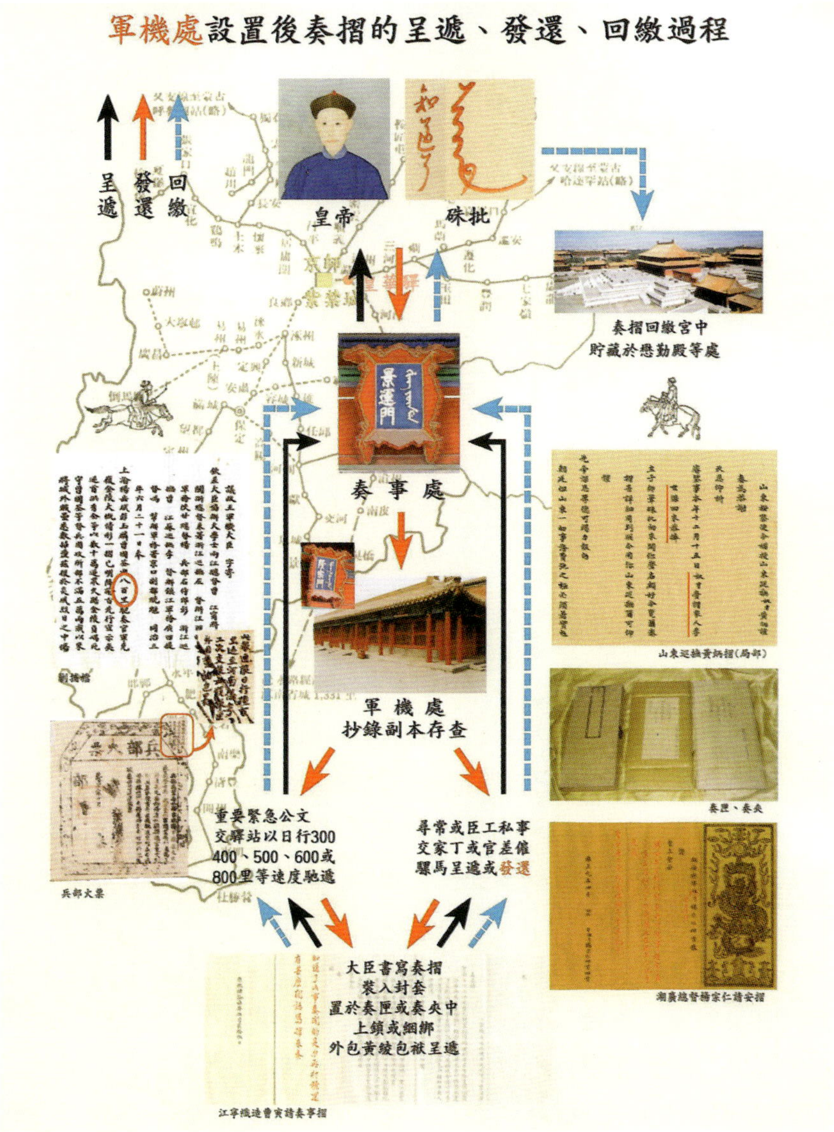

图 2-44
军机处设置后奏折的呈递、发还、回缴过程图
引自冯明珠《清宫档案丛谈》第 62 页
台北故宫博物院，2010 年

处理要经过十几道程序。于是奏折制度就应运而生，并成为清代长期实行也是最有影响的文书制度。

奏折又称折子、奏帖、折奏，为清代高级官员向皇帝陈奏公私事务时经常使用的重要文书，始行于康熙二十年（1681）以后，盛行于康熙五十年（1711）以后，雍正后为内外官员所普遍使用。乾隆十三年（1748），停用奏本，奏折始与题本并重。至光绪二十七年（1901），清廷改题为奏，题本基本废止，奏折遂成为唯一的奏陈文书。始行之初，奏折原无一定之规制。乾隆以后，逐渐划一了格式，并规定，中央各部院堂官，科道等言官及地方两司以上、武职总兵以上大员方有权具折奏事。具折人须派员或通过驿递，直接送达宫门呈进，由皇帝亲自拆阅并用朱笔批示。凡经朱批者，即称朱批奏折。雍正元年（1723）规定，朱批奏折在发还具奏人遵照执行后，必须定期缴还皇宫保存。军机处成立后，规定朱批奏折在发还原奏人之前，均由军机处抄录副本存档。

皇帝批示奏折俱用朱笔，称朱批谕旨；遇到国丧，则须改朱批为蓝批，时间一般为27天，之后恢复朱批。道光二十九年（1849），孝和皇太后去世，所有本章、奏折俱用蓝笔批，27天后用朱笔。道光三十年（1850），道光帝去世，所有本章用蓝笔批，百日后用朱笔。[1]使用奏折的初衷就是臣工有不便于在例行本章中报告的事情时，能通过密折奏闻，以广皇帝耳目，便于皇帝了解真实情况后进行正确决策。奏折的最大特点是可直达御前，由皇帝亲笔批阅。批阅过的奏折，即封寄具折官员执行，办事既速且密。奏折从紫禁城内奏事处接收、皇帝阅批、军机处拟写谕旨、皇帝阅定到军机处登记、谕旨封发、录副备查以及朱批奏折定期缴回等，是一个严密的流转过程。每天批阅奏折，是清朝皇帝了解军政民情、发号施令、指挥全国最主要的行政方式之一。

清朝使用朱批奏折文书210多年，现存各种奏折约147万件，其中朱批奏折约61万件。考察奏折制度时，臣工上书的奏折和皇帝所批示的谕旨是两个不可分割的组成部分。康、雍两朝，要求官员必须亲自缮写奏折。乾隆后奏折成为政府的通行文书，对亲笔书写的要

1 咸丰元年（1851）《蕴秀序中语》，载章乃炜等编《清宫述闻》初续编合编本，第431页，紫禁城出版社，2009年。

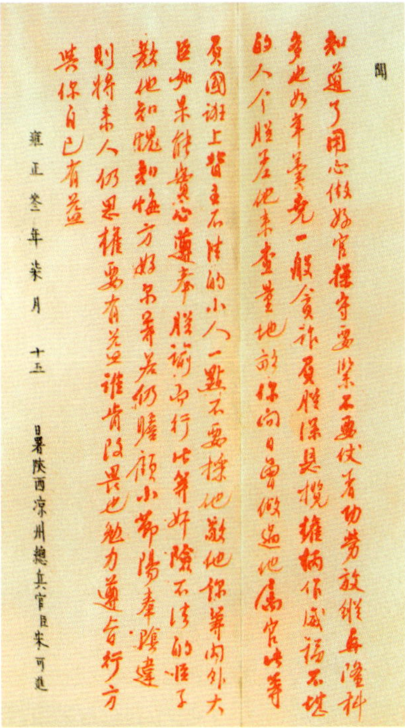

閱

知道了用心做好官操守要緊不要仗著功勞放縱再隆科多也如年羹堯一般貪詐負朕保其攬權柄作威福不堪的人了朕差他來查量地畝你向日曾做過他屬官此等負國誑上背主不法的小人一點不要採他敬他你算內外大臣如果能實心遵奉朕諭而行此等奸險不法的狂子數他知愧知悔方好不然若仍瞻顧小節陽奉陰違則將來人仍思權要有益誰肯附異也勉力遵旨行方與你自己有益

雍正叁年柒月十五日署陝西涼州總兵官臣宋可進

图 2-45
宋可进奏折朱批
雍正三年（1725）初，雍正逐渐察觉隆科多的罪行，于是差发他前往凉州查量地亩，由于凉州总兵宋可进是隆科多的旧部，雍正因此训令宋可进用冷落的方式使隆科多知愧知悔。此折说明雍正与隆科多、年羹尧的关系日渐恶化
引自《雍正——清世宗文物大展》第 54 页，台北故宫博物院，2009 年

图 2-46
雍正帝读书像

求也相对松弛下来，但皇帝朱批（除了幼年君主）从不假手于人。

朱批反映了皇帝的为政理念、关注重点。康熙五十六年（1717），山东巡抚李树德上雨水情形折六件，康熙除在两件上批“知道了”外，另四件都有具体批示，在二麦得雨折上批道：“知道了，近京各处觉旱”；在四月雨水折上批道：“知道了，今夏雨水似调，未知后来如何”；在五月得雨折上批道：“知道了，今岁山左山右河南陕西，一概不少雨，口外亦好，唯京中少雨，今也俱足了”；在十月山东得雪折上批道：“知道了，今冬不必报雪了”。可见康熙帝对全国雨雪粮价情形非常重视，从夏天想到秋天，从山东想到全国。对那些只请安不报粮价民情的官员，康熙批评道：“凡督抚许上折子……四季民生、雨旸若何、米价贵贱、盗案多少等事，尔并不奏这等关系民生的事，请安何用？”[1]

奏折制度在雍正时期得到广泛应用。康熙朝有具折奏事的官员 100 多人，雍正朝增加到 1200 多人。雍正朝奏折，现存汉文 35 000 件、满文 6600 余件，共有 41 600 余件。雍正帝每天批阅奏折二三十件，有时候多达五六十件。白天没有批完的，夜间接着完成。如雍正帝曾在直隶总督蔡珽的奏折上批道：“白日未得一点之暇，将二鼓，灯下书写，不成字，莫笑话。”他的朱批非常认真，少的几句，

1 邹爱莲、穆蕾：《清帝朱批常用语规律及特点》，载《明清论丛》第 16 辑，故宫出版社，2016 年。

图 2-47
“归政仍训政”印

多的上千言。奏折内容不分公私，即使臣工生辰八字，亦可具折奏闻。对于陕西总督岳钟琪曾将提督冯允中、总兵官袁继荫、张元佐、副将王刚、参将王廷瑞等人的生辰八字缮折奏闻，雍正就有具体批示[1]。湖南岳常道杨晏缮折奏明家产房屋数目，雍正批谕：“是何言欤？如何教朕料理起你家务来了，如此撒娇儿使不得！”[2] 雍正的朱批反映了其鲜明的个性和作风。

道光、咸丰之后，像雍正那样篇幅较长的朱批越来越少，常用批语也越来越简单。至同、光、宣几朝，朱批中不仅没有了长篇批示，甚至有些重要事情也仅仅批个“知道了”“该部知道”等字样。奏折作为一种重要的上传下达工具，批语越来越简单、格式越来越固化。奏折越来越流于形式，反映的正是清朝皇帝或治国能力和水平越来越低下，或魄力和自信一代不如一代，或思想和作风越来越怠惰。[3]

玺宝：皇权的象征

玺宝是皇帝权力的凭证。凡皇帝下行的正式文书，在制度上必须加盖印章，才能发生效力。这种由皇帝专用的印章，自秦以来专称为“玺”，明清时期也名之曰“宝”或“御宝”。玺宝是皇帝身份的证明物，也是他们行使皇权的工具。

乾隆皇帝传位嘉庆，授受大典最重要的程序就是太上皇帝亲授“皇帝之宝”予嗣皇帝。但乾隆实在不愿意失去临政治民的实权，也

1 雍正批示：『王刚八字想来是好的。冯允中看过，甚不相宜，运似已过，只可平守。袁继荫亦甚不宜，恐妨寿云云。张元佐上好正旺之运，诸凡协吉。参将王廷瑞、游击陈弼，此二人命运甚旺好；若有行动，此二人可派入。今既数人不宜用，卿可再筹量数人，即将八字一并问来密奏。所拟将官中要用人员，不妨亦将八字送来看看。命运之理虽微，然亦不可全不信。』

2 庄吉发：《清朝奏折制度》第 110—112 页，故宫出版社，2016 年。

3 邹爱莲、穆蕾：《清帝朱批常用语规律及特点》，载《明清论丛》第 16 辑，故宫出版社，2016 年。

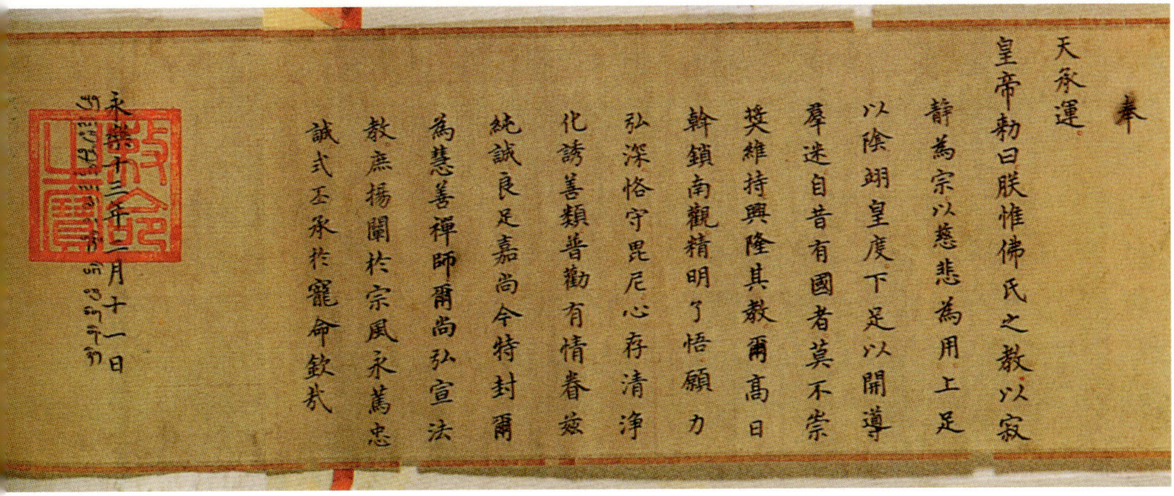

图 2-48
永乐皇帝的敕谕，钤“敕命之宝”

害怕自己几十年的心血由于嗣皇帝的秉承不力而付诸东流，便决定继续训政，直到四年后在养心殿去世。这一时期也就留下了诸如“归政仍训政”“敕几训政”之类的印章。

明清两代皆自制玉玺。明代共有 24 方宝玺，为“皇帝奉天之宝”“皇帝之宝”“皇帝行宝”“皇帝信宝”“天子之宝”“天子行宝”“天子信宝”“皇帝尊亲之宝”“皇帝亲亲之宝”“制诰之宝”“敕命之宝”“广运之宝”“敬天勤民之宝”“御前之宝”“表章经史之宝”“钦文之玺”“丹符出验四方”“奉天承运大明天子宝”“大明受命之宝”“巡狩天下之宝”“垂训之宝”“命德之宝”“讨罪安民之宝”“敕正万民之宝”。“二十四宝”其文不同，各有所用。“天子三宝”主要是对外和在祭祀时使用，“皇帝三宝”则是对内和在君臣间使用。用得最多的是“制诰之宝”“敕命之宝”和“广运之宝”。

明代政府设有专门管理宝玺的正五品衙门——尚宝司。在皇宫内的宦官组织中还设有作为监视机构的尚宝监。在内宫还设有司宝女官，负责收贮宝玺印信。明代对国宝的使用程序规定得十分严格。国宝的使用频率很高，每年年终都要洗宝。据记载，明代每年用宝达 3 万余颗，用去宝色银达 60 余两。[1]

明代宝玺曾在正德九年（1514）乾清宫大火、嘉靖四十年（1561）西苑大火这两次灾变中毁损惨重，因此“二十四宝”至明晚期已非完璧。御宝被多次翻刻、改刻，出现有的文字相同、大小并不一样的情况。

故宫博物院现藏有明宫留存的“皇帝之宝”“制诰之宝”“皇帝尊

1 〔明〕刘若愚撰：《酌中志》卷一六。

图 2-49
交泰殿内景
交泰殿是皇后在节日受朝拜的地方。两旁黄缎罩内是宝盝，贮存着皇帝的二十五宝

亲之宝”“广运之宝”“钦文之玺”“御前之宝”等宝玺，虽印文与明二十四宝中的相关宝玺相同，但在大小、材质等方面则存疑，有待进一步研究。

清乾隆以前，御宝一般没有规定确切的数目。乾隆初年，可称为国家御宝之印玺已达 29 种 39 方之多，且因有关文献的记载失实，用途不明，造成混乱状况。乾隆十一年（1746），乾隆帝对前代皇帝的御宝重新考证排次，将其总数定为 25 方。

“二十五宝”确立了有清一代的皇帝宝玺制度。乾隆帝确定了各玺的名称、尺寸、纽式和用途。宝玺被统一篆刻，除第四方“皇帝之宝”为满文外，其余均用满汉两种文字篆刻，左为清篆，右为汉篆。“二十五宝”被固定收藏于交泰殿。重新排定后的“二十五宝”，每一方御宝的用途都有明确规定：“大清受命之宝”，以章皇序；“皇帝奉天之宝”，以章奉若；“大清嗣天子宝”，以章继绳；“皇帝之宝”（满文），以布诏赦；“皇帝之宝”（檀香木），以肃法驾；“天子之宝”，以祀百神；“皇帝尊亲之宝”，以荐徽号，“皇帝亲亲之宝”，以展宗盟；

图 2-50
皇帝之宝

图 2-51
大清帝国皇帝之宝

“皇帝行宝”，以颁锡赍；“皇帝信宝”，以征戎伍；“天子行宝”，以册外蛮；“天子信宝”，以命殊方；“敬天勤民之宝”，以饬觐吏；“制诰之宝”，以谕臣僚；“敕命之宝”，以钤诰敕；“垂训之宝”，以扬国宪；“命德之宝”，以奖忠良；“钦文之玺”，以重文教；“表章经史之宝”，以崇古训；“巡狩天下之宝”，以从省方；“讨罪安民之宝”，以张征伐；“制驭六师之宝”，以整戎行；“敕正万邦之宝”，以诰外国；“敕正万民之宝”，以诰四方；“广运之宝”，以谨封识。

“二十五宝”各有所用，集合起来，便代表和囊括了皇帝行使国家最高权力的各个方面。清代皇帝依靠这些御宝，得以发布各种文告，指令王朝的各个机构有效地运转，维系封建国家的统治。

根据现有文献统计，清代“二十五宝”印文只有檀香木“皇帝之宝”、青玉“制诰之宝”、碧玉“敕命之宝”、白玉“皇帝尊亲之宝”经常钤用。“皇帝之宝”钤用最多，皇帝登基、皇后册命、皇帝大婚、发布重要诏书等均用此宝。敕封五品以上官员要钤“制诰之宝”，六品以下官员则用“敕命之宝”，皇帝、皇后上徽号时钤“皇帝尊亲之宝”。

光绪末年至宣统年间，新政与立宪成为国家政局的大事。清政府围绕君主立宪体制进行了一系列制度的改革，其中也包括国宝制度的改革。故宫博物院有 8 方檀香木交龙纽宝玺，宝文分别为“大清帝国之宝”“大清皇帝之宝”“大清帝国皇帝之宝”“大清国宝”“大清国玺”“大清皇帝之玺”“大清帝国皇帝之玺”（两方）。此“八宝”均用汉文篆刻，其制作当在光绪末年至宣统初年，似应钤于新政或立宪后中外交往的文书上。宝玺无使用痕迹，迄今亦未发现钤用其宝的文件。

在皇帝宝玺中，除代表帝后权力的宝玺外，其余大量的宝玺乃是清代皇帝平时钤诸御笔、鉴赏书画、刻印图书及收藏玩赏的各式各样的宝玺，亦可统称为“皇帝闲章”。皇帝的闲章，在特定历史条件下也具有最高法律效力。如道光于秘密建储的朱谕中，亲笔御书“立皇四子奕詝为皇太子”“皇六子奕訢立为亲王”。立储朱谕和建储匣封条上都盖有道光皇帝的“继德堂”小玺，此小玺在这里就起到了显示最高法律效力的作用。由此可知，从清雍正元年（1723）确定秘密建储制后，每位皇帝的遗诏及建储匣上都要有皇帝的玺印。咸丰皇帝病危时，将“御赏”章赠予皇后慈安，“同道堂”章赐予皇子载淳，由载淳生母叶赫那拉氏保管，以备不豫。咸丰帝卒后，慈禧发动“辛酉政变”，两太后垂帘听政，改“祺祥”年号为“同治”，凡同治皇帝的上谕明旨，上用“御赏”章，下用“同道堂”章，直至同治皇帝亲政为止。“御赏”“同道堂”两闲章便成了同治时期两太后垂帘听政的主要标志。[1]

每年的岁末和新年的年初，清宫都要进行一番郑重的封宝和开宝仪式。封宝和开宝，皇帝都要驾临交泰殿，焚香行九叩礼。皇帝出宫，不论是巡幸还是到圆明园暂住，都要携带宝玺。

清廷最后一次钤用“皇帝之宝”是辛亥年十二月二十五日（1912年2月12日）。这一天，隆裕太后于养心殿亲用御宝，颁发了宣统皇帝的

1 郭福祥：《明清帝后玺印》一书徐启宪《序》，国际文化出版公司，2003年。

逊位诏书。从公元前 221 至 1912 年，在中国延续 2132 年的皇帝制度由此宣告结束。

三 帝国治道

明清帝国重视边疆的治理与经营，特别是经清代康、雍、乾三帝的不懈努力，进一步巩固了国家的统一，在清前期确立了自秦汉以来中国最广大的疆域版图。内府大规模的图书编纂是明清两代文治政策的重要组成部分，也是具有文化价值和长远意义的文化举措和学术活动。延续明清两个世纪以传教士为媒介的中西文化交流活动中，一大批传教士在皇帝，特别是在康熙皇帝的重视与参与下供奉于朝廷，紫禁城理所当然成为这场交流的中心和展示的舞台。紫禁城同时见证了康乾盛世的辉煌以及帝国无奈的衰落。

边疆治理

历代中原王朝施政的重点在国内。与对外关系相比较而言，国内边疆民族地区的统一和稳定，更直接关系到内地的安危和长治久安。明清两代统治者都把治理边疆作为首要任务，制定有关治边政策，展开边疆经略和边疆治理，积极进取，颇有作为。

图 2-52
明长城八达岭段
摄于 20 世纪初

明朝对全国大部分地区实行了有效的控制，治理边疆与处理民族宗教问题也很有成就。谭其骧主持编纂的《中国历史地图集》第七册对明帝国版图表达得比较准确。从中可见，明代版图比现在的中国版图要大一些，只是由于明代对疆域的管理体制一直在不断变化，加以行政系统的州、县和军事系统的卫所管辖地往往犬牙交错，绘制精确的明代地图几乎是不可能的。[1]

多封众建、以教固政是明朝治理藏区的特点，有明一代，西藏一直服从于明中央政府的统辖。明朝在西南地区实行土司制度与“改土归流”，并建立隶属各省都指挥使司的军事卫所，增强了中央对西南地区的掌控。作为明朝北部边境防御体系一部分的西北地区的经营，主要是设置羁縻卫所，招抚当地各族首领，命将屯兵据守，尽管实际上并没有起到明政府所预期的作用，但也使得西北边疆与中原经济密不可分。

永乐时明朝就完成了对东北的统一。直属明中央政府、军政合一的努儿干都司管辖着黑龙江与乌苏里江流域。住在此地的女真族后裔满族诸部落，“与大明看边，忠顺有年”[2]，但只要有机可乘，亦侵扰明边。女真建州部的努尔哈赤统一女真各部后，在万历四十四年（1616）建立后金政权。他不断进犯明朝，并先后征服了朝鲜、蒙古，最后取代了明朝。

明朝最主要的边患是“南倭北虏”，但这是两个不同性质的问题：“南倭”是来自日本的海上“倭寇”，是外国的侵略；“北虏”则是中央王朝与地方割据的斗争，是国内民族间的矛盾。

1 顾诚：《明帝国的疆土管理体制》，载《历史研究》1989年第3期。

2 清太宗皇太极：《金国汗攻占龙督师安民谕》，中国第一历史档案馆藏。

来自北方蒙古诸部的威胁，几乎与明朝相始终。明前期主要面对的是北元残余势力。明朝凭借强盛的国力对蒙古各部采取恩威并施的积极主动的政策，将受封、赏赐、互市结合起来，以经济手段制约蒙古各部。正统年间，蒙古族的瓦剌部崛起。正统十四年（1449），瓦剌以入贡索赏未得到满足，率众攻扰明边，明英宗仓促亲征，在土木堡兵败被俘。明中期以后，由于国力衰退，军备废弛，明朝廷处于全面防御态势。明代北方边防以修筑长城为中心，到万历年间，明朝终于建筑起历史上最为完善的长城防御体系。

在中国历史上，长城既是北方游牧区和中原农耕区的分野，又是中原抵御北方游牧民族骑兵威胁的国防骨干线。朱元璋确定了在北边构筑边城防御体系，“固守封疆”的边防指导思想，所修关城、城堡、烽火台等防御性军事工程已勾画出西起嘉峪关、东至山海关的明长城的基本轮廓。明长城利用秦、北魏、北齐、隋和金修筑的长城，经过先后 18 次加修，历时 200 多年方告完成。明长城西起祁连山下，东至鸭绿江边，全长 8851.8 千米，称为“边墙”。长城由城墙、关隘、敌台、烽堠、障碍物和外围关堡组成。宣化、大同二镇之南，直隶、山西界上，并筑有内长城，称为“次边”，其北边墙，称为“外边”。居庸关为京都西北门户和屏障，山海关为东边重关，嘉峪关为西端重关。长城规模宏大，气魄雄伟，今天已是世界历史上的伟大建筑之一。

但仅有边墙显然是不够的。嘉靖中期，蒙古鞑靼部俺答（蒙古名阿勒坦）的势力又兴盛起来。嘉靖二十九年（1550），俺答举兵南

图 2-53
《九边图·大同》
明申用懋绘
中国国家博物馆藏

下，由蓟镇从间道攻古北口入犯，直抵北京城下。当时明军不敢抵抗，鞑靼兵在京师附近焚掠8日始满载而去。其实俺答极力主张与明朝通贡互市，10年间曾8次向明朝派遣使者，但嘉靖帝民族偏见很深，均予拒绝，甚至斩杀蒙古使臣，激化了本来可以缓和的民族矛盾，终于酿成1550年鞑靼兵犯北京的“庚戌之变”。

明朝廷不仅通过朝贡制度来处理与周边属国的关系，也把朝贡作为管理国内边疆民族的手段。明朝廷将朝贡关系的建立看成是少数民族归附的标志。少数民族通过纳贡，表明一种政治上的隶属关系。明廷通过官员的任命以及赏赐、贸易达到对边疆民族地区经济的羁縻统治。这是明政府在边疆民族地区行使主权的一种方式。明代在永乐年间就先后与蒙古的瓦剌、鞑靼等部落建立了朝贡关系，但关系的好坏取决于各自实力的消长。

朝贡关系的中断就是互市的停止。停止互市，蒙古人迫切需要的生活生产物资就得不到满足。为了这些物资，他们就攻破长城，到明朝境内抢掠。俺答意识到明蒙之间处于战争状态是因为双方贸易受阻，便一再向明政府提出通贡的请求。其实这不只是俺答一个人的认识，也是当时其他蒙古各万户首领的共识。在实现通贡过程中，他们始终参与，起到了积极的促进作用。[1]这说明，长期与明对峙的蒙古人不愿打了，想和平共处，但是明统治者没有看到形势的变化，因其失误导致了明蒙关系的持续恶化。

明穆宗继位后，调整了对蒙古的政策。这些政策包括在军事上加

1 晓克：《『隆庆和议』新论》，载《内蒙古社会科学（汉文版）》2011年第6期。

强防御措施，任用有真才实干的将领，军事实力有所上升；同时总结以往对蒙政策的失败之处，意识到“华夷交困，兵连祸结，故思一容通贡，各遂保全。审时度势，万非昔年开市之比”[1]。在高拱、张居正、王崇古等朝臣的辅助下，隆庆帝决定与俺答通贡。封贡（封对方为王）互市是一件大事。明朝君臣对明廷与蒙古部落之间的封贡事宜进行了全面的分析和策划，制定包括贡期、贡道、贡额及赏赐、册封在内的详细的计划和措施。隆庆四年（1570），明与俺答开始和谈，隆庆五年（1571）明封其为顺义王，另有65名蒙古大小首领接受了明朝封授的职衔。随之，明朝在长城一线设立市口与蒙古部落开展贸易。此即中国历史上著名的“隆庆和议”或“俺答封贡”。

隆庆六年（1572），明朝廷应俺答请求，颁给他“金字番经”，并遣喇嘛僧人传习经咒。俺答此后又于万历三年（1575）建成呼和浩特城，明帝赐名“归化”。万历六年（1578），俺答赴青海与藏传佛教格鲁派首领索南嘉措会谈，赠索南嘉措以“达赖喇嘛”之号，达赖喇嘛赠俺答以“转千金法轮咱克喇瓦尔第彻辰汗”尊号。俺答归后于呼和浩特修建藏传佛教格鲁派寺院，明帝赐名“弘慈”。藏传佛教在俺答扶持下开始在蒙古广泛传播，予后世以深远影响。俺答之妻三娘子，蒙古族，俺答封贡后，她辅佐俺答主持贡市。俺答去世，三娘子从明朝之劝，再醮第二代顺义王黄台吉，执掌权柄，保持了蒙古内部的安定。在她的劝说下，黄台吉“终其身不大为寇”。黄台吉死后，疆吏又两方面规劝，三娘子遂继嫁三代顺义王扯力克，令行塞外，为各部落所推

1 ［明］陈子龙等选编：《明经世文编》卷三一七，第4册，第3359页，中华书局，1962年。

重。她三次被明朝封为忠顺夫人，对蒙、汉、藏民族友好关系有特殊贡献。[1]

俺答封贡符合蒙汉人民的共同利益，符合历史发展趋势，它结束了蒙古各部与中原王朝近200年兵戎相见的对立局面，并使之延续到明朝末年，特别是再一次确立了蒙古各部落与中央政权的从属关系，对统一的多民族国家的进一步发展具有深远意义。隆庆皇帝在位仅六年，《明史》称其为“令主”，主要就是“许俺答封贡，减赋息民，边陲宁谧”[2]。清人魏源对此评价颇高，他说，此举“不独明塞息五十年之烽燧，且为本朝开二百年之太平，仁人利溥，民到于今受其赐”。[3]

14世纪初，日本进入南北朝分裂时期，在长期战乱中失败的南朝封建主组织武士、浪人到明朝沿海一带走私抢掠，进行海盗活动，当时称为“倭寇”。从洪武时起，明朝致力于加强海防。永乐十七年（1419）明军于辽东望海埚全歼来侵之倭，“生擒数百，斩首千余”[4]，此后海防较为平静。嘉靖时，日本海盗与中国海盗王直、徐海等勾结，在江浙、福建沿海攻掠乡镇城邑，明朝东南倭患大起。明廷多次委派官吏经营海防，但因朝政腐败而难有成效。嘉靖后期爱国将领戚继光、俞大猷等在广大军民的支持下先后平定江浙、福建、广东倭寇海盗，倭患始平。

1 白寿彝总主编：《中国通史·第九卷·明时期（下）》第1688—1691页，上海人民出版社，1999年。
2 《明史》卷十九《穆宗本纪》。
3 《明经世文编》卷三一七，第4册，第3359页，中华书局，1962年。
4 《明史》卷三二二《日本传》。

大一统

清朝在应对边疆民族问题时，始终以维护国家统一、强化中央主权管理为最大目标，创建了各种行政管理制度，有力地维护了国家的统一和稳定，为统一的多民族国家的历史发展做出了重要贡献。

对北方的蒙古族，清廷早在入关前就与其建立了密切的关系。从崇德三年（1638）开始，蒙古喀尔喀部每岁各进白驼一、白马八，以示臣服的“九白之贡”，并一直坚持了下来。康、雍、乾时期，清廷与蒙古族的关系进一步发展，使蒙地尽隶清廷。清朝统治者还通过联姻借以化干戈为玉帛。皇太极的孝端文皇后、孝庄文皇后以及顺治帝的孝惠章皇后都是科尔沁蒙古王公之女。清廷常以宗室之女和公主嫁与蒙古王公子弟。自努尔哈赤到乾隆末年，先后有 11 位公主下嫁给蒙古各部。“世世有甥舅之亲”，密切了清廷与蒙古王公之间的戚谊关系。万里长城在明代起着防御蒙古的重要作用。康熙帝则在《入居庸关》诗中说道：“须识成城惟众志，称雄不独峙群山。”强调众志成城，而不能只依靠雄关要塞，表现了一种自信与豪情。

康熙二十年（1681）清军进占云南，“三藩”割据叛乱势力彻底失败。康熙又抓住时机，采取既抚且剿的方针，使台湾郑氏集团归服中央政府管辖。康熙五十二年（1713）春，朝廷发下内廷瓜种给福建巡抚衙门，命闽抚把瓜种发送台湾种植，于十二月瓜熟后精选进呈。历经康、雍、乾三代的台湾进贡西瓜自此开始。这不仅是清廷认识和了

图 2-54
《平定台湾战图册·登岸厦门》
清宫廷画家绘
故宫博物院藏

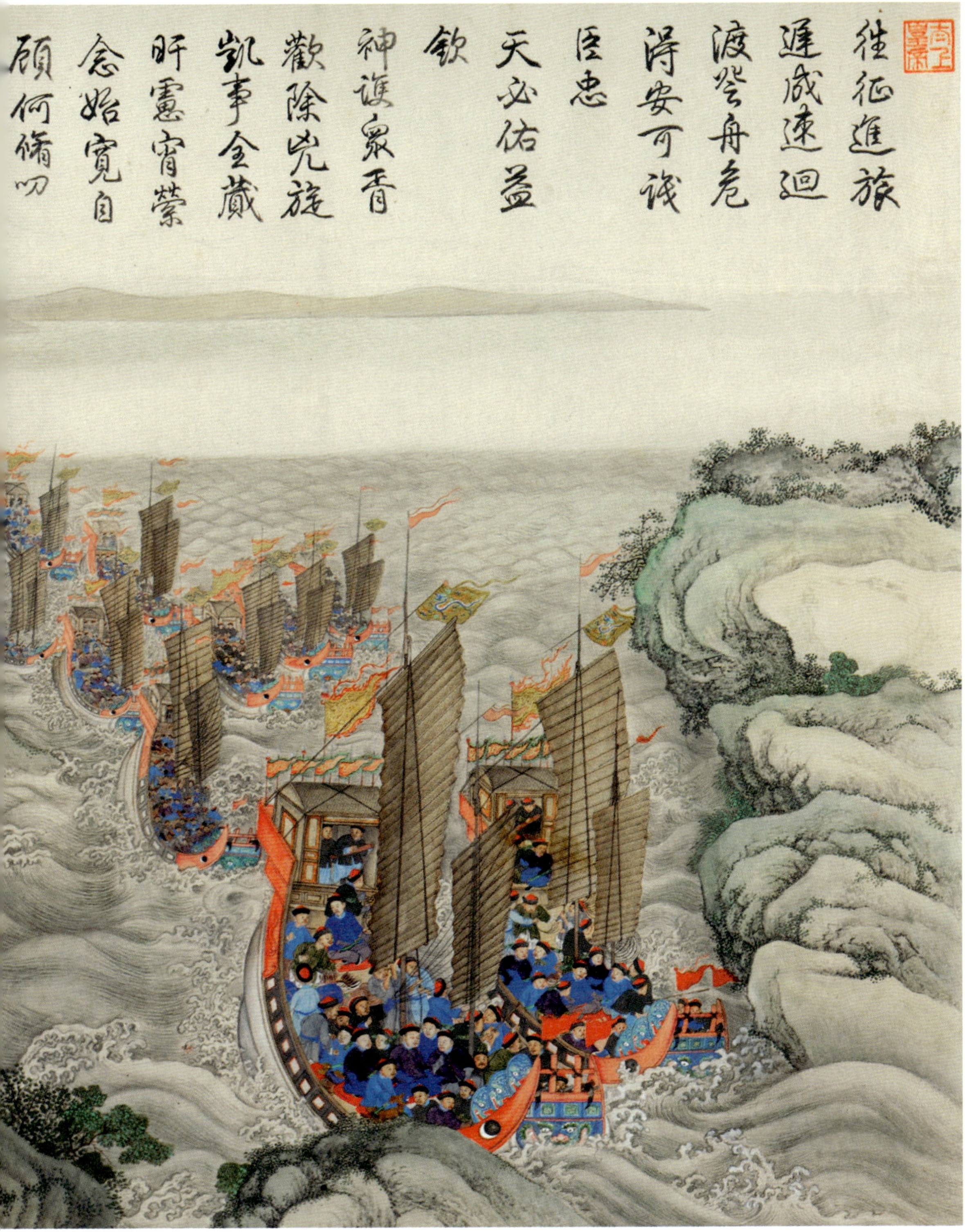
往征進旅
遲咸速迴
渡登舟危
得安可識
臣忠
天必佑益
欽
神護衆香
歡除兇旋
凱事全蕆
旰憲宵縈
念始寬自
顧何備叨

图 2-55
《平定西域战图册之鄂垒扎拉
图之战》

图 2-56
六世班禅进献的
大利益金刚铃杵
故宫博物院藏

解台湾的一种途径，更成为对台统治与教化的政治象征。乾隆五十三年（1788）正月初四，携带乾隆所赐内府右旋白螺而赴台的将军福康安活捉林爽文，平定台湾叛乱。获悉这一喜讯的乾隆立即在重华宫与文臣举办“平定台湾联句”活动，他为此所写的四首七律御笔，至今仍贴在崇敬殿门内的上方。福康安所携右旋白螺亦珍藏在故宫。

康熙不畏强暴，抗击沙俄侵略，与俄国签署《尼布楚条约》，确定了中俄东北一段的边界线，使我国东北地区获得150余年的和平。对于我国西北发生的以噶尔丹为首的准噶尔部的入掠，康熙三次亲征，消灭了侵扰边境的乱军，为安定北疆做出了巨大的努力。

“改土归流”是明清时期对以西南少数民族地区为主的地方实施的行政制度改革。雍正年间，由云贵总督鄂尔泰主持的“改流”，为历史上规模最大的一次，涉及云南、广西、贵州、四川、湖广五省，当时“改流”所添设的府州县总计有60多个。在“改流”地区，清政府设兵驻防，实行屯田，兴办学校，编造户口，促进了边远地区与内地经济、文化的交流，加强了中央对边远地区的控制。

乾隆朝最后完成国家的统一。清代最大的边患莫过于西域准噶尔部之乱，乾隆继续同准噶尔部的分裂势力展开毫不妥协的斗争。乾隆二十年（1755）出兵平定达瓦齐之乱，乾隆二十二年（1757）再平定阿睦尔撒纳之乱。与此同时，天山南路回部大小和卓发动叛乱，清军战斗两年，于乾隆二十四年（1759）彻底平定回部。乾隆三十六年（1771），西迁伏尔加河的土尔扈特部万里回归。至此，历经康、雍、乾三朝70年，西北准部、回部问题得到完全解决。随即改革新疆旧体制，设伊犁将军为新疆地区最高军政长官。

乾隆朝在伊犁设治意义重大，新疆自此成为中国不可分割的一部分。乾隆二十九年（1764），调锡伯族官兵偕亲眷共3000余人远戍新疆，在伊犁河南屯防，形成了今天的察布查尔锡伯自治县。关于平定新疆的这段历史，乾隆曾令宫廷画师郎世宁等绘制《乾隆平定准部回部战图》（《平定西域战图册》），同时在法国制成16幅铜版画，采用全景式构图，真实再现了当年清军平定内乱、统一疆土的宏伟场面。这一时期奉敕修纂的《钦定西域同文志》也有着重要的意义。[1]

顺治九年（1652）诏请五世达赖喇嘛入京朝觐，清帝给达赖颁发金册、金印，封五世达赖为“西天大善自在佛所领天下释教普通瓦赤喇怛喇达赖喇嘛”，由此确立了达赖喇嘛的西藏佛教领袖地位。这是清朝立国治边的重大举措。五世达赖当年所献金嵌珊瑚松石坛城，现收藏在台北故宫博物院。乾隆四十五年（1780），六世班禅参加乾隆皇帝七旬万寿庆典，敬献了大量寿礼，相当部分仍保存于北京故宫博物院，如金

1 乾隆二十四年（1759）清廷彻底平定西域后，按惯例要纂修方略，但西域地区语言文字繁杂，方略馆诸臣不能通晓。为了扫除编写上的语言障碍，乾隆帝命傅恒主持纂集这部词典，以便在编纂方略时有所遵循。乾隆二十八年（1763）书成，共24卷。这是一部专门搜集西北地区人名、地名、官名的满、汉、蒙、藏、维、托忒文6种文字合璧的官修注解词典，也是一部标音词典。全书共738页，收719条地名、572条山名、538条水名、1373条人名，合计3202条的6种文字对照词语，是研究清代西北地区地理、历史和各民族语言、文化的重要工具书。

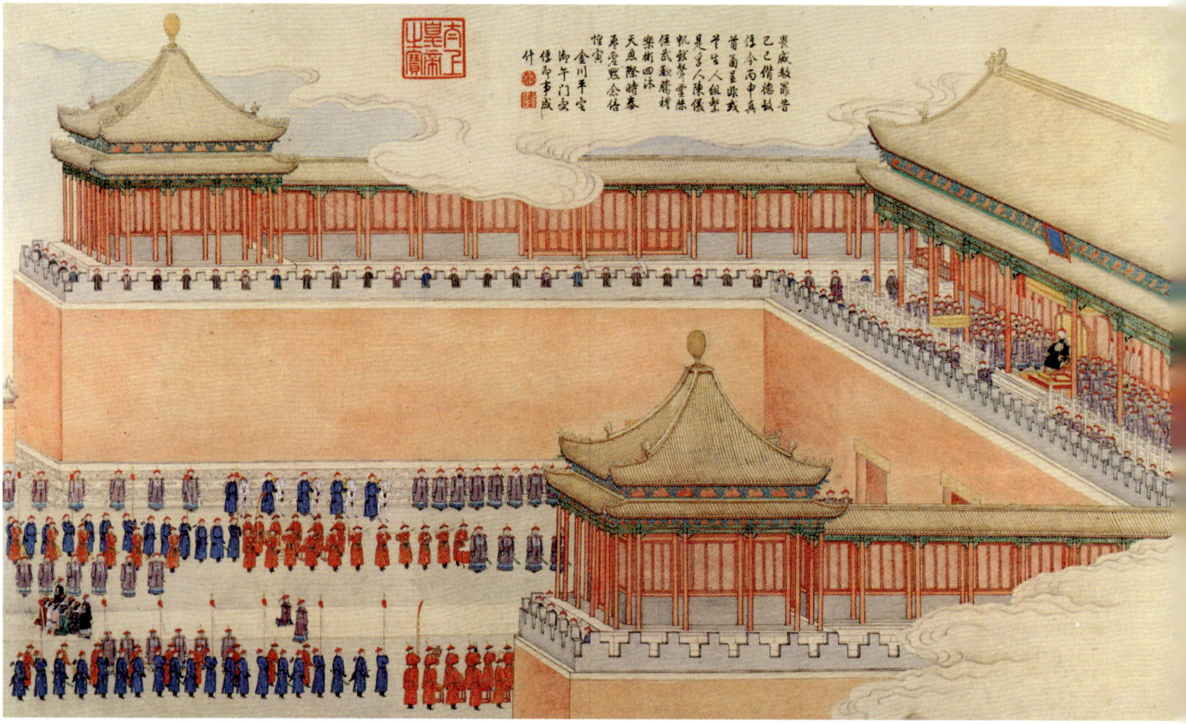

刚铃、金刚杵、右旋白螺、马鞍等。乾隆乘两次成功反击廓尔喀入侵西藏之机，于乾隆五十七年（1792）颁布实施《钦定西藏章程》，规定驻藏大臣与达赖喇嘛平列，凡事均会同办理，报请朝廷批准；达赖喇嘛与班禅等大活佛转世，转世灵童须由驻藏大臣验看，并在其监督下，用新创设的金奔巴瓶掣签决定。此制一直沿用至今。

图 2-57
《平定两金川战图册之午门献俘》（局部）
清乾隆，徐扬绘，
故宫博物院藏

在西南地区，乾隆继续执行雍正朝以来“改土归流”的政策，并两次平定大、小金川土司的武装反抗。这些军事活动将西北、西南地区少数民族的割据势力削除净尽，使得清中央政府直接控制的版图超越了历史上的任何一个王朝。乾隆制定的各种措施，将中央政府对边疆少数民族地区的有效管理也提高到了一个新的水平。

清廷设有专门管理蒙古、回部及西藏等少数民族事务的机构——理藩院。出于统治边疆民族地区的需要，清廷积极开展民族立法工作。713 条的《理藩院则例》是一部适用于各个边疆民族地区、具有普遍意义的民族法规。此外，清廷也针对青海、新疆维吾尔地区、西藏等不同边疆地区颁布了一些区域性立法。

清代前期，统一的多民族国家得到进一步的巩固和发展，结束了自古以来管理地域盈缩无定、各民族间离合无常的状态，不仅政治上达到空前统一，各民族之间的经济和文化联系更加紧密，而且边疆地

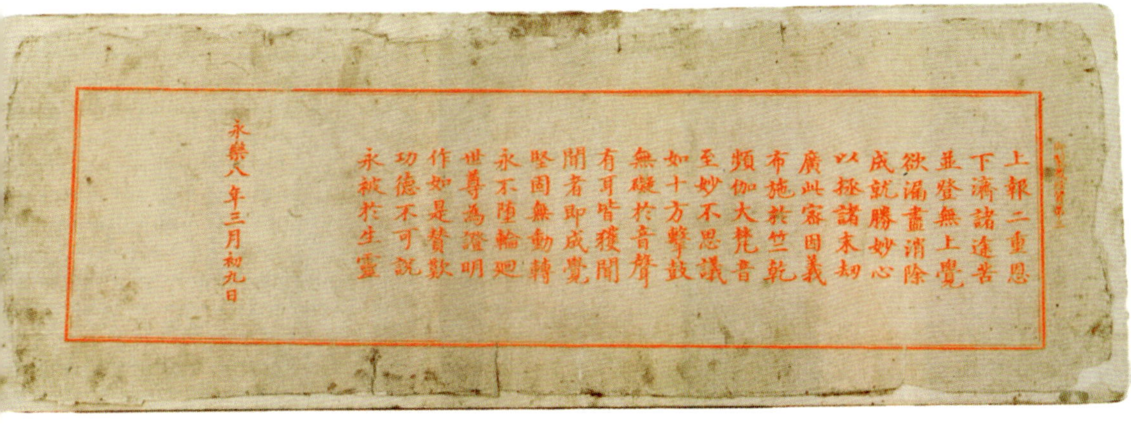

图 2-58
明永乐版
汉文《大藏经》

区得到前所未有的开发，基本上奠定了我国幅员辽阔的疆域版图。

内府修书

图书编纂作为明清两代文治政策的重要组成部分，体现着统治者鲜明的政治目的，但也承继了中国数千年保存典籍、传承文化的传统。特别是到了清代，中国传统文化进入一个总结性阶段，出现集大成特点，搜求典籍、编集图书就是其中的重要实践。[1]

明朝建立前一年，朱元璋就“诏求遗书”，建“国子之学”。洪武元年（1368）八月，下令“除书籍田器税”[2]。把书籍和农具放在同样重要的地位，这是了不起的认识。明代内府刻书多由司礼监经厂承办，后人称其所刻之书为“内府本”或“经厂本”。所刻以皇帝御制书居多。据《大明会典》，洪武时内府有刊字、裱褙、印刷等匠人 520 名。嘉靖时司礼监专门从事刻书的工匠 1275 名。据刘若愚《酌中志》载，经厂明末存板书籍 158 种。明内府所刻之书，继承了元代官刻书的风格，多为大黑口，赵（孟頫）体字，且纸幅盈尺，版框宽大，字体黑大光圆，柔中有刚，异常精美。[3]

我国编纂和雕印汉文大藏经始于北宋初年，在明代之前，较为完整的仅有《金藏》。明代官刻佛藏共三次，为《洪武南藏》《永乐南藏》和《永乐北藏》。朱棣下令翻刻了保存在西藏奈塘寺的全部《甘珠尔》，这便是永乐版“蕃本”（《大藏经》）。万历年间又翻刻了

1 袁行霈等主编：《中华文明史》第 4 卷，第 168 页，北京大学出版社，2006 年。
2 《明史》卷二《太祖本纪》。
3 朱家溍主编：《两朝御览图书》第 88 页，紫禁城出版社，1992 年。

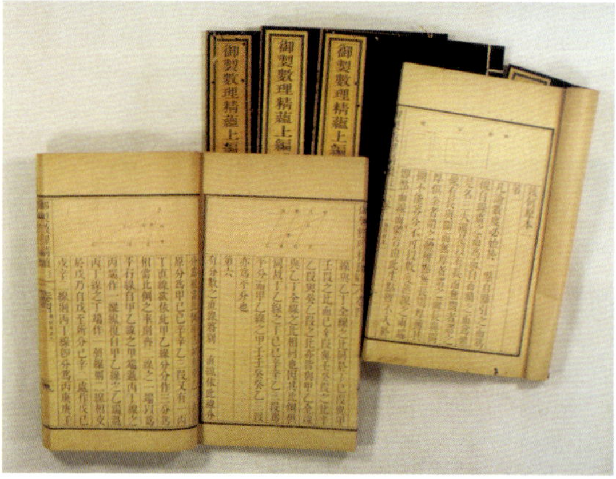

一次。[1]

永乐初年敕修、正统十年（1445）刊刻告成的《正统道藏》与万历三十五年（1607）刊刻告成的《万历续道藏》，共收道书 1476 种、5485 卷，是道教典籍之集大成者。我国宋、金、元三代所刻的道藏，至今已无全藏传世，只有明代所修的这两种是足本传世，具有重要的意义。

清内府更是重视编刊图书。反映清前期宫廷历史的《国朝宫史》专列“书籍”一门，十二卷，超过全书三十三卷的三分之一，编书成果辉煌。康熙十九年（1680）在西华门内武英殿设修书处。武英殿从此成为有清一代内务府管辖之下专门修书刻书的机构，其所刻之书被称为“内府刻本”，又由于其在武英殿进行，故又称为“殿本”或“殿版”。仿宋的方体硬字和馆阁体的楷书软字，是康熙以后清代刻书的主要风格。这一风格也影响到各地方的官刻与私家刻书。[2] 在印刷技术上，武英殿修书处全面承继了明以前的成就，并有新的提高和发展，尤在铜、木活字，多色套印和版画插图方面表现突出。武英殿曾使用铜活字与木活字各 25 万个左右。清前期内府两次大规模使用活字印书，不仅在中国印刷史上，乃至在世界印刷史上都是一件大事。金简的《钦定武英殿聚珍版程式》是我国活字印刷史上的重要文献。

据统计，清内府汉文刻本及满、蒙、藏等少数民族文种刻本共 1300 多种。[3] 内府刻书的内容广泛：校刻经史，如《十三经注疏》、“二十四史”等；定期编纂、续修有关本朝国史典则之类，如实录、

图 2-59
《御制数理精蕴》

图 2-60
《金瓶梅》
康熙四十七年（1708）
满文刻本

1　缪咏禾：《中国出版通史·明代卷》第 47—49 页，中国书籍出版社，2008 年。
2　朱家溍主编：《两朝御览图书》第 90 页，紫禁城出版社，1992 年。
3　故宫博物院图书馆、辽宁省图书馆编：《清代内府刻本书目解题》，紫禁城出版社，1995 年。

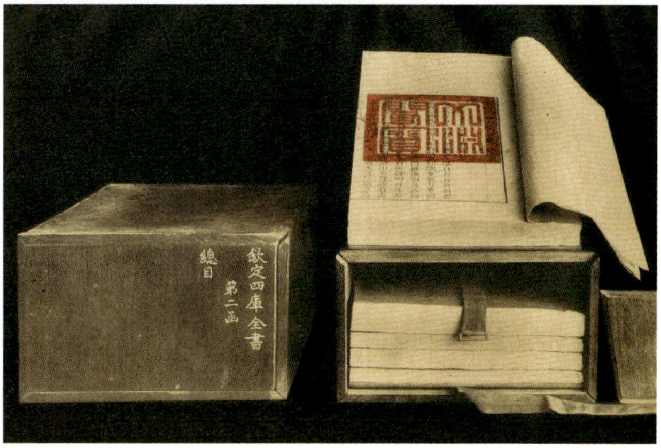

图 2-61
满文《大藏经》经版

图 2-62
《四库全书》楠木匣
台北故宫博物院藏

圣训、本纪、起居注、则例、律例等；佛道经典，如《大藏经》；自然科技方面，如《皇舆全览图》《御制数理精蕴》；文学艺术方面，如《全唐诗》；音韵字书，如《康熙字典》《佩文韵府》；类书付刻的突出代表是万卷《古今图书集成》，其次是450卷的《渊鉴类函》；丛书付刻的有《古香斋袖珍十种》与以木活字摆印的《武英殿聚珍版书》138种，皆校刻精佳，久负盛名。此外，译刻少数民族文字图书的数量也颇多，康熙时甚至刻印过满文《金瓶梅》。清内府刻本以呈览本和陈设本为代表，多是纸墨刷印精良，校勘审慎的初印本，反映了清内府印刷技术的成就及特色。

清内府书版材质讲究、雕刻精美，具有重要的文献与文物价值。现故宫博物院尚保存清宫书版219 743块，还有铜版5995块、石版4块，90%以上是康雍乾时所刻，最早的雕版是嘉靖四十二年（1563）刻的《佛说高王观世音经》。还有汉文、满文、蒙文、藏文书籍数十部，主要是满文《大藏经》、藏文《甘珠尔》。例如，故宫今存满文《大藏经》经版42 237块、佛画版184块，紫禁城出版社21世纪初还用原经版刷印了20部。

明清时期我国出版事业蓬勃发展。在官刻、坊刻、私刻三个方面，官纂图书政策在社会导向与文化积累上有着更为重要的作用。在明清两代的前期，以官方的力量与名义整理并修纂了一批整合传统典籍文献的集大成之作，这些巨作卷帙浩繁，气势恢宏。

明代最重要的文化工程与文化贡献，当然是前文已介绍过的永乐皇帝下令编纂并亲自撰写序言的《永乐大典》。

《古今图书集成》是由康熙年间著名学者陈梦雷提议并主持编纂的。该书综合了先秦至康熙前所能集到的古籍，将其中有关材料按类编排，体例完善，条理清晰，图文并茂，是仅次于《永乐大典》的依资料汇集而成的大型类书。全书共1万余卷，总目40卷，约1.6亿字。武英殿修书处以铜活字印64部，每部5020册。光绪十六年（1890）清廷又石印100部。清政府曾以此书赠予美国耶鲁大学、哥伦比亚大学。光绪三十四年（1908），为了答谢美国退还庚子赔款，清政府派唐绍仪为特使到美国华盛顿，赠予美国国会图书馆《古今图书集成》一部。

编纂于康乾盛世的《四库全书》无疑是中国古代最具文化意蕴和历史价值的总结性篇章，它是乾隆帝下令纂修的中国历史上最大的一部丛书。全书编纂历时13年，按经、史、子、集四部分类，故名。《四库全书》收书3503种，7.9万余卷，约8亿字，共缮写7部，分藏于北方四阁与江南三阁。《四库全书》，的编纂共动用了3800多名抄手，支付给抄手的费用就超过50万两白银。因此《四库全书》的编纂不仅是20世纪之前中国历史上规模最大的图书辑佚和抄本出版工程，而且也是耗资最大的文化工程。

四库全书馆网罗各门学问的专家学者300多人。他们对所著录的古籍进行校勘、考证、辨伪，使许多篇简错乱、字画讹误之处得以改正，在一定程度上恢复了古书的原貌，保证了全书的质量。《四库

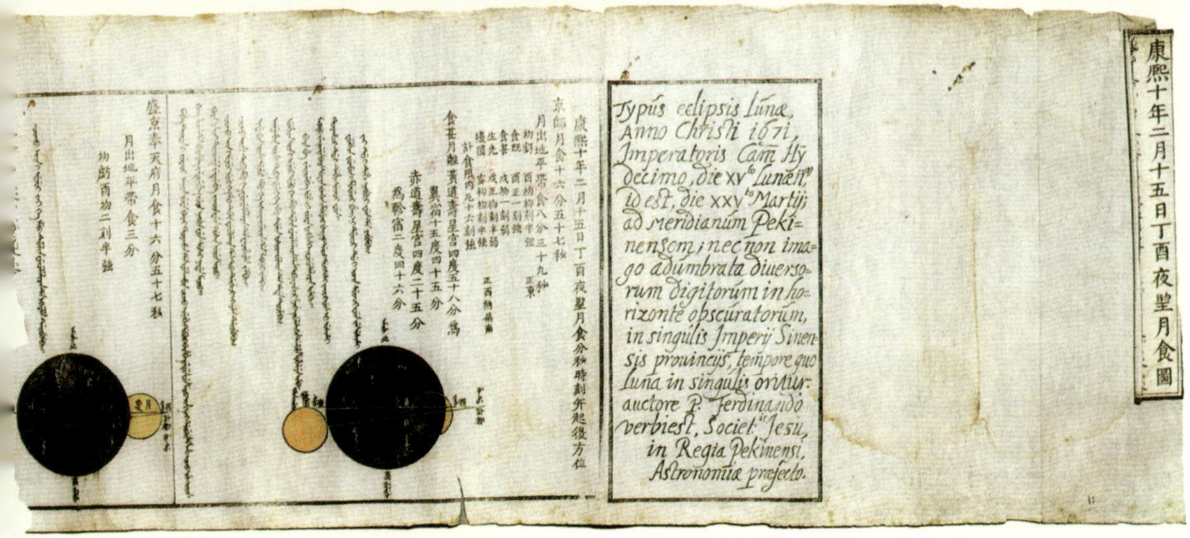

图 2-63
康熙十年（1671）
二月十五日
丁酉夜望月食图
钦天监在北京、盛京
两个观测点同时记载
并图解了月食产生的原理。
该记录图用满、汉、
拉丁文三种文字记录
引自故宫博物院编
《清宫图典 · 文化卷》第 484 页，
故宫出版社，2019 年

全书》囊括了乾隆以前中国历史上的主要典籍，起到了保存、整理和传播中国古代文献的作用。但在编书过程中，乾隆帝下令查禁、销毁了 3000 余种六七万卷以上“悖逆”“违碍”的书籍，数量几与四库现收书相等，并对不少所录书籍的内容做了删改，这是为人所诟病的。

《四库全书总目》是对收入四库各种图书所撰提要的总汇，在目录编撰体例、文献分类、提要撰写和文献考订等方面均有独特成就，是中国古典书目的集大成之作、四部分类法的典范之作，它为后人了解和查考中国古代典籍提供了方便，成为许多学者读书治学的门径。

典籍的整理、研究又与时代相结合，影响着学术文化的创造与发展，所谓“经籍既盛，学术斯昌，文治之隆，汉、唐以来所未逮也”[1]。

1 《清史稿 · 文苑传一》。

泰西之风

万历二十九年（1601），天主教耶稣会传教士意大利籍的利玛窦（Matteo Ricci，1552—1610），将世界地图、机械钟表、耶稣圣母像等反映当时西方文化特点的一些器物献给万历皇帝，敲开了紫禁城的大门。以传教士为媒介的这场中西文化交流一直延续到清代康、雍、乾时期。这两个世纪被称为明清五百多年间中西文化交流的早期阶段。紫禁城成为交流的中心和展示的舞台。

从明末至清中期，大量西洋传教士供职于内廷。利玛窦采取适应

图 2-64
路易十四致康熙帝书信手稿
1688 年（康熙二十七年）
8 月 7 日，写于马利
法国外交部藏

中国国情和文化的策略，步步深入内地，终使天主教在中国站住了脚。4 年之后利氏就在北京宣武门建起一座教堂，即今日之“南堂”。引起轰动的还是万历皇帝居然同意将北京阜成门外一座由宦官支持建立的寺庙赐给利玛窦作墓地。崇祯初，皇帝有撤内玉皇殿供像改奉天主之旨，后虽因皇后等人反对未果，但已可见其时天主教在宫廷的影响。[1] 有的传教士还是明清交替之际一些事件的参与者。例如在南明永历皇帝的政权中，王太后、马太后、王后、王子慈烜以及太监庞天寿等都是天主教皈依者，圣名烈纳（Helena）的王太后还曾上教宗书，原书藏于梵蒂冈教廷图书馆。[2] 该政权派遣波兰籍耶稣会士卜弥格（Michel Boym）作为永历王朝的特使出访罗马教廷，争取天主教对南明政权的支持。5 年后罗马教皇接见了卜弥格，但卜弥格未获得任何结果。在卜弥格返华复命途中，永历帝已出亡缅甸，不久卜弥格病死于广西。

明末清初入华的耶稣会士均受过良好的欧洲人文教育并具有精湛的科技专长。西洋历法是他们立足于宫廷的利器。观象授时、制历颁朔是中国古代合法政权的标志，是统治者的专利。历代都设有专门掌管观察天象、推算节气历法的机构和官职，明、清为钦天监，设监正、监副等官。每年十月初一，都要在午门举行颁布次年历书的隆重仪式，称为“颁历”典礼。明朝所用历法为元之《大统历》，所推多有不准，改历呼声日高。崇祯年间，传教士汤若望（Johann Adam Schall von Bell，1592—1666，德国人）掌钦天监，并成立历局开始改历工作。

2 1

商传：《明朝文化概论》，南京出版社，2016 年，第 358、369 页。

方豪：《中国天主教史人物传》第 206 页，宗教文化出版社，2007 年。

图 2-65
古观象台上的各种天文仪器
摄于 1901 年

历局的骨干是传教士，他们翻译了哥白尼、第谷、伽利略、开普勒等欧洲著名天文学家的著作，用 5 年时间完成了有 137 卷之多的《崇祯历书》。清顺治二年（1645），汤若望等用西法修订的历书（《崇祯历书》的删节版）被清廷定名为《时宪历》，印本封面上刻有“依西洋新法”字样，颁行天下。这一年皇帝敕授汤若望为钦天监监正，在古观象台工作的传教士有 50 多人。康熙初年，由于遭受鼓吹“宁可使中夏无好历法，不可使中夏有西洋人”的杨光先的激烈奏劾，汤若望入狱，出狱不久病逝，后得到平反。这就是著名的“汤若望案”。

康熙帝继位后，任用了汤若望的助理南怀仁（Ferdinand Verbiest，1623—1688，比利时人）。南怀仁长期主持钦天监的修历工作，把观象台上的天文仪器全部改为依照西法制造的仪器，其中就包括由他主持设计、监造的六件大型铜仪。观象台从观测仪器到历法编成都为传教士所掌握，也因此成为当时世界上最重要的官方天文台。南怀仁在康熙十三年（1674）出版的《新制灵台仪象志》即有此台之图。从明崇祯到清道光时期，钦天监一直由传教士主持。当时的钦天监实际

上已成为西方来华科技人才集中之所。此外，康熙帝还把紫禁城中的启祥宫（现名太极殿）拨给那些供奉皇帝的画家、机艺师、设计师，作为制作、集会之用，让他们在如意馆作画、刻板、修理钟表和制作机械器物。

据统计，这些经过严格遴选进入紫禁城效力的西洋人，从1551年至1831年（嘉靖三十年至道光十一年），共110多位。其中，由于健康或人事变动等各种原因，来京后短期内就去世或离京者十之有三，在较长时间内留在北京为宫廷效力者约占十分之七。[1] 这些人中，法国耶稣会士表现相当突出。康熙与和他同时在位的法王路易十四是当时东西方两位最伟大的君主。1688年（康熙二十七年）8月7日，路易十四写信给康熙帝，因俄罗斯阻挡，并未送达。路易十四多次向中国派出优秀的科学家，这些人隶属于法国皇家科学院，来中国还负有为科学院提供有关研究报告的任务，他们人数众多，自成体系。康熙朝的法国会士至少有50位，以康熙二十六年（1687）以“国王数学家”身份来华的一行最引人注目，其中法国人洪若翰、白晋（Joachim Bouvet，1656—1730）、李明、张诚（Jean-François Gerbillon，1654—1707）、刘应五人最为重要。白晋与张诚被留在康熙皇帝身边，对于皇帝的影响也最大，在科学教育、地图测绘、外交谈判和中西文化交流方面都做出了重大贡献。

康熙皇帝本人对西洋科技有着强烈的兴趣。万历年间，利玛窦在北京与徐光启合译《几何原本》前六卷，首次把古希腊数学名著《几何原本》较系统地介绍到中国。张诚、白晋在宫中学过9个月的满

图 2-66
满文写本《几何原本》

图 2-67
简平地平合璧仪
康熙三十二年（1693）制，上刻“康熙御制”。银镀金
故宫博物院藏

1 [清] 荣振华著，耿昇译：《在华耶稣会士列传及书目补编》，中华书局，1995年。

文，曾以满语向康熙讲解《几何原本》。北京故宫藏康熙年内府满文精写七卷本《几何原本》，就是张诚、白晋在康熙二十九年（1690）奉敕依据他们的满文讲稿编辑而成。陈寅恪先生对此满文译本的意义评价甚高："然则此七卷之满文译本者，盖景陵（指康熙帝）当日几暇格物之书，西海畴人重译颛门之业，迄乎兹世，犹在人间，即此一段姻缘，已足特加珍护。况复藉以得知欧几里得前六卷之书，赤县神州自万历至康熙百年之间，已一译再译，则其事之关系于我国近世学术史及中西交通史者至大，尤不可以寻常满文译籍等视之矣。"[1]

在康熙皇帝的重视下，当时宫中已有制造数学、光学等精密仪器及钟表、眼镜的作坊。进入清宫的手摇计算器被加以改造：在阿拉伯数字旁附加汉文数字，将加减二法增至加减乘除四法，又独创横排筹式计算器。这一手摇计算器至今犹存。故宫还收藏御制数学用桌、刻有"康熙御制"字样的计算尺等，但可惜的是康熙皇帝的科技热情仅限于个人爱好，并没有推广开来。乾隆时期，由于皇帝的权威及个人兴趣，宫内天文、数学等科技仪器减少，精美绝伦的机械钟表、玩具大量出现。乾隆以来，宫廷科技仪器的来源基本枯竭，除光绪末年增添了一些西医药类器具外，再未出现其他反映西方科技水平的器物。

康熙皇帝兴趣广泛。他喜欢西洋音乐，建有宫廷西洋乐队。意大利人德理格精于制作乐曲和演奏音乐，因其重要贡献而被恩准在紫禁城骑马。康熙重视西洋医学，大力搜罗西洋医生。故宫博物院还藏有一部满文《西洋药书》，为白晋、张诚所编译的记述当时西方流行的

1 陈寅恪：《几何原本满文译本跋》，载《金明馆丛稿二编》第245页，生活·读书·新知三联书店，2001年。

图 2-68
天文学家挂毯
这幅挂毯制作于 18 世纪早期。图中，康熙和一群耶稣会教士站在一起，周围是天文仪器，显示出康熙对科学的兴趣和他与博学的传教士互相交流的能力。这幅挂毯表现了路易十四宫廷对中国康熙王朝的浓厚兴趣
法国欧塞尔勒布朗—迪韦努瓦博物馆藏

40 种药品及医学知识的书籍。

这还只是宫廷的状况。这场持续两个世纪的文化交流活动，其实在中西两方面都产生了重大影响。通过传教士本身的传播以及大量书籍的引进，西方文化大规模进入中国。如法籍耶稣会士金尼阁 1620 年将 7000 余部图书运到中国，至今仍有 500 多部保存在中国国家图书馆。其内容“有水法之书”“有算法之书”“有万国图志之书”“有医理之书”“有乐器之书”“有格物穷理之书”“有几何原本之书”，而“传教士之得以在中国立足唯一所依恃的是数学”。[1]《几何原本》《测量法义》《同文算指》《测量异同》等书的翻译，为西方数学传入中国之始。后又有一批译著出版。由此中国出现了一批贯通中西的数学家，据统计，清代前期从事研究西方数学的学者有 112 人，他们写出了一大批数学著作。

1 黄启臣：《澳门通史》第一章，第 15 页，广东教育出版社，1999 年。

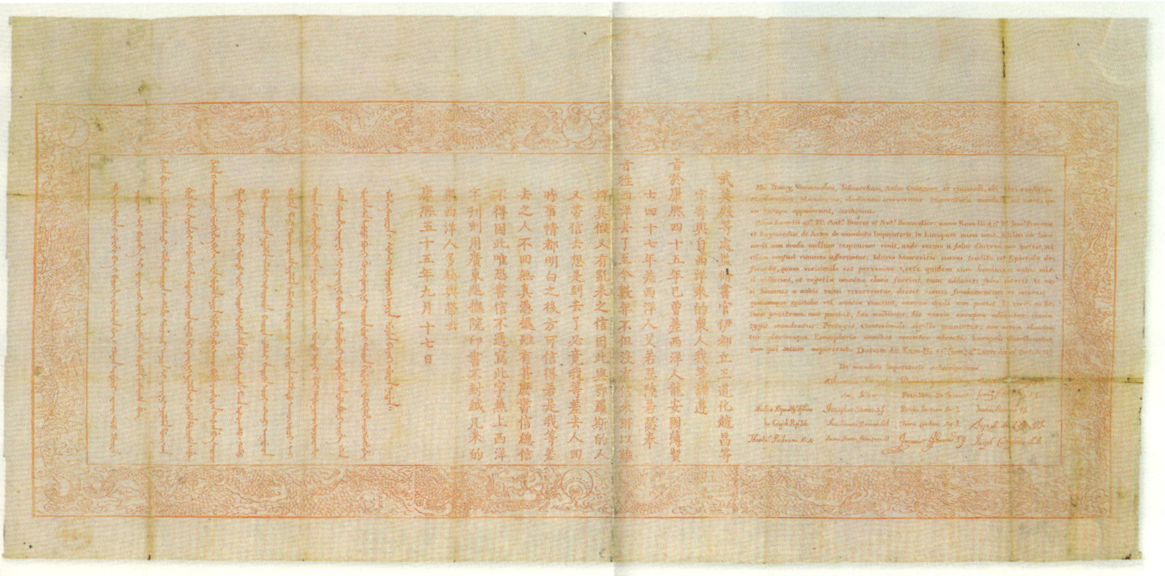

2 2 1

图 2-69
康熙帝
红色谕旨（红票）
法国国家图书馆藏

文化交流是双向的。传教士为了达到在中国广为传教的目的，也十分重视学习中国的语言文字，研究中国的儒家哲理，翻译和诠释中国的古典经籍，并向欧洲国家介绍中国文化。1593 年，利玛窦率先将《大学》《中庸》《论语》《孟子》翻译成拉丁文，在意大利出版发行。1772 年，法国会士傅圣泽回国时带去中国古籍共 3980 种（本），全部捐献给法国皇家图书馆，为法国乃至欧洲国家学者阅读和翻译中国古典经籍提供极大方便。直至今天，在梵蒂冈图书馆还可以看到当时耶稣会士研究《易经》的中文著作稿本 14 种。[1] 中国的文化思想、工艺美术、庭园艺术都曾在欧洲国家引起很大反响。现在在德国、法国、瑞士仍能看到当年留下来的中国式的钟楼、假山、石桥和亭榭。这些都是当年“中国热”“中国风”的见证，也激起欧洲知识界对研究中国的兴趣，兴起了持续至今的“西方汉学”。

康熙帝对于天主教在西方传播较广、受到相当部分人民信仰的事实是了解的，他对天主教的教义也略有所知，只是反对它在中国传播，反对以它的教规教义干扰甚至取代中国的传统信仰和国情民俗，但他也未采取拆毁教堂、驱逐传教士等粗暴办法。康熙二十六年（1687）四月，南怀仁提请推行天主教，礼部议不准行，康熙帝下谕：“天主教应行禁止，部议极当。但见地方官禁止条例内，将天主教同于白莲教谋叛字样，此言太过，着删去。”[2] 终康熙之世，清朝官方对于天主教的态度是允许存在，但限于西洋人供奉。到 1710 年，全国天主教徒有 30 万人。

2 1

黄启臣：《澳门通史》第八章，第 136 页，广东教育出版社，1999 年。

《清圣祖起居注》卷二十一，康熙二十六年（1687）四月十三日庚申。

引起这场文化交流中断的直接原因是“礼仪之争”。所谓“礼仪之争”，是关于天主教在中国传教，其教徒是否可以尊崇孔子、祭拜祖先等礼仪问题。1704 年 11 月 20 日，教皇克来孟十一世批准“异教裁判所”关于礼仪的档，档中严禁中国教徒使用“天”“上帝”称天主，禁止基督徒祀孔、祭祖等。教皇还派遣使节到中国宣布这个错误的禁令。这本是天主教会内部不同意见的争论，后来发展为康熙帝与罗马教皇的争论。教皇于 1715 年 3 月 19 日再次发表通谕，重申 1704 年的禁约。捍卫自己文化传统和利益的中国皇帝，多次致信罗马，表明了毫不让步的态度。康熙五十五年（1716）年九月十七日武英殿刻印的“红色谕旨”，更把中国朝廷的这种态度公布于世。[1]

雍正帝继位后，继续执行禁教政策，下令封闭教堂，除在北京留下 20 余名“有技艺之人”外，其余的传教士只能居于广东。乾隆帝继位，虽然继续允许传教士供奉朝廷，但对传教并不宽容。据统计，到 1765 年，全国天主教徒锐减至 12 万人。今天来看，“礼仪之争”其实是东西方文化的冲突。文化的冲突要靠文化的理解与文化的对话来解决。令人遗憾的是，历史毕竟没有给予他们更多的机缘来解决这个问题。

1 『礼仪之争』自17世纪末起影响欧洲和在亚洲的耶稣会传教团体，此文献表达了当时中国朝廷对『礼仪之争』所持的态度。康熙帝曾多次派遣宫中传教士前往罗马，以厘清事实，但都未能取得效果。于是康熙帝发布『红色谕旨』（红票），并命令宫中武英殿进行印制，公布于世，广泛传播。此文件用中文、满文和拉丁文三种语言刻印。在北京居住的16位耶稣会士依据欧洲习惯，于拉丁文文末签名，刻版画上忠实地再现了他们的签名，其中一个签名来自画家郎世宁。

图 2-70
《胪欢荟景图册·万国来朝》(局部)

盛世印记

图 2-71
《胪欢荟景图册 · 万国来朝》中的藩属国与外国使臣队伍（局部）

康熙、雍正、乾隆年间，政局稳定，经济恢复并持续发展，国力强盛，版图开阔，文化成就突出，造就出中国古代社会发展历程中最后一个盛世。盛世风流，总被雨打风吹去。但是还有大量的历史典籍，成为当年的印记，展现出盛世凄美的辉煌，其中《万国来朝图》《皇舆全览图》《皇清职贡图》等就很有代表性。

清乾隆帝为其母崇庆皇太后七十圣寿举办庆典活动。清宫画家绘制了 8 开的《胪欢荟景图》，堪称清宫内最大的画册，其中的“万国来朝”，描绘新年之时，藩属国及外国使臣到紫禁城朝贺的场面。从画中众多的旗帜上，可以看到有朝鲜、日本、琉球、柬埔寨、越南、暹罗（今泰国）、英国、法国、荷兰及中亚各国等国家和地区。

《皇舆全览图》是中国第一幅绘有经纬网的全国地图，由康熙皇帝亲自主持并聘请西洋传教士经过经纬度测量绘制而成。测绘从康熙四十七年（1708）正式开始，至康熙五十七年（1718）基本告成，历时 10 年。康熙五十六年（1717）曾出木刻版《皇舆全览图》，有总图 1 幅，分省图和地区图 28 幅，唯西藏及蒙古极西地方多空白。到康熙六十年（1721）又刊印一次，总图已详绘有西藏和蒙古极西地方，分省图和地区图增至 32 幅，其范围东北至萨哈林岛，东南至台湾，北至贝加尔湖，南至海南岛，西北至衣里必拉（伊犁河），西南至拉达克河屯（列城）以西，在西藏边境还标注出朱母朗马阿林

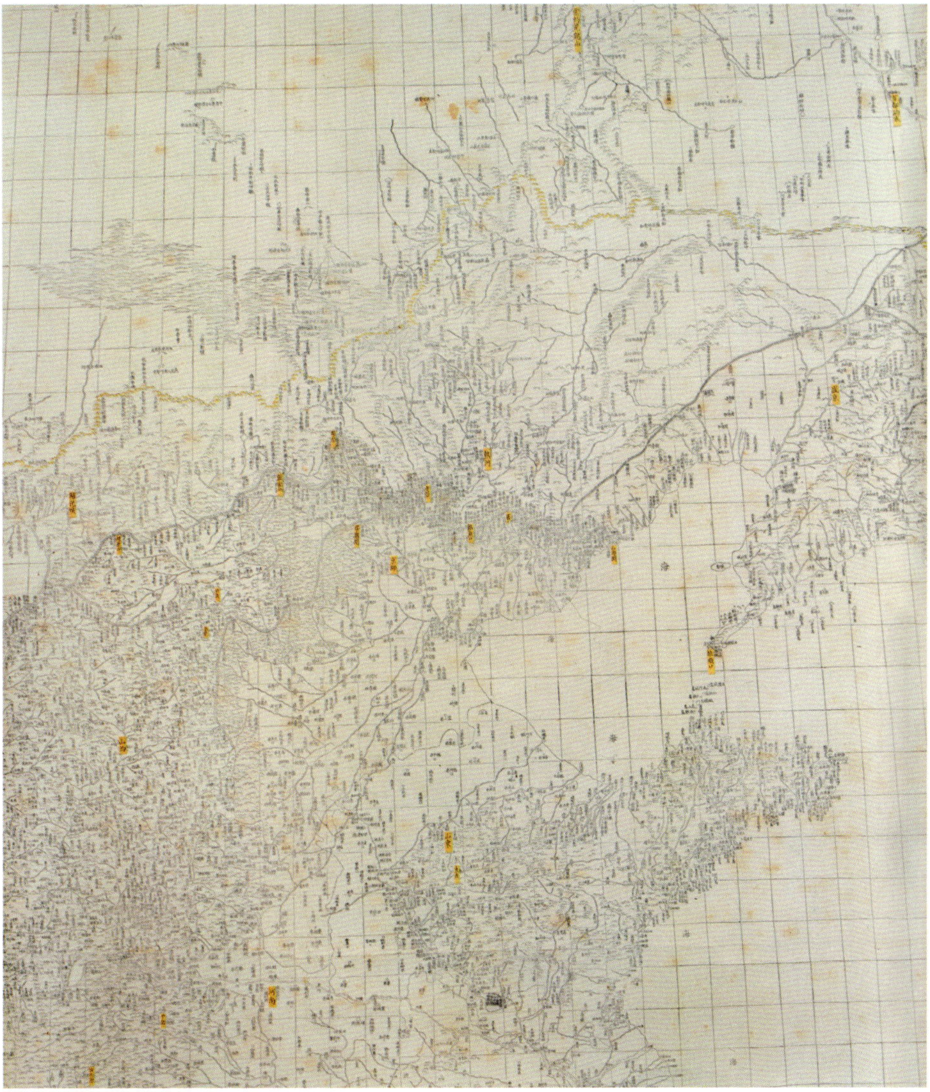

图 2-72
《皇舆全览图》（局部）

（珠穆朗玛峰）。此图经纬网以通过北京的经线为中经线，用桑逊投影法（伪圆柱等面积投影）绘成。康熙五十八年（1719）还印行过铜版图，以纬差 8°为 1 排，共分 8 排，41 幅，比例尺为 1：1 400 000。这种以经纬度分幅的方法在中国是第一次。《皇舆全览图》在中国地图发展史上具有划时代的意义，自清中叶至中华民国初年国内外出版的各种中国地图基本上都可追溯于此图。李约瑟认为，这一地图“不仅是当时亚洲所有的地图中最好的一幅，而且比当时欧洲的任何一张地图都更好、更精确”。[1]

乾隆年间又有《乾隆内府舆图》。此图是在康熙《皇舆全览图》

1 〔英〕李约瑟原著，〔英〕柯林·罗南改编，上海交通大学科学史系译：《中华科学文明史》上册，第 452 页，上海人民出版社，2014 年。

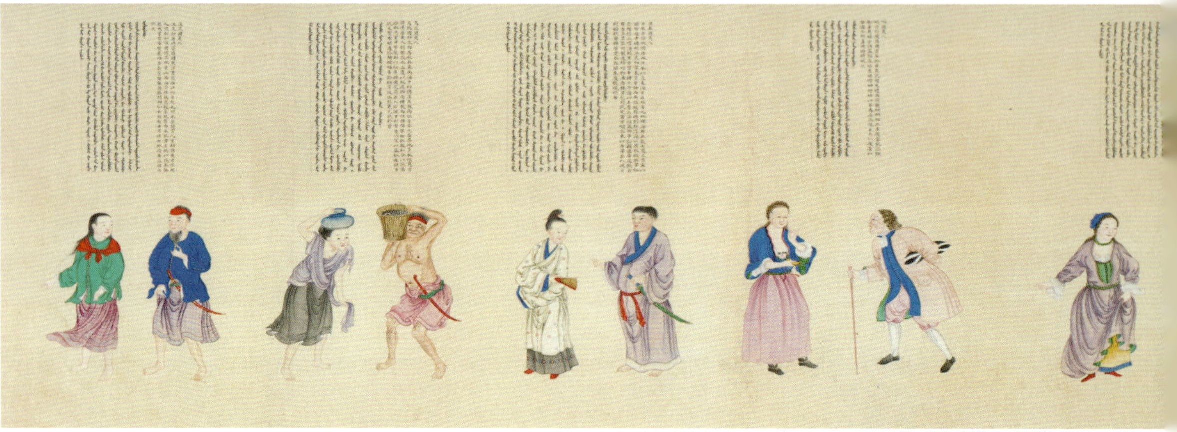

图 2-73
《皇清职贡图》（局部）

的基础上修订补充而成的全国地图。此图所用经纬网、投影和比例尺仍沿袭康熙图，但内容较康熙图更为丰富详密，补充了新疆伊犁等地的测绘图，订正了西藏部分的错误，其范围除东、南两面与康熙图基本相同外，西到地中海，北至北冰洋，图幅和面积都扩大了一倍。该图制成 104 块铜版。据内务府档案，用铜 5000 余斤，工料银 4669 两 5 钱。关于这套图版镌刻的另一种说法，是说其由法国传教士蒋友仁所刻，[1] 但仅印过一次，便藏于内府，秘不示人。直到 1925 年 5 月清室善后委员会点收故宫造办处存物，始发现此图铜版。该图以纬差 5°为 1 排，共分 13 排，故又名《乾隆十三排图》。1932 年文献馆重印，因原版未标图名，故重新定名为《清乾隆内府舆图》。

职贡图是中国古代记载各民族与中央王朝纳贡关系的画卷。最早有南朝萧绎所绘《职贡图》，其后各代相沿，有唐阎立本《职贡图》、宋李公麟《万国职贡图》、元赵孟頫《贡獒图》等。清朝康乾时期是我国古代疆域最辽阔的时期，也基本形成了我们今天的 50 多个民族。清廷对于本朝“职贡”之事不仅书载于史籍，而且命宫廷画师绘图著说，以垂训于后代。这就是记述清代海外诸国及国内各民族的大型彩色画卷《皇清职贡图》。

《皇清职贡图》由乾隆皇帝亲自主持，傅恒等人撰制，丁观鹏、金廷标、姚文瀚、程梁四人绘图。全书九卷，由画像和满汉合璧图说文字组成，它以清朝盛世时期藩属国、海外交往诸国以及国内各少数民族人物为对象，绘制彩图，描摹人物样貌、服饰、生产生活方式等。卷一

1 秦国经：《明清档案学》第 712 页，学苑出版社，2005 年。

为清藩属与海外交往诸国，如朝鲜、英国、法国、日本、荷兰、俄罗斯、泰国、老挝、缅甸、文莱、柬埔寨等20余国。卷二及以下均为国内各少数民族，包括西藏、新疆、关东、福建、湖南、广东、广西、甘肃、四川、云南、贵州等地区各民族。全书共绘制内外300种不同民族和地区的官、民人物，每种又各绘男女图像一幅，共600幅图，每图皆附说明，简要说明其分布地区、历史沿革、生活习俗、社会生产以及向清政府贡赋数额的情况。《皇清职贡图》总长60余米，是一部集历史文献与绘画艺术于一体的旷世巨作，对研究清代各民族的风俗、历史、文化等具有很高的参考价值。当时除彩绘正本外，还复制了三个副本。目前北京故宫博物院保存一套完整的副本，台北故宫博物院藏有一部完整的谢遂摹绘本，其他散落各地的画卷皆不成套。

《皇清职贡图》等所绘清代各族，有些与今民族难以吻合。这是因为清代乾隆中期对各地所绘民族无统一规定的取样标准，又由于时间久远，历史的不断发展和地理环境的变迁导致《皇清职贡图》上的有些民族今已不复存在，有些或与其他民族合并，有些则演变为另一新的民族。[1]

与《皇清职贡图》相联系的是《华夷译语》。这部由官方纂修的现存42种71册的翻译辞书，不仅收有10余种如英、法、拉丁、意大利、葡萄牙、缅甸、琉球等外国译语，还收录了中国西藏、四川、云南、广西四省的少数民族译语。各种译语都首列本文，再以汉字注音，并做注解。这当然是当时交流的需要，也是盛世的一个见证。

1 李泽春、刘如仲编著：《清代民族图志》前言，青海人民出版社，1997年。

盛极而衰是历史的规律。清朝毕竟已经处于世界历史上的近代时期。欧洲的资产阶级革命和产业革命，美国的独立战争，改变了世界格局。进入世界体系中的清朝却闭关锁国，做着天朝上国的美梦。清代后期特别是鸦片战争以后，清政府被迫同侵略者签订了一系列不平等条约，割地、赔款、出让国家主权，严重危害着我国的领土完整与边疆安全。统治者仍然拒绝学习新事物，越来越落后于世界潮流。这个腐败的政权除了消亡，别无他途。

四　紫禁内外

明清皇帝居住在紫禁城，但因为亲征和巡守，会暂时离开京城。亲征和巡守都是重大事件，皆有礼制。皇帝因其他原因也会离开紫禁城甚至京城，在别苑离宫理政。这多是较短时间，或是季节性的，也有长达一二十年的。虽然一切以皇帝为中心，但别苑离宫代替不了紫禁城的神圣地位。

御驾亲征

亲征是帝王亲自统率军队以上伐下的征战，它将“祀”与“戎”这两项重大国事活动结合在一起，集中体现了王朝的统治文化。历代帝王亲征都会作为圣君的标志在史籍中留下浓重的一笔。

皇帝亲征有隆重的仪式，历代各有不同。明制，祭告天地、宗庙、社稷；旗纛之祭，为兵将祈福；所过山川，皆行祭告；师还，奏凯献俘于庙社；以露布诏天下；论功行赏。这一亲征大典制作于洪武年间，明代皇帝大规模的亲征则始自朱棣。

永乐七年（1409），东蒙古的本雅失里汗处决了明王朝派出的一个使节，其后丘福所统领的大规模讨伐又被打败。怒不可遏的永乐帝便决定亲征。他精心完成了出征前的调兵遣将和南京的安顿，永乐八年（1410）二月，又为亲征陆续举行了隆重的仪式。[1] 朱棣率 30 万大军拉开了永乐朝五次亲征的序幕。他深入漠北，破本雅失里于斡难河畔，本雅失里仅以七骑西逃。明军复东向击破阿鲁台于兴安岭。跨过大兴安岭时，朱棣将一座特别的小山命名为“擒胡山”，竖起刻有自己所写凯旋诗的石碑：“翰海为镡，天山为锷。一扫风尘，永清沙漠。”他意犹未尽，在另一处被命名为“清流泉”的地方又竖起镌有庆祝诗的纪念碑。[2]

成祖之后，又有宣德元年（1426）明宣宗亲征汉王朱高煦的叛乱，高煦降，废为庶人，旋杀之。正统十四年（1449）瓦剌也先入犯，英宗亲征，导致“土木之变”的发生。而对于嬉戏成性的正德皇帝来说，出征与游幸则往往结合在一起。

正德好骑射，亲近边帅，能赴边塞远征，敢于亲冒矢雨，同蒙古兵连续打几天的仗。正德十二年（1517）十月，正德率众自阳和驰

1 《明太宗实录》卷一百，永乐八年（1410）春正月。

2 蔡石山著，江政宽译：《永乐大帝——一个中国帝王的精神肖像》第 158—159 页，中华书局，2009 年。

援应州，与蒙古鞑靼小王子部交战。据《明武宗实录》载，这场战斗相当激烈，甚至出现了“乘舆几陷”的危急情况。据说正德临阵督战，还斩敌首一级，这在历代皇帝中也是异数。而小王子被赶走，自此不敢再进犯。

与此同时，正德帝也少不了抢掠妇女，寻欢作乐。他自封“总督军务威武大将军总兵官”，还起名叫“朱寿”，每年俸禄 5000 石。他针对宁王朱宸濠叛乱的亲征，可以说是一场闹剧。正德十四年（1519）正月，正德帝称将南巡，虽然谏者百余人受到杖责，但也迫使他暂时停止了南巡计划。这年六月发生的远在江西南昌的宁王朱宸濠叛乱，却给了正德一个绝好借口，他将南巡变成了南下亲征。这一决定遭到大臣们强烈反对，但正德一意孤行。他命令他化名的朱寿集合边境部队，镇压宁王。这时朱寿的衔名已是“总督军务威武大将军总兵官后军都督府太师镇国公”。正德在参加完亲征大典之后，率领大队人马出发，在涿州太监张忠私宅驻跸时，得到王守仁平定叛乱、生擒朱宸濠的捷报。他命令不许声张，继续前进。到临清后，他秘密带人亲自去北京接刘娘娘同行。刘娘娘是正德上一年从山西带回的晋王府一个乐工的眷属。这样途中恣为淫乐，历时三个多月，十二月始至南京。

正德帝在南京 240 余天，当然是以游玩为主。他还发过一道近乎儿戏的禁止宰杀生猪的命令，理由是自己生肖属猪和姓朱。这是关系到天下老百姓的大事，好在他还能收回成命。正德十五年（1520）闰八月正德在南京举行献俘礼，他着戎服，统率将士，下令在广场给朱宸濠等

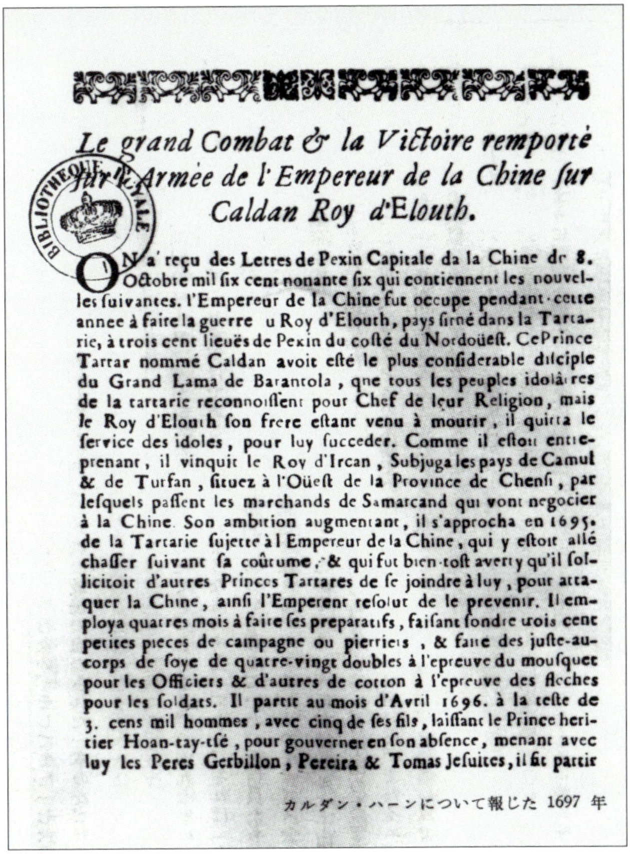

Le grand Combat & la Victoire remportée sur l'Armée de l'Empereur de la Chine sur Caldan Roy d'Elouth.

ON a' reçu des Letres de Pexin Capitale da la Chine du 8. Octobre mil six cent nonante six qui contiennent les nouvelles suivantes. l'Empereur de la Chine fut occupé pendant cette annee à faire la guerre au Roy d'Elouth, pays situé dans la Tartarie, à trois cent lieuës de Pexin du costé du Nordoüest. Ce Prince Tartar nommé Caldan avoit esté le plus considerable disciple du Grand Lama de Barantola, que tous les peuples idolatres de la tartarie reconnoissent pour Chef de leur Religion, mais le Roy d'Elouth son frere estant venu à mourir, il quitta le service des idoles, pour luy succeder. Comme il estoit entreprenant, il vinquit le Roy d'Ircan, Subjuga les pays de Camul & de Turfan, situez à l'Oüest de la Province de Chensi, par lesquels passent les marchands de Samarcand qui vont negocier à la Chine. Son ambition augmentant, il s'approcha en 1695. de la Tartarie sujette à l'Empereur de la Chine, qui y estoit allé chasser suivant sa coûtume, & qui fut bien-tost averty qu'il sollicitoit d'autres Princes Tartares de se joindre à luy, pour attaquer la Chine, ainsi l'Empereur resolut de le prevenir. Il employa quatres mois à faire ses preparatifs, faisant fondre trois cent petites pieces de campagne ou pierriers, & faire des juste-au-corps de soye de quatre-vingt doubles à l'epreuve du mousquet pour les Officiers & d'autres de cotton à l'epreuve des fleches pour les soldats. Il partit au mois d'Avril 1696. à la teste de 3. cens mil hommes, avec cinq de ses fils, laissant le Prince heritier Hoan-tay-tsé, pour gouverner en son absence, menant avec luy les Peres Gerbillon, Pereira & Tomas Jesuites, il fit partir

カルダン・ハーンについて報じた 1697 年

2 3 1

图 2-74
《康熙戎装像轴》
故宫博物院藏

图 2-75
报道昭莫多之战的巴黎报纸
法国巴黎国立图书馆藏

松绑，再指挥士兵伐鼓鸣金将其抓获，示为己所俘。这一类似游戏的献俘礼结束后始北返。途经淮安时正德落水染病。十月至通州，病情加剧。十二月在通州杀朱宸濠等，才姗姗回京。进京自然有盛大的欢迎活动。文武百官在正阳桥南迎驾。辇道东西是俘获的“诸从逆者”及家属数千人；与朱宸濠勾结的兵部尚书陆完、豹房大总管钱宁皆裸体反接，以白帜标姓名于首；死者悬首于竿，亦标以白帜，凡数里不绝。“上戎服乘马，立正阳门下，阅视良久，乃入”[1]。白色弥漫一片，人们认为是不祥之兆。正德已同意了大臣拟定的献俘仪式，但因其染病，最终没有举行。正德十六年（1521）三月，荒唐的正德帝死于豹房，年 31 岁。

清代真正意义上的亲征只有康熙皇帝的三征漠北噶尔丹分裂势力。

康熙二十九年（1690），康熙开始第一次亲征，命福全为抚远大将军率左翼清军出古北口，命恭亲王常宁为安北大将军率右翼清军出喜峰口，以分进合击。康熙帝则亲自统军出塞，驻于博洛河屯，指挥作战。在乌兰布通（今内蒙古自治区克什克腾旗境内）大战中，噶尔丹遭到惨重失败后乘夜逃去。但噶尔丹并不死心，继续集合残部，同

1 《明武宗实录》卷一九四，正德十五年（1520）十二月甲午。

时勾结沙俄，又于康熙三十四年（1695）点燃叛乱的战火。康熙帝毅然开始第二次亲征。康熙三十五年（1696）二月，他下令发兵 10 万，分东、中、西三路进击。他率 3.4 万人组成中路军出独石口（今河北省赤城北），经克鲁伦河上游地区北上，切断噶尔丹的退路，与东西两路军进行夹击。决定性战役是西路军于昭莫多与叛军的鏖战。在清军的浴血奋战下，叛军大败，噶尔丹仅率数骑逃去，其零星逃军千余人也都投降了清军。昭莫多之战后，随军出征的传教士张诚等人把清廷在昭莫多战胜噶尔丹的消息写成通讯，寄往欧洲，刊登在一份 1697 年的巴黎报纸上。虽然其中有些地方不完全符合历史事实，但消息在欧洲一经刊出，便为世瞩目。

康熙三十六年（1697）春康熙第三次亲征，决心一鼓作气，消灭噶尔丹残部。康熙亲赴宁夏，命费扬古、马思哈两路出兵进剿。噶尔丹部下望风披靡，纷纷投降，噶尔丹本人也于当年三月病死。噶尔丹的叛乱从此被清政府平定下去。

朱棣征漠北而抒怀言志，慨然有作，但与康熙相比则略输文采。康熙帝三征噶尔丹更有诗约 90 首，充溢着金戈铁马之声，如《瀚海》云："四月天山路，今朝瀚海行。积沙流绝塞，落日度连营。战伐因声罪，驰驱为息兵。敢云黄屋重，辛苦事亲征。"时人认为"气象高浑"，胜过唐太宗李世民、唐玄宗李隆基的诗作。[1] 这话虽含有臣子对当朝皇帝的溢美成分，但"气象高浑"却非常准确地指出了康熙征噶尔丹诗的特点，并非过誉。

1 ［清］王士禛：《带经堂诗话·御笔类》。

巡守四方

“天子适诸侯曰巡狩。巡狩者，巡所守也。”[1] 巡守也称“巡幸”，皇帝巡游驾幸之意。皇帝出巡是中国古代社会的一项重大政治活动。

明朝帝王巡守，主要有永乐北巡与嘉靖南巡。

朱棣未迁都时，以北京为行在，岁常巡幸。永乐六年（1408）制作巡守礼仪，首先诏告天下诸司及各处镇守总兵官，北巡期间“凡有重事并四夷来朝，俱达行在所。……事有疑碍者，在京合该衙门具奏，取自上裁”[2]。第二年，即永乐七年（1409），朱棣首次前往北京巡视。车驾将发，奏告天地、社稷、太庙等。北巡所过之处，均遣官告祭各类神灵。扈从兵将5万余人，还有为数众多的官员侍从。五府六部等各个机构俱有定员，仅光禄寺、太常寺厨子就有1050人。

行赏是北巡途中一项重要的活动。车驾将发，宴在京文武群臣，按不同等级，赏赐扈从文武官员军校人等银钞。至北京后又宴文武群臣，赐官员人等及命妇银两。北巡各机构有专用的印信和关防。所过郡县，均分遣朝廷大臣对当地官员进行考核，并依次加以黜陟，还慰问寻访地方上的耆老，并赏给他们币帛酒肉等物。自此以后，朱棣多次北巡，驻跸北京达8年零8个月，并依朝廷建制，于北京设行在六部，处理天下奏章，北京已隐然成为实际上的政治中心。[3]

史料记载，嘉靖皇帝南巡，是为其生母蒋太后确定葬地。嘉靖登极之后，决定效法朱元璋和朱棣，自立统嗣体系。嘉靖三年（1524），

1 《孟子·梁惠王下》。
2 万历《大明会典》卷五三《巡狩》。
3 赵中男等著：《明代宫廷典制史》下册，第452—455页，紫禁城出版社，2010年。

经过艰难而顽强的“大礼议”之争，皇帝终于如愿以偿，追尊生父兴献王为“恭睿献皇帝”，神主入太庙，位居武宗之上。王墓改制帝陵，嘉靖钦赐“显陵”。嘉靖十八年（1539）二月十五日，嘉靖离京南下龙兴之地承天府，即今天的湖北钟祥。仪式极为隆重。随行甚众，其中光禄寺、太常寺厨子达230人。他此行把母亲梓宫南祔与父亲合葬显陵，钦定“玄宫”图式，敕谕扩建王府，启建元佑宫、龙山报恩寺。历时两个月的“追尊”活动十分圆满。

总长度近60米的《出警图》与《入跸图》（通常被合称为《出警入跸图》）是明人所绘表现明代帝王出警、入跸宏大场面的作品。《出警图》绘皇帝骑马，由陆路出京，《入跸图》画皇帝坐船，走水路还宫。清《国朝宫史续编》名之曰《明世宗出警图》与《明世宗入跸图》，认定该画为记录明嘉靖十八年（1539）嘉靖帝幸承天之事。[1]

嘉靖帝南巡还带着一个完整的中央机构，沿途察看民情，考核官员，接见经行之地的亲王郡王，并通过帝国驿传管理着整个国家，但路途上并不顺利。例如去时经河南卫辉，夜四更行宫忽然起火，许多

1　『臣等谨案：此卷题识，无世宗字，惟与世宗像轴同箧藏，像亦相类。考明史：嘉靖十八年春二月乙卯，帝幸承天，夏四月壬子至。自承天甲子幸大峪山，丙寅还宫。以卷中山川形势、岁时风景证之，当为世宗也。』（〔清〕庆桂等编纂：《国朝宫史续编》卷九十六）关于此图的进一步研究，可参阅林莉娜：《明人〈出警入跸图〉之综合研究》（上）（下），载《故宫文物月刊》1993年第127、128期。

2　3　5

图 2-76
《出警图》(局部)
引自林莉娜：《明人〈出警入跸图〉之综合研究》(上)(下)，载《故宫文物月刊》1993 年第 127、128 期。下同

图 2-77
《入跸图》(局部)

2　1

宫中法物珍宝被焚，也有宫人、侍卫死于烈焰中，嘉靖被锦衣卫指挥从房中抢救背出。恼怒至极的嘉靖下诏切责："朕只为二圣南幸荆楚，沿途所御之处及凡事，各该有司官全不敬慎服劳。昨卫辉行宫之虞，官吏无至者，亦无匹夫勺水之备，张衍庆亦不守护，殊为欺慢。"[1] 张衍庆时以兵部右侍郎受命"督理驾行事宜"，行宫大火却不见他的踪迹。张衍庆及河南巡抚右副都御史易瓒、巡按御史冯震等一批河南高官悉黜为民。卫辉府知府王聘、汲县署印知县侯郡则被绑缚，随南巡队伍，一路示众，到达承天府又是一顿廷杖，发往边方为民。四月十五日车驾还京师，文武官员迎驾不至者竟达 1142 人，又惹得嘉靖十分扫兴，"诏夺俸有差"，于是千余名朝官被罚扣俸禄。[2]

清朝前期，皇帝出巡的次数非常多，或省方问俗，或谒陵拜祖，或考察吏治。最多的还是巡视京畿地区，据统计，康熙、乾隆、嘉庆三帝，分别是 108、80 与 48 次；京畿最多的又是南苑，三帝分别是 33、17 与 10 次。南苑也称"南海子"，是位于永定门外 20 里处的御园，为行围阅武的重要场所。顺治帝曾去南苑 20 次。顺治九年（1652）

《明世宗实录》卷二二一，嘉靖十八年（1539）二月戊辰。
《明世宗实录》卷二二三，嘉靖十八年（1539）四月壬子。

十二月，五世达赖喇嘛到京师，顺治帝就是在南苑初次接见他。[1]

在中国历史上，康熙、乾隆两位皇帝将帝王巡幸发展到了极致。康、乾二帝东巡盛京，南巡江浙，西巡五台，北狩塞外，还有木兰秋狝等，不仅次数最多，而且所到地方也最远，这应与当时的“康乾盛世”有关。清后期因国势衰微，出巡活动渐少，直至停止。

最有影响的还是康、乾两朝的南巡。康熙帝于康熙二十三年（1684）九月二十八日第一次南巡出发，至康熙四十六年（1707）五月二十二日第六次南巡返回，前后延续24年左右。乾隆帝于乾隆十六年（1751）正月十三日第一次南巡出发，至乾隆四十九年（1784）四月二十三日第六次南巡返回，跨度34年左右。由于时代不同、帝王个性差异，南巡各有其特点，但大的做法与根本目的则是一致的，就是治理河海、察吏观民、笼络士人和祭祀祠陵等，并夹杂一些游山玩水之举。

历史上黄河经常泛滥成灾。仅康熙元年（1662）至康熙十六年（1677），黄河大的决口就有67次，不仅河南、苏北广大地区深受水患之苦，还直接影响到对清政府至关重要的漕粮的运输。清政府每年要经运河从江南运300多万石漕粮到京城。康熙将河务与漕运列为要务。六次南巡，每次都要亲临扬州、高邮、宝应和江都等河工一线，与河臣讨论治河方案，做出决策。首次南巡视察桃源县境黄河北岸萧家渡、天妃闸等处险工。御舟过高邮湖，见民间田舍多在水中，于是登岸沿堤步行十余里，召耆老问疾苦。须知康熙治理黄河是

1 赵云田《清朝皇帝的出巡活动》，载《清史镜鉴：部级领导干部清史读本》第八辑，国家图书馆出版社，2015年。

图 2-78
《康熙帝南巡图卷·治河场面》
清宫廷画家绘
法国吉美博物馆藏

认真的，他治河亦重探源。康熙四十三年（1704）他又派侍卫拉锡、侍读舒兰往穷河源，到星宿海（在今青海），往返万余里，并绘成舆图。这是中国历史上第一幅经过实踏而绘成的黄河图。康熙四十四年（1705）康熙帝第五次南巡，验收和宣布黄河、淮河修治成功，并谕河道总督张鹏翮及河工官员：“今河工虽已告成，不可不预为修理防护，以图善后之策。”[1]

乾隆帝修筑浙江海塘同样取得显著成效。海塘即海堤，是抵御海潮海浪侵袭的工程。从第三次南巡开始，乾隆四次到海宁视察海塘，每次都有具体指示。浙江鱼鳞石塘工程始于乾隆四十五年（1780），至乾隆四十八年（1783）完成章家庵至老盐仓 3940 丈。乾隆四十九年（1784）又从章家庵续筑 2120 丈。至乾隆五十二年（1787），历时 7 年、全长 50 里、耗资数百万的石塘工程完工，使海宁一线得有近百年的安谧。孟森评价乾隆帝此举“持之二十余年不懈，竟于一朝亲告成功，享国之久，谋国之勤，此皆清世帝王可光史册之事”。[2]

江南作为财富聚集之地及汉文化核心地区，明清易代以来一直存

1 《清圣祖实录》卷二一九，康熙四十四年（1705）三月壬子。
2 孟森：《明清史论著集刊正续编》第 501 页，河北教育出版社，2000 年。

图 2-79
明孝陵"治隆唐宋"碑

在着比较严重的历史积怨与民族矛盾。如何消除满汉之间的隔阂，进一步征服江南士大夫的人心，构建清朝统治的正统性，是康、乾二帝南巡的政治目的。南巡中采取了种种表示对汉人传统文化认可与尊重的举措。展谒祠陵就是其中一个方面。特别是康熙帝 5 次、乾隆帝 6 次至江宁亲自拜谒明太祖的孝陵，且是步行入园，行三跪九叩之大参礼，从角门而不是从中门进入。康熙并为孝陵题写"治隆唐宋"碑，专设守陵人朝夕巡视。这是一种政治策略，也是一种文化选择。皇帝这些持续的行为，就使明孝陵这一隐含"满与汉"对抗性的族群问题，被转化为"古与今"这个一般性的历史问题，进而转化为"治与乱"这一具体的现实行政问题，同时也体现了康熙帝超越满汉界限，积极汲取儒家文化资源，主动汇入中华文明主流谱系的努力。[1]

康乾南巡对于江南的文化建设，对于江南与北方以及宫廷与民间文化艺术的交流影响深远。例如，江南人文极盛，入学名额却不占优势。康、乾二帝便多次增加江南的入学名额，并增加科举录取名额，使更多的江南士人能够进入政界。二帝南巡期间还在苏州、江宁和杭州举行过 17 次召试，共取中 300 多人，赐举人、进士出身，或直接到朝廷为官，还选拔了一些绘画、鼓琴、医术等专门人才，例如画家严宏滋、张宗苍、徐扬，医学家沈石青、朱本中，以及一位会英语的

1 李恭忠：《康熙帝与明孝陵：关于族群征服和王朝更替的记忆重构》，载《南京大学学报》2014 年第 2 期。

天主堂门卫等。[1] 这是康乾江南文化政策中的一个重要方面。

康乾南巡的负面影响也不可忽视，南巡期间奢华扰民，江南地区疲于迎驾。景观、道路和行宫等基础建设花费浩大。康熙的生日是三月十八日，六次南巡有五次赶上万寿节，而每次又都在苏州，这给江宁巡抚、苏州织造、苏州知府和当地百姓带来很大压力。除了要像其他地区一样做迎驾的准备，还要做万寿节的准备。《圣驾五幸江南恭录》一书反映了康熙第五次南巡的盛况，记载了地方官员争相向皇帝敬献奇珍异宝、名贵字画、当地特产的情况。如驻金山时，“都统蔡进古董等物品，上收古书四部。上云：朕一路来所收书甚多，俱不及你的眼力好。都统赵进古董等物，上收古书一部。织造曹进古董等物，上收玉杯一只，白玉鹦鹉一架”[2]。康熙帝南巡，扬州三汊河畔造行宫，两淮盐官为迎驾花钱无度。《红楼梦》中借用赵嬷嬷的话，说南巡接驾花钱如流水，“罪过可惜”四个字竟顾不得了。[3]

《乾隆南巡御档》可见各地的进献包括了名帖、名画、珍珠、玉器、瓷器、书籍、古砚、西洋珐琅刀、西洋自鸣钟表等。南巡在一定程度上助长了贪污腐败。康熙第六次南巡，在苏州密谕尚书王鸿绪了解南巡中官员购买苏州女子的情形，发现这一问题的确严重。[4] 乾隆将“南巡”视为自己“临御五十年”中与“西师”并列的两大功绩之一，[5] 但他退位后对臣下说过这样的话：“朕临御六十年，并无失德，惟六次南巡，劳民伤财，作无益害有益。将来皇帝如南巡，而汝不阻止，必无以对朕。”[6]

1 [清] 佚名：《圣驾五幸江南恭录》，载《近代中国史料丛刊》第546册，台湾文海出版社，1966年。
2 同右注。
3 《红楼梦》第十六回。
4 王思治、冯尔康编著：《康熙事典》第362页，紫禁城出版社，2010年。
5 《南巡记》，载《清高宗御制文二集》。
6 《清史稿》卷三五七，《吴熊光传》。

总体来说，康乾二帝南巡，增强了江南汉族士民对清廷的向心力，完成了从地理格局大一统向政治文化格局大一统的转变，并促进了江南城乡经济的繁荣和发展，其积极作用是显而易见的。

图 2-80
《康熙帝南巡图卷·江南贡院》
清宫廷画家绘，
故宫博物院藏

别苑离宫

明代皇帝寝宫是紫禁城乾清宫。乾清宫的含义就是皇帝遵循天的法则，永清海内。皇帝居住在乾清宫，表明皇朝统治秩序正常，皇权巩固。武宗正德、世宗嘉靖这堂兄弟俩却离开紫禁城，长期在附近宫

2 4 1

苑居住。

正德二年（1507）八月，正德搬出皇宫，在西华门外太液池西南岸造起数重宫殿，200 多间房屋鳞次栉比，并且两厢设置密室，有似迷宫，宫殿历时 5 年落成，耗费白银 24 万多两。[1] 附近还有操场、佛寺。宫殿被命名为“豹房公廨”，不过只养了一只豹。正德起初只是白天在此游乐，后来索性朝夕不去，称此为“豹房新宅”。自正德二年（1507）到正德十六年（1521）去世，他一直住在豹房。

正德移住豹房，主要原因是宫苑为游幸场所，不属于皇宫建制体系，这里的活动不受宫廷礼仪拘束，皇帝在这里生活比在宫中自由。他对官员的任

1 《明武宗实录》卷九三，正德七年（1512）十月甲子。

免权却抓得很紧。豹房不仅是正德的淫乐场所，而且是他治理朝政的政治中心，实际上是一座离宫。

嘉靖性格偏狭，刚愎自用，加之长期饵食丹铅，脾气变得暴烈异常，经常因小过而痛打宫婢，许多人竟被打致死。嘉靖二十一年（1542）十月二十一日，夜宿曹端妃宫中的皇帝险些被宫婢杨金英等用绳子勒死，史称“壬寅宫变”。36 岁的嘉靖事后索性搬出大内，住进西苑，不再御朝。

西苑为紫禁城西侧的皇家园囿。嘉靖移居到西苑永寿宫，这是永乐帝的旧居。嘉靖对西苑一直很有兴趣，此前常来赏玩，并建了无逸殿等。在他看来，这里是宫城外，不是正朝，可以宽松一些。从嘉靖十年（1531）开始，经筵和日讲在无逸殿举行，允许讲官坐讲，朝廷甚至制定了坐讲的仪注。宫中法定举行经筵和日讲的文华殿却从来未实行过坐讲制度。嘉靖四十年（1561）十一月，嘉靖喝醉了酒，和侍寝的妃子在貂帐中玩小烟火，引起永寿宫火灾，重建后改名“万寿宫”。永寿宫火灾，礼部请诏示修省，嘉靖则说：“此非正朝，乃朕奉玄修所居。招灾致异，朕之尤也，不必诏示修省。”[1] 按儒家天命之说，灾异是上天对皇帝的间接警告，不可疏忽，应遇灾修省。嘉靖三十六年（1557）奉天、华盖、谨身三殿火灾，嘉靖曾下诏引咎修斋五日。这次一个“此非正朝”，就成了他无须承担任何责任的借口。这大约就是住在西苑的好处。

嘉靖为世子时就已习道，移居西苑后更是“不复视朝，惟日夕事

1 《明世宗实录》卷五百三，嘉靖四十年（1561）十一月辛亥。

斋醮”。[1] 斋醮是道教消灾祈福的法事，俗称“道场”。嘉靖斋醮修道，为的是治病、养生加纵欲，但后来甚至应用到执政方略上。如他在禁中设醮，希图用“厌虏符”的巫术打退蒙古人的进攻，所谓“侍女俱传厌虏符，猫为铁骑鼠为胡”[2]，正是这“厌虏符”中代表明朝军队的猫获胜了，遂使嘉靖对收复河套的建议产生了信心。斋醮仪式上给天神的奏表，因用朱笔写于青藤纸上，谓之“青词”。嘉靖特别重视青词的制作，词臣每以此邀宠。最有名的是被称为“青词宰相”的李春芳、严讷、郭朴和袁炜。这四个人都是翰林，因善写青词而进入内阁。嘉靖给父母都上有道号，给自己上的道号几经变化，最终确定为“太上大罗天仙紫极长生圣智昭灵统元证应玉虚总掌五雷大真人玄都境万寿帝君”。嘉靖又迷信方术，从嘉靖中叶以后开始大量服用丹药。丹药或取妇女经血，或取“生儿未啼时口中血”[3]，或选十来岁女子入宫，皆为炼药用。正如王世贞《西城宫词》所说，这些女孩“自缘身作延年药，憔悴春风雨露中”。

离开大内后嘉靖就不再上朝。嘉靖二十九年（1550）鞑靼兵在京师附近焚掠八日始去。他在危急时刻来到奉天殿，举行了相隔十年后的第一次朝觐，却不肯向朝臣讲话。他的谕旨是在午门上宣读的，但这绝不是说嘉靖不理朝政。他人在西苑，数十年不朝，却自解道：“早朝率多弥文，至军国大务，何尝不日经心？”[4] 西苑的无逸殿有日夜守候的入直大臣。为了修玄，嘉靖常在夜间活动，章奏文书也在夜间处理。入直诸臣很辛苦，皇帝待他们甚为优渥，升职加俸，

1 〔明〕沈德符：《万历野获编》卷二《西内》。
2 〔明〕王世贞：《西城宫词》，《明宫词》第 14 页，北京出版社，2018 年。
3 〔明〕沈德符：《万历野获编》卷四《徽王世封真人》。
4 《明世宗实录》卷二百八十，嘉靖二十二年（1543）十一月辛丑。

奖赏殊多。从文渊阁到西苑相距较远，嘉靖曾赐各臣骑马或肩舆，并每天赐酒馔 1 桌。无逸殿附近修造了值宿之所，高拱的当值办事之处竟有 16 间，严嵩也有过一个独立院落。[1]

嘉靖会认真地看每份奏折，不同意的就“留中”，对批逆龙鳞者则给予坚决惩处。他的猜忌心极重。嘉靖朝是内阁权势发展的重要时期，但阁臣大都不得善终。从嘉靖二十年（1541）到嘉靖四十年（1561）并没有发生什么大案，七卿中却有 25 人被罢官。[2]

嘉靖四十五年十二月庚子（1566 年 1 月 23 日），嘉靖由西苑迁回乾清宫，当天即死去。

清朝从康熙开始，诸帝都有暑热时在宫苑理政的习惯。避暑的宫苑主要有三处：西苑，西郊畅春园、圆明园，热河避暑山庄。皇帝在宫苑理政的主要原因是清皇室来自寒凉的东北，不耐酷暑，加之园中水土好，空气清新，环境安静，适于热天理政。紫禁城是神圣的、模式化的，也是僵化的。勇于创新的康熙在《畅春园记》一文中对宫苑理政做了新的诠释，赋予“文武之道，一弛一张”的积极内涵，反映了一种与传统不同的施政理念。

西苑，清沿明制，乾隆年间形成今天所见的园林格局。夏日避暑，最早是去瀛台。据《康熙起居注》载，康熙二十一年（1682）六月初三皇帝在瀛台门听政，下旨在瀛台桥畔设罾网，把事先捕的鱼挂在其中，让参加听政的大臣奏事之余，可“各就水次，举网得鱼……携归邸舍”。有一首宫词描述此事：“高槐大柳傍宫墙，入奏瀛台趁早凉。

1　卜键：《明世宗传》第 473、476 页，人民出版社，2013 年。

2　白寿彝总主编：《中国通史·第九卷·明时期（下）》第 1526 页，上海人民出版社，1999 年。

图 2-81
《圆明园四十景图之勤政亲贤殿》
这里是前朝区的重要组成部分，是清帝在园内听政和处理日常政务的场所，功能类似于紫禁城内的养心殿

举网得鱼归去乐，不须割肉羡东方。”[1] 光绪时，皇帝与太后多居西苑。戊戌变法后，光绪帝被软禁瀛台中十年之久。

康熙二十六年（1687）西郊畅春园建成，它不但成为每年夏天康熙奉皇太后避暑的离宫，而且成为紫禁城外的政务活动中心。始建于康熙四十八年（1709）的圆明园，成为雍正起居和理政之所。乾隆、嘉庆又对圆明园进行扩建与增饰，直至咸丰皇帝，都曾在此驻跸理政。康熙年间，“计一岁之中，幸热河者半，驻畅春园者又三分之二”。雍正初，建设圆明园，分列朝署，“三年，诏以是园为春、夏、秋临御听政之所”。[2]

热河避暑山庄为清代最大的离宫别苑，于康熙四十二年（1703）始建，到乾隆五十七年（1792）建成。总体布局按“前宫后苑”的规制。山庄周围有模拟拉萨布达拉宫的普陀宗乘之庙，有仿照日喀则扎什伦布寺的须弥福寿之庙，有仿效山南桑耶寺的普宁寺，有按照伊犁固尔扎庙原形修建的安远庙等。

康熙皇帝作为避暑山庄的缔造者，来过山庄 28 次，每次驻留一

1 夏仁虎：《清宫词》，载刘潞选注《清宫词选》第 65 页，紫禁城出版社，1985 年。

2 [清] 吴振棫：《养吉斋丛录》卷十八。

图 2-82
烟波致爽殿

两个月甚至四五个月。乾隆在 60 年的皇帝生涯中，有 49 年来避暑山庄。嘉庆即位后 25 年间 19 次到避暑山庄。嘉庆二十五年（1820）七月二十四日，皇帝到承德，第二天突然发病驾崩于避暑山庄，第三天旻宁在山庄即皇帝位，旻宁就是道光皇帝。咸丰十年（1860）八月十六日，山庄闲置 40 年后，迎来了在英法侵略军进逼北京的炮声中仓皇逃来的咸丰皇帝。咸丰在烟波致爽殿批准了丧权辱国的《北京条约》。他在承德住了将近一年，这是清帝在避暑山庄住得最长的一次，也是最后的一次。咸丰十一年（1861）七月十七日咸丰病死于山庄。咸丰 5 岁的儿子载淳随即继位。慈禧在烟波致爽殿策划了篡权阴谋。

山庄的兴旺是清朝一统边疆、国力强盛的象征。康乾时期，这里是清帝“省方驻跸”的夏宫和陪都。乾隆十六年（1751）以后，皇帝几乎每年都要到山庄。清帝通过封赏、召觐、狩猎和礼佛论经等活动，加强与少数民族王公贵族的联系，客观上维护了清王朝的统一和民族团结。山庄的正宫主殿澹泊敬诚殿，全由楠木建造，故又称“楠木殿”。皇帝的万寿节，接见民族、宗教首领和外国使节等庆典朝贺活动，都在这里举行，重要的使节还会在万树园受到民族传统野宴的隆重接待，观看百技和火戏。受此殊荣的有乾隆十九年（1754）五月受到接见的厄鲁特蒙古杜尔伯特部首领三车凌，同年十月受到接见的厄鲁特蒙古辉特部首领阿睦尔撒纳。郎世宁、王致诚（Jean Denis Attiret，1702—1768，法国人）等创作的《万树园赐宴图》与《马术图》描绘了这些盛况。乾隆三十六年（1771）九月接见游牧伏尔加河草原后回归祖国的卫拉特蒙古土尔扈特部首领渥巴锡，乾隆御制《土尔扈特全部归顺记》，其碑立于普陀宗乘之庙碑亭东侧。艾启蒙（Jgnatius Sickeltart，1708—1780，波希米亚人）所画的《土尔扈特白鹰》描绘了该部进贡给乾隆皇帝的白鹰。乾隆四十五年（1780）七月皇帝接见了来承德为他七旬祝寿的六世班禅额尔德尼，须弥福寿之庙就是为班禅额尔德尼入觐所建的。

避暑山庄与木兰围场是分不开的。避暑山庄最初就是为皇帝一行到木兰围场狩猎而修建的行宫。

木兰围场是清代大型皇家猎场，于康熙二十二年（1683）设立后，康熙到过 38 次，乾隆到过 40 次，嘉庆到过 11 次。木兰围场一共使用了 135 年。皇帝每次到围场打猎，都带着万人的队伍，声势浩大，场面壮观，如同一场实战演习，这对随围和观围的蒙古王公也是一种震慑。木兰秋狝结束时，皇帝要大宴蒙古王公，并用诈马（赛马）、什榜（音乐）、布库（相扑）、教跳（驯马）等所谓“塞宴四事”

助兴。由郎世宁等绘的《塞宴四事图》，便记录了乾隆皇帝在张三营行宫大宴蒙古王公的盛况。

皇帝在宫苑起居理事制度化的重要标志是在宫苑建专门的宫殿区域。康熙首先在西苑南海建勤政殿，后雍正在圆明园建勤政殿，乾隆又在清漪园、静宜园和避暑山庄建勤政殿。这些都是提醒执政者游憩时不要忘记处理政务。清朝统治者颇以此自诩，嘉庆专门写有《勤政殿记》，称“无一日不听政临轩”为“我朝家法”。同时宫苑还要有供皇子甚至皇孙读书的地方。乾清宫有上书房，西苑和圆明园也设有上书房，避暑山庄同样有读书之处。皇帝在哪里理政，皇子就跟随到哪

图 2-83
《万树园赐宴图》轴
郎世宁等绘
故宫博物院藏

里读书。乾隆帝就曾先后在西苑的香扆殿（乾隆时改称“涵元殿”）、圆明园武陵春色的乐善堂、绾春轩和避暑山庄的万壑松风侧堂读过书。

虽然清帝每年在皇家园林的日子不算短，但发挥皇权政治象征作用的一些重要活动只能在紫禁城举行。紫禁城特有的礼仪功能是其他宫苑代替不了的。

对比明清两代帝王逝世之处，其间差别更显而易见。明代紫禁城的 14 位皇帝，除逝于第五次北征回师途中的永乐、自缢于万岁山的崇祯，以及被降为郕王而逝于软禁地西苑的代宗 3 位为特殊情况外，只有武宗 1 人逝于紫禁城外的豹房，其他 10 人都逝于紫禁城。10 人

图 3-1
乾清门前广场，
为外朝与内廷的分界区

作为朝廷，紫禁城是明清两代国家政权的中枢机构；作为宫廷，紫禁城又是一个社会。在这个宫廷社会中，长期居住、生活于其中的是帝王之家和为其服务的太监与宫女等，他们的日常生活则构成了紫禁城另一幅历史图卷。紫禁城的社会文化包括衣、食、住、行、用等物质文化与宗教信仰、游乐消闲、艺文活动等精神文化。紫禁城文化既有历代宫廷文化的影响，也有明清两代显著的时代特点；同时，宫廷文化又与社会文化、民间文化有着相互的交流。

一 紫禁城是个社会

紫禁城可以说是一个大宅院。在504年的漫长岁月中，先后住过朱姓和爱新觉罗姓这两个大家族。历代皇帝就是这个大宅院的主人。皇帝和他的家庭以及直接为其役使的太监和宫女等，是相互依存又对立的两个阶层，成为宫廷社会的基本结构，也是紫禁城将近五百年明清宫廷生活史的共同书写者。

帝王之家

帝王也是人。他们也是父母所生，也有妻室儿女，有自己的家，同样有生老病死、儿婚女嫁；只不过他们的家庭比一般百姓之家规模

更大、成员更多，并且由于和王朝政治相关联，家庭内部的人际关系也更加复杂而已。帝王的家事常常是国家大事。

中国古代后妃的来源，主要是勋旧联姻和采选民女两种，明代也基本如此。明太祖出于防范外戚干政的目的，规定子孙后妃皆选自民间。明朝诸帝基本遵循了这一制度。明初洪武、永乐两朝还向属国朝鲜李朝索取贡女，如朱元璋第十四女含山公主之生母为高丽妃韩氏，朱棣宫中亦有高丽妃权氏、宫人吕氏等。从其他文献来看，朱元璋、朱棣二人还有蒙古、女真族妃子。据吴晗考证，朱棣生母即朱元璋的碽妃，应是蒙古人。[1] 据《明会要》，明代皇帝妻妾分为十二等，即皇后、皇贵妃、贵妃、妃、嫔、才人、婕妤、昭仪、美人、昭容、选侍、淑女。皇后一人，皇贵妃、贵妃自一人至若干人不等，其余九等自数人至数十人不等。皇后居于皇宫中路正寝之后的坤宁宫，其余妃嫔分居于东西六宫等处，所以皇后也被称为“正宫”或“中宫”。

明代十分强调嫡庶之分，嗣皇帝本生母不仅在尊谥上与皇后有差别，而且在明初其地位还得不到承认，乃至埋没名号。有的皇帝为了使庶出的儿子变为嫡出，不惜废掉未曾育子的皇后，而立皇子之生母为皇后。

朱元璋后妃众多，来源比较复杂，有多少说不清楚。他在《大诰》中表白，为了报复陈友谅，就收纳了陈友谅的妻妾。他死后殉葬的妃子就有46名。他也子女众多，皇子26人，皇女16人，总计子女42人，在历代帝王中是子女较多的。他把24位皇子封为亲王，

1 吴晗：《明成祖生母考》，载《清华学报》第10卷第3期，1935年7月。

让他们驻守全国各地，列爵分藩。这个制度终明之世相沿无改。明朝宗藩世代蕃衍，朱氏子孙遍及全国。太祖对众多后妃的态度也不尽相同，有些恩礼始终，如马皇后、孙贵妃等，有些即使为他生了皇子，也免不了悲惨命运。据清初查继佐《罪惟录·列传》等文献记载，鲁王母郭宁妃、唐王母李贤妃、伊王母葛丽妃，都在朱元璋的雷霆之怒下丧生，合盛一只大筐埋在南京太平门外。等他回心转意后，打算给以棺木装殓埋葬时，三人的尸体已经腐烂不能分辨，只得勉强立了三个墓。

朱棣一生共有四子、五女，庶出皇四子高爔年幼而殇，三个嫡出的同母兄弟因争做皇嗣而长期互相倾轧，太子问题、建文帝遗踪问题长期困扰着他。家庭生活已使朱棣心力交瘁，因朝鲜贡女权妃之死引出的前后间隔十余年的两场宫廷大屠杀，更可见他晚年的病态心理。朝鲜《李朝世宗实录》记录了这段中国史籍阙载的事件。权氏病死，宫人吕氏衔仇诬告朝鲜贡女吕氏串通太监、银匠毒死了权妃。大为震怒的朱棣便令用烙铁烙一个月的酷刑杀死朝鲜吕氏，并诛杀牵连在内的太监、银匠、宫女至数百人。这是永乐八年（1410）的事。到了永乐十九年（1421），朱棣才知十多年前的屠杀原是冤狱，于是又牵连诛杀了2800余人。每次宫女临刑时，朱棣总是“亲临剐之”，有些宫女索性大骂皇帝“自家衰阳，故私年少寺人，何咎之有”，[1]这说明朱棣可能患有阳痿，但他临死前的几个月还要求朝鲜进献美女。这是一种病态的也是变态的心理。

1 《朝鲜李朝世宗庄宪大王实录》甲辰六年十月戊午，载吴晗辑《朝鲜李朝实录中的中国史料》第319—320页，中华书局，1980年。

明朝皇帝多是个性鲜明，在婚姻爱情上也常有惊世骇俗之举。17 岁的朱见深做了成化皇帝，爱上了时已 35 岁的万贵妃，甚至不惜废掉皇后。成化二十三年（1487）春，万贵妃 58 岁死去，他下令辍朝七日，并谥其为“恭肃端慎荣靖皇贵妃”，为明朝有明确册封规格记载的“皇贵妃”称号之始。他甚至哀叹要随万侍长“去矣”，果然于当年八月二十二日死去。生母周太后曾问儿子为何如此痴情，他这样回答，“彼抚摩吾安之，不在貌也。”[1] 如果了解朱见深有过被叔父景帝废去皇太子的险恶经历，了解他始终缺乏安全感的深层心理特点，而万贵妃在东宫就一直服侍他，就知道，朱见深对她的感情不单纯是男女之情，更多的是一种“恋母情结”，即所谓的“俄狄浦斯情结”。他视她为坚强的保护伞，因为他需要依赖、需要保护。但作为皇帝，朱见深没有担负起江山社稷的责任，这种执着与任性无疑是一种严重的角色失范。

宪宗朱见深的儿子孝宗朱祐樘也是执着于爱情的君主。他的嫡妻张氏，于成化二十三年（1487）十月被册立为皇后。明人记载说，帝后夫妻感情甚好，《罪惟录》更说“后与上爱笃，宫中同起居，无别宠，等民间伉俪然”。他一生钟情于张皇后一人，很可能是整个中华帝国史上唯一实行一夫一妻制的皇帝。当然也有人怀疑他之所以这样做，是因为受到张皇后的胁迫。弘治朝弊政之一就是皇帝过分优礼皇后外家。

嘉靖帝前后册立过三个皇后，三人皆未得善终。元后陈氏，因是

1 〔清〕查继佐撰：《罪惟录》列传卷二《王皇后》。

他厌恶的张太后所专主，有一次“帝大怒，后惊悸，堕娠崩”，皇后弥留之际想见生母也不准，死后又令降等治丧。继后张氏，在位六年后被废处别宫。张后遭废原因，据嘉靖讲是“近乃多不思顺，不敬不逊屡者，正以恩待，昨又侮肆不悛，视朕若何”[1]。第三位皇后方氏，在“壬寅宫变”中救下皇帝，她随即下令处死有关宫婢等，包括并不知情而为皇帝宠爱的曹端妃。后嘉靖帝知曹氏实系冤枉，于是衔恨方后。有次宫中大火，嘉靖对救护方皇后不表态，致使方皇后死去。户部主事海瑞上《治安疏》，就指责皇帝在家事方面“薄于父子”“薄于夫妇”。

亡国之君崇祯家庭的悲惨结局又带上了壮烈色彩。崇祯十七年（1644）三月十八日，当李自成领导的农民武装从彰义门涌入北京时，绝望中的崇祯皇帝这天晚上在乾清宫砍杀了袁妃，长平公主在一旁痛哭不已，崇祯帝悲叹道 :“汝何故生我家？”一剑砍去，公主挥臂遮挡，左臂被砍断，昏倒在地。接着，他又杀了幼女昭仁公主及几个嫔妃。皇后跑回坤宁宫自缢。完全失去理智的崇祯帝仍有着强烈的求生欲望，试图混在老百姓中溜出城外，但没有成功。十九日破晓，当北京内城被攻陷，又召集不来百官，真正成了孤家寡人的崇祯帝便在万岁山自缢。

皇位传承是国家大事，但皇帝认为是“家事”。朱元璋明确规定了有嫡立嫡、无嫡立长的制度，但这只是获得法定权益者的一厢情愿，显赫的皇权不可能遏止觊觎者的勃勃野心。为了夺取皇位，朱家后代

多次不惜兵戎相见、骨肉相残。建文帝即位不久即削藩，受到威胁的朱棣则用一场激烈的内战登上了皇帝的宝座。面对方孝孺的拼死指责，朱棣却只淡淡地说“此朕家事”。[1] 实力不强的朱棣第三子朱高燧准备发动宫廷政变，毒杀朱棣，废太子自立，震怒的朱棣亲自审讯处理，太子为之解围。朱棣死，太子朱高炽做了皇帝，在位仅八个月便去世，又传位太子朱瞻基。但是新皇帝的叔父、朱棣次子汉王朱高煦却要公开夺皇位。宣宗一举亲征，朱高煦束手就擒，被以铜缸压顶活活烧死。类似这种情况的，还有景泰帝与英宗，朱真镭、朱宸濠与武宗的夺位斗争。

万历帝是历史上有名的怠政皇帝。其中一个原因，就是因“立储”问题与朝臣长期对立。皇帝对皇长子朱常洛及宠妃生的皇三子朱常洵有着明显的废立意图，但又不敢公开违反祖制，于是对奏请册立皇长子为太子的廷臣大发雷霆，不惜严惩，又提出皇长子、三子、五子同日并封王的方案，一时朝堂鼎沸。万历二十一年（1593），当礼部疏谏三王并封时，神宗竟横蛮地让文书房官李俊“口传圣谕：说与礼部知道，王府宗室，是朝廷一家之事”。[2] 正是这件“一家之事”，引发了“妖书”“梃击”“红丸”等宫廷大案，闹得廷臣门户与宫内派系斗争不断，政治日益腐败。

与明朝相比，清朝帝王婚姻中的政治色彩更浓厚一些。清代后妃制度的一个显著特点便是皇室注重满蒙两族联姻，而排斥与非旗籍汉人的婚姻关系。联姻是笼络蒙古贵族的重要手段之一。清朝皇帝、王

2 钱一本：《万历邸抄》上册，转引自白钢主编：《中国政治制度通史·第九卷·明代》第39页，人民出版社，1996年。

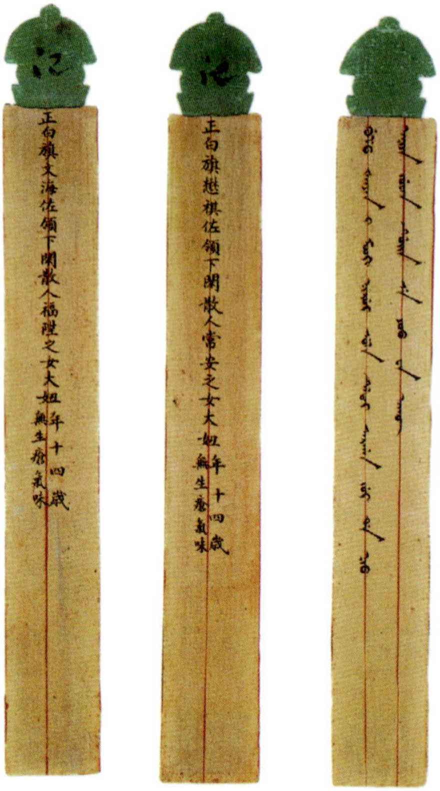

图 3-2
秀女记名牌
中国第一历史档案馆藏

公多纳蒙古王公、贝勒之女为妻妾；同时也以公主、郡主等宗室女子妻之，满蒙联姻制度终清不改。以皇帝的蒙古族后妃而言，科尔沁部最为重要。

清代后妃的另一来源便是选秀女。选秀女的范围仅局限于满、汉、蒙八旗，每三年选一次，由户部主持。选秀女的目的，“或备内廷主位，或为皇子、皇孙拴婚，或为亲、郡王及亲、郡王之子指婚”[1]。旗下秀女，禁着汉装，是清廷极为重视之大事。关于秀女的服制，《清宫词百首》中写道：“窄袖修裾别样娇，珠钗一串压双翘，承恩自有如花貌，不向春风斗舞腰。”注云：“宫妆皆窄袖长袍，不着裙，髻梳横长式，腰直立，不喜婀娜，国俗如此。”但是，乾隆四十年（1775）选秀女时，皇帝看到包衣的女儿每只耳朵上只戴着一只耳坠而不是满俗的三只穿耳耳环；嘉庆九年（1804）选秀女时，汉军镶黄旗的 19 个姑娘缠了足；[2] 道光九年（1829）的一道谕旨宣布了因为一些秀女穿着汉式宽袖外衣而对她们父亲的惩罚。[3]

清朝帝后婚姻中还保留了一些落后的婚俗，诸如姑表亲婚、婚姻

1 〔清〕吴振棫：《养吉斋丛录》卷二五。

2 单士元在《清代秀女考述》中说：『嘉庆谕中所提及旗人女儿有缠足的事，据北京故老相传，挑选秀女事，在清代世仆的八旗之家，亦感到是一种压迫，因此，遇到选期，常有富家出钱购买汉人贫女，充数代替，嫁祸于汉人，发现的缠足秀女，大概就是属于这类的替身。』载《我在故宫七十年》第 245—246 页，北京师范大学出版社，1997 年。

3 [illegible]

图 3-3
孝庄太皇太后
便服像

不拘行辈等。属于姑表亲婚的，多是皇太后侄女嫁给太后所生皇帝，即皇帝与自己的表姐妹成婚，如顺治废后博尔济吉特氏为孝庄文皇后侄女，康熙孝懿仁皇后佟佳氏为孝康章皇后侄女，光绪孝定景皇后叶赫那拉氏为慈禧太后侄女。婚姻不拘行辈，入关后主要是指姑姑、侄女同嫁一个皇帝，如顺治废后、悼妃二人和孝惠章皇后是姑侄，三人同嫁一夫，不过悼妃应是孝惠章皇后的姑姑；同治珣妃与皇后也是姑侄，姑为妃，侄女为皇后。

清宫内廷主位分为八等，即皇后一人，“主内治”；皇贵妃一人、贵妃二人，妃四人、嫔六人，“佐内治”；以下另有贵人、常在、答应三级，员无定数，各“勤修内职”。清代坤宁宫改为祀神之所，仅保留东间为皇帝大婚时洞房，所以清代皇后虽仍有“中宫”之号，但诸皇后大多不住于皇宫中路的坤宁宫，而和诸嫔妃一样，分居于东、西六宫。

清太宗皇太极孝庄文皇后（1613—1688）博尔济吉特氏，为顺治帝福临生母，扶立幼主，曾参与朝廷某些方针大略的制定。世祖亲政，上徽号曰昭圣慈寿皇太后，康熙继位，尊为太皇太后，她是清朝唯一一位太皇太后（清末慈禧太后亦享有此号一日，但未正式尊封），身历三朝，先后扶立两幼帝，为清王朝的巩固付出了艰辛的努力。

顺治帝福临生前共有妻妾 32 人。他个性极强，对由多尔衮代为

聘定的第一位皇后很不满意。皇后被废时才 15 岁。皇太后阻止了皇帝对第二位皇后的废黜。这位新皇后在丈夫死后被尊为皇太后，享年 77 岁，成为清朝在位时间最长的皇太后。福临眷恋甚深的是孝献皇后，又称“董鄂氏”。据魏特《汤若望传》记载汤若望回忆，顺治皇帝将一位满籍军人的未亡人收入宫中，封为贵妃。[1] 据陈垣考证，那位满籍军人是福临异母十一弟博穆博果尔。[2] 董鄂氏于顺治十七年（1660）八月十九日去世，福临几近疯狂，“竟至寻死觅活，不顾一切”，辍朝五日以示悼，用蓝笔批答奏章四个多月，甚至请茆溪森和尚来为自己祝发，准备出家。董鄂氏死后 130 余日，这位多情的皇帝也撒手西归。

康熙是一个超级大家的家长，他前后册立了 55 个妻妾，生下 35 个儿子、20 个女儿，死前有孙辈百余人。他竭尽孝道，“趋承祖母膝下”30 余年，与太皇太后感情深笃，对她的孝养无微不至。康熙四十九年（1710）正月十六日，康熙嫡母孝惠于慈宁宫筵宴，鬓发斑白、儿孙满堂的康熙“近前起舞进爵”，即跳蟒式舞娱亲。当时孝惠 70 岁，康熙 57 岁。

康熙晚年诸子谋夺皇储之位，搞得他身心交瘁，也使朝政受到一定程度的影响。孟森曾指出，圣祖举过无多，不可谓身不修，然诸皇子之狠戾残贼，太子旋废旋立，既立复废，临朝痛哭，不能救正，至晏驾亦有疑义，复开兄弟相杀之端，此亦人伦之变矣。“帝于诸王，纵之太过，教之太疏。”[3] 皇位继承问题处理不善，是康熙的一大败政。

1 刘毅：《明清皇室》第 242 页，紫禁城出版社，1997 年。
2 陈垣：《顺治皇帝出家》，载《陈垣全集》第一册，安徽大学出版社，2009 年。
3 孟森：《明清史讲义》（下册）第四编，第二章，商务印书馆，2011 年。

图 3-4
清人绘《乾隆帝及妃威狐获鹿图轴》
中的乾隆帝与容妃

乾隆共有妻妾 41 人，在清朝各帝中仅次于其祖父。所生子女 27 人，其中子 17 人、女 10 人。子早殇者 7 人，女早殇者 5 人，实际长成受封者 15 人。乾隆与皇后富察氏感情较为深厚。富察氏随帝东巡山东死于德州舟次。皇帝亲视含殓，扶柩还京，服缟素十二日以示期年，并按皇后遗愿谥为“孝贤皇后”。他怀念皇后的诗歌以真情实感受到好评。乾隆的容妃在野史传闻中是一个充满传奇色彩的女性，她为回部台吉和扎麦之女，是有清将近 300 年皇宫中唯一一位维吾尔族嫔妃。皇帝充分尊重容妃的伊斯兰宗教信仰，在饮食、服装、居住等方面都给予特殊照顾。容妃在封妃以前一直着回装。

乾隆 65 岁时得最后一个孩子，即皇十女固伦和孝公主。他对十公主甚是宠爱，当其未嫁时，即特赐乘金顶轿，后下嫁和珅之独子丰绅殷德，以妃子之女破例封为固伦和孝公主。和珅被籍没，嘉庆特令

留资为公主养赡，丰绅殷德后得赐伯爵衔。和孝公主享年 49 岁，她是乾隆诸女中唯一死在父皇之后的。

紫禁城这个爱新觉罗帝王大家庭最兴旺的阶段莫过于乾隆时期。享年 89 岁的乾隆是诸帝中唯一的五世同堂者，他不仅见到在位时的三个皇帝（皇祖康熙、父皇雍正、皇子嘉庆，三人占全部清帝人数的四分之一），即“躬阅四朝”，是清朝诸帝中唯一一人，而且“亲见七代”（指康熙、雍正及乾隆本人的兄弟、子、孙、曾孙和玄孙），为中国古代帝王中绝无仅有者。

乾隆也像乃祖康熙一样恪守孝道。康熙出巡时常把当地的土特产包括挂面等送回请祖母、母后品尝，但乾隆的做法却更彰显着皇家的排场与奢华。他的母亲在乾隆鼎盛之世当了 40 余年皇太后，高宗以天下养，六十、七十、八十岁三次大寿，庆典一次比一次隆重。为了

图 3-5
乾隆为供奉
母亲生前脱落的头发
铸造的金发塔

图 3-6
崇庆皇太后住过 42 年的
寿康宫原状陈列展

图 3-7
清道光帝立储密匣
中国第一历史档案馆藏

供奉母亲崇庆皇太后生前脱落的头发，乾隆特下诏铸造金发塔。当时，广储司所存黄金不敷用，临时熔化了宫中及圆明园等处的金盆、金匙、金箸、金珐琅鼻烟壶等一些金器，共耗金 3440 两（清制单位），通高 147 厘米，是现存清宫金塔中最高、最重、做工最精细的一件。

道光帝为嘉庆次子，母孝淑睿皇后，他是清代唯一一位以嫡皇后之子入继大统的皇帝。道光晚年欲在四子奕詝、六子奕訢兄弟二人中择一人立储。奕訢文韬武略兼长于奕詝。道光最后还是选定了奕詝，他虽不忘奕訢，在密诏中“并书皇六子奕訢封为亲王”，但人们普遍认为这是个错误选择，清王朝或许因此加速了衰亡的步伐。奕詝做了咸丰皇帝，奕訢被封为和硕恭亲王，并开始效力于兄、侄三朝，成为中国近代史上的重要人物。

光绪大婚，立有一后二嫔，皇后为西太后的侄女。光绪对这桩西太后强加于他的婚姻很不满意，使皇后在宫中的处境很难堪。珍妃“貌既端庄，性尤机警”，深得光绪宠爱，但却因此遭到皇太后和皇后的妒恨，受尽折磨。八国联军攻陷北京，西太后率光绪等人仓皇出逃

的前一天，她命人将珍妃推入皇宫贞顺门内的一口井中。西太后后来又追晋珍妃为贵妃。

明清两代，皇家都十分重视繁育较多的子女，“广衍储嗣”。宫廷中到处充斥着生育文化。宫内许多建筑冠以多子的名称，如“百子门”“螽斯门”“广生门”“千婴门”等。民间习俗，婴儿周岁日，以盘盛物听其抓取，以观其将来之志趣，谓之试晬、抓周。皇室也是如此，当然，晬盘所盛非一般之物。[1]

皇家实行一后群妃制，广选适龄少女，不断充实后宫，以获得更多生育子女的母亲，并有最好的医疗保养条件。但是从明朝皇帝的生育情况看，自太祖至思宗16位皇帝所生育皇子数量一直处于下降的趋势，虽然中间偶有反复，但总体趋势是下降的。只有3位皇帝的皇子超过了10位，其余13位皇帝的皇子数量均少于10位。有8位皇帝的皇子少于5位，1位皇帝只有1位皇子，1位皇帝没有皇子，这种生育情况很清晰地显示出了皇子已经成为明朝延续的一个重大问题，且皇子存活率不高，很多出生不久便死亡。

入关后的9位清帝，前7人有生育，平均每人生养21人，但是到了咸丰帝时锐减，仅得3人，之后享年19岁的同治帝、享年38岁的光绪帝则全无后嗣，应是其生殖功能不正常。清代9个皇帝共有子女146个，但皇子皇女多夭亡。15岁以前夭逝者共74人，占到出生数的一半，其中皇帝的头几胎子女多是短命的，主要原因是先天不健全。[2] 故宫今存“兰贵人”即后来的慈禧太后“遇喜”的《懿

图 3-8
剔彩漆百子晬盘
故宫博物院藏

图 3-9
螽斯门
《螽斯》是《诗经》中的一首诗。这是先民为祈求多子而唱的一首民歌

2 1

1 晬盘，即抓周时的盛物之盘。皇子抓周所用之物有玉器二、玉扇器二、金匙一、银盒一、犀杯一、犀棒二、弧矢各一、文房一份。上图中这件晬盘为漆制，剔彩备红、黄、绿、紫4色，盘内雕100个童子，分别在赛龙舟、舞龙、垂钓、跳绳、奏乐、放风筝、跳假面舞、读书写字等，俗称『百子图』。

2 冯尔康：《生活在清朝的人们》第278—282页，中华书局，2005年。

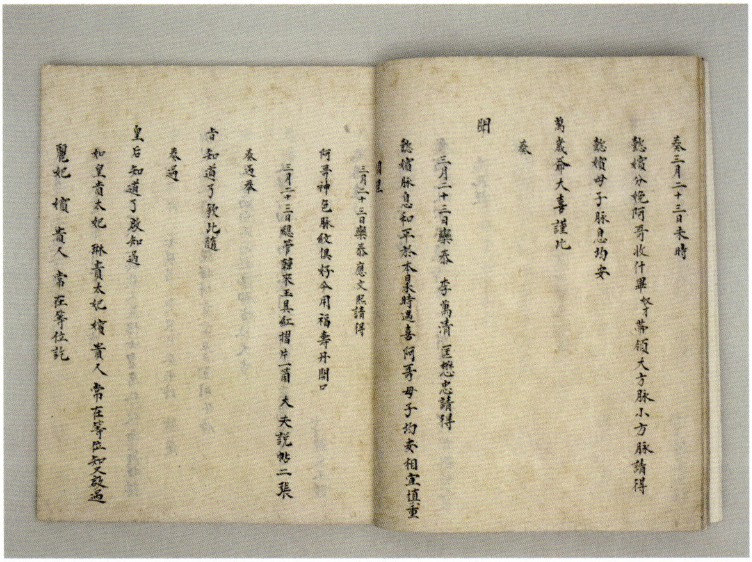

图 3-10
《懿妃遇喜档》内页
记载了同治帝出生后的情况

妃遇喜档》，封面题“懿妃”，而正文中均记“懿嫔”，是因生了阿哥，很快晋封为妃的缘故。我们由此可看到皇室对生育是何等的重视。

宫仆的命运

为皇帝及其家族所直接役使的是宦官和宫女。

宦官制度作为君主性猜忌的牺牲者，和宫廷的历史一样悠久。明代最高一级宦官为太监，故明清泛称宦官为太监。明代宦官虽亦曾以擅权闻名，但在硕大的皇权面前，他们始终是执役的宫仆、恭顺的奴才。

明初，朱元璋对宦官管理较严，规定宦官不得识字，压低其官阶，禁止其兼外臣的文武职衔，并悬挂“内臣不得干预政事，预者斩”的铁牌，以示震慑。但在他“收天下之权以归一人”后，又重蹈前朝之覆辙，逐渐走上信用宦官之路。宦官人数迅速增加，有一次还向朝鲜要阉人 200 名。[1] 同时宦官不断被派遣参加国内外一些重大的政治活动，至洪武末年颁《皇明祖训》时，宦官系列已正式定为十二监、四司、八局，合称“二十四衙门”。此后，除增设东厂、西厂和外派人员越来越多外，机构直到明末都未有重大变化。明代宦官人数，最多时不过两万有余，而常在一万五千左右。[2] 朱棣以藩王起兵，夺取帝位。为了镇压建文旧臣的反抗，监视沿边的藩王，朱棣公开任用了一批跟从他起兵的宦官担任要职，宦官掌权由此开始。永乐、洪熙年间，

1 《明太祖实录》卷二百八，洪武二十四年（1391）三月戊子。

2 胡丹辑考：《明代宦官史料长编》第 1 页，凤凰出版社，2014 年。

宦官掌东厂，监京营，守备南京，出镇各地，遂成为明朝定制。

宣德年间创建内书堂，并成为“定制”，这是专门培养高级宦官的学校。内书堂由精选出来的10岁左右的小宦者进去读书。故宫博物院收藏一册绘于万历十六年（1588）的《徐显卿宦迹图册》，其中一幅为《司礼授书》，描画了万历初年翰林徐显卿为小宦官授课的场景，并有徐显卿亲笔所写的诗和诗序。据诗序称，当时内书堂读书的学生达到八九百人。这应为读书人数最多的时期。内书堂供孔子像，学习儒家经典，诵读诗文，以期宦官“多通文墨，晓古今”[1]，化宦成儒。这对于提高宦官的文化素质和参政能力起了一定作用。宦官留下了很多诗文。部分知识宦官向士大夫学习，学清流、学雅致，但大部分宦官则是附庸风雅，吃酒赌博、奢侈争胜之习严重。

前面所说朱元璋时的二十四衙门，即宫中的司礼、内官、御用、司设、御马等十二监，惜薪、钟鼓、宝钞、混堂四司及兵仗、银作等八局，各设专职掌印太监。二十四衙门超越一切政府部门和法令之外，由司礼监总领，直接听命于皇帝。宣德以后，虽然内阁掌握了票拟权，但司礼监掌握了批红权，通过批红制约内阁，与内阁共掌朝政大权。

英宗时，掌权宦官王振网罗部分官僚为党羽，形成阉党，开明代宦官专政先声。此后，宦官之祸迭起。成化年间的汪直、武宗时期的刘瑾、熹宗时期的魏忠贤等，都是权倾朝野、势力显赫的权宦。他们专横跋扈，排斥异己，巧取豪夺，屡兴大狱，加剧了明朝政治上的腐败，给国家和人民带来无穷灾难。刘若愚的《酌中志》就详细叙述了

1 《明史》卷三百四《宦官传》。

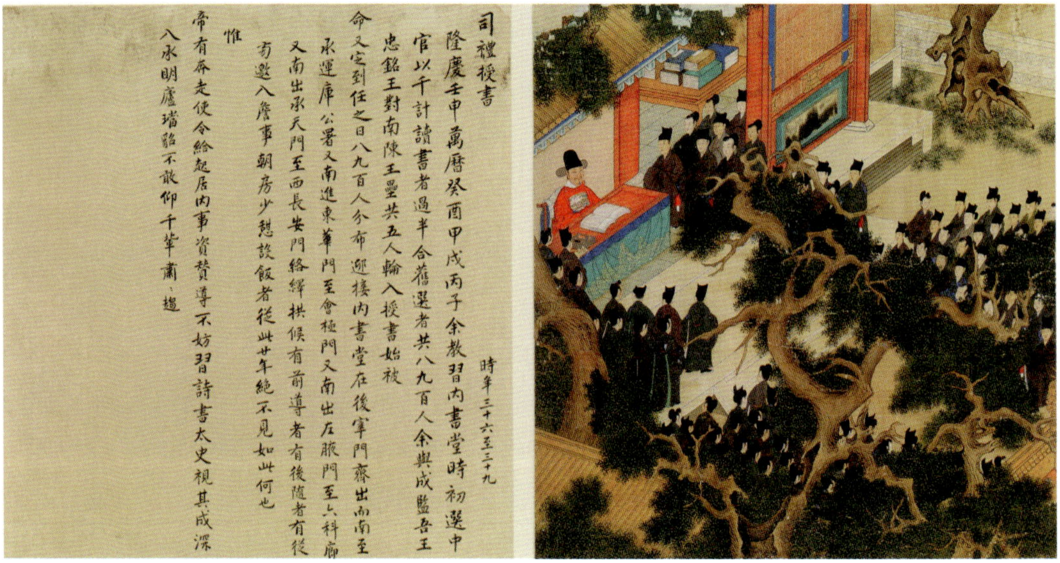

图 3-11
《徐显卿宦迹图册·司礼授书》
故宫博物院藏

客氏、魏忠贤的擅政肆虐，在宫内如何形成“顺客魏者昌，逆客魏者亡”这样黑白颠倒的悲惨局面。据《天咫偶闻》记载，明代禁城内皆有路灯。自魏忠贤专权后尽废之，以便夤夜出入。此制延续至清朝。禁城以内，除朝房及各门外，绝无灯火。戊夜趋朝，皆暗行而入。唯亲王及堂上官有灯引至景运、隆宗二门，军机大臣以角灯入内右门。乾清门内，则有路灯。[1]

明代中后期，随着宦官权力的扩大，宦官着蟒服、飞鱼服、斗牛服等僭越祖制的现象十分常见。为适应宦官消费需要，明代还在皇城之内定期设立宫中集市，即“内市”。[2] 明代高级宦官的煊赫地位与熏天权势在社会上产生了很大诱惑力，宦官甚至成为当时许多人追求的一种职业，自宫现象比较普遍。成化朝自宫者四五百人，到嘉靖朝已上升为数千人，再到万历朝则将近两万人。其间甚至还发生过自宫人集体请愿事件。朝廷一直限制、打击民间的自宫行为，收效却甚微。[3] 明代宦官物质待遇总体较好，但能攫取巨额财富的只是极少数大宦官，多数宦官则不然。例如宫中宦官直房集中的地方为玄武门一带五十四门的“廊下家”，其地枣树森郁，其食甘脆异常，地位较低的众长随“各以曲做酒，货卖为生”，并以“廊下内酒”闻名京城。[4]

明代宦官也有好的，如怀恩、李芳、陈矩、王安等，最后陪伴崇祯在万岁山殉难的还是宦官王承恩。但从总体上看，皇帝亲信的宦官绝大部分充当了非正面的角色，他们在诱导皇帝玩物丧志、荒政怠政的同时千方百计从皇帝手中倾夺皇权，以逞私欲。尽管如此，宦官虽可得势于

1 [清] 震钧：《天咫偶闻》卷一，北京古籍出版社，1982年。
2 李园：《宫廷与市场：明代『内市』初探》，载《黄河科技大学学报》2015年第6期。
3 李宝臣：《北京城市发展史（明代卷）》第234页，北京燕山出版社，2008年。
4 [明] 刘若愚撰：《酌中志》卷十七。

一时，但仍只能是代行皇帝手中的权力，不可能摆脱皇权的控制。明代虽也有幼帝、昏君，但没有受过宦官训斥的皇帝。宦官始终匍匐在强大的皇权之下。不可一世的王振死后被抄家、族诛，世人为之侧目的刘瑾被判该剐3357刀的凌迟之刑，以至生祠遍于各地的“九千岁”魏忠贤，一旦失去熹宗这个大后台，马上落得个自缢身死、身首分离示众的下场。这些都说明了明代宦官制度如同历代一样，是皇帝制度的衍生物。明代宦官的擅权乱政是封建专制制度下无法根除的积弊。

宦官是刑余之人，死后不能归葬祖坟，因此他们大多身前皈依佛门。“廊下家”一带，“各有佛堂以供香火，三时钟磬宛如梵宫”，[1]说明明代内官崇佛已成每日例行之事。宦官死后归葬佛寺。佛寺也是其私第。北京西山很多寺庙是宦官出资修建的。天主教传教士利玛窦于万历三十八年（1610）五月十一日在北京逝世，皇帝竟然同意给予利氏特赐墓葬。而这个地处北京阜成门外的墓地，本来是一座由宦官建立的名叫仁恩寺的佛寺。这就引起宦官极度的不满与抵触，还闹出了一场风波。[2]

明朝与其他朝代一样，采选宫人入宫，除了管理阶层的女官，更多的是从事杂役的宫女。明代宫女选入的方式多样：或是采选后妃时，决选的女子未能晋级，就可能被留任为宫人；或大臣私下送进；或是被卖进宫的。明代宫人的数字，现存记录不多见。嘉靖四十三年（1564）九月间，光禄寺备给宫人的膳食有二千五百七十五分，至隆庆元年（1567）四月，则有一千五百余分。[3]这些宫女主要配属于各

1 ［明］刘若愚撰：《酌中志》卷十七。
2 ［意］利玛窦等：《利玛窦中国札记》第5卷第21章，中华书局，2010年。
3 邱仲麟：《明代宫人的荣与辱——从职业妇女与社会流动的角度切入》，载《故宫学刊》2014年总第12辑，故宫出版社，2014年。

宫殿。根据宫女的能力与资望，也有不同等级的职衔，如夫人、婆婆、答应、常在等名称。[1]在宫中日久的宫女往往成为拥有特殊权力的老宫人，成为宫殿的管家婆，即殿中的“领班”。有些宫女因被宠幸而被封为妃嫔，命运从此发生改变。如明英宗的丽妃刘氏、惠妃王氏、淑妃高氏、贤妃王氏等都是宫女出身。万历帝的生母李太后也是宫女出身。宫女负责的职务颇多，其中有些被委任照顾皇子。明中叶以后，逢新君即位，通常会封保母为夫人。若被封为夫人，地位尊贵，自是不可同日而语。

被挑入宫的宫女还必须不断读书。万历二年（1574）十月，明神宗曾传谕辅臣：“今宫中宫女、内官，俱令读书。”[2]明朝末年，宫女多半受教于宦官，并有上进的空间。据沈德符《万历野获编·补遗》记载，凡诸宫女曾受内臣教习，读书通文理者，先为女秀才，递升女史，升宫官，以至六局掌印，则为“清华内职”。

宫女基本上生活较为稳定，但有时会无端卷入政治斗争中而招致杀身之祸。如靖难之役后，熟知洪武朝、建文朝政事的老宫人，就遭到永乐帝杀戮。加上天威难测，宫人动辄得咎。如嘉靖帝“性寝躁急”，喜怒无常，宫人等不胜怨惧，就发生了企图勒死他的“壬寅宫变”。而他为了炼“先天丹铅”，更是一再大批选10岁左右的女孩进宫“作延年药”，进行令人发指的摧残。万历帝也以常杖责宫女而闻名，以致民间对于宫廷采选，“家家危疑，人人逃躲”。

明代宦官与宫女在宫中结为“对食”（又称“菜户”）是明代宫

1 ［明］杨士聪：《玉堂荟记》卷二，第181页，上海古籍出版社，1995年。

2 《明神宗实录》卷三十，万历二年（1574）十月癸亥。

廷的风尚。宦官乐于有这样一个由宫女营造的家的环境，饮食上得到照应，心理上也可以得到慰藉。宫女结“菜户”也可以得到很多好处，诸如可以雇佣“镟匠”为其采办生活用品，为其烹饪食物。同时二者的结合也可以满足彼此的性需求，具有共同向往的家庭生活。宦官在节日多以家为单位享用美食，开展充满世俗娱乐色彩的节日活动。[1]

明代“宫词”存世很多，反映了充满哀怨的宫中生活及宫人的悲怆心境。有论者认为，这些以士大夫视角写的诗，可能带有“男性中心论”的主观想象，实际上许多入宫者应该早有心理准备，且面对现实专注于工作，未必脆弱而郁郁寡欢。据若干宫女回忆，崇祯年间的宫中生活美好，是令人怀念的一段时光。而清康熙帝也曾批评明末后宫的花费极高，虽然数字有所夸大，但可以反证明代宫人的物质生活并不匮乏。[2]

鉴于明朝宦官为害之烈，清朝统治者采取了强有力的限制措施。清初规定，宦官归内务府管辖，具体由设于乾清门内西侧的敬事房管理。敬事房又称宫殿监办处，设总管、副总管等职。康熙时总管宦官为五品，雍正时改成四品。敬事房下有太监机构 120 多个。宦官升迁降调由内务府移交吏部决定。宦官犯法，内务府可先拿后奏，尤禁其干政。

顺治帝仿朱元璋旧制，铸铁碑立于交泰殿，明文规定凡有不法行为，均凌迟处死。这些措施在清代得到较好贯彻，基本没有出现太监干预朝政的现象。史学界有一种比较流行的传统看法，认为在清晚期慈禧太后垂帘听政时期，宠宦安德海、李莲英等屡犯例禁，不许太监

1 邱仲麟：《明代宫人的荣与辱——从职业妇女与社会流动的角度切入》，载《故宫学刊》2014 年总第 12 辑，故宫出版社，2014 年。

2 邱仲麟：《明代宫人的生活与生命历程》，载《故宫学刊》2016 年总第 17 辑，故宫出版社，2016 年。

干政的祖宗家法也由此而废弛。有论者认为，这种传统说法并不准确。当时的实际情况是，虽然宫内管理制度废弛，太监中也确有结党营私之辈，但是说到安德海、李莲英辈干预朝政，则多为传闻揣测之言，并无实据。[1]

在清代，多数太监处于生活的底层，服侍主子必须处处小心，可经济待遇却十分低下，每月仅得月费钱6钱6分零，后来减去零数，只折给制钱600文。有的虽充任总管太监，但生活也不富裕。光绪时，有的官员进宫办事，亲眼看到四十八处总管太监“形容枯槁，衣服褴褛，个个与穷寡妇无异”。[2] 有的太监无法再过非人的生活，只好逃亡。宫中便规定，凡太监逃跑，第一、二次自行投回的，处分较轻，责打后交吴甸（南苑）铡草。若被拿获或逃跑三次以上的，责打后交慎刑司，要枷号一两个月，并发黑龙江给兵丁为奴，永远不得返回。

清代因为净身进宫者少，自乾隆以后，太监人数竟长期不足数额。根据规定，清太监额数为3300名，乾隆五十八年（1793）年底，宫中、外围等处实有太监2605名，[3] 道光二十二年（1842）又减至2216名。咸丰末再次确核太监定额数为2500名，实际仍不满额。光绪十三年（1887）只剩下了1693名。

按清制，宫女从内务府三旗佐领、管领下年十三岁以上之女子内选充，每年举行。预先由各佐领、管领造册送会计司汇总，奏交宫殿监督领侍太监带领引看。入选者派在各宫充使，归该宫首领太监管辖。至二十五岁，放令出宫，由其家择配。各宫宫女名额均有定制，如皇

1 唐益年：《清代严禁太监干政》，载《清史镜鉴：部级领导干部清史读本》第一辑，国家图书馆出版社，2010年。

2 何刚德：《春明梦录》卷上，上海古籍书店，1983年。

3 万依等：《清代宫廷史》第188页，辽宁人民出版社，1990年。

图 3-12
太监合影

太后十二名，皇后十名，递减至答应为一名。清代宫女总数，据康熙四十九年（1710），康熙宣称为四五百人。[1] 清代严防太监与宫女交接，谕旨屡申不许认亲戚之禁。

宫女在宫内的物质生活基本有保障。她们负责后妃的日常起居，随后妃吃住，其住所大都在配房或者耳房，距离后妃居室较近，以便传唤。宫女多是几人同居一室，当然她们常免不了遭受主子的责打。乾隆四十三年（1778）十一月初七，一宫女不知何故被主子惇妃毒殴致死，引起后宫震动，众宫女人人自危。

宫女中也有个别被皇帝看中，得到宫廷主位的封号。如咸丰三年（1853），一名宫女被封为玫常在，咸丰八年（1858）又由贵人晋封为玫嫔。但这种情况很少发生，一般宫女都只能处于奴仆地位，有的经不起折磨而自尽，有的甚至被殴打致死，还有的宫女在折磨下生病，甚至变得呆笨，因而被遣出宫。

宫中其他人役还有妈妈、乳母。妈妈，又称“妈妈哩”，主要在内务府管领下挑选无子女且年龄在 40 至 50 岁之孀妇，在宫内承应选看秀女、挑选嬷嬷、教习礼仪等差使，其在宫中的地位比宫女要高，但也会从事一些体力劳动。嬷嬷，汉语义为奶妈。清代皇宫内的乳母皆由各佐领内管领下选任，按月支给钱粮。皇帝的乳母地位较高。

1 《清圣祖实录》卷二百四十，康熙四十九年（1710）十一月癸未。

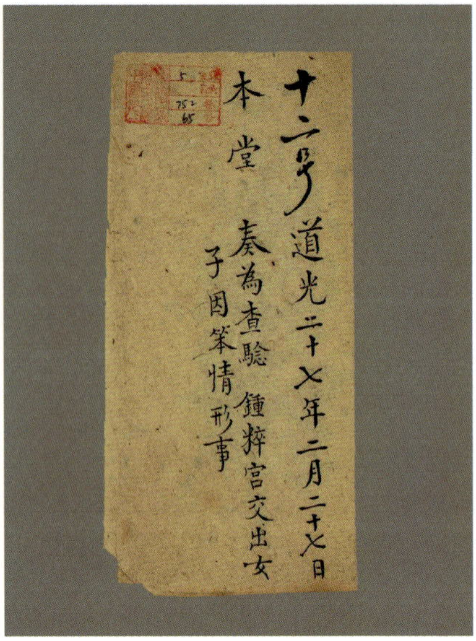
十二号
道光二十七年二月二十七日
本堂
奏為查驗鍾粹宮交出女子因笨情形事

图 3-13
冯妈与年纪
尚幼的宫女

图 3-14
宫女因“笨”
出宫档案

宗教信仰的精神世界

明清时代，帝后有着自己的宗教信仰，紫禁城曾经是一个神佛的精神世界。佛教、道教、天主教以及可称之为民俗宗教的活动广泛存在于宫廷之中。帝后宗教信仰的特点是一般不只信仰一种，往往是多教并奉；对帝王来说，对某种宗教的尊崇，多与治国方略或政治考量有关。尊崇并不等于信仰。

僧人出身的朱元璋自然崇奉佛教。他喜读《心经》等佛经，曾为《心经》作序，为《金刚经》作注，还多次召集法会，延聘高僧说法。辅佐燕王朱棣的重要谋士、靖难功臣高僧道衍（俗名姚广孝），就是朱元璋遴选派送的。朱棣迁都北京以后，曾在北京建真觉寺。其后历朝皇帝、皇太后在北京周围敕建了不少佛教寺院。明朝诸帝和皇子一经确定贵位多有替身僧，都要寻找一名幼童代替出家，成为替身僧。替身僧死后，还要另补一人，如万历帝的替身僧志善谢世后，又觅一年未满二十的少年为补，住持万寿寺。

明朝皇帝中最为崇信佛教的要数成化帝，他在位期间大建佛寺。成化十七年（1481）以前，京师有敕建寺庙 639 处，之后又在四五年间不断增建，京郊著名的寿安寺、灵光寺等都建于这一时期。成化年间还三次大规模剃度僧人，僧人总数有 37 万之多。

明朝皇太后大都在慈宁宫颐养天年，佛教成为她们主要的精神寄托，宫内设有若干处佛堂供其瞻礼拜祭。成化帝生母周太后和万历帝

图 3-15
英华殿内菩提树
菩提子做成的手串

生母李太后在太后中崇佛尤为突出。李太后笃信佛教，生前曾命建寺院多处，被尊为“九莲菩萨”。紫禁城英华殿院内甬路两侧植有菩提树两株，即为李太后手植。菩提树每年盛夏开花，花为黄色，有菩提子，缀于叶子背面，秋季其子落地，颗小色黄莹润，可用作念经用的串珠，乾隆帝还题有《菩提树数珠》诗。此两株菩提树至今生长犹茂。明代每年万寿节、元旦于英华殿做佛事，事毕之日有人扮作韦驮，抱杵面北而立，其余僧众奏诸般乐器，赞唱经文，并于当晚设五方佛会。每逢夏历四月初八“浴佛日”，供糕点“大不落夹”200 对，“小不落夹”300 对，供毕分别赐予百官。

明代诸帝也崇奉藏传佛教，并与上层活佛关系密切。朱元璋即位之初便诏谕西藏僧官。永乐时期对西藏喇嘛采取“多封众建”政策。宣德、成化和正德都是明代比较崇信藏传佛教的皇帝。宣德末年，西番僧人大量来京，到正统初年，遣回本处者至 691 人，礼部尚书胡濙再请汰其 450 人，上命法王、佛子不动，余者听其自裁。成化帝宠信札巴坚参等番僧，封以大智慧佛、国师、法王、西天佛子等号。成化末年，计有诸寺法王至禅师 437 人，喇嘛诸僧 789 人。武宗更是广纳番僧于西内豹房，向他们学习密法，在西苑建万寿寺，与番僧一起诵经咒，还自封为“大庆法王”。

明代历朝皇室更为崇奉道教。明朝建国后，龙虎山第四十二代嗣天师张正常就被朱元璋封为正一嗣教真人，受命统领天下道教，后世嗣天师皆受朝廷诰封。朱棣取得皇位后，对道教崇信有加，大修武当

图 2-84
《塞宴四事图》轴
郎世宁等绘
故宫博物院藏

第 三 章

紫禁城的社会生活史

中 9 人逝于乾清宫，仁宗逝于钦安殿。这些统计充分显示着紫禁城及乾清宫的政治地位和象征意义。清朝去世的 9 位皇帝，顺治、乾隆、同治 3 位逝于紫禁城养心殿，其余都逝于紫禁城外：康熙在畅春园，雍正、道光在圆明园，嘉庆、咸丰在避暑山庄，光绪则逝于西苑瀛台涵元殿。这当然与清代施政理念的变化有关，也可看作是清帝新的生活模式的一种反映。

图 2-85
西苑瀛台（明代趯台）
摄于 20 世纪初

御製塞宴四事

图 3-16
大高玄殿北墙外看到的乾元阁

山道观。此后明诸帝都为祭祀玄帝、管理武当道教下过圣旨，如在位仅 1 年的洪熙帝有圣旨 3 道，在位 23 年的成化帝共为武当山及其周围地区有关事宜下圣旨 60 道。明帝中最为崇道的当属嘉靖帝，他崇信道教不仅仅出于虔诚，更是祈求长生，寻求不老之术。嘉靖帝自号“玄都境万寿帝君”，与道士邵元节、陶仲文等来往甚密，召他们入宫并封为真人。他不但在宫中到处建醮(道场)，而且在神武门西北建大高玄殿，成为皇室、宫官婢女演练道教科仪的场所。大高玄殿主要建筑仍然保存完整，殿后是九天应元雷坛及乾元阁坤贞宇。

清代帝后大都崇信佛教。皇室成员中佛学造诣较为深厚的要数顺治和雍正二帝。顺治帝经常延聘高僧进宫说法。北京海会寺住持憨璞聪、宁波天童寺住持木陈忞、湖州报恩寺住持玉林琇等都与皇帝来往密切，分别被钦赐“明觉禅师”“弘觉禅师”“大觉禅师”的封号。顺治帝还拜玉林琇为师，用禅宗临济宗龙池派玉林琇下一辈“行”字序，取法号“行痴”。他对道忞说，愿老和尚勿以天子视朕，当如门弟子旅庵相待。

雍正帝做雍亲王时，府第地近柏林寺，和柏林寺僧时与交往，并一起参禅学法。他潜心研究佛学，即位后于雍正十一年（1733）先后编辑了《御选语录》《御制拣魔辨异录》两书。《御选语录》收集

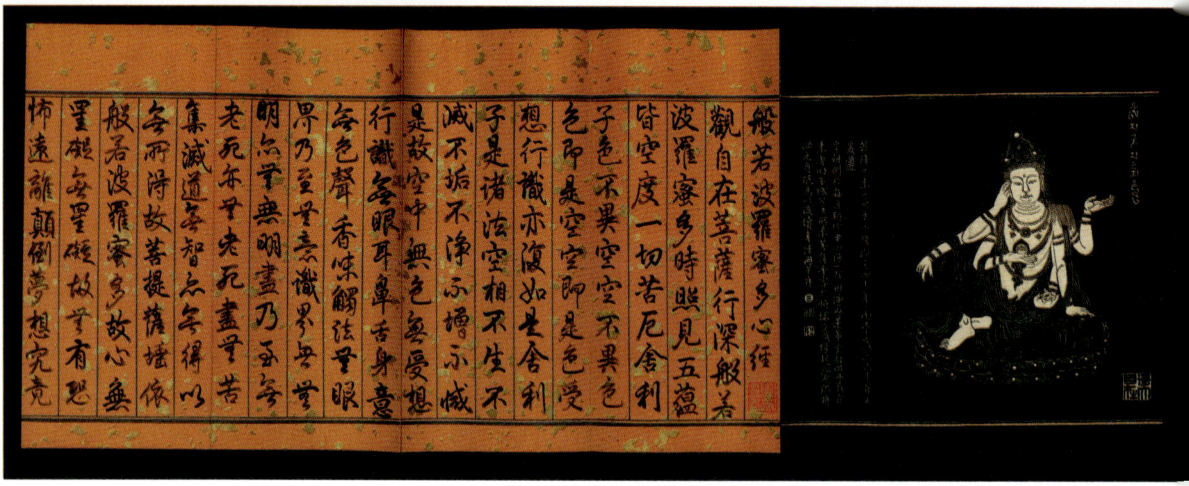

图 3-17
乾隆帝御笔《心经》（局部）

了禅宗和净土宗高僧的语录和他自己的《和硕雍亲王圆明居士语录》《圆明百问》。同年在宫中召集大法会，全国高僧云集，雍正自号圆明居士（亦号破尘居士），亲自登坛说法，收皇族子弟、亲信大臣以及僧道等十余人为门徒。[1]

康熙初年定制，每月朔、望两日，皇帝要熏沐恭书《心经》一部。每遇皇帝、太后万寿节等，皇帝要御笔写经恭祝太后，臣工奉敕敬书《华严经》《宝积经》等进献。故宫博物院收藏的各种写经颇多，仅御笔《心经》一种就有 1500 余部、1600 多册，从康熙以迄光绪八位皇帝都有所写。收藏中也有慈禧太后和瑾妃的写经，乾隆皇帝写经多达 600 余部。这些写经都选用上好的金粟山藏经纸、磁青纸、黑漆蜡笺、洒金笺、菩提叶等，纸质坚厚光洁，并用上等泥金、徽墨精写，绘佛像、韦驮等。

清代帝王也信奉藏传佛教。乾隆时期，宫中遍设佛堂，宫廷佛事也很频繁，每天都有喇嘛在皇宫御苑中念经做佛事。中正殿是喇嘛教的管理处。帝后们亦经常到佛堂拈香拜佛，聆听喇嘛诵经，观看法事。据《养吉斋丛录》载：十二月二十九日（或二十七、二十八等日），中正殿前殿设供献，并设冠袍带履诸物。圣驾御小金殿（按：小金殿，黄毡圆帐房也），喇嘛一百八十四人，手执五色纸旗旋转，唪护法经。又有喇嘛扮二十八宿及十二生相，又扮一鹿，众神获而分之，当是得禄之义。殿侧束草为偶，佛事毕，众喇嘛以草偶出至神武门外送之，盖即古者大傩逐厉之义，清语谓之跳布札，

1 北京市地方志编纂委员会：《北京志·世界文化遗产卷·故宫志》，第 517—518 页，北京出版社，2005 年。

图 3-18
慈宁花园咸若馆内
佛龛一角

图 3-19
中正殿院落全景

图 3-20
中正殿区“扮鬼”喇嘛照片
故宫博物院藏

俗谓之打鬼。又二十八日、二十九日、三十日，以三十六人在殿前唪迎新年喜经。由于历史原因，梵华楼、宝相楼、雨花阁等众多藏传佛堂长期以来处于封存状态，许多现在仍然较好地保存着历史旧貌，故宫博物院称之为“原状佛堂”。

清初帝王在支持和崇奉藏传佛教的同时，对其消极一面又有着十分清醒的认识，特别是乾隆皇帝，在他的《喇嘛说》一文中有过精辟而深刻的论述：“兴黄教即所以安众蒙古，所系非小，故不可不保护之，而非若元朝之曲庇谄敬番僧也。”可见，乾隆皇帝尊奉藏传佛教，不但是一种信仰，有满足个人精神需要的一面，更是一种策略，是政治需要的表现，其核心和最终目的还在于为实现其政治统治服务。

清宫留存的多种文字的佛经，多有其特殊的来历。康熙八年(1669)，康熙皇帝的祖母博尔济吉特氏偶巡视宫廷库藏，发现有明代藏文《大藏经》的《甘珠尔》一部，年久破损，便命康熙帝派人仿照抄写了一部。1771 年乾隆帝为祝颂其生母崇庆皇太后八旬万寿，又照此制作了一部。经文以藏文泥金精写于磁青纸上，为贝叶夹装，每夹为一函，共计 108 函。每函都用护经板、包袱、丝带等捆扎保护。全部经函共计镶嵌珠宝 14 364 颗，精美异常，至今保存完好。

三世章嘉活佛（1717—1786）佛学造诣极深，与乾隆帝有同窗

图 3-21
内府泥金写藏文本
《甘珠尔》
故宫博物院藏

图 3-22
银间镀金三世
章嘉国师坐像
此像供于雨花阁
东配殿影堂

之谊，对清宫藏传佛教的发展产生了巨大的影响。

清宫的道教殿堂有紫禁城内的钦安殿、玄穹宝殿以及神武门西北的大高玄殿。钦安殿事务由太监道士管理。清宫在每年立春、立夏、立秋、立冬日，都要在钦安殿设道场，架起供案，皇帝亲自到神牌前拈香行礼。玄穹宝殿在清代为祭祀昊天上帝之殿堂，是宫中道教活动的场所，并与钦安殿、大高玄殿同为贮藏宫中道经之处。清代崇奉道教的皇帝只有雍正。他推崇紫阳真人，在其《御选语录》中收入了紫阳真人的言论。他利用道士设醮禳灾，炼丹治病，把江西术士娄近垣召入京师，住在光明殿，后封其为妙应真人。据清宫档案，张太虚、王定乾等道士在圆明园东南角的秀清村鼓炉烧丹。雍正的死就与丹药有关。[1] 乾隆即位后，立将张太虚等人驱逐出宫。在明代，龙虎山张天师嫡传裔孙封为正二品，清初封正一品，到了乾隆时降为正五品，后升为正三品，但永禁其在各地开坛及考选道士。

清宫还有特别的坤宁宫祭神活动。满族入关前就信仰原始萨满教，入关后，萨满教也随之进入中原。清代将坤宁宫祭神祭天视为大典。除每日有固定的朝祭、夕祭等内廷祭礼，遇有重要节日，皇帝还会率后妃、诸王贝勒等齐聚坤宁宫，举行隆重的萨满教大祭活动，所祭神像包括释迦牟尼、关云长、蒙古神等十五六个。坤宁宫祭神祭天所用

1 李国荣主编：《清宫档案揭秘》第70—74页，中国青年出版社，2005年。

图 3-23
玄穹宝殿内景

图 3-24
玄穹宝殿的匾额与香炉

图 3-25
坤宁宫夕祭原状
原状中分别展示了夕祭神画像轴、红漆彩绘供柜以及一套紫铜五供

供品数量很大，乾隆四十三年(1778)呈准：坤宁宫祭祀猪口，每日进用猪 4 口；如遇还愿日期，只进常用猪 1 口；春秋二季大祭，每季用大牙猪 39 口；立竿大祭次日祭天、祭马神供用大牙猪，每日祭神、每月祭天用中等猪。祭毕之肉赐给简派之大臣、侍卫等分食，称为“受胙”，故宫博物院保存着坤宁宫使用过的大量萨满教祭祀用器，如各类乐器包括三弦、手鼓、拍板等；法器如神刀、腰铃、抓鼓等；祭祀实用器有祭神用的香案、幔帐、五供、灯盏、灯架，杀猪和煮肉用的各类铁器、木案、铁锅、瓷坛、碗盘等，以及祭祀用的神偶、布偶、木偶及子孙绳等。

在清宫，民间俗神多有祭祀。雍正四年（1726），清世宗敕令在紫禁城内西北隅建城隍庙，祀紫禁城城隍之神。宗人府北廊下供奉着黄袍冠冕的土地神，胥吏奉祀十分虔敬。城隍庙东为祀马神之所，乾隆皇帝下谕旨：“朕所乘之马，祭祀甚属紧要。”御花园中有祭祀青龙、白虎、朱雀、玄武四神之祠。此外还有关帝（清代在钦安殿、万春亭等处供奉），药王（在御药房内供奉），灶神（今坤宁宫神厨东墙上尚供有“东厨司命灶君之位”木牌一面），井神（传心殿前有大庖井，清代每年10月祭井神于此）及门神等。在建房时上梁、安吻等都有祭神的习俗。

崇佛拜道、坤宁宫祭神、民俗节庆等，构成紫禁城一个特殊的时空世界，它们是精神的抚慰、心灵的寄托，是维护宫廷秩序的需要，也是治国方略的组成部分。

禁卫与管理

紫禁城的一个“禁”字，就表明帝制时代守卫皇帝与皇宫安全的极端重要性。紫禁城要有森严的禁卫，也需要经常性的管理与维护。整洁环境、祛暑取暖、宫殿“岁修”等，都是保持禁宫正常生活秩序不可缺少的日常性事项。

北京作为明清时代的都城，有着坚固的城墙，分为外城、内城、皇城与紫禁城，其中外城包着内城，内城包着皇城，皇城又包着紫禁城。皇宫是在三重城墙包围之下的城中之城。城墙是冷兵器时代相当有效的军事防御设施。紫禁城有约10米高的城墙。紫禁城四周则环绕着宽52米、深4.1米的护城河，与城墙共同组成防卫体系。不仅如此，紫禁城之内，还有墙垣既把前殿后宫隔开，又将宫、殿各自围防，使各宫自成体系，形成相对独立的防卫单元，即大小不等的四合院。另外，连接宫院之间的通道都设有值班哨卡，宫门处还有专人把

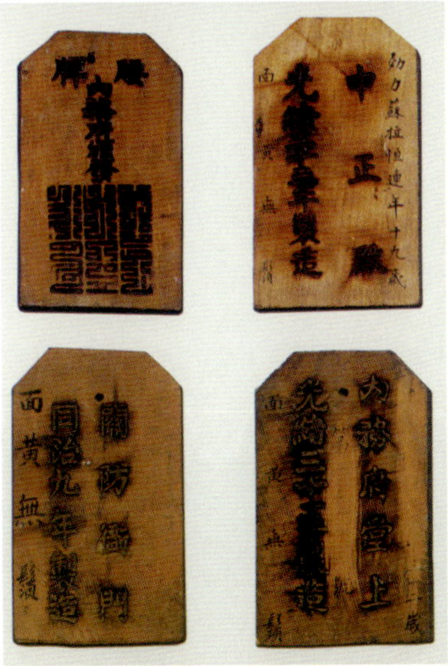

图 3-26
内务府腰牌
故宫博物院藏

图 3-27
紫禁城北筒子河内侧的守卫围房
摄于 20 世纪 20 年代
故宫博物院藏

守，稽查来往行人。总之皇宫采取种种措施，使紫禁城成为万无一失的金城汤池。

紫禁城的四门为仅有的出入要道，有严格的门禁制度。四门每晚都要上锁，在清代由护军参领进行检查。出入门卫各有制度，不得擅行，否则按律治罪。明代规定：凡官员人等出入四门，无牙牌者附写木牌。清代规定，内大臣、侍卫等官及内廷执事官与内务府各执役人等，准由禁门出入者，均将姓名、所属旗分佐领、内管领造册登籍，送所经由之门。工匠服役人等则由所管衙门各给火烙印腰牌，写出工作差役，持为出入符验放行。

明代在城垣与护城河之间设看守红铺 40 座。所谓“铺”，即守卫值房，每座铺房屋 3 间，有官兵 10 人昼夜值班，并传铃值班巡视。清代用传筹代替明代摇铃巡更制度。筹为长约一尺的红色木棒，巡视时传递。乾隆年间，沿护城河内侧东、西、北三面建造起连檐通脊的守卫围房，使紫禁城的防守更为严密。1930 年，三面围房年久失修，多数坍塌，所以被加以清理，东北、西北转角处被改为我们今天看到的角亭。1998 年至 2000 年，故宫博物院将原有围房加以修缮，并有所复建。

据万历《大明会典》，明代宫廷守卫的特点，是把紫禁城与皇城作为一个整体来守护。明代宫廷日常守卫的地方，主要是紫禁城周围的皇城部分，这一区域由“上二十二卫”的亲军侍卫守护，分别守卫皇城四面。直接守卫紫禁城的亲军诸卫，是在紫禁城城墙外四周驻守。明

图 3-28
清代铜版画中描绘的
侍卫亲军形象

廷另于紫禁城四门“设走更官八员”巡更，统管者为勋臣。入紫禁城内担任侍卫、接近皇帝的，是以“上二十二卫”中的锦衣卫为主的官兵。

夜间，只有常朝日退朝后，留数十名锦衣卫官兵值宿宫中。平时无论白日黑夜，男性官兵不入紫禁城内。紫禁城中日夜侍值者，主要是太监。宿守皇帝近御之处的是司礼监太监等。

明代中后期帝王多与朝臣很少见面，进宫的人自然也少。由于清帝的勤政以及注重吸取明代“君臣阻隔”的教训，每日都有较多官员入宫办理政务，这对于清宫的守卫也提出新的要求。清廷根据自身情况对紫禁城的戍卫系统进行了重建，加强禁卫制度，完备安防体系。清宫侍卫有侍卫处、护军营、前锋营诸兵种。清代无论是皇城还是紫禁城，担任守卫的主要是满洲旗人、蒙古旗人官兵，而且配制考究，品级也高，这是清宫守卫的一个特点。侍卫处是皇帝的警卫机构，其职责是“供宿卫扈从之事”，设侍卫、亲军，以领侍卫内大臣、内大臣、散秩大臣统辖。侍卫选自皇帝亲辖的正黄、镶黄、正白上三旗。定例一等侍卫 60 人，正三品，相当于顺天府尹；二等侍卫 150 人，正四品；三等侍卫 270 人，正五品，也相当于各部院司长；四等侍卫无定额，从五品；另有蓝翎侍卫 90 人，正六品。其中武艺高强、品貌端庄者任御前侍卫，其余分内、外班，均日夜轮值。据史料记载，和珅之所以能在短时间内飞黄腾达，与其担任銮仪卫侍卫，并与乾隆帝结缘有着直接关系，这反映出清宫侍卫在清宫政治中的特殊性与重要性。

但是，威严厚重的宫门也时被破禁。万历四十三年（1615）五月初四，顺天府蓟州民张差经东华门入宫城，杖击慈庆宫（太子东宫）守门内官，为守卫内监韩本所擒，此事件即为震惊朝野的“万历三案”之一的“梃击案”。乾隆二十三年（1758）六月，有僧人持刀强行闯入禁门，虽然此僧人随即被擒获，但仍令皇帝震惊不已。清中期以降，随着八旗制度的没落，紫禁城门禁逐渐废弛。嘉庆年间发生了两件直接危及皇帝生命和宫闱安全的大事。嘉庆八年（1803）闰二月，曾在御膳房供役的陈德带儿子潜入宫中，乘嘉庆帝回宫进入神武门之机，竟手执小刀上前行刺。十年之后的嘉庆十八年（1813），一伙天理教教徒在太监刘得财等内应下由西华门攻到隆宗门，并在此展开激战。嘉庆皇帝在《罪己诏》中将此“变生肘腋、祸起萧墙”之乱，称为“汉唐宋明未有之事”。[1]同治、光绪时期，紫禁城的防卫更是每况愈下。

紫禁城的日常管理上还有一些依时序节令的制度。据《宫中现行则例》等，清代每年三月要将铜、铁吉祥缸刷洗一新，以换清水；三月御花园出葡萄、九月培葡萄；四月御花园鱼池修理换水；立夏后纸窗内上纱棂，俗名“替窗”。每年冬季，宫内等处要换铺红白毡及择吉换窗纸、掸尘。每月二十五日，宫殿监要率首领太监等巡查乾清宫

1 《清仁宗实录》卷二七四，嘉庆十八年（1813）九月庚辰。

图 3-29
宫中地炕烧火口

等处安设的消防器机桶65架、慈宁宫等处安设的机桶10架，看是否有风干、漏水之处等。另外，体仁阁楼上供奉的御用甲胄要查验抖晾一次，存诸东华门楼的八旗各营备操盔甲要用木架安设，再用蓝布重帘盖。总之，“凡器物，慎其收储”。

御寒防暑是宫中大事。每年十一月初一日，宫中始烧暖炕、设围炉，旧谓之“开炉节”。明清皇帝都有暖阁。暖阁即有暖地设置的殿堂，其采暖设施是在室外烧火，通过火道将热力传播到室内地面，为宫内建筑的主要采暖方式，也称“暖地”“火炕”或“地炕”。火炕一般烧煤。中华人民共和国成立之初，卫生部购买醇王府正殿部分，把一幢五间的殿堂用作办公室，原拟利用旧有的地炕采暖，但试烧了几天，因为用煤太多，只好改装暖气。[1] 可见，这种采暖设施是一般家庭负担不起的。

宫中还使用一种被称为熏炉的取暖器，也叫“火盆”“炭盆”。其所用的炭中有一种“红萝炭”，系取易州等地山中的硬木烧成，按尺寸截锯，放在圆形荆筐内，外刷红土，专供宫廷使用。宫中每天用炭有标准，如皇太后日120斤、皇后110斤、皇子20斤、皇孙10斤等。据宣统时期的档案记载，仅储秀宫一处，冬月每日就用殿煤3000斤、殿炭300斤、红萝炭20斤、寸子炭30捆。但这种炭盆取暖的方式存有一个弊端，如果剩余炭火处理不当，可能会引起火灾。嘉庆二年（1797）的乾清宫失火案，就是因乾清宫的掌火太监郝士通处理炭火不当而引起火灾，酿成大患。

1 茹竞华：《宫廷话寒暑》，载《紫禁城》2003年第3期。

图 3-30
掐丝珐琅冰箱

夏天防暑，各宫门俱换竹帘。最高级的帘子用斑竹、香妃竹等编织，低级的用芦苇编成。每年阴历四月支搭凉棚，方法是在庭院四周以木为架，上铺苇席，如同在院子上加个临时顶盖，席下系着绳子，可卷可展。宫廷夏日所用之冰，都是贮存在冰窖里的天然冰。紫禁城内共有 5 座冰窖，均位于隆宗门外西南造办处等地。据《帝京景物略》记载，明代在立夏日启冰赐文武大臣；清代《钦定总管内务府现行则例》亦载，每年五月初一至七月二十日，内务府各司处官员等，每人每日用冰两块。

据《万历野获编》载，明代大内每雪后，即于京营内拨 3000 名入内庭扫雪，轮番出入，每岁如此。《钦定总管内务府现行则例》规定，清代扫除积雪则分得很细，乾清门前、太和门内三大殿与午门以内各处，分别由苏拉（内务府三旗管领下的包衣奴仆）、各佐领下披甲人及步军扫除。每日还要派 200 名正身苏拉在紫禁城内各处扫除地面。

据刘若愚《酌中志》，乾清门围墙之内，左右廊房之朝南半间者名为东夹墙、西夹墙，皆为宫眷内官便溺之所。另外，在隆宗门外慈宁宫东小门内有北司房，即文书房，再南是司礼监掌管处，即“两班四拨写字所居也，亦有茅房木桶，为便溺之所”，此处又被称为“西茅”。宫墙之外，在东筒子街宁寿宫以西大墙和外西路寿安宫以西大墙等处，砖砌券门，安大石于上，凿悬孔垂之，各有“净军”在下接盛，于每月四日、十四日，开玄武门（神武门）及各小门打扫清除。

图 3-31
修在红墙里的券门

至清代中期，为保证紫禁城内安全，才将这些券门即“出秽小门”全部封砌，形成今天人们看到的奇特景观。

清朝帝后等人上厕所，则主要采用便器具的形式。存放便器具的处所被称为“净房”，每天由小太监定时将便器具清理刷洗干净。帝后等专用的便器具称为“官房”，由专人保管，需要时就传唤太监或宫女送进“官房”，平日为清洁起见，这类便器具并不放在寝宫内。

紫禁城建筑的土木结构特点，决定了需要经常对其进行维修和保养。据《钦定总管内务府现行则例》，紫禁城沟渠，每年二月淘挖一次；城上之草，每年三伏及十月各拔除一次。清内务府营造司掌宫廷缮修工程事务。各宫殿、园庭除重大工程会同工部办理外，寻常装修工程都由营造司承办，遇有大项工程则传用民匠。乾清宫等处三年修葺一次。每年照例兴修的工程为“岁修”，所需银两约三万。按工程繁简，分为大修、小修。其工费各有定额，如有增加，须先奏准。如有节省或缓修，要照数归款。清廷对宫殿的岁修工程亦“定以保固之限”三年；若拆换大木重新盖造者，保固十年；挑换椽望揭瓦头停者，保固五年；新筑常例灰土墙，保固三年，如有倾圮者，监修官赔修。

紫禁城宫室多，自雍正八年（1730）油漆一次之后，40 年没有全面大修和油漆。乾隆三十二年（1767）至乾隆三十四年（1769），“发帑修漆大内”，紫禁城内所有建筑物葺旧补漏，油漆彩画一新，历时三年之久。这一次可能是清代对皇宫进行的规模最大的维修和髹漆。在嘉庆、同治年间，紫禁城都进行过一些维修活动。清晚期最主要的也是最后一次的宫殿维修是在光绪朝。光绪十六年（1890）夏，大雨连旬，殿廷多有渗漏，内务府报称应修工缮单计23件，又正值万寿庆典择修内廷紧要工程，修缮费用“艰窘万状”，遂向户部借款。光绪朝奉行清初制定的修缮制度：对于坍塌的建筑“查验做法，照式建盖”，殿顶苫背保持使用锡片，金砖和瓦料由督造官监制，以及执行修缮工程的赔修制度。修缮制度不仅保持了紫禁城宫殿的协调统一，也保证了修缮工程的质量。[1] 光绪二十八年（1902），除了对午门楼上坍塌的22间庑房进行维修及武英殿修缮工程，总的修缮工程相对停止。

二 宫廷物质文化

皇家本身就是一个富有魅力的符号，与高贵、典雅、精美乃至神秘联系在一起。皇家的宫室以及衣食住行用之美自然无与伦比，从物质层面看，它们是当时社会经济、科学技术发展以及学术、艺术等积累的反映，同时器以载道，它们又是宫廷文化的载体，鲜明地体现了典章制度、意识形态，是物质化了的皇权。为了维持皇家的奢侈排场，保证宫廷的日常用度，皇帝也要多方敛财。

1 刘鸿武：《清光绪朝的紫禁城修缮》，载于倬云、朱诚如主编《中国紫禁城学会论文集》第2辑，紫禁城出版社，2002年。

图 3-32
定陵出土缂丝
十二章衮服（复制件）

冠服之尊

衣冠服饰制度是中国传统礼乐文明的核心。服装的色彩、纹样、款式、质地无不反映服用者的身份等级和社会地位。明清两代皇帝十分重视皇室冠服制度建设，以求“明辨等威”。另外，明清两代衣冠制度还因皇室民族血统的不同而存在着十分显著的差异。

明太祖开国伊始即着手建立新王朝的衣冠制度，诏令禁止“胡服、胡语、胡姓名”，“复衣冠如唐制”。[1] 明朝皇家服饰制度基本确立于洪武时期，永乐朝做过若干更改，嘉靖时又做了一些修订、补充。

明代从帝后到亲王世子的冠服共 15 个级别，其中尤以皇帝的冠服形制最为复杂，分为衮冕、通天冠服、皮弁服、常服等多种。

衮冕是明朝皇帝最高级的礼服，用于天地、宗庙祭祀以及正旦、冬至、万寿节等重大朝会和册封典礼，分为冕冠和衮服两部分。1957 年北京昌平明神宗定陵中出土了两件冕冠实物，复原了其中一件，冕板前弧圆后方，桐木质，长 38.7 厘米，宽 19 厘米，上贴黑素缎，下贴红素缎，前后各缀十二旒，每旒串玉珠九颗以及珍珠若干。定陵出土品中还有两件缂丝十二章纹团龙服，其墨书绢标签自名曰“衮服”。这种衮服为袍形，黄色，盘领大袖，右衽，地纹织“卍”字、“寿”字、蝙蝠和如意云纹，饰十二团龙和十二章。[2] 明朝中期以后列帝神像多用此种装束。

皇帝于郊庙省牲、皇太子及诸王冠礼婚礼、醮戒等，则服通天冠服。

1 《明太祖实录》卷三十，洪武元年（1368）二月壬子。

2 柳淑兰《明定陵出土冠服、首饰等工艺报告》：『明朝对衮服的织造十分重视，一般由内织染局承办。织造前先由钦天监选择吉日，再由礼部题请，遣大臣祭告，方可开工。衮服纹样复杂，设计壮伟，织造艺精工细，要求严格。一衣制成，需十年之久。由苏州市刺绣研究所为定陵复制的缂丝衮服，用工多达三千六百个。从衮服小襟上绣字及绢书标签题字，也可看出一件衮服从织造到收入内库的时间为十三年。』载中国社会科学院考古研究所等：《定陵》上册，文物出版社，1990年。

图 3-33
定陵出土万历皇帝所戴
金翼善冠

图 3-34
定陵出土十二龙九凤冠

皇帝于朔望视朝、降诏、降香、群臣进表、四夷朝贡、外官朝觐、殿试传胪等皆服皮弁服。常服是皇帝正规的便装，用于一般场合及接见大臣。皇帝常服之冠名“翼善冠”，是唐宋幞头的变体。定陵出土了一件金丝编成的翼善冠，上饰二龙戏珠，是出土历代皇冠中最珍贵的一件。[1]

明代帝王遇有较大灾害发生之时，也会穿着素服。如洪武三年（1370）发生旱灾，朱元璋“素服草履，步祷山川坛”；隆庆元年（1567）发生水灾，穆宗“以霪雨修省，素服避殿，御皇极门视事”。这种穿着素服的行为，表示了帝王的自责。

帝王冠服形制的多样性，是与其使用功能的多样性密切联系在一起的，这也是自古以来历代帝王不断延续、一致认同的政治理念的具体表现。

皇后服饰主要分为礼服与常服两类。定陵中也出土了不少皇后衣冠。其中神宗的孝端皇后的一顶凤冠，做工极为精美，点翠凤鸟，金丝编龙，镶嵌红、蓝宝石100余块，珍珠5000余颗，是明代皇后参加大典时的礼帽，埋藏地下300余年仍熠熠生辉。

载于《大明会典》的服饰制度，作为国家礼制规定是必须遵守的，但有的皇帝却不遵制度，常常逾越定制，带来混乱。正德十三年（1518），自封威武大将军的正德皇帝在外巡幸后返京，礼部本来

1 此冠高 24 厘米，直径 17.5 厘米，重 826 克，由前屋、后山、两角（对称，俗称纱帽翅）三部分组成，采用编织工艺和錾花工艺相结合的方法制成，表现出我国编织技术的最高水平。其结构复杂，工艺精湛，仅龙鳞就用了 8400 片（每条龙为 4200 片），按当时生产状况估计，一个熟练艺匠需用 100 余工方可完成。参阅柳淑兰《明定陵出土冠服、首饰等工艺报告》，载《定陵》上册。

规定文武群臣各具常朝冠迎候，皇帝却突发奇想，下旨要官员用曳撒大帽、鸾带，还赐群臣大红纻丝罗纱一匹，上面绣有一品斗牛、二品飞鱼、三品蟒、四品麒麟、五六品虎彪，翰林科道不限品级，皆参加。皇帝还命受赏赐的官员第二天就要裁制好穿着迎驾，冠服制度一下子大为混乱。礼部官员朱鸣扬等人上谏希望皇帝能收回成命，正德还是坚持己意，文武群臣只得配合旨意仓促行事。[1]

从皇太极到康、雍、乾清代诸帝，都把衣冠之制视为“立国之经”，把坚持满族服饰特点与本民族的兴衰存亡结合起来，清代服饰因此保存了鲜明的民族特色，主要表现在缨帽、箭衣上，即冠顶上缀有红缨，袍服的袖端接出一个半圆形的袖头——箭袖，俗称“马蹄袖”。这是取自满族衣冠的传统形式，但也吸收了前代服饰文化中被赋予美好吉祥寓意的装饰纹样，如龙凤翟鸟、海水江崖、祥云八宝，特别是十二章纹等。

清代服饰制度比中国历史上任何一代都更为繁缛严格。按清代服饰典制，帝后服装有礼服、吉服、行服、常服、雨服和戎服。例如礼服，是清代帝后遇重大典礼及祭祀活动时穿用的配套服装。在清代冠服制度中，帝后礼服以分类庞杂、功用繁复著称。皇帝礼服有朝冠、朝服、衮服、端罩、朝珠、斋戒牌、朝带、朝靴八类，分冬、夏式计 20 余种，其中用于祭祀的朝袍又分为蓝、明黄、红和月白 4 种颜色。皇后礼服有朝冠、金约、领约、耳饰、彩帨、朝珠、朝袍、朝褂、朝裙、朝靴 10 类，分冬、夏式计 20 余种。吉服又称龙袍，为上下连属的通身袍。故

1 《明武宗实录》卷一五八，正德十三年（1518）正月乙巳。

图 3-35
乾隆帝登基像

图 3-36
孝贤纯皇后朝服像

宫现存皇帝龙袍还有在绣金龙、十二章纹、彩云之中加绣双喜字纹饰的，为皇帝成婚时穿用，但在清代典章服饰制度中没有见到文字记载。

清代服饰制度规定，穿不同的服装，头上要戴相应的冠帽。皇帝穿朝服时，根据不同的场合戴不同质地的朝珠。朝珠由 108 颗东珠串成。皇帝在穿戴服饰时，腰间都要系相应的腰带，腰带上都拴“活计”。“活计”质地精良，制作精美。荷包是“活计”之一。

郎世宁所绘乾隆皇帝 25 岁登基像和孝贤纯皇后朝服像，图中服饰的写实性，有利于我们了解这些繁琐无比的服饰穿戴形式。

皇帝平时穿戴的冠、袍、带、履均放在端凝殿，取“端冕凝旒”（端正严肃）之意。皇帝穿戴情况，在中国第一历史档案馆藏的《穿戴档》中有翔实的记载。如乾隆二十年（1755）正月初一子时一刻，乾隆帝在宫内行迎新礼，穿戴是“黑狐皮朝冠，穿黄纻绸绣绒靠三色黑狐膁龙袍，外套黄缎绣五彩貂皮边袷朝服，貂皮朝端罩，松石圆朝带，左边拴带穗小荷包一个，右边拴东珠云龙大荷包。白布棉袜，鱼白春绸厚棉套裤，蓝缎羊皮黑皂靴”；寅初三刻，到弘德殿进煮饽饽，“换去貂皮端罩”；辰初二刻，率阿哥王公大臣等到慈宁宫皇太后处行礼时，又“换下袷朝服，更换大毛熏貂缎白苍龙教子珠顶冠，黄缂丝满地风云黑狐膁龙袍，芝麻花端罩，金累丝松石大鞓带，（上拴）带

图 3-37
乾隆帝
古装写字像

穗小荷包一个（内装八宝两件），大荷包两个。脚穿青缎羊皮皂靴”。[1] 一个上午就更衣三次，可见服饰对于皇帝来说，不仅是为了防暑御寒，更为了显示出地位的神圣和礼仪的庄严。

值得注意的是，清宫留有不少雍正与乾隆身着汉装甚至洋装的行乐图。乾隆帝对此做过说明。乾隆二十八年（1763），他在《宫中行乐图》上题了四首诗，其中之三为：“几闲壶里小游纡，凭槛何须清跸呼。讵是衣冠希汉代，丹青寓意写为图。”此诗收入《御制诗三集》时，又加了小注：“《石渠宝笈》藏刘松年此幅，喜其结构古雅，因命金廷标摹为《宫中行乐图》。图中衫履即依松年式，此不过丹青游戏，非慕汉人衣冠。”[2] 表明这完全是“丹青游戏”，并非真的钦慕汉人衣冠而穿戴入画。乾隆又在《皇朝礼器图示序》中特别写道：“至于衣冠，乃一代昭度。……朕则依我朝之旧而不敢改焉。恐后之人执朕此举而议及衣冠，则朕为得罪祖宗之人矣，此大不可。”[3]

如果说遗憾的是明代帝后冠服实物仅有定陵出土的寥寥几件，那么幸运的则是清代帝后服饰有丰富的存藏。故宫博物院所藏清代宫廷

1 秦国经、苑洪琪主编：《紫禁城：皇家生活全景》第247页，时事出版社，2006年。
2 清高宗：《御制诗三集》卷二七。
3 清高宗：《御制文初集》卷一二。

图 3-38
康熙帝黄缎织金龙貂皮边天马皮朝袍

图 3-39
康熙帝黄缎织金龙貂皮边天马皮朝袍所系黄条

服饰类文物，仅成衣就有 16 000 余件，绝大部分是帝后服装；另有冠履近 3000 件、佩饰 6000 件、“活计” 27 000 余件。特别是一部分服装系有黄条，明确书写此为“圣祖”“世祖”“高宗”等的，有的还附以详细准确的服饰名称和配饰情况，如“圣祖黄缎织金龙貂皮边天马皮朝袍一件，珊瑚背云二块，珊瑚坠角四个，加间饭块正珠八颗，四等四颗，五等四颗”。这类系着写有皇帝庙号黄条的服饰是后人用来祭祀先帝的。这一制度始于康熙，并延续整个清代。

清代宫廷服饰所用的衣料大多由江宁、苏州和杭州三个织造局生产，极少部分由京内织染局织造。清代江南三织造是在明代官营丝织机构的基础上恢复发展起来的。成造这些御用及宫中所用衣物的程序，一般是由宫中“如意馆”画样人依礼部定式给出样稿，呈皇帝御览钦定后发往江南。故宫博物院现存藏清代中晚期的帝后服饰图样有 370 余种，3400 余幅（件），局部施以彩色。清代皇帝的衣料由内务府广储司拟定式样颜色及应用数目奏准，对缎匹长阔尺寸、质地、花样、色泽都有明确的规定。

皇家织造御用物品是不计工本的。据同治九年（1870）六月的一份档案记载，一件鹅黄缎细绣五彩云水全洋金龙袍，需用绣匠六百八工，绣洋金工二百八十五工，画匠二十六工六分，每件工料银合计

三百九十两二钱一分九厘。一件鹅黄透缂五彩云水全金龙袍，需用缂丝匠九百九十工，画匠二十四工七分，每件工料银合计为三百四十两八分二厘。[1] 成本之高甚为惊人。

图 3-40
清代皇后冬朝冠

图 3-41
点翠凤吹牡丹纹头面

膳食之精

明清时期，特别是明中叶至清中叶这三百年间，正是中国传统饮食文化高度发展的时期，宫廷饮食亦集往古之大成，更是精益求精、丰盛奢华。

宫廷饮食有着极为雄厚的物资供应基础，不仅来自全国各地，明宣德皇帝甚至吃上了朝鲜进贡的泡菜。伴随着冠绝天下的精美食品的是奢靡之风。天顺八年（1464），光禄寺果品物料凡百二十六万八千余斤，增旧额四之一。正统年间，鸡鹅羊豕岁费三四万，天顺以来增四倍。这都是惊人的数字。当时主管光禄寺的礼部尚书姚夔感慨“暴殄过多”！[2]

帝王在食用这些精美食品的时候，还使用了大量华贵的餐具。仍以明英宗正统年间的餐具为例：“凡上用膳食器皿三十万七千有奇，南工部造；金龙凤白瓷诸器，饶州造；朱红膳盒诸器，营膳所造，以进宫中食物。”[3] 崇祯十四年（1641）四月，皇帝在中极殿（今中和殿）赐宴召对诸臣：“与宴者十三人，各一席。酌用金莲花杯，杯高大如瓶，圈可四寸，下有三小蒂承之，旁有荷柄。席各三十余器，席

1 张琼：《故宫博物院藏文物珍品全集·清代宫廷服饰》导言，商务印书馆（香港）有限公司，2005年。
2 《明史》卷八二，《食货志》。
3 《明史》卷八二，《食货志》。

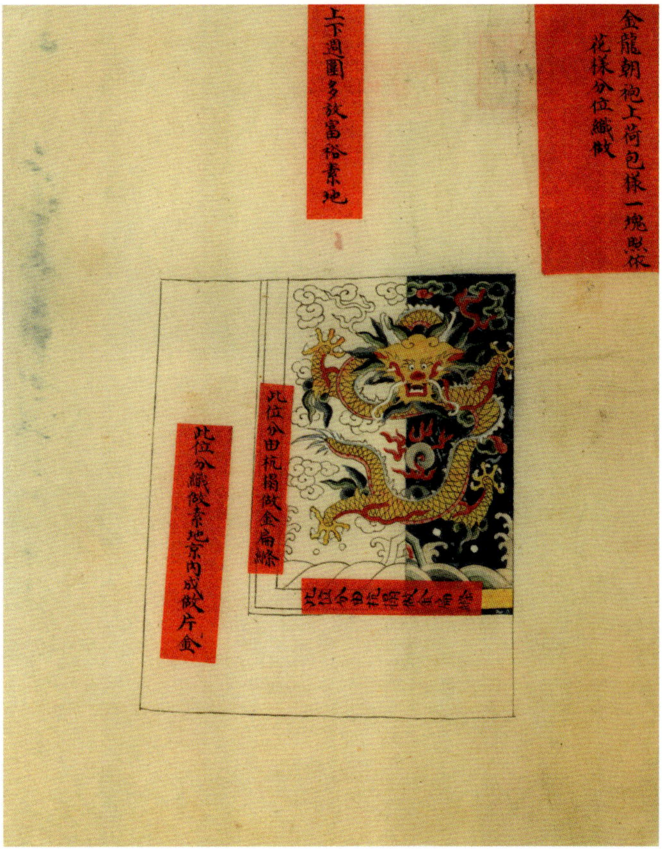

图 3-42
金龙朝袍上荷包样》
自《故宫博物院藏品大系》
本特藏编 15
清宫服饰图档》，
137 页，
宫出版社，2014 年

前各二花瓶，中插莲花。”[1] 美食与美器，均体现着皇权的至尊至荣。

定陵出土的一批膳食器皿，让我们见识了皇家的气势。

皇帝秉性各异，饮食爱好也不同。明弘治帝多食素，嘉靖帝好斋醮，亦多食斋。隆庆帝生性节俭，史称“尚食岁省巨万”。[2] 再以天启帝为例，他对海味很感兴趣，新春正月最喜用的是炙蛤蜊、炒鲜虾、田鸡腿及笋鸡脯，喜欢把海参、鳆鱼、鲨鱼筋及肥鸡、猪蹄筋共烩一处。到了六月，爱鲜莲子汤，又好用鲜西瓜种微加盐焙之。[3] 向他所进的酒有“秋露白”“荷花蕊”“佛手汤”“桂花酝”“菊花浆”“芙蓉液”“君子汤”“兰花饮”“金盘露”等，名色可达六七十种。[4]

宫内饮食随着帝后们的喜欢不断推陈出新。如隆庆帝尝思食果饼，甜食房即做“丝窝虎眼糖”。其造法器具皆内臣经手，绝不令人见，因此丝窝虎眼糖，外廷最是视为珍味。[5]

宫内饮食随节令变化不断更新。刘若愚《酌中志》详细记述了不同月令中宫廷饮食的好尚情况：正月的饺子（时称“扁食”或“水点心”）、元宵，此时的“珍味”还有冬笋、银鱼、鸽蛋、麻辣活兔，塞

1 朱家溍编著《明清室内陈设》第 12 页，紫禁城出版社，2004 年。
2 《明史》卷十九《穆宗本纪》。
3 〔明〕刘若愚撰：《酌中志》卷二十。
4 〔明〕刘若愚撰：《酌中志》卷十四。
5 〔明〕刘若愚撰：《酌中志》卷十六。

图 3-43
定陵出土金盖金托玉碗

图 3-44
定陵出土金托玉执壶

外之黄鼠，半翅鹖鸡，江南之蜜罗柑、凤尾橘、漳州橘、橄榄、小金橘、风菱、脆藕，等等，“不可胜计”。

其他的著名菜肴及食品，则有二月的黍面枣糕、煎饼及“桃花鲊”等，三月的凉糕、糯米糍粑及烧笋鹅等，四月的白煮猪肉、“不落夹”及“包儿饭”等，五月的粽子、菖蒲酒、“长命菜”等，六月的过水面、银苗菜、莲蓬等，七月的佛波罗蜜、鲥鱼等，八月的月饼、

图 3-45
明代绘画中表现的明宫御用膳食

肥蟹、西瓜及莲藕等，九月的“花糕”、菊花酒及麻辣兔等，十月的爆炒羊肚、奶皮、酥糕等，十一月的鹅肫掌、炙羊肉、馄饨等，十二月的烩羊头、酒糟蚶、醋熘鲜鲫鱼等。这说明宫廷特别注意对节令时鲜食品的摄入，也体现了王天下者食天下的特点。

清代宫廷御膳在满族传统饮食基础上吸收、融合多民族的饮食精华，成为封建社会末期最有特色的饮食文化。中国第一历史档案馆所藏清代档案中便有“御茶膳房”一宗，帝后每天吃了什么，记得清清楚楚。

清宫饮食管理的最大特点是制度化、等级化，有一系列的节庆筵宴制度和日常饮膳规制。制度的核心是等级。清朝定制，帝后妃嫔及留居宫中尚未分府的皇子人等每日膳食皆按一定“分例”备办物料。分例的数量多寡，依每个人的身份高低而有所不同，饮食盛器亦是如此。这种差异和尊卑极为苛刻。雍正七年（1729），皇帝在内廷发现

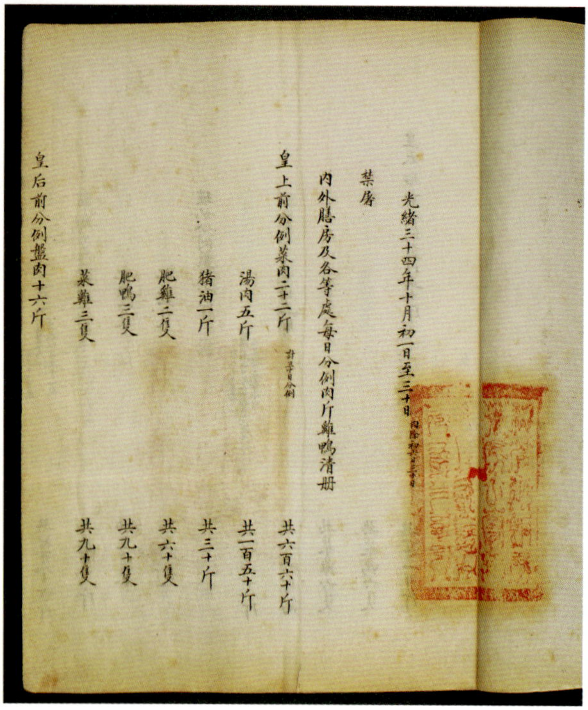

图 3-46
清膳房办买肉斤鸡鸭清册内页

后妃处膳食供给与他的相同而极为不满，严斥办事太监，并发下谕旨："似此皆礼制所关，当有分别，方于理相合。"[1]

皇帝的饮食标准自然是最高的。每日分例：盘肉二十二斤、汤肉五斤、猪油一斤、羊二只、鸡五只（其中当年鸡三只）、鸭三只，白菜、菠菜、香菜、芹菜、韭菜等共十九斤，大萝卜、水萝卜和胡萝卜共六十个，包瓜、冬瓜各一个，苤蓝、干闭蕹菜各五个（六斤），葱六斤，玉泉酒四两，酱和清酱各三斤，醋二斤。早、晚随膳饽饽八盘，每盘三十个（一盘饽饽用上等白面四斤、香油一斤、芝麻一合五勺、澄沙三合，白糖、核桃仁和黑枣各十二两）。

清帝吃饭称为"用膳"或"进膳"。皇帝的御膳房有官员、厨役370人，御茶房有120多人。皇帝每日早晚两膳，另进一次点心。皇帝传膳地点多在寝宫或寝宫附近，后妃除非奉诏，一般不陪膳，而是各自在本宫进膳。乾隆帝经常陪侍皇太后用膳，显示了对其母后的孝道与尊重。除夕有乾清宫家宴。

清帝的餐具自然华贵无比。乾隆元年（1736）八月十三日是乾隆帝的万寿节，皇帝同皇后等位养心殿后殿进早膳：用洋漆矮桌一张，摆寿意菜十二品（珐琅碗），寿意点心四品（黄盘），盘肉二盘（金碗），拉拉一品（小金碗），珐琅葵花盒小菜一品，金碟小菜二品，金

1 〔清〕鄂尔泰、张廷玉等编纂：《国朝宫史》卷三《训谕三》。

图 3-47
进膳用具
包括青玉柄金羹匙、
青玉镶金箸、金镶木把果叉、
乾隆款金胎珐琅柄鞘刀、
铜胎镀金掐丝珐琅万寿无疆碗。
这几种食具都是皇帝
进膳时用的，均为乾隆年制

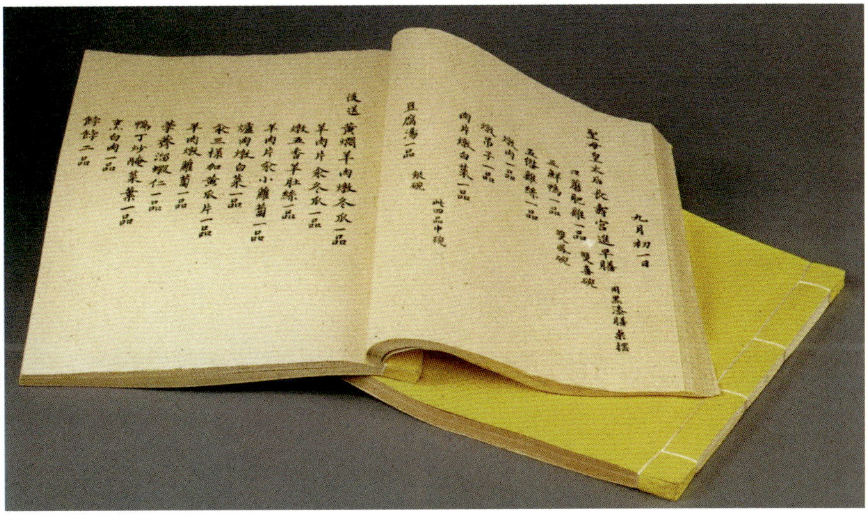

图 3-48
慈禧太后长春宫膳单
中国第一历史档案馆藏

图 3-49
道光帝御笔“恭俭惟德”贴

匙箸。摆毕，呈进汤膳豌（珐琅碗）。[1]

道光是清帝中最为节俭的皇帝。据档案记载，他一年四季的饮食都是“五品”，即每日早晚两膳菜肴、饽饽各五品。如道光五年（1825）正月十八日早膳为“燕窝红白鸭子一品、鸭子白菜一品、烩银丝一品、鸡蛋炒肉一品、羊肉包子一品”。晚膳为“燕窝红白鸭子一品、羊肉丝炖白菜一品、白煮鸡一品、鸭丝炖白菜一品、白糖油糕一品”。从膳单上看，道光帝的日常膳食十分单调，除了鸭子、羊肉、鸡蛋、包子、油糕，不见有别的花样。即使是除夕和元旦的膳食，道光帝也仍坚持节俭原则。

晚清的慈禧太后则十分奢侈。她的寿膳房设二品官做总管，统管荤局、素局、点心局、饭局和百合局，合称“五局”。早晚两次正餐，一般是 48 道菜，过年过节则达到 108 道。

器用之珍

皇家器物用品自然无比珍美，但也正像冠服、膳食一样，常有着深刻的政治意义，体现着皇权的独尊。

器用之珍充分体现在皇宫陈设上。明清两代奉天殿（太和殿）内平时陈设大致相同：金漆木制的台座，三面有台阶，周围栏杆，台上设金漆雕龙屏风，屏前设金漆大龙椅，椅左右设香几，其前设甪端（一种神兽）、香筒。地平下设四香几，上设香炉。这是皇权的象征。

1 《宫中乾隆元年至三年节次照常膳底档》，中国第一历史档案馆藏。

图 3-50
太和殿内一对立柜

殿内铺有地毯。殿两壁列大龙柜，为“戗金细钩填漆龙纹方角柜”或“紫檀四角柜”，即立柜上面再加顶箱，这种柜每对由四件组成。[1] 现在太和殿中陈设的是明嘉靖年间的金漆龙纹宝座，并陈设一对高 3.7 米的大立柜。

海峡两岸故宫博物院各藏有一幅《明熹宗坐像》，展示了宫中陈设的宝座、屏风和什物的样式、纹饰及其等级规格等信息。[2]

定陵出土不多的工艺品，透露着那个时代皇宫豪华而典雅的风尚。

清宫的陈设更为讲究与丰富。从雍正帝开始，养心殿里出现了套房。套房的出现，为室内陈设开辟了新的空间。空间大的房间只能摆放大型的家具和器物，套房多了，有利于表达帝王个人的审美追求，陈设品的数量和精致程度必然大量增加。乾隆对套房的喜爱超过任何一位帝王。他改造后的养心殿里，出现了三希堂、无倦斋、长春书屋、梅坞、寄所托、随安室等套房。乾隆时又是中国工艺美术发展史上的

1 朱家溍编著：《明清室内陈设》第 11—12 页，紫禁城出版社，2004 年。

2 吴美凤：《上之所好，下必甚焉？——从明熹宗坐像看晚明宫闱内外间的交流》，载故宫博物院编《明清宫廷史学术研讨会论文集》第 1 辑，紫禁城出版社，2011 年。

图 3-51
《明熹宗坐像》
故宫博物院藏

图 3-52
定陵出土金漱盂

图 3-53
定陵出土金盏

黄金时代，宫廷荟萃了各类精美绝伦的艺术品。

《内务府陈设档》是清宫内务府对其所辖各处殿堂陈设物品进行清点时所立的清册，共含康熙三十三年（1694）至1922年陈设档682册，真实地反映了清代宫殿陈设的特点与变迁情况。通过陈设档，我们可以看到充盈于各个宫殿之中的陈设品，不管是陶瓷、玉石、金属、漆木及竹牙角玻璃等工艺品，还是包括历代绘画、册页、贴落等的书画作品以及图书，几乎都是乾隆时期的。虽然陈设档中有标为嘉庆、道光、咸丰、光绪等朝所立者，但实际上殿里的陈设品及陈设方式基本上都是乾隆时所为，只是后来的朝代对此做了登记造册而已。乾隆时宫殿里的陈设几乎笼罩了整个宫廷。[1]

故宫博物院接收了清宫旧藏与遗存，这些器物至今还多有存藏，从中可以领略宫廷物质文化的风采。

1 王子林编著：《明清皇宫陈设》第11页，紫禁城出版社，2011年。

图 3-54
漱芳斋内的多宝格
多宝格是宫殿内部的一种装修。
格局多种多样，适合陈设
不同造型的文玩。
漱芳斋内的多宝格，
体量较大，陈设品繁多。
乾隆帝经常在此陪崇庆太后进膳

家具是其中的重要部分。故宫现藏明清家具 6400 余件，年代最早的为明宣德年间（1426—1435）。150 余件宝座是皇权至高无上的象征。坤宁宫和宁寿宫炕上陈设的总高度达 5.185 米的两对大立柜，世不经见。雍正元年（1723）为盛放孝陵所产蓍草而制的黑漆识文描金九龙纹长方套箱，在《养吉斋丛录》和《清高宗御制诗》中均有记载。一套共 24 扇的黑漆款彩围屏至今仍绚丽多彩。而供紫禁城内各个中央机构使用的“榆木擦漆”家具，则是等级的反映，是不可僭越的规矩。这些家具的特殊价值，还在于其中大多数仍然存放在原来的殿堂及位置，反映了当年的陈设原状。

图 3-55
慈禧太后居住过的
储秀宫原状陈列 [1]

1

西六宫之一的储秀宫，现在保存的是光绪十年（1884）为慈禧太后五十寿辰修建后的状况。宫内的陈设，在紫檀翘头案上，摆着高大的红珊瑚盆景，左边牙雕庆寿龙船，右边牙雕庆寿凤船，都是为慈禧太后庆寿的贡品。案前有紫檀方桌和椅，作歇息用。

此外，故宫还珍藏 1400 余件各式珠宝盆景，2500 柄以上的如意，多达 68 000 余件的笔、墨、纸、砚等各类古代文具，2300 余件清代宫廷乐器，1000 余块明清两代皇宫使用过的各种毛、丝毯，15 000 余件武备兵器，等等。清宫实际使用的不少日常物件，至今还多达几万件，包括餐饮炊具、烟酒茶及其器具、沐浴盥洗化妆器具、取暖纳凉器具、照明器具等。当时帝后实际吸食的水烟、洋烟以及鼻烟等，都有大量遗存；尚有未开封的晚清皇帝举行大婚所用的成罐喜酒，400 余件各地进贡的名茶，3000 余件梳妆用具，且还存有从国外进口的香水、香皂。另有玩具近 700 件，火镰藏品 1500 余件，鞘刀约

2000 件，香约 200 件，蜡烛 1600 余件，以及“菲力普”灯具，等等。

随着中西方文化的交流，从明万历时起，西方的钟表及科学仪器就进入宫廷。到了清代中后期，这些舶来品越来越多，得风气之先的宫廷往往最先享受到现代科技带来的文明。后妃宫室的时髦摆设竟然有了西洋科技仪器。在清人画《雍正十二美人图》中，可见一件铜镀金浑天合七政仪，而这也是被列入《皇朝礼器图式》的仪器。

西方的平板玻璃在清代属西洋珍贵奇物。雍正元年（1723），皇帝居住的养心殿最先装上了玻璃。乾隆以后，皇宫使用玻璃的记载逐渐多了起来。关于当时清宫所用玻璃的价钱，造办处《活计档》中有这样一则记载：乾隆四十九年（1784），宫中一个叫四德的匠役裁裂一块长八尺三寸、宽五尺一寸的玻璃，结果赔银六百二十二两二钱九分三厘。

晚清宫廷生活变化最大的是照明。此前常用蜡烛，晚清时传来西方的点在灯笼内的“灯笼蜡”，被称为“洋蜡”。这种洋蜡纯度高，杂质少，点燃后蜡烟少，宫里年年都要购进。慈禧太后 1907 年 11 月 22 日发布懿旨：“著西苑电灯公所速即安设宁寿宫电灯，在紫禁城外采择房间，安置机器，务于年内备齐承差，钦此。”到这一年年

图 3-56
黄花梨月洞式
门罩架子床

图 3-57
描金带彩黄杨木什锦梳具
清晚期
整套梳具包括大小梳子、竹篦、抿子、刷子、胭脂棍等共 25 件，是帝后日常用于梳发、化妆的用具
故宫博物院藏

图 3-58
《雍正十二美人图》中
可见画面左侧的铜镀金
浑天合七政仪

底，清宫开始使用电灯，并逐渐告别了宫廷蜡烛照明的时代。

清晚期，在西六宫之一的长春宫廊内壁上，竟然出现了以《红楼梦》为题材的 18 幅巨幅壁画。

西风东渐，看到的是物质，而物质背后是精神，是观念。紫禁城的这些新的变化，也是这个古老皇宫正在蜕变中的一个反映。

皇帝的财源

紫禁城的金碧辉煌，皇室的锦衣玉食，永无休止的盛大礼仪活动，各种丰厚的赏赐等，都是要花钱的。紫禁城无疑是一个巨大的“销金锅”。从理论上来说，国家财政不等于皇室的收入。为了维持皇家的奢侈排场，保证宫廷的日常用度，皇帝也要广开财路，多方

聚敛。

明朝中央财政管理机构是户部，在皇室的用度上没有专门的管理机构，主要涉及司礼监、御马监、内宫监等内府衙门，又有内府供用库、司钥库、内承运库、内府十库等。

明初国家赋税以实物征纳为主，这个时期的宫中聚敛也以实物为主，其来源不外赋税、上贡、采造、朝贡等方面。明代皇室费用从制度上说是由内承运库供给，始无定额，正统元年（1436）户部每年给皇帝提供称为“金花银”的现银。这笔款项一部分是正常的田赋折成的白银，以百余万为额，入内承运库，除给武臣俸禄十万两外，皆供皇室支用。这样，每年白银一百万两渐成皇室费用的“成例”。万历六年（1578），增买办银二十万两，共一百二十万两。[1] 但这一百二十万两只是预算内开支，预算外的开支则无法统计。为了满足君主的消费需求，内府可不断从户部太仓库和工部节慎库调入银两，甚至直接派遣内官内使往各地搜刮。弘治以后，每取太仓银补贴“御用”，叫“预备钦取银”，嘉靖三十七年（1558）取没官银达四十万两。[2]

宫廷花费状况又与皇帝的俭奢关系极大。万历初年张居正改革卓有成效，一度扭转了嘉靖、隆庆时期的财政困境，万历中后期又出现前所未有的财政危机。原因之一就是宫廷消费的膨胀，皇帝的贪婪。万历中期皇帝一人每年膳食费增至三十万两，修造定陵寿宫费银八百万两，修三大殿，仅采木一项即费银九百三十余万两。[3] 万

图 3-59
萃赏楼紫檀拼竹夹玻璃画隔扇（局部）

图 3-60
乾清宫内悬挂的电灯
摄于 20 世纪初

图 3-61
长春宫壁画（局部）

3 2 1

1 《明史》卷七九《食货三》。
2 白钢主编：《中国政治制度通史·第九卷·明代》第 386 页，人民出版社，1996 年。
3 《明史》卷八二《食货六》。

历帝不以国事为重，于万历二十七年（1599）闰四月以皇长子、三子、五子、六子、七子册立和冠婚，下诏取太仓银两千四百万两，户部告匮。

万历帝不仅奢靡铺张，更是“寡人好货”，勇于敛财，这主要表现为对土地的疯狂占有。明代皇室直接侵占的田地称为“皇庄”。这些皇庄每年向内库交纳大量的籽粒银，直接供皇室挥霍。万历对待皇族“赉予过侈，求无不获”。他的妹妹寿阳长公主下嫁、弟弟潞王到卫辉（今卫辉市）就藩、爱女寿宁公主下嫁、宠妃郑氏所生的福王到洛阳就藩，共赐予庄田六万五千八百多顷。从万历二十四年（1596）开始，万历帝又派宦官作为矿监税使，到全国各地开矿征商，掠夺工商业。

万历帝的这种贪婪，陪葬他的103件金锭也成为永远的见证。[1]

皇帝及其代表者宦官对财政管理的直接介入，使国家体制的正常调控秩序被打乱，造成内府财政与户部财政的严重混淆，也减少了户部财政收入，从而引起明代财政体制的重大变化。弘治中户部岁入白银243万两，内承运库岁进金花银101万两，内府入银占户部岁额的29%。万历初年，户部岁额1461万两，内府岁入600万两，[2]内府所入约占户部的41%。宫中消耗白银占户部岁额的比例实在惊人！为了补充中央财政的不足，户部又可以采用各种方式在地方加征加派。明朝的最后灭亡，与财政管理制度的这一特点密切相关。

清朝统治者鉴于前朝之弊，设立内务府作为管理皇室日常事务的

1 定陵共出土金锭103锭，其中出自万历帝尸体下79锭。锭有大小两种，大的十两，其上镌刻铭文或贴有纸标签。铭文内容是解金的省份、年代、成色、重量以及委官、金户和金匠姓名，个别也有不刻金户姓名的。从铭文可知这批金锭都是来自云南和顺天府的大兴、宛平两县。据《明史·魏允贞传》记载，当时的黄金主要取自云南。但云南原不产金，而由政府委官，将居民编为金户，数家为一名，派金数两，给以官价银，然后由金户四处收买，将散碎金子炼成足色上交内府。这实际上是一种强行的买办政策，使金户蒙受收买之难，包赔之苦；私自包赔多至二倍三倍者有之，造成不少金户倾家荡产。出土的几个金锭的铭文中都明确标明『赔补』字样。（中国社会科学院考古研究所等编：《定陵》上册，第163页，文物出版社，1990年。）

2 〔明〕张学颜等：《万历会计录》卷一，《天下各项钱粮原额现额岁入岁出总数》。

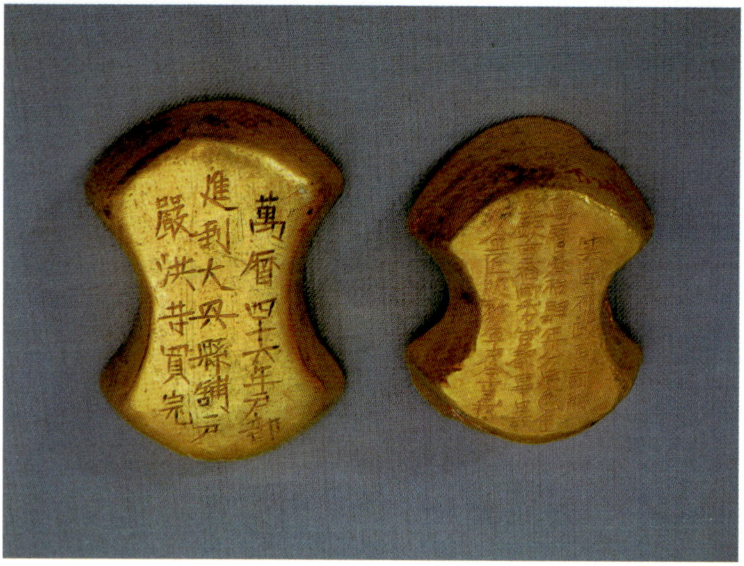

图 3-62
定陵出土金锭底部刻铭
这批金锭从铭文可知都是来自云南和顺天府的大兴、宛平两县

机构，同时在财政收支方面，也有意识地把它与政府的行政系统区别开来，自成一体，使之在通常情况下，皇室的花费尽量取之内库。[1]

清代皇家的财政收入来源，首先是皇庄。清代皇室，早在入关以前便着力于建立田庄和牧场，以供应本身和家属的生活需要。入关后，清廷从顺治到康熙初年，曾多次在京畿大规模地圈占田地，建立皇庄、马厂，同时在关外和口外蒙古地区的皇庄、牧场也不断扩展。到康熙中期，总计有各类庄园 1600 余所，占地近 600 万亩，[2] 且之后各个时期仍在增建扩充。这些庄园由内务府的广储、都虞、掌仪、会计、庆丰诸司负责经管，收取实物或租金。

内务府的经费收入分享了相当可观的国家盐税、关税的好处。乾隆年间，盐政、税关监督大多由内务府包衣任差。康熙五十二年(1713)，江宁织造李煦向皇帝报告他兼任两淮盐差一年，得盈余银 586 000 两，除过有关支出，剩下的仍近 320 000 两，都用作江宁、苏州二织造府的开销了。[3] 各地盐商还有一些不定期的报效。至于像利用皇帝寿诞、南巡等名义，直接或间接授意报效内廷的银两，其次数、范围和数额就更多更大了。

在关税方面，也有将税银的一部分盈利划拨内务府。乾隆前期，每年转解扬州关、太平关、九江关和粤海关的税银数都在 40 万两上下；另一种是将该税关的所有税银都径解内务府，这主要指由内务府派遣差官的崇文门等六税口，乾隆年间，每年的缴进数是 20 万两左右；其他诸关在完成课税奏销后，再将盈余银解交内务府。至于各差

1　白钢主编：《中国政治制度通史·第十卷·清代》第 478—479 页，人民出版社，1996 年。
2　周远廉、杨学琛：《关于清代皇庄的几个问题》，载《历史研究》1965 年第 3 期。
3　中国第一历史档案馆编：《康熙朝汉文朱批奏折汇编》第 5 册，第 259—260 页。档案出版社，1984—1985 年。

关的额外报效、献纳珍异物品，则不在其内。[1]

每年户部还要拨给内务府一定的银两，从乾隆时起，一般岁拨50万两。工部、太仆寺、光禄寺、太常寺等衙门，也有专门提供皇家服务的消费。内务府的年收入，至少在四五百万两之间。[2]

皇帝的财源还有一部分来自国内外贡物。清代有行省土贡、藩部土贡、东北地区贡物，以及作为官员例贡的端阳贡、万寿贡、年贡等几类常贡，还有祥瑞、迎銮、外国传教士等非常态性的进贡。中国第一历史档案馆整理出的康熙至宣统时期万余件（册）各种《进物单》《贡档》，记载了各地官员向内廷进贡的时间、品种、数量及其沿革变迁。臣工的进贡也早已突破了传统意义上的“任土作贡”，内外官员都可以进贡，贡品种类繁多，金、银、玉器、古玩、字画、瓷器、铜器、绸缎织物、皮张、洋货，等等。故宫博物院至今尚藏有不少藩属国贡品及外国礼品。属国贡物如积累数量颇多，为防止霉变，清廷往往将其折价变卖或赏赐他人。雍正十二年（1734）十二月，缎库所贮高丽布三万匹发卖，获银22 880余两。乾隆三年（1738）、乾隆八年（1743）安南进贡的漆扇，在乾隆十年（1745）交由崇文门折价出售。乾隆三十一年（1766）六月，茶库的七十余万张高丽纸，以头号纸每张价银四分、二号纸每张三分、三号纸每张二分变价。[3]

康熙二十九年（1690），曾将前明与现今宫廷各项费用做了比较：明宫岁用金花银九十六万九千四百余两，今悉以充饷。明代光禄寺每年送宫内所用各项钱粮二十四万余两，今止用三万余两。明宫每

1 何本方：《清代的榷关与内务府》，载《故宫博物院院刊》1985年第2期。

2 白钢主编：《中国政治制度通史·第十卷·清代》第478—484页，人民出版社，1996年。

3 章乃炜等编：《清宫述闻》初续编合编本，第114页。

图 3-63
万寿贡单
中国第一历史档案馆藏

年用木柴二千六百八十六万余斤，今止用六七百万斤。明宫每年用红萝等炭一千二百八万余斤，今止用百万余斤。各宫床帐舆轿花毯等项，明宫每年共用银二万八千二百余两，今俱不用。明宫殿楼亭门数共七百八十六座，今宫殿较之不及十分之一。前明各宫殿俱用临清砖，今出于断不可已，俱用寻常砖料。明代木料俱用楠木，今惟松木。而乾清宫嫔妃以下使令老媪、洒扫宫女以上，合计仅一百三十四人。[1]

以上所列数字不一定完全准确，或有虚誉成分，由于奉行节俭，比起明代，清代宫中皇室的消费开支确实大为减少。应该看到，当时在不少地方，皇室的家庭消费与国家的公务活动常常很难区别。单独的财政体系对皇室因耗费过度而侵蚀政府库帑有一定制约作用，但皇帝具有最高的权威，事事处处由他说了算，因此所谓的制约，也只是相对而言。

三　宫规与宫俗

明清两代，都有约束、规范宫廷行为的一系列规制。宫廷的日常文化娱乐生活是丰富的。节令宫俗与民俗有着密切联系。帝王行乐方

1 《清圣祖实录》卷一四四，康熙二十九年（1690）正月己酉。

3 2 1

式也是多样的。演戏是明清宫廷重要的娱乐活动。

宫规的变与不变

明清两代的宫规，主要集中在朱元璋主持编撰的《皇明祖训》与乾隆帝下旨纂修的《国朝宫史》中。这些规定基本上坚持了下来，但有的随着时代发展而有所变通，有的则废弃了。

《皇明祖训》是明朝皇室子孙“知所持守”的帝王家训，它既包括治国、平天下的政治内容，也有着修身、齐家的殷殷训诫。朱元璋要求帝王要有严谨的持身之道，要勤俭节约，孝顺父母，远离优伶，正后宫秩序，使后妃不得干政，选娶良家女子等，虽然他反复强调不许后妃干政，但太祖、成祖、仁宗三朝皇后都曾为丈夫夺取皇位出过力，因而对她们的干政行为需做具体分析。马皇后曾问太祖：“今天下民安乎？”太祖告诫她：“此非尔所宜问也。”但马皇后却有她的道理：“陛下天下父，妾辱天下母，子之安否，何可不问？”[1] 仁宗为帝时，张皇后即已“中外政事莫不周知”，又继续辅佐了子、孙两朝皇帝的初政，是明朝开国以来第一位皇太后。她虽威柄在手，但对外戚管束却比较严格。万历帝恩宠郑贵妃，“而防维则甚峻”。有一次，万历帝说内臣史宾可任职文书房，郑贵妃则从旁着力赞助，“上震怒，笞宾逐之南京。贵妃战栗待罪，久而始释。使居南十余年，始再召入”。[2] 可见祖训中“后妃不得干政”这一思想影响深远。

1 《明史》卷一一三《太祖孝慈高皇后传》。
2 [明] 沈德符：《万历野获编》卷三。

但是，违背祖训的也不少。如祖训强调节俭，后世几位皇帝却肆意挥霍，贪图享乐，为“开源”搜刮民财。又如规定要严祭祀，嘉靖十八年（1539）之前皇帝亲祀，从嘉靖十九年（1540）起，则由成国公朱希忠代祀；神宗在位初年亲祀两次，随后亦皆由皇亲代祀等。

有的虽未被列入祖训，但却已成制度，例如明清两代都存在过嫔妃殉死。中国上古社会的人殉制度，自秦汉改为以人俑代替，到明太祖时这一沉寂近千年的制度又死灰复燃。明太祖孝陵附葬的嫔妃达四十余人，而成祖驾崩时宫人殉死场面经由朝鲜《李朝实录》的记载更为触目惊心：“当死之日，皆饷之于庭，饷辍，俱引升堂，哭声震殿阁，堂上置小木床，使立其上，挂绳围于其上，以头纳其中，遂去其床，皆雉颈而死。”[1]明代后妃宫人的从殉，一直到第六个皇帝英宗才废止。满人入关之前亦有从殉之制。清太祖努尔哈赤于天命十一年（1626）驾崩，据《清太祖实录》记载，37岁的大妃以身相殉，入关后的首位皇帝顺治帝驾崩时也有陪殉。康熙时因礼科给事中朱裴上疏请禁而废止了这一野蛮的从殉制度。

乾隆皇帝在宫中看到一本明人吕毖从万历年间太监刘若愚辑著的《酌中志》中选编的《明宫史》，读后非常感慨，看到了宫廷治理的重要性，便重视建立各项规制，并令人纂修了《国朝宫史》。全书分训谕、典礼、宫殿、经费、官制、书籍六门。其中“训谕”收录从顺治至雍正朝圣训，乾隆帝谕旨，以昭垂内廷法制。“典礼”备著内廷典礼、仪节、规制、冠服、舆卫之制，充分体现了宫中的封建伦理纲常关系。

1 吴晗辑：《朝鲜李朝实录中的中国史料》第320—321页，中华书局，1980年。

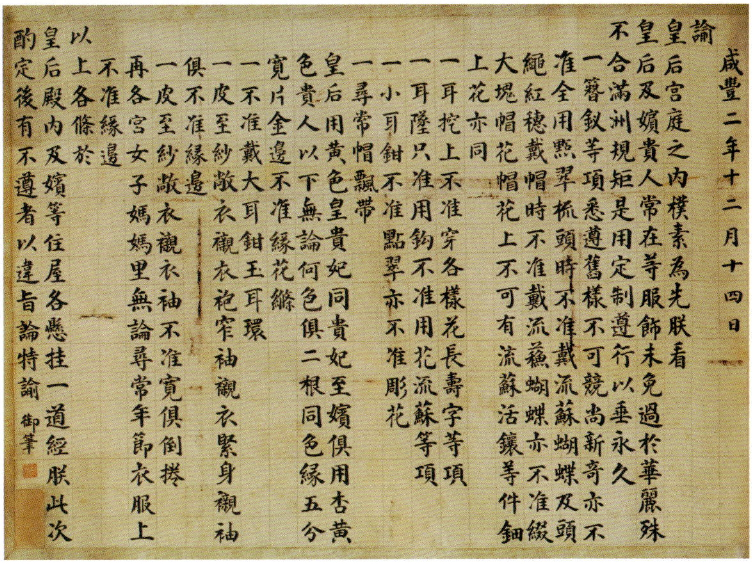

咸豐二年十二月十四日
諭
皇后宮庭之內樸素為先朕看
皇后及嬪貴人常在等服飾未免過於華麗殊
不合滿洲規矩是用定制遵行以垂永久
一簪釵等項悉遵舊樣不可競尚新奇亦不
准全用點翠梳頭時不准戴流蘇蝴蝶及頭
繩紅穗戴帽時不准戴流蘇蝴蝶亦不准綴
大堍帽花帽花上不可有流蘇活鑲等件鈿
上花亦同
一耳挖上不准穿各樣花長壽字等項
一耳墜只准用鈎不准用花流蘇等項
一小耳鉗不准點翠亦不准彫花
一尋常帽飄帶
皇后用黃色皇貴妃同貴妃至嬪俱用杏黃
色貴人以下無論何色俱二根同色緣五分
寬片金邊不准緣花絛
一不准戴大耳鉗玉耳環
一皮至紗敞衣襯衣袍窄袖襯衣緊身襯袖
俱不准緣緣邊
一皮至紗敞衣襯衣袖不准寬俱倒捲
再各宮女子媽媽里無論尋常年節衣服上
不准緣邊
以上各條於
皇后殿內及嬪等住屋各懸挂一道經朕此次
酌定後有不遵者以違旨論特諭 御筆

图 3-64
咸丰帝书谕后妃贴落
款署咸丰二年十二月十四日
故宫博物院藏

清代宫规的着重点是严防太监干政，也确实达到了这一目的。

为了保持满族的传统，保护爱新觉罗家族的政权，清统治者把“国语骑射”训谕为祖制家法。清太宗皇太极特别要求对“孩儿”从小进行锻炼，“子弟壮者当令以角弓羽箭，幼者以木弓柳箭”[1]进行训练。故宫今天还藏有小皇子或阿哥们使用的小弓、小箭及小櫜鞬等训练骑射之器具。为了练习骑马，宫廷专门制作了木马形状的木架，架上备有真形实用的马鞍，又分大、中、小三种式样，以适应不同年龄、高矮身材和骑射技能的阿哥等人练习骑用。这些木架马鞍还多有存留。[2]

康、雍、乾诸帝致力于防止满人汉化，重视使用满语，在语言上颇为留神。乾隆七年（1742）谕满洲人等：凡遇行走齐集处，俱宜清语，“行在处清语，尤属紧要”。[3]乾隆三十九年（1774），乾隆发现宗室公宁僧额竟不能使用清语，感到了宗室清语教育的紧迫性。[4]雍正说“满洲旧习最重学习清语”[5]，并曾下令，凡是侍卫护军，只许说满语，不许讲汉话。八旗训练时，亦只讲满语，如果仍有说汉话的，定将该管大臣、官员严肃治罪。[6]语言与文字紧密相连。清室办宗学、觉罗学、八旗官学，亦以满文为主要课程，教育旗人不忘本民族文字。为了适应各民族文化交流的需要，同时也为了八旗子弟便于学习满文，由官方组织人力编纂了大量的满文工具书。如康熙帝敕修《清文鉴》二十五卷，后经乾隆年的不断增补，“清文鉴”系列发展为一部辑满、藏、蒙古、维吾尔和汉五种不同语言文字的对照分类辞

1 《清太宗实录》卷五四，崇德六年（1641）二月己未。
2 毛宪民：《习武木兰 勿忘家法——清代皇帝对皇子骑射学习的重视》，载《紫禁城》2019年第8期。
3 《清高宗实录》卷一六三，乾隆七年（1742）八月下。
4 《清高宗实录》卷九百八十，乾隆四十年（1775）四月甲申。
5 《清世宗实录》卷六五，雍正六年（1728）正月庚辰。
6 《上谕内阁》，雍正十一年（1733）十一月二十七日谕。

图 3-65
皇子自幼学习训练
骑射的中型木架马鞍
故宫博物院藏

书——《御制五体清文鉴》。以上种种努力虽然也有一些成效，但实际上无法根本改变满语文濒临消亡的历史大趋势。宣统元年（1909），议员江谦在清政府资政院会上提出把北京“官话”正式定名为“国语”，风雨飘摇中的清政府无奈接受了这项提案。1910 年，清政府通过了《统一国语办法案》，正式放弃满语、满文的国语地位。然而，该法案还未来得及实施，清政府就被辛亥革命推翻了。

“汉人习气”是清朝皇帝对汉文化的鄙薄称呼。防止沾染“汉人习气”，保持满人传统即“满洲旧习”，是皇帝时刻警惕关注的大问题。乾隆帝和嘉庆帝等曾屡次在宗室起名问题上重申这一原则。乾隆认为宗室成员“满吉善”的取名，是以满为姓，便将其名改为吉善，并在谕旨中予以斥责。[1] 嘉庆帝在刑部呈进的题本内看到有一个叫“觉罗太”的人名，质问此名是何取意，“竟染汉人习气矣”。[2] 乾隆有一次看到皇十五子手执的扇子上题画诗句是出自十一阿哥之手，落款有“兄镜泉”字样，认为这是师傅辈的书生习气，以别号为美称，非皇子所宜，要阿哥们警惕“习为文弱而不能振作”。[3]

1 《钦定大清会典事例》（嘉庆）卷一。
2 《钦定大清会典事例》（嘉庆）卷一百十七。
3 [清] 庆桂等编纂：《国朝宫史续编》卷一，《训谕一》。

坤宁宫春秋大祀神后，皇帝必同王公大臣一起进坤宁宫食胙肉，吃不完时，由轮值的侍卫入内食之。乾隆称这是“爱新觉罗家族的家法”。乾隆五十二年（1787）十二月，皇帝在一道谕旨中指斥太监竟把坤宁宫祀神后应给散秩大臣、侍卫吃的胙肉偷走售卖，用零星碎肉充数，以致散秩大臣、侍卫不以吃胙肉为荣，反以为耻，进内食肉的逐渐减少。他认为这是“风俗不古”，于是派御前侍卫一人、乾清门侍卫二人进宫同吃，以免太监从中作弊。[1] 可见宫规也在慢慢改变。

清初，痘疹（天花）曾严重威胁清皇室生命安全，顺治帝的早亡、康熙帝脸上的麻痕就是最好的证明。皇室为抵御其侵害，就产生了有关“避痘”的礼仪与风俗，如祭堂子礼仪增加了“痘祭”的内容。逢痘疹盛行时，皇室喜欢别居于清净之地，主要是寺院和园林建筑，因此有论者认为，避痘是导致满族皇家园林文化产生的重要原因之一。从康熙十九年（1680）起，清宫为幼小的皇子皇女种痘，种痘礼仪大致分为四个步骤，历时二十余天：一是择吉，即择一种痘的黄道吉日；二是种痘；三是供圣，在种痘地点设祭，所供诸圣均与痘疹有关，如天仙娘娘、瘢疹娘娘、眼光娘娘及痘儿哥哥、药王、痘儿姐姐、药圣等；四是送圣，皇子皇女从出痘至痊愈满 12 天后，举行隆重的送圣仪式。[2]

清宫还有一条不成文的规定：太后去世，从皇帝起，皇子皇孙都必须守孝，守丧期间，不得亲近女眷。咸丰五年（1855）七月初九（公历 8 月 21 日），恭亲王奕訢的生母、道光帝的孝静成皇后去世。

1 [清] 庆桂等编纂：《国朝宫史续编》卷三，《训谕三》。

2 王艳春：《清初皇室有关『痘疹』之礼仪风俗杂谈》，载支运亭主编《清代皇宫礼俗》，辽宁民族出版社，2003 年。

可就在第二年8月26日，咸丰的弟弟，奕訢的哥哥，也就是道光的第五子惇亲王奕誴却“喜”得一子。太后去世，这位老五很是“不谨”，竟在持服期间诞下王子，在当时，这是极不光彩的事情。等到要报宗人府，上皇家宗谱玉牒时，问题来了。宗人府也有个不成文的规定，对这种生于服中的“孽种”，命名时须在名中加一个“犬”字，以示他的不孝有悖于人伦，如禽兽一般。奕誴此子，与同治载淳、光绪载湉一辈，行辈字为“载”，下一字应用三点水的偏旁，三点水再加一个“犬”字，就有了“载漪”这个名字。这位载漪，即后来被指为义和团祸首的端王，也是“大阿哥”溥儁的生父。[1]

节令宫俗

节令是节日、时令、节气的总称，是古代社会生活的节律。有些源于农耕文化的节气超越了时序的概念，发展成为具有一定社会意义的传统节日。大多节令都伴随着一些特别的民俗活动，包含着丰富的内容和礼仪形式。明清宫廷的节令活动也以其特有的宫俗而显得丰富多彩。

据刘若愚《酌中志》记载，明宫中月月有节，而且活动多样，主要体现在装饰、饮食与服饰方面。如端午，门两旁安菖蒲、艾盆。门上悬挂吊屏，上画天师或仙子、仙女执剑降毒故事，须悬一个月再撤。饮朱砂、雄黄、菖蒲酒，吃粽子，吃加蒜过水面，赏石榴花，佩艾叶，

1 《清代皇族的名讳》，载周劭著《一管集》，第75页，山西出版集团·三晋出版社，2010年12月；李文君《试说紫禁城中的蓝印章》，南开大学历史学院、故宫博物院故宫学研究所《『故宫学与明清宫廷史』学术研讨会论文集》，2016年，内部印行。

合诸药，画治病符，穿五毒艾虎补子蟒衣。皇帝则驾幸西苑，斗龙舟，划船，或幸万岁山前插柳，看御马监男士跑马走解。

七夕节宫眷穿鹊桥补子，宫中设乞巧山子。九月自初四日起换穿罗料重阳景菊花补子蟒衣，皇帝驾幸万岁山或兔儿山、旋磨台登高，吃迎霜麻辣兔、饮菊花酒。冬至节穿阳生补子蟒衣，室中多挂绵羊太子画贴。此月做糟腌猪蹄、猪尾、鹅肫掌，吃炙羊肉、羊肉包、扁食馄饨，以为阳生之义。这些记载表明，过节也是明代宫廷内人们日常生活的重要组成部分。

当然最重要的是年节了。年节期间，“门旁植桃符板，将军炭，贴门神。室内悬挂福神、鬼判、钟馗等画。床上悬挂金银八宝、西番经轮，或编结黄钱如龙。檐楹插芝麻秸，院中焚柏枝柴，名曰‘煹岁’”。仅正月就有初一正旦、立春、人日、上元、燕九和二十五等六个节，而每个节日都有从属于它的习俗活动。正月初一五更起，焚香放纸炮，将门闩或木杠于院地上抛掷三度，名曰“跌千金”；饮椒柏酒，吃水点心，即“扁食”，或暗包银钱一二于内，得之者以卜一年之吉；是日亦互相拜祝，名曰“贺新年”；所食之物，如曰“百事大吉盒儿”者，柿饼、荔枝、圆眼、栗子、熟枣共装盛之；人日要吃春饼、和菜；上元节，内臣宫眷皆穿灯景补子蟒衣，又要吃元宵、逛灯市；燕九节访白云观；二十五日是“填仓”节，“亦醉饱酒肉之期”等。

正月十五上元节放灯则是重中之重，上元节即元宵节，朱元璋

立国后特别注重元宵节，开始放灯十天，以示帝都繁华。朱棣依旧俗，正月元宵赐百官宴，听臣民赴午门外观鳌山灯三日，后在历代得以保留实施。元宵赏灯这一习俗，已成了上自帝王百官，下至商贾士民，万人空巷的全民性活动。紫禁城内悬灯结彩，皇帝召群臣赐宴于殿，舞乐于庭，观灯于苑，一派君臣同乐的祥和氛围。

明宪宗成化帝荒于朝政，却向来重视上元灯火事宜，往往十一月就做预备，要买两万斤黄蜡为元宵灯烛之用，耗资巨大。成化二年（1466）大臣章懋等建议废止元夕烟火，被宪宗以“元夕张灯，祖宗故事”为由，“杖之阙下，左迁其官”。[1]《明宪宗元宵行乐图》就呈现了这一场面。画卷为绢本设色，引首有“成化二十一年仲冬吉日”题签。此图卷绘成化帝庆赏元宵的情形，共三幅场景，宪宗着不同的盛装，或站或坐，表情庄肃地欣赏宫廷举办的各种活动。画面中真实地描绘了紫禁城元宵节时的热闹场景，以及放烟花爆竹、放花灯、设街市、耍杂技、表演魔术及办鳌山灯市等场面。这幅图卷充分展现了“闹元宵”的“闹”的情景，显示上元节活动已成为明代宫廷生活中不可缺少的部分。

清宫中的节令习俗多是沿袭明宫以及更古老的旧习，有的也是清宫所独有的。节令中活动最多的莫过于新年前后，主要有悬挂椒屏、岁轴，开笔书福，煮腊八粥，放爆竹，挂春联，挂门神，张挂宫训图，祭灶，安天灯，设贡品，掸尘。除夕，皇帝除受朝拜、赐宴等典礼活动外，要到处拈香、礼佛、敬祖，以求神灵保佑在新的一年里国泰民

1　[明]余继登辑：《典故纪闻》卷十四，第258页，中华书局，2006年。

图 3-66
《明宪宗元宵行乐图》（局部）

安、吉祥如意。

每年元旦子时，皇帝都会在养心殿东暖阁举行开笔仪式，以金瓯永固杯饮用能消灾延寿的屠苏酒，点燃“玉烛长调”烛台上的蜡烛，再用“万年青笔”写下新年祝福吉语，同时翻阅是年的历书，祈愿政权稳固、风调雨顺。乾隆帝于每岁元旦，还必书写《心经》一册，并有御制元旦诗，书为屏幅，挂于养心殿，又在乾清宫之弘德殿进素馅煮饽饽（饺子）。饽饽内包有大样钱两个，若下箸得之，以为吉利。

月令也有很多讲究，多和民间习俗相连，又有宫廷特色。正月十五为上元节，宫内及北京市肆均悬灯相庆，故亦称灯节，而且已有冰灯的制作。乾隆御制《冰灯联句》诗序中谓：“片片鲛冰，吐清辉而交璧月；行行龙烛，腾宝焰而灿珠杓。”其景颇为可观。每年二月初一，养心殿院内要摆太阳糕供以祭日。乾隆时，太阳糕一个重54斤，一桌共重350斤8两。当时民间亦有此俗，相传自唐代开始。五月五日端午节，清初皇帝和大臣多于西苑乘舟欢宴，乾隆时多在圆明园奉太后于蓬岛瑶台观竞渡。

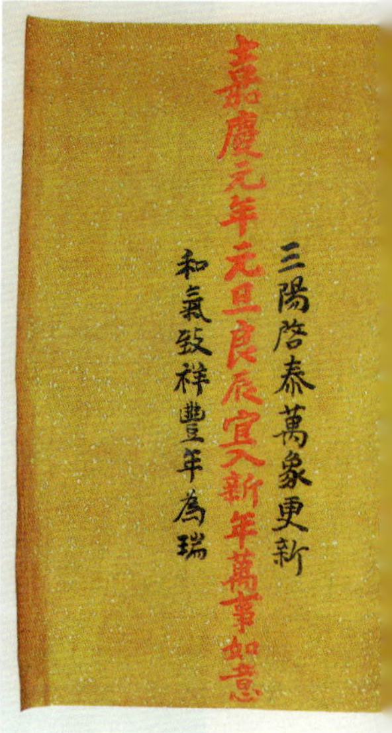

七月七日传说为牵牛、织女聚会之夜，清宫中规定七夕祭牛女星君，设供献 49 种，帝、后率内廷各主位拈香行礼，地点多见在御园。是日并献节令承应戏《七襄报章》《仕女乞巧》。

中秋节是中国传统的大节日，宫中亦设供祭月，沿晋人说法，谓月中有玉兔，祭时用纸画像或泥塑兔像。九月九日登高，传说是为了辟灾，清宫亦沿此俗，在京时多登香山。冬至在宫中被列为三大节之一，除皇帝亲至天坛举行最高级的祭天典礼并庆成之外，因从这天开始进入最冷的“数九”天气，还要在各宫内均挂起《九九消寒图》。[1]

明清宫俗的主要源流是世代累积的习俗，同时又容纳各民族的部分习俗才逐渐成为一个庞大多姿独立的体系。明清两代宫俗有联系又有一些不同，如祭灶，明代是腊月二十四，清代不知为什么变成了腊月二十三；冬至节明宫挂《九九消寒诗图》，清宫挂《九九消寒图》，名相似而内容设置有变化。明清宫俗与民俗是互相影响互相渗透的，但由于宫中政治、经济条件的无比优越，宫俗就变得繁琐、华贵和典制化。[2] 例如时令饮食习俗是民间和宫廷共同具有的，但宫廷食俗更显示出尊贵、奢华的气派。腊月二十三清宫、民间都要祭灶，清宫沿用黄羊祭灶，民间则难以做到。但无论是宫俗还是民俗，其共同点都是祈求平安吉祥，既有庄重的仪式，又带有娱乐的特点。

图 3-67
交泰殿门神旧影

图 3-68
金瓯永固杯
此杯金质，通体镶满珠宝。开笔前，先注入屠苏酒，祈求平安健康、江山永固

图 3-69
嘉庆帝手书吉语

1 万依等：《清代宫廷史》第 325—329 页，辽宁人民出版社，1990 年。

2 万依：《清代宫俗与民俗》，载《故宫博物院院刊》1985 年第 2 期。

图 3-70
《乾隆帝元宵行乐图》轴
清宫廷画家绘
故宫博物院藏

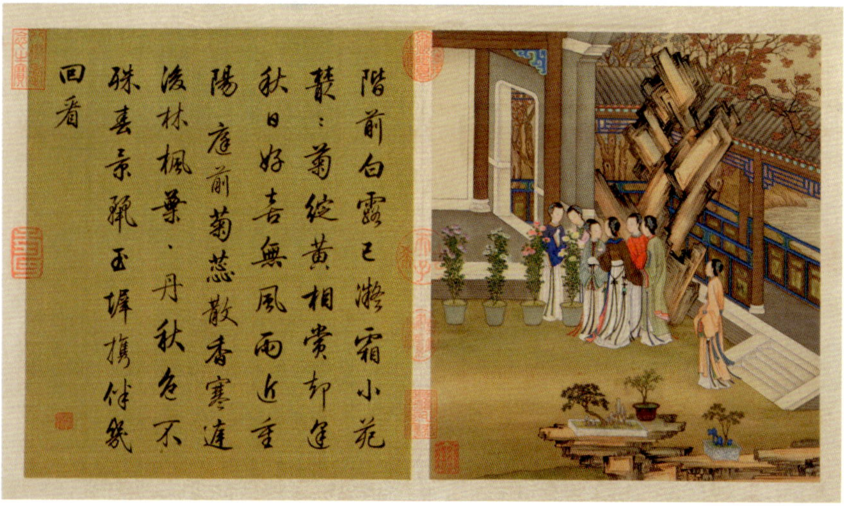

图 3-71
五毒袋
故宫博物院藏

图 3-72
《月曼清游图册》之
“重阳赏菊”
清陈枚绘。此图册于乾隆三年（1738）绘成后深得乾隆帝赞赏。图册描绘的是宫廷嫔妃们一年12 个月的深宫生活，通过一幅幅生动的画面展现了宫廷生活与民间生活的密切关联
故宫博物院藏

“行乐图”

帝王除过军国大事，也有自己的休闲娱乐活动。表现帝后日常生活、游乐场景的纪实类绘画作品，被称为“行乐图”。行乐图具有帝王肖像画的性质，展现出帝王及其他宫廷人物悠闲的生活情趣样貌。有研究者认为，就宫廷的层次而言，行乐图是一种展示权力与从属关系的图像。[1]

帝王行乐图起源较早，明代宫廷画家所绘的帝王行乐图以明宣德时期作品较多，也是于帝王行乐图上冠名“行乐”字样之始。北京故宫藏

1 〔美〕高居翰：《〈十二美人图〉产生脉络》，载《故宫文物月刊》2009 年第 321 期。

图 3-73
明宣德官窑黄地
青花瓜瓞纹蟋蟀罐
引自苏富比拍卖行
《中国艺术品目录》1989 年刊

有三幅，其中一幅《明宣宗行乐图卷》描绘的是朱瞻基在宫中行乐的情景，全图共分六段，画面上朱瞻基身着便服，头戴檐帽，坐于御园观看射箭、蹴鞠、捶丸，并亲自执杖捶丸、掷箭投壶。此图布局宏大繁复而又细致入微，生动地表现了朱瞻基在宫中悠游逸乐的场面。宣德帝治国有方，但又是一个大玩家，颇事游猎玩好，喜欢在宫中从事各项竞赛活动，斗蟋蟀、斗鸡和飞鹰走狗，在宝物的玩好上也极尽奢华，致使其宫廷娱乐趋于腐化。他最喜欢斗蟋蟀，专门派宦官到苏州采办优质蟋蟀，还密令苏州知府况钟协助办理等。这些记载大都出自晚明时的野史笔记，且无实物证据，有人表示怀疑。但是出土于景德镇明御器厂故址的蟋蟀罐，有着宣德年款和绘有双角五爪龙纹的虫罐，证实明宣宗确有蟋蟀之好，有关记载虽然来自传闻，但应真实可靠。[1]

清代宫廷行乐图最盛时期为雍正、乾隆两朝。《清代宫廷绘画》[2]收入五种雍正行乐图，描绘雍正帝身穿各式衣服，装扮成各种身份的人的画像。第三种十三页，组图中雍正的装束十分多样，很多幅均身着汉族衣冠，作文人装扮，模仿历史上或传说中的名人，如偷桃的东方朔、题壁的苏东坡、竹林抚琴的阮籍等，亦有扮作蒙古、藏各族的。最奇特的是装扮为西洋人刺虎的一幅，当然这是游戏之作。我们似乎看到，他虽然受到严格的冠服制度的约束，但在灵魂深处却驰骋着种种幻想、向往，甚至是冒险，诉诸图画也是一种表达。

乾隆皇帝的行乐图也很多，同样有着汉装画、着佛装画，但总的是反映着文人的情趣。题为嘉庆、道光的行乐图故宫也有收藏。清代

1 刘新园：《明宣德官窑蟋蟀罐》修订本，生活·读书·新知三联书店，2019 年。

2 《故宫博物院藏文物珍品全集·清代宫廷绘画》，商务印书馆（香港）有限公司，2005 年。

图 3-74

《明宣宗行乐图》轴

明商喜绘，此图表现宣宗出行游猎的场面，宣宗位居队列之首，
身材魁梧，体态雍容，头戴尖顶圆帽，身着窄袖衣，率领随从骑马出巡
故宫博物院藏

图 3-75
《雍正行乐图册》
之“刺虎”

帝王行乐图将西洋画法的逼真写实能力与中国传统的审美意境营造结合了起来，很有美感。

很多有关明清帝王，特别是清代帝王的绘画，虽未题为“行乐图”，但仍然反映的是帝王的游乐生活，例如他们的读书、写字、凝思、漫步等。有的皇帝虽无图画的记录，但以“玩”名著称。例如明熹宗，“帝性机巧，好亲斧锯髹漆之事，积岁不倦”[1]。

“乐”是一种兴趣选择与自我感受。皇帝的行乐方式各不相同。乾隆皇帝说他以写诗为乐，康熙帝则把大量精力投入科学研究上。康熙帝在西苑丰泽园亲自培育早熟水稻，又著《康熙几暇格物编》，这本书记录的是康熙对天文、地理、古生物、动物、植物、医药、哲学等科学文化现象的调查、实验。他在“御稻米”条中记载了单穗选择而获得优良稻种的实验经过，在“风随地殊”和“风无正方”条中都讲了验证风向的问题，在“泰山山脉自长白山”条中认为山东的泰山是长白山脉通过辽东半岛和渤海进入山东而形成的，这是非常可贵的见解。康熙在这个过程中自得其乐。

娱乐和体育往往结合在一起。明清两代就有一些相同的活动，例如端午节射柳，这是一种练习射箭技巧的游戏。据明人记载，射柳就是将鸽子放在葫芦里，然后将葫芦高挂于柳树上，弯弓射中葫芦，鸽

1 《明史》卷一九三，《宦官（二）魏忠贤》。

图 3-76
《康熙帝读书像》
故宫博物院藏

子飞出，以鸽子飞的高度来判定胜负。射柳与打马球常同时举行。永乐时，端午射柳已成为宫中一项重要活动，还曾发生过这么一件事：其时权臣纪纲野心膨胀，竟萌生出利用射柳活动，学赵高的指鹿为马，故意不射中柳，以此来试探有多少人忠于自己。朱棣在射柳仪式上识破其心思，后将纪纲及其同党一网打尽。[1] 清初，每逢端午节，也会在天坛举行射柳活动，同时也有马球比赛。

又如冰上运动。据《酌中志》记载，万历年间，禁网疏阔，每于河冻之后，近京贫民群来趁食，于皇城内外，凡有冰处，拉拖床以糊口。“遇雪满林皋，坐拖床者艳素相间，交拉如织。”清代则把这种运动称为“冰嬉”，不只供岁时娱玩，主要是为了演武。清宫有太液池冬月表演冰嬉的典制。届时从八旗将士和内务府上三旗官兵中挑选“善走冰”的能手上千人入宫训练，于冬至到“三九”时在西苑太液池进行冰上比赛、表演，皇帝坐在船形冰床上亲临现场阅视，王公贵族、文武百官陪同。赛后，皇帝分别等次，恩赏银两。金昆、程志道、福隆安的《冰嬉图卷》，描绘的就是八旗兵在金鳌玉蝀桥之南的中海表演冰嬉的场面。清盛世时，八旗皆须参加冰嬉演练。道光初年，改命只由内务府三旗演练，后内务府三旗演练亦停。

明宫每年七月有斗促织（蟋蟀）活动。促织之善斗者一只可值银

1 《明史》卷三百七，《纪纲传》。

十余两不等，各有名色，用来赌博。明宫养促织之风延续到了清朝，促织的鸣声在紫禁城响了四百多年。康熙时，还命奉宸苑使取络纬种。络纬即莎鸡，俗称“纺织娘”。络纬种育于暖室，每设宴，则置绣笼中，唧唧之声不绝，遂以为例云。[1]

宫中养狗养猫最为普遍。《酌中志·内府衙门职掌》中记载，“宫猫”的管理机构是猫儿房，专门负责饲养御前有名分之猫。公猫曰“某小厮”，阉割者曰“某老爹”，母猫曰“某丫头”，有名封者曰“某管事”。嘉靖帝最喜欢的一只猫叫“霜眉”，它死后用金棺收殓埋葬在万岁山，题碑为“虬龙冢”。[2] 清内务府下设内、外养狗处，分养玩

1 《清高宗御制诗二集》卷一，《咏络纬》诗序。

2 ［清］于敏中主编：《日下旧闻考》卷三十五《宫室》。

图 3-77
《冰嬉图卷》（局部）
清金昆、程志道、福隆安绘
故宫博物院藏

赏狗与猎狗。雍正帝酷爱狗，曾亲自设计狗窝、狗笼、狗衣、狗垫，对其尺寸、用料、样式、图案一丝不苟，并再三谕令有司精心制作。凡皇帝宠爱的狗、猫均称以美名并绘入图册。如故宫博物院现藏的《猫犬名册》中，绘猫 120 余只，其名有金豆儿、秋葵、金橘、灵芝、玉虎等；绘犬 30 余只，其名有墨喜、水晶、玫瑰、杜鹃、桃花、喜姐、如意等。这些猫狗均为中西名贵品种。

明代宫廷中的棋类有多种，供帝后妃嫔们消遣，如围棋、象棋、双陆棋等。清代宫中棋牌种类更多，还有蒙古象棋、麻将牌、纸牌等，无所不备。这些故宫都有存藏。

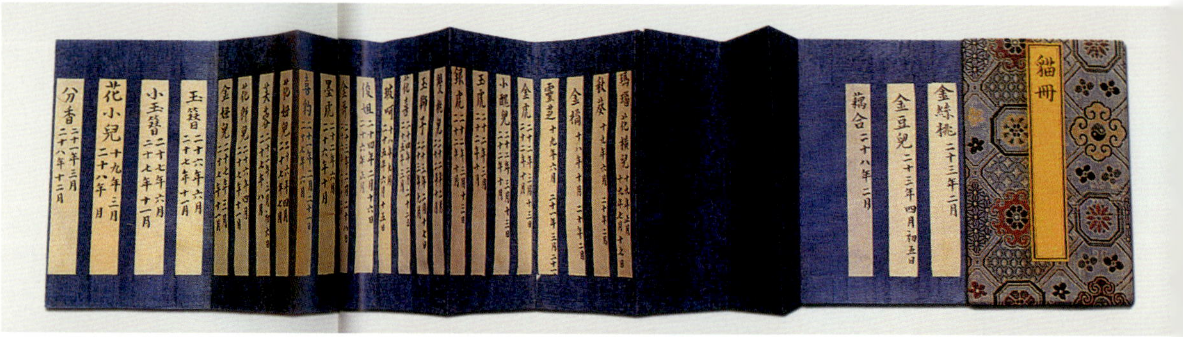

与明宫不同的是，清宫有了不少西洋机械玩具。这类玩具以发条为动力，通过齿轮驱动，凭借机械的手段，模拟人的动作，如写汉字、表演魔术、跳舞、吸烟、搧扇等，或表现小鸟轻舞羽翼、婉转啼鸣以及走兽的复杂动作等，为宫廷生活平添不少乐趣。乾隆三十五年（1770）进入清宫的英国人威廉姆森所制造的能书“八方向化，九土来王”的写字人钟，至今已有250多年的历史；道光九年（1829）入宫的铜镀金鸟音魔术人钟是瑞士人路易斯·罗卡特的杰作，至今也近200年。由于清宫钟表修复技术传承不绝，这些机械人钟至今仍能自如地表演。[1]

清代连续有三位皇帝幼年即位。为了让年幼的皇帝和皇子们享受到童年的欢乐，清宫采买制作了大量儿童玩具，故宫现仍有相当数量的收藏。如太平鼓，在《弘历元宵行乐图》中就可见儿童舞太平鼓的

图 3-78
清宫《猫册》
故宫博物院藏

图 3-79
红色牡丹纹闪缎夹狗衣
清光绪年制。
长127厘米
故宫博物院藏

图 3-80
《奕詝慈禧对弈图》
引自故宫博物院编《清宫图典·生活卷》，290、291页，故宫出版社，2019年

1 关雪玲：《鸟音笼、写字人、魔术人：清宫的机械玩具》，载《紫禁城》2014年第2期。

图 3-81
铜镀金写字人钟

形象；如风筝，清宫制作的风筝往往装饰有海水江崖、龙纹、宫殿等皇家独有的图案；造型不同的彩塑兔儿爷；小孩子玩“过家家”的多种玩具，有小瓷茶具、成套的西洋铜累丝小桌椅、藤编小篮子、小纺车、小银船、洋铁轨及小火车、小床及洋娃娃等；益智的有七巧板、穿针板等传统玩具，还有来自英国和法国的积木、金属插件拼接玩具，等等。这些玩具曾伴随清宫小主人成长。[1]

这些日常多样的游乐活动，使森严的紫禁城显示出活泼的、世俗的一面。

演戏之盛

明清宫廷戏剧都很繁荣，尤以清代为盛。宫廷演戏是文化娱乐活

1 万秀锋：《小皇帝的玩具》，载《紫禁城》2014年第2期。

图 3-82
儿童玩具
“益智图”、滑稽小丑（英国彩色积木）、“七巧图”、纸制鲇鱼风筝

动，但又十分强调戏曲的仪式功能，歌颂皇恩、庆赏升平，着力渲染热闹富丽的景象，显示了独特的宫廷文化烙印，正如清代漱芳斋戏台上的匾额：“升平叶庆”。

宫廷戏剧是明宫礼乐文化的一个组成部分。明太祖朱元璋很重视戏曲的教化作用。据说，他看了永嘉高明写的《琵琶记》后笑着说：“《五经》《四书》，布帛菽粟也，家家皆有。高明《琵琶记》，如山珍海错，贵富家不可无。”于是“日令优人进演”。[1]《琵琶记》因此理所当然地成为洪武朝宫廷内外戏剧舞台上的“样板戏”。

明代宫廷里的钟鼓司设有戏班子，为帝后御前演出。戏班子的演员由太监充任。教坊司的乐工乐妇有时也承应御前演唱。所演剧目，据《酌中志》载，有过锦之戏、杂剧故事、水傀儡戏等。“过锦之戏，约有百回，每回十余人不拘，浓淡相间，雅俗并陈，全在结局有趣，如说笑话之类。”

明宫规定，每年秋收季节，钟鼓司要演打稻戏。这是一种以表演农村耕作和征粮收税为内容的小戏。皇帝驾幸西苑旋磨台、无逸殿等

1 〔明〕徐渭：《南词叙录》，载中国戏曲研究院编《中国古典戏曲论著集成（三）》，第 240 页，中国戏剧出版社，1959 年。

图 3-83
漱芳斋院内戏台

图 3-84
漱芳斋院内戏台唱戏老照片
故宫博物院藏

处，钟鼓司艺人扮作田间里的农夫农妇及田畯官吏，通过征租、交纳、词讼等事，表现稼穑艰难之意。钟鼓司所演的杂剧大多沿用金元时期的院本，一般不做整场演出，只演一部戏中的几出。钟鼓司承应太监经常奉命清唱。由钟鼓司太监及教坊司乐工乐妇在御前所演的杂剧主要是一些吉庆戏，如《三星下界》《天官赐福》等。

到万历时期，宫廷演剧体制及声腔剧种等方面都开创了新的局面，并完成了由北曲杂剧向南曲传奇的转型。神宗特设四斋近侍 200 余人，专习宫戏、外戏，为皇太后演出外边新编戏文，又自设玉熙宫近侍 300 余人习宫戏、外戏，凡皇帝升座，皆由玉熙宫戏班承应。所习宫外戏有弋阳、海盐、昆山诸腔，不再属于钟鼓司，后来发展为以昆山腔为主的戏曲流派，一直被宫廷采用。遇有重大庆典时，有时还召宫外戏班入宫献艺。崇祯时期，皇后生日，沉香班伶人曾入宫演出《西厢记》《玉簪记》等戏。[1]

天启皇帝以其两件事在明代宫廷戏剧史上占有一席之地：一是在回龙观赏海棠时演《雪夜访普》，亲自扮宋太祖；二是自创水傀儡戏。刘若愚在《酌中志》中对此戏的做法与原理有详细介绍。因是将傀儡放在浮于水面的竹板上进行的，故名之“水傀儡”，而搬演这种水傀儡戏的贮水“方铜池”和“方木池”也成为一种名副其实的“戏台”。[2]

清统治者入关后很快和戏曲艺术结下不解之缘。有清一代，戏曲演出在宫廷日常娱乐和节日庆典中必不可少。为此，内廷特意搭建戏

1 北京市地方志编纂委员会：《北京志·世界文化遗产卷·故宫志》第 505—506 页，北京出版社，2005 年。

2 李真瑜：《明代宫廷戏剧史》第 167 页，紫禁城出版社，2010 年。

图 3-85
《康熙万寿图》上
戏台演出《鸣凤记·吃茶》

台，制作戏曲服装、切末（舞台布景与道具），创作了许多专为宫廷演出用的剧本。清宫大内演戏，根据不同节令有“月令承应”“庆典承应”“临时承应”等戏差。康熙年间改设南府为管理宫中演戏机构，同时也是戏曲的演出团体和教学部门。清宫大规模的演戏始自康熙二十二年（1683），当时拨内帑银千两，在后宰门（地安门）架高台，令教坊司演出《目连》传奇，令人称奇的是活虎、活象、真马都出现在戏台上，最后康熙帝还上台抛钱，布施贫民。

演戏的高潮是在乾隆朝。乾隆时期，除了增加南府中演戏太监的数量，还招纳南方优伶居住在景山，两处演员达到 1500 人，又命张照等词臣编写和修改了大量剧本，称为院本。这一时期清廷耗费巨资修建了多处戏台，故宫现存的戏台都建于乾隆年间。崇庆皇太后和乾隆帝几次万寿庆典时的宫廷演戏更具规模。在热河行宫举办的乾隆七旬万寿节，随朝鲜使团来华的朴趾源对之艳羡赞叹不已，他在《热河日记》中留下了“前三日后三日皆设戏”的记载。乾隆五十八年（1793），英使马戛尔尼对在热河避暑山庄所看戏的内容虽然不明白，但其所著的《乾隆英使觐见记》却详细记录了演出过程和新奇感受。乾隆时期四大徽班进京被视为京剧诞生的前奏，在京剧发展史上极为重要。道光时期，南府改为昇平署，昆腔、弋腔逐渐衰退，而徽班的乱弹却在兴起。

光绪朝时局每况愈下，但因慈禧酷爱看戏，宫廷演出规模丝毫不逊以前。这时京城所有著名演员都被罗致入宫献艺，其中许多是在戏

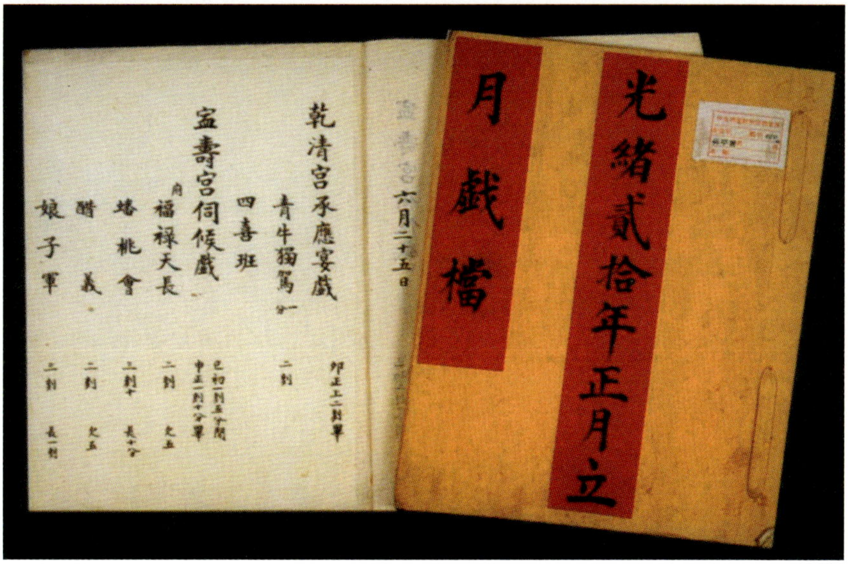

图 3-86
慈禧六旬庆典的
《月戏档》

曲史上有重要影响的人物，如谭鑫培、汪桂芬、孙菊仙、杨月楼等，被称为“内廷供奉”，领取朝廷的俸禄。除去昇平署和民间戏班，慈禧还以其寝宫长春宫太监为主成立了“普天同庆班”，又称“本家班”，归她直接管辖。

慈禧为看戏不惜挥霍重金。光绪二十年（1894）为了筹办慈禧六十寿诞，仅戏衣、切末的花费竟达 52 万余两白银。这次持续十余日的演出，耗费白银 200 万两，对艺人的赏银也十分大方。谭鑫培、侯俊山等主演一场戏后曾多次拿到 60 两银子的赏银，这笔钱在当时相当可观。庚子之乱西安回銮后的光绪二十八年（1902），慈禧全年看戏的赏银即达 33 000 两左右。

在大清王朝最后时日的宣统三年（1911），得到“老佛爷”位置的慈禧的侄女隆裕太后，享受到了坐在正殿看戏的资格。二月演出的三场戏就用去了 3500 余两银子。隆裕似乎没有意识到清王朝已处弥留之时。但是，小皇帝终于在辛亥革命的枪声中退了位，直到 1913 年正月隆裕去世，宫里再没有唱过戏。[1]

四 阆苑风雅

紫禁城也是文化艺术的中心。明清两代的帝王，或诗文创作，或翰墨丹青，多有成就，甚至引领风尚，影响广泛。宫廷精益求精的器

1 张淑贤：《清宫演戏情况与相关文物》，载《故宫博物院藏文物珍品全集·清宫戏曲文物》导言，商务印书馆（香港）有限公司，2008 年；丁汝芹：《清代内廷演戏史话》，紫禁城出版社，1999 年。

物制作，体现了帝王的审美观念和皇家风范。丰富的宫廷收藏显示了文化传承的意义。

游艺翰墨

明清时期，以帝王本人诗文创作及其活动为中心的宫廷文学相当活跃。帝王诗文是其文化素养、审美趣味乃至个人心理的生动写照，同时对一个时代的文学和社会文化都会产生相当大的影响。

明太祖朱元璋崛起于民间，早期只是粗通文墨，后来通过刻苦学习，水平不断提高，而且能写不错的语体文，诗也渐渐多了些书卷气，多了些情致。辅佐朱元璋打天下的谋臣刘基说他“万几之暇，作为文章，举笔立就，莫不雄深宏伟，言雅而旨远”[1]。传世的《明太祖文集》，内有诗文多种体裁。今人纂《全明诗》，收太祖诗 211 首，他的诗总体比较平淡，如《新雨诗》：“片云风驾雨飞来，顷刻凭看遍九垓。楹外近聆新水响，遥穹一碧见天开。”但其中不乏气势浑雄之作。

朱棣存有封外国山的四首诗，是诗歌在外交上的运用，也是文武事功、炳耀海外的自得自信，《明诗综》特收录其《勃泥长宁镇国山诗》。

明宣宗朱瞻基从小就受到良好的教育，加之天资聪颖，是明代颇有文化修养的皇帝。《大明宣宗皇帝御制集》卷帙残缺，从所存目录统计，各种体式的诗歌有 1529 首。他的诗歌主要描写日常宫廷生活

1 [清] 朱彝尊辑录《明诗综》卷一上，第2页，中华书局，2007年。

或吟咏花鸟、游览景物等，题材比较狭窄，《明诗综》则选录了其多首关心社会现实的诗，如《思贤诗》《悯农诗示吏部尚书郭琎》《捕蝗诗示尚书郭敦》《减租诗》《悯旱诗》等。

正统、成化、弘治、嘉靖、万历、崇祯诸帝亦有诗文集或诗歌作品流传。嘉靖皇帝的诗有些还反映了一些重大历史事件，嘉靖十九年（1540），他命毛伯温率军讨伐安南，并写诗送行。以“大将南征胆气豪，腰横秋水雁翎刀”起首的《送毛伯温》被收入一个版本的《千家诗》，流传广泛。嘉靖二十六年（1547），日本策彦周良以正使的身份带领持勘合贸易船到明朝进行朝贡贸易，由于出色完成通商使命，嘉靖帝亲设盛宴招待，并即席赋诗一首相赠，策彦周良亦作诗相和。策彦周良回国后，奈良天皇赐宴慰劳，给予优赏。[1]

清代帝王都喜欢诗文。紫禁城的10位皇帝，除第一位入关的顺治帝仅有一组30首为母亲孝庄皇太后祝寿的《万寿诗》，以及年幼的末代皇帝宣统以外，从康熙至同治7位清代帝王的诗文集，清内府俱曾刊印过。光绪的诗也有600来首。最有影响的还是康、雍、乾三帝。[2]

康熙在诗文上是下过功夫的。从康熙十六年（1677）翰林学士入值南书房开始，高士奇等对他的诗文创作产生了重要的影响。康熙存有《圣祖仁皇帝御制文集》176卷，囊括了多种文体，其中古今体诗1135首、词12首、赋18篇。他提倡“醇雅”的文章观与“清雅醇厚”的诗歌观，其诗词直抒胸臆，真率自然，洋溢着一种昂扬进取

1 嘉靖帝的赠诗为：『东夷有礼信真缁，远越潮溟明国彝。入贡从今应带汝，归来勿忘腾朕仪。』策彦周良和诗为：『入贡古今无磷缁，我邦久仰大明彝。三千礼乐珠帘卷，紫风翩翩舞羽仪。』载南炳文著《明清考史录》第359页，人民出版社，2013年。

2 郑欣淼：《清代康、雍、乾三帝与诗歌评议》，载《故宫博物院院刊》2020年第10期。

的精神。

康熙还推崇唐诗，大力推广唐诗，以诗教辅助文治，以唐诗的盛世之音渲染清代治世的清明景象，对当时诗坛产生了重大影响。“御选”是清代特有的诗文选现象，是统治者文化政策的一部分。九百卷的《全唐诗》以及第一次以官方名义编纂的《钦定词谱》《钦定曲谱》《佩文韵府》，都具有经典性意义。

雍正有《世宗宪皇帝御制文集》30卷，其中文集20卷185篇，诗集10卷542首。雍正的诗歌是他的内心世界和生活经历的客观再现，也是他的诗歌审美观的体现。雍正诗风的总体特征闲适清雅，其成就亦可观。故宫博物院藏有一组《雍正十二美人图》，图中作为背景的屏风上有18首题诗，有些落款还署为“米元章”“董其昌”并钤有印章。有专家研究发现，这些诗竟然都是雍正的作品，字也是雍正所写的，雍正为什么要假托米芾和董其昌，这引起了研究者的兴趣，但敢于假托，说明他对于自己的诗和字还是颇为自信的。[1]

乾隆有《御制乐善堂全集定本》及《御制诗》五集及余集，现存诗歌总数为43 630首；有《御制文》三集及余集，共著文1041篇。北京故宫还藏有《乾隆御稿》约45 000页，为乾隆帝从康熙六十一年（1722）至嘉庆三年（1798）长达76年间诗文创作的手稿（大部分为诗稿，小部分是文稿）与词臣的清抄稿，即清赵翼所说的“诗片”。乾隆的诗是他一生政治活动和日常生活的实录，是他的“起居注”。他执政期间帝国所发生的所有重大事件都可从诗中看到，甚至

1 杨新：《胤禛美人图揭秘》，故宫出版社，2013年。

图 3-87
《雍正十二美人图 · 读书》
故宫博物院藏

水灾之重、人民苦难之深等都有不同程度的反映，可使人们对“康乾盛世”有更全面更深入的了解。从某种意义上来讲，乾隆的诗可以说是 18 世纪中国的一部诗史。乾隆诗的不足之处，是以文为诗的习气太重，将散文的章法、布局引入诗歌，大量使用虚词，使许多作品神气索然，为人所诟病。

书画一直被认为是中国古典艺术的正统。诗文与书画往往结合在一起。宫廷丰富的书画收藏以及一流书画家的汇集，都为帝王的书画学习提供了得天独厚的条件。明清一些帝王，不仅诗文有名，而且擅绘画、书法，有的还堪称书艺丹青好手。

朱元璋书法以行、草见长，他的书法是在戎马生涯中成就的，体现了一种刚毅劲拔、率意有气概的独特书风。康有为在《广艺舟双楫》中有“太祖书雄强无敌”之誉。朱元璋的书风不仅影响了当时的

图 3-88
宣德帝《三鼠图卷》之《苦瓜鼠图》
故宫博物院藏

书风，也成为整个明初文化的基本审美取向。今存世的太祖书迹，台北故宫博物院有《明太祖御笔》74 篇，绝大部分是“敕书”。北京故宫博物院藏有《明总兵帖》《明大军帖》《致驸马李祯手敕卷》等，这些作品多与战争有关，具有很高的军事研究价值。明成祖朱棣“好文喜书，书甚奇崛”[1]。在他的倡导下，沈度、沈粲兄弟婉丽端秀、圆润平正的书风很快风靡天下，被后人称为“台阁体”。

明宣宗朱瞻基是个杰出的政治家，也是集诗、文、书、画于一身的艺术全才，“游戏翰墨，点染写生，遂与宣和争胜”，[2] 其山水、人物、花竹草虫皆极精妙。在中国历代帝王中，他的绘画造诣稍逊于宋徽宗。传世绘画名作主要有《三鼠图卷》《武侯高卧图》《松荫莲蒲图》《寿星图》《壶中富贵图》《戏猿图》《嘉禾图》等。他的书法以行、楷最具特色，字体隽永清秀，属于台阁体书法。[3]

成化帝是明宣宗之孙，丹青艺术修养也很高，《一团和气图》与《岁朝佳兆图》是探讨其人物画特点的珍贵实证，其存世作品还有《达摩图》《冬至一阳图》《双喜图》等。此外，洪熙、嘉靖、万历诸帝的书法，后世也都有相当高的评价。正德帝善画，例如存世的《青松偕老图》。崇祯帝的书法、绘画都有一定的造诣，他的书法《九思》轴曾著录于《石渠宝笈初编》。他的字颇受清顺治帝赞许，据说顺治帝曾对乞字的弘觉禅师木陈忞说：“朕字何足尚，明思宗之字乃佳耳！”[4] 明思宗朱由检所钤用御押的含义，至今犹为行家所猜测不止。

不只是皇帝，宗室中还有众多能书善画者，整个大明朱氏家族的

1 《佩文斋书画谱》卷六八，《历代帝王书跋・明成祖宸翰卷》。清文渊阁四库全书本。
2 [清] 朱彝尊辑录：《明诗综》卷一上，第 13 页，中华书局，2007 年。
3 文金祥：《大明朱氏家族书画艺术》，载《紫禁城》2014 年第 7 期。
4 [清] 徐珂：《清稗类钞・艺术类・世祖作擘窠大字》。

3 5 1

图 3-89
成化帝《岁朝佳兆图》
故宫博物院藏

图 3-90
正德帝《青松偕老图》
辽宁省博物馆藏

图 3-91
崇祯帝御押
故宫博物院藏

绘画艺术绵延数百年，直至清初“八大山人”与石涛的出现。朱家无疑是中国艺术史上一个引人关注的家族。

清世祖顺治是一位善画的皇帝，他画山水、人物，颇得宋元之玄妙，而最善画牛。他的字也极具功力，乾清宫“正大光明”四字正是他的手迹。康熙帝自幼学习书法，长期坚持练习，书法自见功力。康熙四十一年（1702）皇帝南巡，曾在德州向随从的文臣讲论书法要领，说学书须临古人法帖，其用笔时轻重疏密，或疾或徐，各有体势，“宫中古法帖甚多，朕皆临阅”，又说他临摹李北海书《法华寺碑》毫无间断，并当场亲书大字联示范。[1]

康熙以后诸帝都受过正规的基本功训练。康、雍、乾三帝皆以擅长书法见称。乾隆在书法、绘画上都有突出的成就。

乾隆自幼受到系统的书法训练，成为皇帝后其书法水平又得到了进一步提高，他对自己书法的要求很高。他在 56 岁时，下旨要求臣下回缴乾隆二十年（1755）、即他 44 岁之前颁赐的各类御笔书法，因他认为自己往昔的阅历和实践不足，笔力有所欠缺。[2] 乾隆的字秀中有刚，虽学自赵孟頫，但亦得晋唐之妙，应是书法中的上品。故宫博物院现庋藏乾隆书法作品上万件。乾隆帝接触绘画的时间比书法要晚，但起点很高。根据《石渠宝笈》和《盛京故宫书画录》的记载，

2 1

1 《清圣祖实录》卷二百一十，康熙四十一年（1702）十月壬午。

2 《清高宗实录》卷七九八，乾隆三十二年（1767）十一月甲辰：『所有乾隆二十年以前赏过内外大臣等御书，俱着缴进，候朕酌量换写给还。其已经成造匾联及摹勒上石者，仍将墨迹原本呈缴，听候另换。』

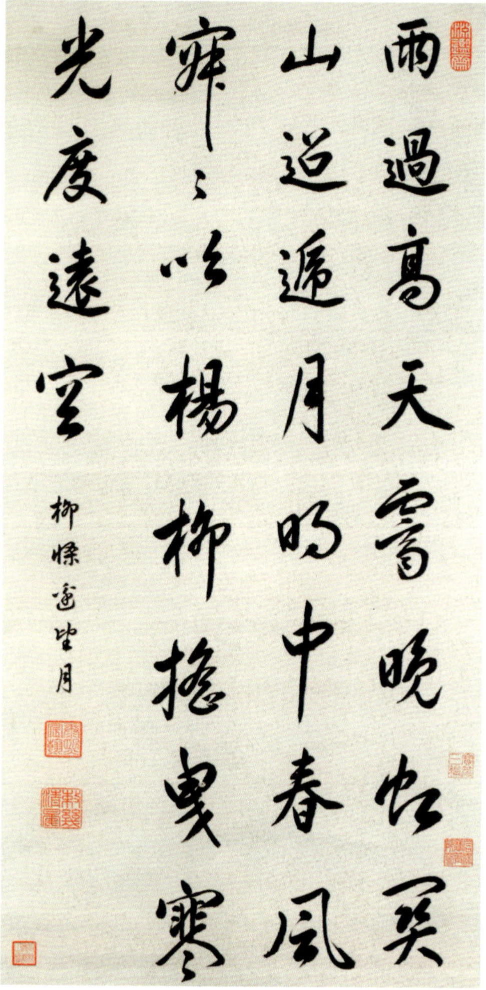

图 3-92
顺治帝《山水图》轴
是其 18 岁时赐大学士王之俊的画作
故宫博物院藏

图 3-93
康熙帝行书
《柳条边望月诗》轴
故宫博物院藏

乾隆一生创作了 1400 多幅绘画作品，涵盖了人物、花鸟、走兽、山水、楼阁等各类题材，如《寿星图》《仿赵孟頫〈沙渚双鸳图〉》《瓶莲图》《避暑山庄烟雨楼图》《西湖图》等。他的画是介于工笔与大写意之间的小写意，笔墨简练，着重表现物象的意态神韵或精神内涵，构图简括，主题突出，画面具有平和淡雅的文人书卷气。

清朝皇帝书法意趣对于世风影响甚大。康熙书宗董其昌，康熙时期写董字的多；乾隆推崇赵孟頫，则赵字风行一时；嘉庆欣赏成亲王书兼赵、欧（阳询）二体，于是嘉庆以后欧体字代起。

这里也说说慈禧太后的书法。紫禁城养心殿及西六宫都有慈禧太后所题匾联，颇为可观，但看清宫档案里她的亲书真迹，则令人感到完全是另一回事。她在咸丰十一年（1861）亲自起草的将肃顺等人解任的密谕，字迹歪歪扭扭，如同孩童涂鸦，错别字达 16 处之多，

图 3-94
乾隆帝仿赵孟頫《沙渚双鸳图》轴
故宫博物院藏

且语句多不通顺。四年后她起草罢奕訢懿旨，同样歪扭，错别字不少。去世前几年抄写的《般若波罗蜜多心经》字体结构仍然呆滞松散，笔力稚嫩，属初学者水平。将以上真迹与其所题匾联比较，两者绝非一人，应是有人代笔。[1]

明、清两朝享国时间差不多。大体而言，清代皇帝都长于诗文，明代皇帝则多擅书画，个性也更为鲜明，这自然都与各自时代的文化背景和精神风貌有关。

御制：皇帝的审美

明清两代，宫廷都设有专门的手工作坊，集中最优秀的工匠及名贵而丰富的材料，不惜工本，精益求精，按照宫廷需要制作精美的用

1 王开玺：《慈禧太后的文化学养》，载《清史镜鉴：部级领导干部清史读本·第八辑》，国家图书馆出版社，2015年。

品或艺术品，这就是御制。皇家器物上“年制”“御制”款识正是皇权与艺术结合的反映，它显示了御制的独有、尊贵，体现了皇帝的审美趣味，这些御制物也往往成为一个时代的典范之作。

明代内府管理机构集中在宦官掌控下的二十四衙门。负责内廷制作的部门有御用监、尚衣监、银作局、内织染局和位于江南的织造、景德镇的御窑。其中御用监生产规模十分庞大，据《大明会典》记述，隆庆年间御用监所用各种工匠在 2800 人以上。共计 30 余年的永乐、宣德朝，其瓷器、漆器、佛教造像、珐琅器、宣德炉等精美绝伦，多为中国古代艺术的巅峰之作，也成为世界各大博物馆的珍藏。

值得一提的是，晚明时期，随着西洋传教士的到来，御用监也开始仿制西洋仪器。如崇祯八年（1635），御用监里监把总周福曾奉旨造窥远镜。[1] 故宫博物院至今仍有几十口明代御用监铸造的大缸，其中贞度门前的两口铁缸，上有铭文“大明弘治四年御用监吉日造”，已度过了五百多年。

明清两朝都在景德镇设立御窑厂，让其承担为宫廷提供最优质的瓷器的任务，景德镇也因此成为中国的瓷都。御窑厂集中了最熟练的制瓷工匠，占用了最优质的原料，不惮费用，在烧瓷工艺的提高与创新方面起到了极大的推动作用。

永乐白瓷温润洁净如白砂糖，故名“甜白”。“洁素莹然，甚适于心”[2]，是永乐帝对自己这一心爱瓷器的赞誉。宣德青花瓷器极为精美，其选料、制样、绘画、署款，无一不精，被推为明代青花瓷器之冠。

1 『督同本局远臣汤若望、罗雅谷等，将本国携来玻璃星夜如法制造，今已造完，谨将窥远镜二具恭进御览，伏乞圣鉴。』［明］徐光启等撰：《新法算书》卷四，收于《四库全书》子部《天文算法类》。

2 《明太宗实录》，永乐四年（1406）十月丁未。

成化斗彩是一种彩瓷杰作，其胎体轻薄，胎质细腻洁白，釉质莹润如脂，画工高妙，恬淡雅致，给人以清新悦目之感，其中的鸡缸杯、葡萄纹高足杯、高士杯、三秋杯、花蝶纹盒及各式罐等在明代后期已有极高的声誉。弘治、正德时的黄釉瓷为时所重，特别是弘治黄釉，颜色纯正，清澈明亮，雅淡娇嫩，有“娇黄”之美称。嘉靖、隆庆、万历时期，五彩瓷器盛行，既有青花五彩，亦有纯釉上五彩，其中以黄、绿、红三色为主，特别突出红、绿二彩，红浓、绿翠、青艳，绚丽至极。明御窑瓷器可谓代有创新，各擅胜场。

朱棣钟情于漆器。这些漆器大多出自果园厂漆作坊。位于北京皇城内金鳌玉蝀桥西迤北棂星门的果园厂，由元代雕漆巨匠张成之子张德刚以及此后的名工包亮主持。包亮有一件花鸟漆盘，曾于清代末年被送往万国博览会参展并获得优等奖。

雕漆是中国漆器发展史中最重要的发明与创造。永宣漆器以雕漆为主，其中又以剔红为多，其次有戗金漆与戗金彩漆。宣德漆器色泽则较永乐时鲜妍。永宣漆器的特点是用漆精良、髹漆肥厚、色泽润美、雕刻圆熟、磨制光滑，具有丰满华贵的艺术特点。

嘉靖、万历朝是明代漆器的第二个兴盛期。这时的漆器精品在技法上运刀如笔，显示出锋棱的美。这种技法延续到清代，并演变为乾隆雕漆的特点。[1] 清宫档案记载乾隆帝曾多次下旨苏州仿造明代各时期的漆器，当然并不是一味地去模仿，而是借古器的纹饰、造型来丰富自己的作品。乾隆四十二年（1777）十一月初五，皇

1 朱家溍：《明代漆器概述》，载《中国美术分类全集·中国漆器全集 5·明》，上海人民美术出版社，1997年。

图 3-95
明永乐年制剔红牡丹纹渣斗
故宫博物院藏

图 3-96
清乾隆年制剔红缠枝莲纹六瓣盒
故宫博物院藏

图 3-97
明嘉靖年制剔红双龙捧寿纹盘
故宫博物院藏

图 3-98
清乾隆年制剔彩双龙捧寿纹盘
故宫博物院藏

帝下旨令苏州工匠仿造明嘉靖剔红双龙捧寿纹盘。盘底刻有“大明嘉靖年制”款与“大清乾隆年制”款的这两件漆器还藏在故宫博物院。[1]

永乐、宣德佛造像在明清佛教雕塑艺术史上具有重要地位，其造像气质典雅唯美，表情庄重温厚，女性尊神柔媚而不性感，为西藏和汉地艺术融合的产物；铸造、錾刻又极为精细，每一缕发丝，每一粒圆珠都一丝不苟；镀金层厚，光泽亮丽，工艺之精微缜密无可挑剔。青海瞿昙寺原供奉的“大明永乐年施”款的八大菩萨莲花手观音金铜造像，不包括莲座，像高就达 1.5 米，是永乐金铜佛造像的代表作品。

永乐宣德佛像作为一种流行的宫廷佛像艺术样式，不仅在中原内地传播，也广泛流传于藏区，对藏地佛像艺术影响至深至巨，以至成为模仿的样本，称为“永乐利玛”，直到清代中期。康熙帝对此十分了解，他曾这样说到永乐利玛佛像：“乌丝藏（指西藏）旧佛中最重者莫过利嘛（即玛，下同），利嘛之原出自中国。永乐年间宫中所造者为第一。又乌丝藏仿其形象炼其铜体造者，亦是利嘛，颇为可爱，如今甚少。近世又仿利嘛而十不及一。尔春间所进乃汉人所造，非乌丝藏旧物。”[2]

清代掌管宫禁事务的机关是总管内务府。内务府管理的养心殿造

1 陈瑞近主编：《苏·宫——故宫博物院藏明清苏作文物展》，第162页，故宫出版社，2016年。

2 故宫博物院掌故部编辑：《掌故丛编》第二辑，第11页，1928年。

图 3-99
明永乐款铜鎏金
观音菩萨立像
原供奉于青海瞿昙寺，
现藏于青海省博物馆

办处、御书处、武备院北鞍库、织染局、江南三织造等都是内廷制作机构，其中最大的是成立于康熙年间的养心殿造办处，后移至慈宁宫茶饭房及白虎殿后。其任务为制造和贮存金器、玉器、木器、漆器、铜器、珐琅、玻璃器皿，舆图、绘画及武器盔头等物，下设若干房、所、处、库、馆、作等机构。造办处作坊多时六十几个，少时也有十几个。总管内务府大臣只是二品官，而特简管理造办处大臣职务常由亲王或内廷行走的一品大臣担任，等于皇帝直接指挥。这就决定了造办处的特殊地位。

禁城造物，百工汇集。当时全国的著名工匠几乎全部汇集于清宫造办处。[1] 他们主要是来自广东、苏州、江西等地的“南匠”，这些地方都有悠久的制器传统。还有少数民族工匠，文献中被称为“藏里人”（又称“巴拉布佛匠”）、“回子匠”、“厄勒忒匠”（为清廷平定准

1 制墨有曹素功、汪近圣、詹应虬等，牙作有封岐、施天章、叶鼎新、陈祖章、萧振汉、黄振效、顾彭年等，巧匠有吴鲁衡、黄异人等，画作有蒋廷锡、贺永清、程志道、焦秉贞、郎世宁、唐岱、丁观鹏、莽鹄立等，玉作有陈廷芬、姚宗仁、施仁正、陈宜嘉、刘廷贵等，珐琅作有邹文玉、吴士琦、贺金昆、汤振基等。在雍正元年（1723）至雍正十三年（1735）的档案中，曾提及名字的匠人有 160 余人，未提及的尚有很多。而至乾隆时，御用工匠更是逾倍增长。

噶尔叛乱收复新疆后该地的工匠），他们都是在特定历史背景下进入造办处而为宫廷服务的。西洋人均是会技艺的传教士，大多在如意馆、做钟处服务。他们身怀的技艺是清宫造办处内的一股清泉，以其新鲜别样刺激着清代帝王对域外世界的认知与想象。“制作精良之巴勒布匠役”即尼泊尔六名工匠，则是乾隆帝下旨让西藏选送的。多个民族技艺和地域技艺共同融进清宫帝王的御制系统，代表了当时工艺美术的最高水平，这无疑也是中国工艺美术史上的黄金时代。

造办处的制作网是全国性的。除宫中厂房外，景山、圆明园尚有许多作坊。一些特种工艺则由造办处设计画样或拨蜡样，或做木样，交苏州、杭州、江宁三织造以及九江关、粤海关等处御用作坊制作。据研究，乾隆时期，有的器物还送国外制作。台北故宫博物院一件“康熙金胎内填珐琅花卉碗”的碗心内，有法国巴黎课税标章和符合 1777 年（乾隆四十二年）巴黎金匠行会验证纯度的年度戳记；故宫博物院收藏的一件乾隆款铜胎画珐琅菊花纹壶上，隐藏着一个西洋（法国）工匠的名字。[1] 研究者由此线索入手，对于故宫所藏的三件珐琅器，经过科学检测对比，确定无疑是法国制作的。至于乾隆款的画珐琅器为何题为康熙款，研究者也做了分析。

康熙时代造办处的档案没有保存下来，但康熙帝在工艺制作方面的成就永志史册。这些制作总与他强烈的科技兴趣与创新精神联系在一起。著名的珐琅彩品种，就是在康熙时引进国外彩料创制的。清代官窑重视单色釉的制作，康熙帝的郎窑红和豇豆红独步一时。他还在

1 据王翯《西洋制作乾隆款画珐琅器物考》（《故宫博物院院刊》2020 年第 7 期）一文研究：在壶一外底署款『coteau』的人，应是法国 18 世纪著名的珐琅画师 Joseph Coteau（1740—1801）。他出生于日内瓦，1772 年开始在巴黎工作和生活，其间与同时代的钟表大师合作制造了诸多经典钟表。法国凡尔赛宫博物馆即收藏了一件他参与制作的钟表，在表盘正下方边沿处亦有『coteau』的签名和制造年份『1785』。

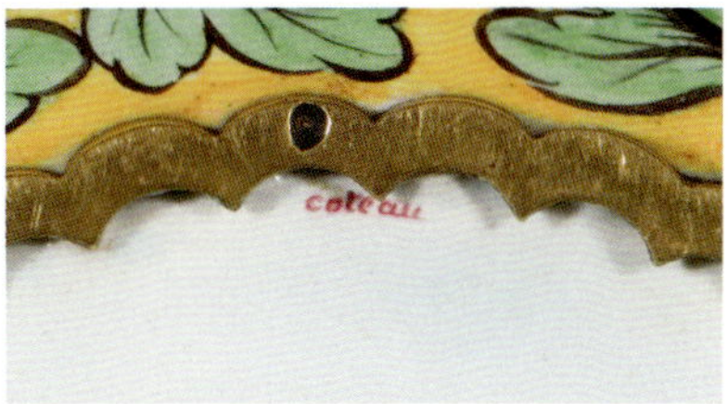

图 3-100
乾隆款铜胎画珐琅菊花纹壶
故宫博物院藏

图 3-101
乾隆款铜胎画珐琅菊花纹壶
壶底法国工匠的名字

图 3-102
钟表上的制作者名字
法国凡尔赛宫藏

紫禁城西侧的蚕池口（今中南海内）兴建了一座由传教士指导建造并参与管理的玻璃厂。康熙五十九年（1720），教皇特使嘉乐返欧时，康熙帝相赠的厚礼就包括一批精美的玻璃制品。他在中南海丰泽园自制匏器即葫芦器，亦为一段佳话。

清宫造办处最为兴盛的时期是在雍正、乾隆时代。两位帝王不仅治国有方，有着相当高的艺术修养，而且对工艺制作非常有兴趣，能够亲自参与设计，坚持“内庭恭造之式”，经常对纹样乃至制作工艺下达非常具体入微的旨意，使得这个时期的宫中器物充分体现了帝王的品位。

雍正帝根据他即位五年来所见的造办处所造活计的艺术水平，曾有谕旨：“朕从前着做过的活计等项，尔等都该存留式样，若不存留式样，恐其日后再做便不得其原样。朕看从前造办处所造的活计好的虽少，还是内庭恭造式样。近来虽甚巧妙，大有外造之气。尔等再做时不要失其内庭恭造之式。”[1] 雍正帝提出的“内庭恭造式样”，应是手工技艺的“艺”中的法则、审美，即宫廷的法则和审美。内庭恭造与外造的分野，关键原因不在技术，而是宫廷与民间在知识和审美上的重大差异。从后世所见雍正时期的御制器物看，他所认为的内庭恭造大致有“秀气”“文雅”“精细”的特点，强调大气，即宫廷之气象，

1 朱家溍等选编：《养心殿造办处史料辑览·第一辑·雍正朝》，第 116 页，故宫出版社，2013 年。

图 3-103
康熙年制白料八棱小盖罐
为目前唯一存世的
康熙朝玻璃厂烧制的玻璃器皿
故宫博物院藏

图 3-104
康熙年制郎窑红釉瓶
故宫博物院藏

反对民间的“俗气”。[1]

雍正帝如此强调“存留式样”，是因为经皇帝修改确定的包括纸样、木样、蜡样、合牌样等式样是审美宫廷化的具体体现，也是皇帝与工匠沟通的最直观、形象的方式。例如，雍正十二年（1734）二月初十下旨“将景山东门内庙里供奉骑马关夫子像着照样造一份”，先拨蜡样呈览，准时再造。雍正对五次呈览的蜡样都有明确的修改谕

1 林姝：《从造办处档案看雍正皇帝的审美情趣》，载《故宫博物院院刊》2004 年第 6 期。

旨，[1]从中可见雍正帝超乎寻常的物象观察力，而存留这些所改蜡样，工匠对皇帝的审美情趣就会有更具体、形象的领悟和把握，有利于日后再做。

雍正帝对工艺制作的指示之所以能切实可行，是因为他对这些种类有着非常专业的了解，并有着尽善尽美的艺术追求。例如雍正四年（1726）九月初二，郎中海望持出缉碎珠绣石青缎靠背一件、绣黄缎坐褥一件，奉旨："着照样做石青缎靠背一件，其中心或用金线缎或用红缎做。回纹锦不好，另改做绣石青绒寿字。周围灯笼做九个，其墙子上不必做灯笼，做西番草。再做红缎坐褥一个，其花样仍绣藕色莲花。中间流云不好，另改做八吉祥西番草，边子上水不必动。再做紫缎迎手一件，周围做灯笼九个，上下做寿字二个，款式不要俗了。钦此。"[2]

雍正帝同样以极大的热情参与瓷器制造，不断地提出明确、详尽甚至近乎吹毛求疵的要求。雍正时瓷器造型一改康熙时浑厚古拙之风，代之以轻巧俊秀、工丽妩媚之貌。耿宝昌认为，其"器型之美，可与以纤细秀丽著称的明永乐、成化瓷器相提并论"。[3]

乾隆时期制瓷技巧达到空前的高水平，仿木纹、仿竹器、仿象牙、仿漆器、仿玉器、仿石器及各类像生瓷都是高超制瓷技艺的成果。但由于整个上层社会沉醉于尽情挥霍、夸耀富有的风气中，其装饰风格盛行锦上添花，大红、大绿、金银辉耀，太多富贵气，较少雅静之作。[4]

1 雍正五次谕旨：『关夫子脸像拨得不好，照圆明园佛楼供的关夫子脸像拨，其从神站像款式亦不好，着南府教习陈五指式拨像』，『关夫子脸像特低，仰起些来，腿甚粗，收细些，马鬃少，多添些。廖化的盔不好，另拨好样式盔』，『关夫子的硬带勒得甚紧，再拨松些，身背后无衣褶，做出衣褶来。鞋大镫蠢，俱收小些。膝傍放高些。持刀的从神手并上身做秀气着』，『帅旗往后些，旗上火焰不好，着收拾；马胸及马腿亦不好，亦着收拾』，『甚好，准造。旗做绣旗。』引自朱家溍等选编：《养心殿造办处史料辑览·第一辑·雍正朝》，第416页，故宫出版社，2013年。

2 朱家溍等选编：《养心殿造办处史料辑览·第一辑·雍正朝》第109页，故宫出版社，2013年。

3 耿宝昌：《明清瓷器鉴定》第230页，紫禁城出版社，1993年。

4 冯先铭主编：《中国陶瓷》修订本，第561、574页，上海古籍出版社，2001年。

图 3-105
雍正年制珐琅彩松竹梅纹瓶
故宫博物院藏

图 3-106
乾隆年制外蓝地粉彩
镂空转心瓶
故宫博物院藏

造办处如意馆的西洋传教士画家，则带来了中西合璧的画风。其中郎世宁 (1688—1766) 从康熙至乾隆年间在宫内作画长达 52 年，堪称第一位将西洋画法传入清廷的外国画家。这种画风的特点，是运用西洋的明暗法，强调对象形体结构本身的起伏凹凸和造型比例的准确性，舍弃了环境光线影响下所形成的阴影、投影和强烈的明暗对比，并以工整墨线和细致色晕来代替粗放笔触和块面色彩，使物象既富立体感和质感，又具笔墨韵味，为中国画家和观者所能接受。这是折中东西方绘画艺术特点的新图式。此外还有法兰西人王致诚、贺清泰，波希米亚人艾启蒙，意大利人安德义、潘廷章。他们不但自己在清宫内作画，而且还将欧洲的绘画技法传授给中国的宫廷画家。

铜版画在清宫也一度颇为流行。宫廷内这种中西合璧画风的出现，虽未发展为成熟样式，但也影响一时，它丰富了中国画的造型表现手段，驱动了传统绘画的变革步伐，其积极的历史作用是不容忽视的。[1]

清宫造办处直至 1924 年末代皇帝溥仪出宫之前，为宫禁服务达 200 多年，共留下 5000 余册的档簿，另有单张文件 7 万余件。这些清宫御用器物的秘档，是清朝皇室生活营运过程中直接形成的最原始记录，也是记录清代工艺美术方面唯一的最集中的原始资料。200 巨册的《清宫内务府造办处档案总汇》已公开出版。

1 单国强主编：《中国美术·明清至近代》第 76 页，中国人民大学出版社，2004 年。

图 3-107
《午瑞图》轴
清郎世宁绘
故宫博物院藏

图 3-108
《十骏马图》册页
清王致诚绘
故宫博物院藏

皇家鉴藏

中国历代王朝都重视文物珍宝的收藏，这不只因其珍稀宝贵，而且与政权继承及其合法性有关。明代宫廷有过丰富的收藏，清宫收藏至乾隆朝达到鼎盛。明清两代宫廷在文物知识之构建、传承、传播方面也都有所探索与努力。

明初宫廷比较完整地接收了元代内府丰富的收藏，特别是书画，奠定了明代宫廷收藏的基础。在存世的元代以前的书画作品上，常可以看到同时钤有元代内府“天历之宝”“都省书画之印”等收藏印以及明初洪武内府所钤纪察司半印，如南唐赵干的《江行初雪图》、北宋苏轼的《寒食帖》、南宋李迪的《猎犬图》、元初鲜于枢的《草书杜甫魏将军歌》等，说明这些书画属于徐达从大都运抵南京的元代宫廷旧藏。[1]

明宫还费心搜罗新品，增加御藏。明宣德、成化年间，朝廷数度派太监至民间采集珍异古玩。还有一个重要来源是各个时期因查抄家产而被籍没进入内府的书画珍宝，其中以权相严嵩、张居正的籍没为最。例如严氏父子罪罚抄家的清单中，就有“古铜龙耳等鼎牺樽狮象宝鸭等炉一千一百二十七件，大理石倭金等屏风一百八座，金徽玉轸

1 赵晶：《明代宫廷书画收藏考略》，载《浙江大学学报（人文社会科学版）》2018年第3期。

等古琴五十四张，二王怀素欧虞褚苏黄米蔡赵孟頫等墨迹三百五十八册，王维小李将军吴道子等清明上河、海天落照、长江万里、南岳朝天等古名画三千二百卷册，宋版书籍六千八百五十三部轴”，以及其他许多金玉珠宝、珍异奇器。[1]

明宫书画的整理鉴定和装裱修复均有专人进行，多由宫廷画家等职业匠官来担任这一工作。朱元璋目睹宫廷画家盛著补全破损图画的过程，特撰写《盛叔彰全画记》一文，盛赞他修补绘画的高超技巧。直到明末，对宫中书画的整理、鉴定、题签等工作仍由任职武英殿中书舍人的宫廷画家来进行。

明代帝王常和大臣们品评和赏鉴内府所藏的这些书画珍玩。《明太祖实录》有“上与侍臣观古帝王画像，因论其贤否得失”的记载。[2]他的《临韦偃牧放图》法书，就是在观赏李公麟这幅画后的长篇题跋。朱棣也常与侍臣赏鉴古玩，滕用亨待诏就曾因善鉴古器获得皇帝的赏识。

明代内府的书画收藏虽然宏富，但在收藏的同时，也存在不断流散的情况。赏赐出宫是明代内府收藏书画流散的主要方式之一。除了前代作品，部分精于绘画的皇帝也将自己的作品赏赐给臣下，以示优宠，如故宫博物院所藏明宣宗《武侯高卧图》《菖蒲鼠荔图》《寿星图》就分别是他赏赐给平江伯陈瑄、太监吴诚、户部尚书夏原吉的。隆庆、万历时，国库空虚，竟将内府书画充作官员的“折俸”之物。明末军饷不足，亦倒卖内府珍物，并将御藏铜器发宝源局铸币，藏品管理相当混乱。明末李自成退出北京时故意毁坏紫禁城宫室，宫廷藏

1 〔清〕王士祯：《居易录》卷二十五，载〔明〕王世贞《朝野异闻录》。

2 《明太祖实录》卷三三，洪武九年（1376）闰七月丁卯。

图 3-109
战国龟鱼纹方盘
故宫博物院藏

图 3-110
宋汝窑天青釉三足樽
故宫博物院藏

品的损失最为严重。

清代帝王重视文物收藏，特别是乾隆时期，宫廷收藏达到封建时代的顶峰。清宫收藏除承袭前朝皇室收藏外，还通过征求、进贡、抄没、制作等方式，积累了宏富无比的珍贵文物。清宫艺术珍品收藏，以书画、青铜器、陶瓷为大宗，此外还有玉器、珐琅器、漆器、竹木牙角匏器、金银器、玻璃器、织绣书画、文房用具、鼻烟壶、珠宝盆景、成扇等，可以说包括了中国古代文化艺术的各个主要门类，而且有的是宫中所特有的。

乾隆帝常在文学侍从、内廷画家的陪侍下阅赏品鉴，作为政务之暇的消遣。他本人艺术修养甚高，精于古物鉴赏，嗜古成癖，对于收藏的书画及工艺珍品进行过认真的鉴评。阅赏钤印是乾隆帝的喜好，故宫藏的很多传世书画精品上都钤有乾隆的玺印。据统计，乾隆共治玺印 1800 余方，钤用过的也有千余方，是历史上留下印迹最多的一位皇帝。

乾隆帝对古玉的鉴别水平很高，对玉器的沁色和俏色很有研究，

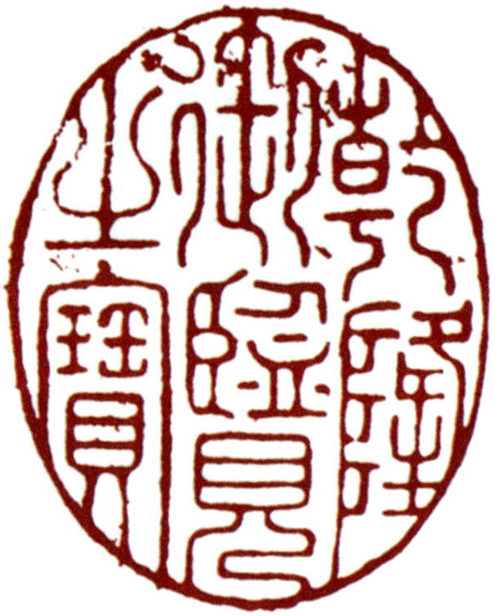

这是通过在实践中学习获得的。他写有《御制玉杯记》，记载玉工姚宗仁之祖制玉杯的经过及做旧方法。这种方法给乾隆帝留下了深刻印象，他也积累了好多经验，能够准确鉴别古玉的真赝。而对于元代黄公望的《富春山居图》，乾隆帝误辨《子明卷》为真，《无用师卷》为仿本，引发后世诸多讨论。

以古雅为美是清王朝持久而深入的一股复古潮流，对古代文物的收集和珍藏可算是一个突出的表现。文人气息强烈的乾隆就极具代表性。故宫博物院所藏《是一是二图》，描绘乾隆身着汉人服饰，正在坐榻上观赏皇家收藏的各种器物的情景。左上角的古铜器为“新莽嘉量”，为王莽在创立新朝时所颁的度量衡标准。其形制乃是据《考工记》的文字叙述推衍想象而成。这是王莽当时在文化上复古企图的体现。高置方几之上的是明宣德青花蓝查体梵文出戟法轮盖罐，侍童手执明永乐青花缠枝纹藏草瓶，圆桌上置有明永乐青花双耳扁瓶及明宣德青花凤穿花纹罐等。图画上的古物至今仍多珍藏在故宫。

乾隆的鉴赏活动在他的诗文中也有充分的反映。他在书画上题跋则更多，仅《快雪时晴帖》在49年中的题跋就达73处。对于许多工艺珍品，他也常有题跋和题诗刻在其上，例如御题官窑葵瓣口碗、御题剔红百花图长方盘、御题尤侃雕犀仙槎杯等，或记叙文物的收藏经过，或抒写感想，反映了他的艺术趣味和审美观念。乾隆还写有大量文物鉴赏的诗。《新编乾隆御制文物鉴赏诗》收有乾隆题咏绘画、玉器、陶瓷、漆器、石砚的诗6000余首。有关工艺类的诗也不

图 3-111
乾隆御览之宝
故宫博物院藏

图 3-112
鉴藏《御制玉杯记》盒及册页
故宫博物院藏

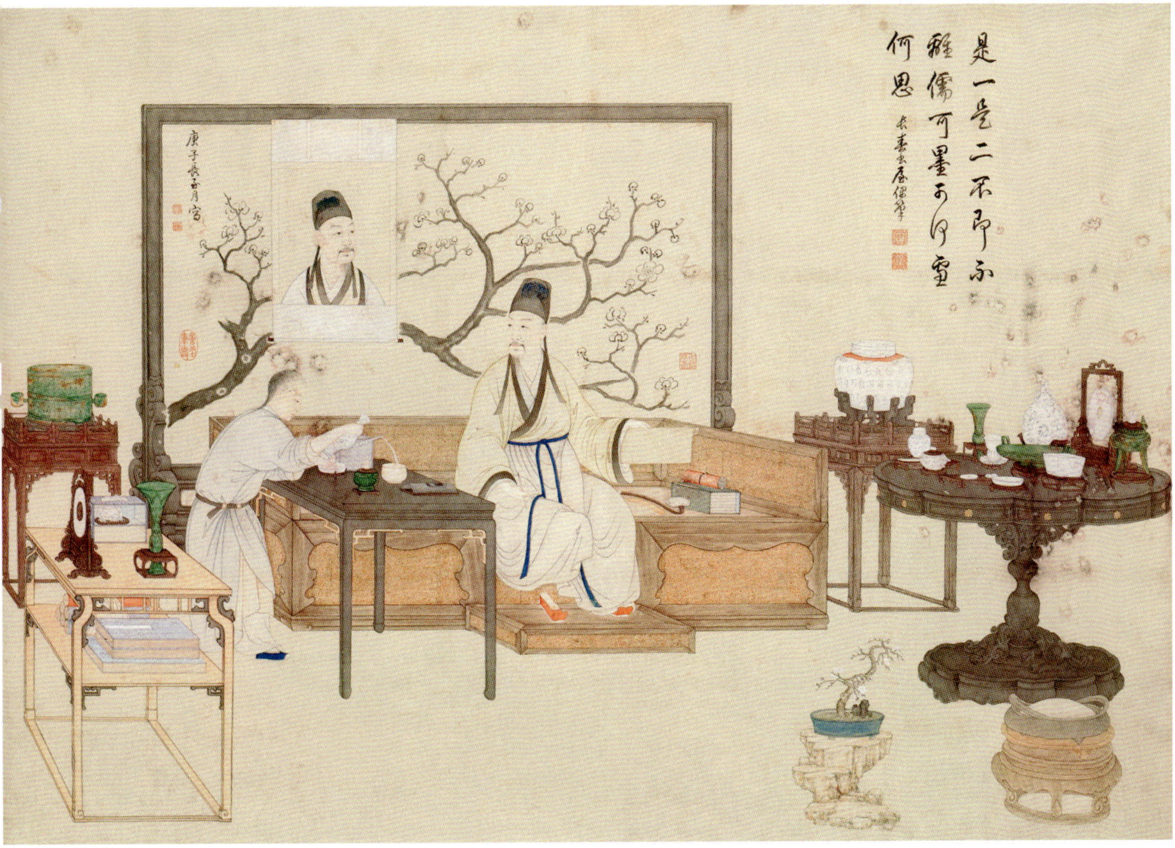

图 3-113
清人绘《是一是二图》
故宫博物院藏

少，例如玉扳指，他就写过近 50 首。

乾隆时期不仅重视收藏，还对宫中藏品进行了整理、登记，例如《秘殿珠林》《石渠宝笈》，就是两部大型书画著录，《秘殿珠林》专记宫藏宗教题材的书画，《石渠宝笈》则专记宫藏一般题材的书画及其他。《石渠宝笈》全书编纂长达 74 年之久，共收录书画作品 1 万多件，包括《西清古鉴》《西清续鉴》《宁寿鉴古》在内的《西清三编》，收录了清宫所藏的数千件古代铜器。乾隆年间，于昭仁殿庋藏宋金元明之精善藏书，编有《钦定天禄琳琅书目》（前编）十卷，嘉庆二年（1797）昭仁殿失火，前编书尽毁，乾隆又令再辑宫中珍藏为《钦定天禄琳琅书目后编》二十卷。《天禄琳琅书目》为我国第一部官修善本目录，沿袭汉代以来书目解题传统，在版本著录体例方面多有创见，如记载收藏家印记即为其中一大创举，于清代藏书家讲究版本鉴定、注重善本著录之风影响深远。

对于收集的许多珍贵法书名作，乾隆帝不仅自己摹写欣赏，还命令刊刻了《三希堂法帖》《敬胜斋法帖》《淳化阁帖》等供人临摹，热

衷于普及推广书法艺术。

以乾隆皇帝为代表的清代宫廷知识分子群在文物的收集、鉴定中虽有个别讹错与张冠李戴之事，但总体上是继承了明代晚期的相关知识，并以文籍、图谱与器物相对应的方式传承下来，尤其是清代宫廷在器物上所粘贴的黄签标识的时代、名称，对今天的文物研究与考证有着重大意义。

清代后期，随着国势日衰，外患频仍，宫廷收藏也屡遭厄运，大量珍贵文物被劫掠、毁损或流散，但仍留存下相当丰富的文物藏品，成为中华历史文化的实物见证与中华文明的重要载体。

图 3-114
《石渠宝笈》
故宫博物院藏

图 3-115
三希堂

第四章

从皇宫
到博物院

1911 年辛亥革命的伟大意义，在于结束了中国两千年皇权，永远告别了帝制，开启了共和时代的历史新纪元。皇宫紫禁城变成故宫，故宫成为博物院，这是中国现代社会革命、政治斗争、文化演变的深刻反映，具有多方面的标志性意义。

故宫博物院与中华人民共和国又共同走过了七十余载不平凡的岁月。伴随着一代代故宫人的不懈典守，博物院在不断发展，时代的风雨使它留下了太多曲折而又始终前进的印痕，也记载着人们对自己民族的历史记忆和文化遗产的认识过程。今天故宫作为中国和世界的伟大文化遗产，作为中华民族历史和传统的重要象征，在传承、弘扬中华文化方面努力做出新的贡献。

一 逊帝的故宫岁月

辛亥革命使紫禁城皇宫成为故宫，使宣统皇帝溥仪也变为前清“逊帝”——自动退位的皇帝。溥仪在内廷十三年，度过了他的少年时代，直至大婚。“小朝廷”对复辟帝制的热衷，对宫廷文物的任意处置以及损毁，都在社会上产生了重大影响。

图 4-1
古物陈列所时期的太和殿
摄于 20 世纪 30 年代

从皇宫到故宫

庄严的紫禁城变成故宫，是中国近代伟大的民主革命的成果，也是中华民族迈向新时代的开端。

随着湖北革命党人1911年10月10日武昌起义的枪声响起，全国各地纷纷响应。面临灭顶之灾的清王朝只得起用蛰伏多时的袁世凯。待价而沽的袁世凯逐渐掌握了军政大权，他在洋人和革命党人方面也是左右逢源。11月底，北洋军攻下汉阳之后与革命军隔江对峙。12月7日，清廷以袁世凯为全权大臣，命其委派代表驰赴南方讨论南北大局。12月南北和谈讨论国体问题，即在中国实行君主立宪还是民主共和。南方代表伍廷芳阐述了南方坚持在中国实行民主共和的理由："为今之计，中国必须民主，由百姓公选大总统，重新缔造，我意以此说为确不可易。"北方代表表示并"无反对之意向"[1]。

关于南北议和，南方的目的是清帝退位，试图以和平的手段达到革命的目的；袁世凯的目的则是取得政权，为此他不惜玩弄两面手法，"一方挟满族以难民党，一方则张民党以迫清廷，时人谓之新式曹操"[2]。南北议和曾经因为南京临时政府的成立而一度出现波折，但事实上南北双方始终没有真正放弃议和，交易仍在秘密进行。双方交涉的主要内容集中在袁世凯迫使清帝退位的交换条件上，即孙中山在清帝退位后辞去临时大总统职务，并推举袁世凯为民国大总统。南方各派政治势力对此基本上是赞同的，孙中山也并不反对。

1 中国社会科学院近代史研究所编：《中国近代通史》第五卷第七章，第451页，江苏人民出版社，2009年。

2 《胡汉民自传》，载中国社会科学院近代史研究所近代史资料编辑组编《近代史资料》总45号，第58页，中国社会科学出版社，1981年。

图 4-2
隆裕太后与溥仪
摄于建福宫花园叠翠峰假山上
右起第四位手执折扇者
为隆裕太后，
坐在假山上的是溥仪

溥仪曾回忆说，在皇朝最后的惊涛骇浪的日子里发生的事情，保留在他记忆中的有这么一点印象：“在养心殿的东暖阁里，隆裕太后坐在靠南窗的炕上，用手绢擦眼，面前地上红毡子垫上跪着一个粗而胖的老头子，满脸泪痕。我坐在太后的右边，莫名其妙，纳闷他们哭什么，殿里除了我们三人别无他人，安静得很，甚至胖老头抽鼻子的声音我都听见了。他边抽缩鼻子边说话，说的什么我全不懂。后来我才知道，这个胖老头就是袁世凯。这是我看见袁世凯唯一的一次，也是袁世凯最后一次见太后。”[1] 溥仪后来查到这一天是 11 月 28 日。当时袁世凯以全体国务员名义密奏太后，说到“万众之心，坚持共和，别无他议”，“海军尽叛，天险已无，何能悉以六镇诸军防卫京津”，“虽效周室之播迁，已无相容之地”，等等，向太后直接提出了皇帝退位问题。袁世凯的这些话吓得太后魂不附体，以致袁世凯退下去之后她还哭个不停。袁世凯完全操纵了这对寡妇孤儿。

1912 年 1 月 19 日，隆裕太后召集王公召开第三次御前会议，商议是否退位之事。此前已于 1 月 17 日、18 日召开两次会议，恭亲王溥伟等及蒙古王公反对退位，未有结果。至是再议，沉默不言与赞成退位的占多数。载泽方谓冯国璋可任战之责，但隆裕太后已有无力回天之感，她说：“胜了固然好，要是败了，连优待条件都没有，岂不是要亡国吗？”会议无果而散。1 月 30 日，清廷再次召开御前会议，“各亲贵王公对于共和，均不反对”。[2]

1912 年 2 月 12 日，在紫禁城养心殿东暖阁，隆裕太后代行颁布

1 溥仪：《我的前半生》第 27 页，群众出版社，2007 年。
2 溥伟：《让国御前会议日记（节录）》，见丛刊本《辛亥革命》第八册，第 110—115 页，上海人民出版社、上海书店出版社，2000 年。

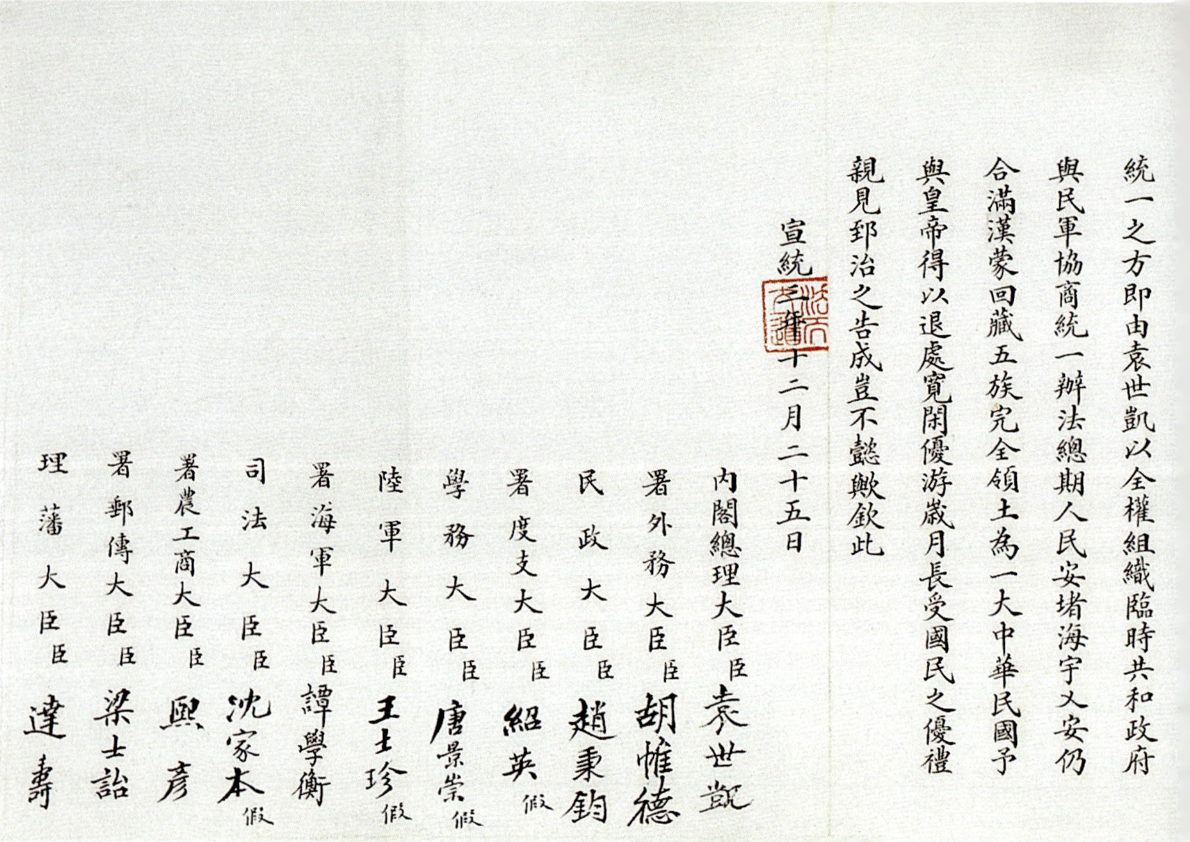
統一之方即由袁世凱以全權組織臨時共和政府
與民軍協商統一辦法總期人民安堵海宇乂安仍
合滿漢蒙回藏五族完全領土為一大中華民國予
與皇帝得以退處寬閑優游歲月長受國民之優禮
親見郅治之告成豈不懿歟欽此
宣統三年十二月二十五日
内閣總理大臣臣袁世凱
署外務大臣臣胡惟德
民政大臣臣趙秉鈞
署度支大臣臣紹英假
學務大臣臣唐景崇假
陸軍大臣臣王士珍假
署海軍大臣臣譚學衡
司法大臣臣沈家本假
署農工商大臣臣熙彥
署郵傳大臣臣梁士詒
理藩大臣臣達壽

图 4-3
《清帝退位诏书》

由张謇起草的 319 字的《清帝退位诏书》，其中说道："今全国人民心理多倾向共和，南中各省既倡议于前，北方诸将亦主张于后，人心所向，天命可知。予亦何忍因一姓之尊荣，拂兆民之好恶。是用外观大势，内审舆情，特率皇帝将统治权公诸全国，定为共和立宪国体，近慰海内厌乱望治之心，远协古圣天下为公之义。"[1] 多次说到"共和"，这是退位诏书的核心原则，即清室皇帝是将政权转让与一个立宪共和国，而非传统意义上皇帝退位将统治权转让给另外一个一家一姓之王朝。

清室同意宣布退位是以民国政府对清帝退位的"优待条件"为交换的。1912 年南北双方在和谈中涉及对清朝皇帝、皇族的待遇问题。有关清帝退位的"优待条件"是经过南北双方反复商讨后确定的，也在一定程度上考虑了清室的意见。正式公布的清帝退位优待条件共八款：一、大清皇帝辞位之后，尊号仍存不废，中华民国以待各外国君主之礼相待。二、大清皇帝辞位之后，岁用四百万两。俟改铸新币后，改为四百万元，此款由中华民国拨用。三、大清皇帝辞位之后，暂居

1　中国社会科学院近代史研究所编：《中国近代通史》第五卷第七章，第 489 页，江苏人民出版社，2009 年。

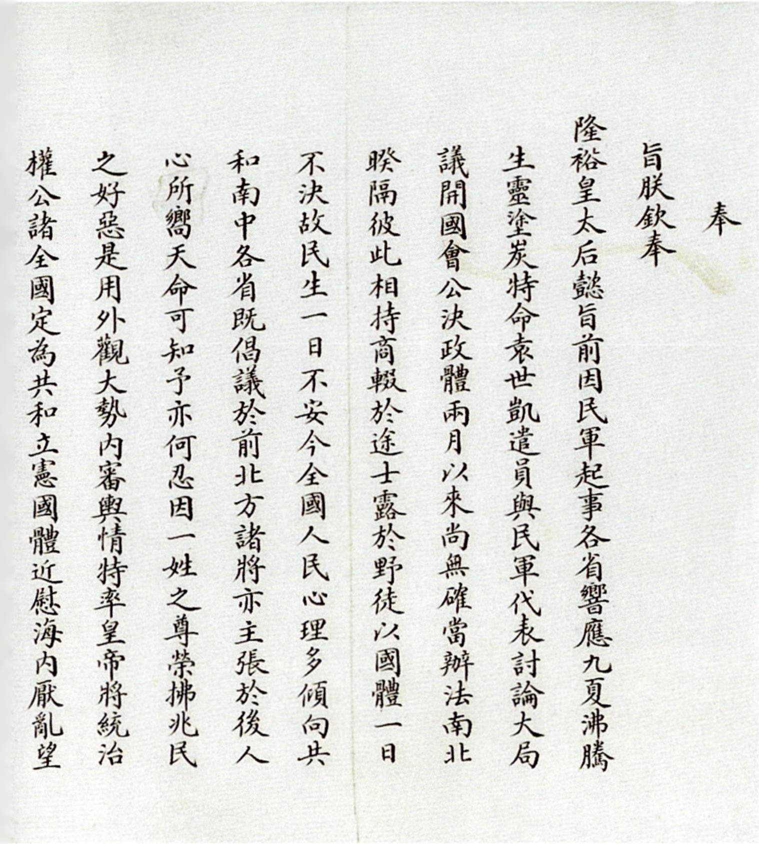
奉
旨朕欽奉
隆裕皇太后懿旨前因民軍起事各省響應九夏沸騰
生靈塗炭特命袁世凱遣員與民軍代表討論大局
議開國會公決政體兩月以來尚無確當辦法南北
暌隔彼此相持商輟於途士露於野徒以國體一日
不決故民生一日不安今全國人民心理多傾向共
和南中各省既倡議於前北方諸將亦主張於後人
心所嚮天命可知予亦何忍因一姓之尊榮拂兆民
之好惡是用外觀大勢內審輿情特率皇帝將統治
權公諸全國定為共和立憲國體近慰海內厭亂望

宫禁。日后移居颐和园，侍卫人等照常留用。四、大清皇帝辞位之后，其宗庙陵寝永远奉祀，由中华民国酌设卫兵妥慎保护。五、德宗崇陵未完工程如制妥修，其奉安典礼仍如旧制，所有实用经费均由中华民国支出。六、以前宫内所用各项执事人员，可照常留用，唯以后不得再招阉人。七、大清皇帝辞位之后，其原有之私产由中华民国特别保护。八、原有之禁卫军归中华民国陆军部编制，额数俸饷仍如其旧。其中最为重要的是前三条。1915 年，袁世凯曾在优待条件上加写跋语："先朝政权，未能保全，仅留尊号，至今耿耿。所有优待条件各节，无论何时断乎不许变更，容当列入宪法。袁世凯志，乙卯孟冬。"[1]

"百代都行秦政法"，自秦始皇以来所形成的以大一统、高度中央集权和绝对专制主义皇权为特征的中国式的历史道路，曾经在中国历史上是一个巨大的进步，中华民族在这条道路上创造了光辉灿烂的东方文明，但是专制统治的长期延续和极端化发展，却严重阻滞了中华民族前进的步伐，使中国社会陷入落后的深渊。1911 年的辛亥革命，

1 溥仪：《我的前半生》第 66 页，群众出版社，2007 年。

图 4-4
太和殿灵堂正中高悬“女中尧舜”题额

不仅推翻了统治中国 268 年的清王朝，而且结束了延续两千多年的君主专制政体，开启了中国历史的共和时代。这是当时世界上还不多见的政体。中国成为亚洲唯一的共和国，成为世界上继美、法之后第三个实行民主共和制的大国。这是一次翻天覆地的历史巨变。

在这一伟大的历史巨变中，清廷当时的最高决策者隆裕太后顺应了时代潮流，她是光绪帝的皇后，为慈禧太后的侄女。当年光绪帝对于慈禧太后强加于他的这桩婚姻很不满意，有意冷落她，使皇后在宫中颇为尴尬。溥仪即位，她尊为隆裕太后。这个曾被认为是没主见、没才干的人，在历史的紧要关头果敢地做出了无奈而又正确的决定。清廷能够接受辛亥革命之事实，主动“逊位”，既避免了重复以往改朝换代之际，天下大乱、生灵涂炭的历史循环，同时也将一个偌大的帝国疆域连同各族和平地转让于中华民国，为现代中国的构建，为这个未来中国的领土疆域之完整和巩固，做出了巨大的贡献。

隆裕太后此举为其赢得了良好的声誉。无论是当时的北京政府，还是南方的革命派，都对其大加赞扬。1912 年 8、9 月间，应袁世

图 4-5
1920 年，
溥仪与朱益藩（左）、
陈宝琛（右）在养性斋

凯之邀，孙中山、黄兴等先后赴京共商国是。此间，逊清皇室亦于 9 月 11 日在金鱼胡同那桐住宅举行了欢迎会。黄兴致辞答谢，高度评价了隆裕的行为。孙中山也对众发言，称隆裕“皇后让出政权，以免生民糜烂，实为女中尧舜，民国当然有优待条件之酬报，永远履行，与民国相终始”。[1]

过了一年多，即中华民国二年（1913）正月十七日，隆裕太后病逝，终年四十六岁。为了表彰她“主持逊位”之功，全国下半旗志哀三日，袁氏民国政府为她在太和殿举行了隆重的“国民哀悼会”，太和殿灵堂正中高悬“女中尧舜”题额。按照清室优待条件中的有关规定，其丧仪一如清朝列后旧制经办。二月加上尊谥曰：“孝定隆裕宽惠慎哲协天保圣景皇后”。十一月，与光绪帝载湉合葬于崇陵。

“小朝廷”

溥仪在紫禁城不知不觉中做了三年皇帝，又糊里糊涂地退了位。此后则以“皇帝”的名义继续在乾清门以北之内廷住了 13 年。他在高高的红墙内度过了从 5 岁到 18 岁人生成长的最重要的阶段。

溥仪受过良好的文化教育。按清代皇子 6 岁须入学读书的旧制，

1 哈恩忠：《清朝最后一位皇后——隆裕皇后》，《中国档案》2015 年第 10 期。

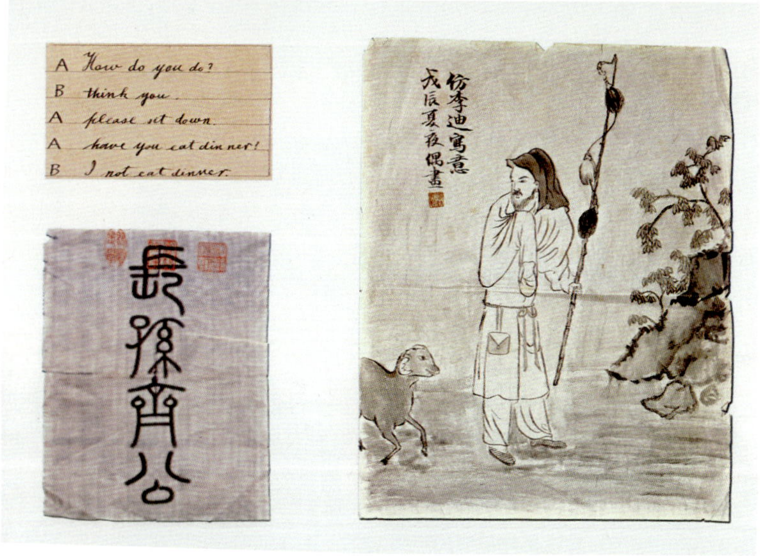

图 4-6
溥仪字画
中国第一历史档案馆藏

辛亥革命发生的三个月前，小皇帝已在中南海瀛台补桐书屋举行授课典礼。后因时局变化，读书地点改在紫禁城内的毓庆宫。宫里选择科举出身、有学问的人做师傅。陈宝琛、陆润庠、徐坊、朱益藩、梁鼎芬教他读汉文，旗人伊克坦教他读满文，但从宣统三年（1911）到民国十一年（1922），溥仪没学过加减乘除，更不知声光化电。关于自己的祖国，从书上只看到“同光中兴”。

1913 年，8 岁的溥仪为师傅陈宝琛贺寿，作四言诗一首：“松柏哥哥，终寒不凋；训予有功，长生不老。”1914 年溥仪开始写日记，其日记惟极简略，多记读书、写字事，一如流水账。1916 年北京入冬初雪，溥仪自认乃其祈天所得，乃作《御制喜雪诗》一首：“朕心思雪，祈之昊天，昊天乃降，下民悦焉。”[1] 庄士敦在《紫禁城的黄昏》一书中说少年溥仪“具有诗人的气质”，看来有一定道理。

单士元曾抄录在毓庆宫发现的作为溥仪“窗课”的九篇作品，如《汉元帝论》《孟子言仁义不言利论》《论〈左传〉郑伯克段于鄢》等，可谓封建王朝末代皇帝的“御制文”，虽然水平并不算高，但能看出少年溥仪的古文基础，说明他已在思考问题，有自己的见识。

发现于养心殿的溥仪给胡适写信的信稿，反映了 17 岁的溥仪在 1920 年代“思想进步”的一面。信中谈道：“久欲见先生，今日相见，深为欣快。上次先生给吾之大作《胡适文存》，良深钦佩。文学盖今世与古世不同，不当定照旧制，应随时变通。可见真正古代明达之人，并非拘定旧章。……独惜我堂堂中华大国，为一二守旧人所坏也。德

1 陈捷先编著：《宣统事典》第 165—176 页，紫禁城出版社，2010 年。

图 4-7
溥仪、婉容与庄士敦（右一）等人的合影

宗本欲变法，太后不惟不允，反出帝于瀛台，百般虐待……后来中国国民知此守旧之朝廷，绝不能持，故有革命之思想。"

溥仪认为，在他的灵魂中曾占有重要位置的师傅，是陈宝琛及庄士敦二人。

当 1919 年 3 月 3 日英国人庄士敦以英文教师的身份进入紫禁城后，这不仅极大地影响了溥仪一生，也使得紫禁城从此不再平静，波澜迭生。

这位苏格兰老夫子是英国牛津大学的文学硕士。他到宫里教书是由于老洋务派遗老李经迈（李鸿章之子）的建议，经徐世昌总统代向英国公使馆交涉，正式被清室聘来的。他字"志道"，采自《论语》"士志于道"。他通晓中国历史，常摇头晃脑、抑扬顿挫地读唐诗。这一年溥仪 14 岁。庄士敦教给他的不仅是英语读本《爱丽思漫游奇境

图 4-8
1924 年溥仪会见
印度“诗圣”泰戈尔后，
在御花园四神祠前合影

记》等，更是按照英国绅士的风度来塑造他。这种影响立竿见影。溥仪对“洋”产生了强烈兴趣。

在溥仪结婚前后，他在毓庆宫的最后一年里，庄士敦已成为他灵魂的一部分。他们谈论的范围越来越广泛。庄士敦给他讲过英国王室的生活，各国的政体国情，第一次世界大战后的列强实力，世界各地风光——号称“日不落”的大英帝国土地上的风物，中国的内战局势，中国的“白话文运动”和西方文明的关系，也谈论到复辟的可能性和不可靠的军阀态度等，甚至还将《新青年》介绍给溥仪。庄士敦展现的是一个完全不同的世界，给溥仪打开了不小的“眼界”。经庄士敦介绍，他还在紫禁城里见过英国海军司令、驻香港英国总督以及后来当过日本首相的吉田茂等。

正是在此之后，紫禁城便不断地发生着新鲜事：庄士敦带美国眼科医生入宫，为溥仪检查眼病并配制近视眼镜；溥仪设立野意膳房，裁撤御茶膳房；特聘日本武士道名人松本桥子为师，每日定时习武；特聘虎坊桥关记琴行主人、中国音乐家关善亭教授风琴与钢琴；庄士敦还把英国兵营的军乐队带进宫里演奏。烧毁的建福宫花园殿宇清理干净后，成为溥仪的草地网球场。为了在宫中骑自行车方便，溥仪让锯掉宫门门槛不下二十处。1922 年 5 月 30 日，溥仪在养心殿首次接见胡适，谈及清理皇产、准备放弃优待条件而谋独立生活等事。1924 年 4 月下旬，印度大诗人泰戈尔一行由徐志摩、林徽因陪同游清宫，溥仪在御花园设宴款待并合影留念。

图 4-9
溥仪剪下来的辫子
摄于 1922 年

在庄士敦的影响下，外国画报上的飞机大炮、化学糖果和茶会上的礼节等所代表的西洋文明深深印进溥仪心底。他根据外国画报的广告，令内务府向外国定购洋犬和外国皇冠上那样的钻石，又照画报上的样式，叫内务府为他买洋式家具，在养心殿装设地板，把紫檀木装铜活的炕几换成了抹着洋漆、装着白瓷把手的炕几。他还按照庄士敦的样子，大量购置身上的各种零碎，如怀表、表链、戒指、别针、袖扣、领带等，还请庄士敦给他起了外国名字，也给他的弟弟妹妹们和他的“后”“妃”起了外国名字，如他叫亨利，婉容叫伊丽莎白。

溥仪在紫禁城引起的最大风波是自行剪掉辫子，这也与庄士敦有关。从民国二年（1913）起，民国当局的内务部就几次给清室内务府来函，请紫禁城协助劝说旗人剪辫，也劝说紫禁城里的人剪掉辫子，但内务府用了不少理由去搪塞。拖了好几年，紫禁城内依旧是辫子世界，但溥仪只因庄士敦讥笑中国人的辫子是猪尾巴，他才明白脑袋后的这东西确实不雅观，毫不犹豫地把它剪掉了，和谁也没商量。这一天是 1922 年 4 月 27 日，中华民国成立已 11 年。溥仪的发辫现存于故宫博物院，原在端凝殿。匣边黏有一黄纸小条，上书“宣统十三年闰五月初三日上交辫子一条”，但这个日期显然写得不对。[1] 看到“皇帝”如此“违背祖制”，太妃们痛哭了几场，师傅们有好多天面色阴沉。随后几天工夫，紫禁城内的千把条辫子全不见了，只有三位中国师傅和几个内务府大臣还保留着。不久，因建福宫火灾，溥仪又毅然裁撤宫内太监，将七百余名太监驱逐出宫。这在社会上产生了很大影响。

御花园的养性斋曾是清帝的书香雅室。1924 年年初，溥仪将此处作为庄士敦的居停之所，这是清朝历史上绝无仅有的“旷典”。溥仪又将养性斋改为西洋风格，摆放了一些洋式家具。庄士敦称自己事先不知道，如果先和他商量，他还是很喜欢那些中国式陈设。[2] 据清室善后委员会的《故宫物品点查报告》记载，当时养性斋内除一些中国传统家具外，还陈设着大量西洋用物，如洋式躺椅、洋式沙发、洋式玻璃花插、洋式小座钟、楠木养鱼桌、电话机、洋式玻璃花盆带银架、火车头型钟表、铁床、西洋自鸣金钟、洋漆小桌、洋式座椅、洋式嵌花盆架、洋磁蜡台、洋式小圆椅、大八音盒、带罩电灯泡、摇椅、洋铁供具，等等。这也是末代皇帝认识中的西洋文明的一种体现。

在紫禁城，随着年龄的增长，“复辟”两个字一直萦绕着溥仪。

1　左远波对故宫收藏溥仪发辫书写时间的错误做了考订：『宣统十三年闰五月初三日』为发辫的具体收贮日期。其中，『宣统十三年』为『小朝廷』继续使用的清代年号，与民国十年（1921）相对应。然查具体日期，这一年旧历并无闰月，闰五月恰恰出现于次年。黄签书写出现这样的失误，逊清皇室内部管理之混乱，亦可由此窥见一斑。据此，溥仪发辫的准确收贮日期应该是『宣统十四年闰五月初三日』（1922 年 6 月 27 日），距 4 月 27 日将其剪下时隔两个月整。见左远波《清室剪辫考略》，载《明清论丛》第 17 辑，故宫出版社，2017 年。

2　［英］庄士敦：《紫禁城的黄昏》第 436 页，紫禁城出版社，2010 年。

图 4-10
溥仪复辟时
在乾清宫留影
摄于 1917 年

民国成立后，存在一股企图使逊帝溥仪复位的逆流，溥仪仍居住在紫禁城，便成为形形色色复辟派的一个希望。致力于光复清朝的，既有逊清遗老，也有以满籍王公宗室为中心的宗社党，还有以康有为为首的保皇会分子，更有一批任职于民国政府的前清旧官僚。溥仪回忆说："复辟……用遗老和旧臣们的话说，这是'光复故物''还政于清'——这种活动并不始于尽人皆知的'丁巳事件'，也并不终于民国十三年被揭发过的'甲子阴谋'。可以说从颁布退位诏起到'满洲帝国'成立止，没有一天停顿过。"[1]

"丁巳事件"即 1917 年的张勋复辟。安徽督军张勋以"调停"黎元洪总统府与段祺瑞国务院的"府院之争"的名义，以十三省军事同盟"盟主"的身份，从徐州率兵进京，逼黎元洪解散国会并赶走黎元洪，7 月 1 日伙同康有为等拥溥仪复辟，改"民国六年"为"宣统九年"，恢复前清官制。溥仪在乾清宫坐上皇帝宝座，北京城里到处挂起了龙旗，满街上都是穿着清朝袍褂的人。这一闹剧只持续了 12 天。当时年仅 12 岁的溥仪身着朝服在紫禁城乾清宫、御花园等处拍摄的一组照片，成为这一历史事件的影像记忆。

"甲子阴谋"则是清室善后委员会 1925 年 7 月在点查清宫养心殿时，发现有 1924 年春夏间康有为、金梁等奏陈图谋复辟的多种密

1 溥仪：《我的前半生》第 59 页，群众出版社，2007 年。

图 4-11
溥仪大婚时坤宁宫门前吉祥幔侧影

件，说明他们的复辟活动一直没有停止。

溥仪说过，起初是他被大人指导着去扮演他的角色，后来便凭着自己心灵的指导去活动。直接指导他的是师傅们。自从张勋失败，陈宝琛总是翻来覆去地给他讲《孟子》中的“故天将降大任于是人也”这一段。一直到他结婚前后，陈师傅始终是他的灵魂。陈师傅的意见代表了他周围许多遗老的想法。遗老们一贯爱说的就是遵时养晦、卧薪尝胆、“皇上春秋鼎盛，圣德日新……”之类的话。[1]

婚礼的举办在溥仪的人生中具有转折意义。1922 年 12 月 1 日，溥仪迎娶皇后婉容进宫。大婚典礼持续三天，排班叩拜王公大臣千人，各国驻京公使来贺者两百人，民国总统礼官亦来觐见。仪式非常隆重，不亚于从前帝王的婚礼。这次婚礼最引起社会反感的，是“小朝廷”在一度复辟之后，又公然到紫禁城外边摆起了威风。

清代的康熙、同治、光绪三位皇帝是在即位之后举行大婚，大婚之后开始亲政的。溥仪凭着他本人对其祖先在举行大婚之后即行亲政的想象，颇有在婚后干一番事业的雄心。三天的婚礼，溥仪回忆说，在这闹哄哄之中，他从第一天起一遍又一遍地想着一个问题：“我有了一后一妃，成了家了，这和以前的区别何在呢？”他又一遍又一遍地回答：“我是成年了。如果不是闹革命，是我‘亲政’的时候开始

1 溥仪：《我的前半生》第 87 页，群众出版社，2007 年。

了！”当王公大臣遗老遗少们正为婚礼造成的空前声势、民国当局的怂恿和外国人的观礼而欢欣鼓舞、幻想万千之际，溥仪反复想的只是这类念头："如果不是革命，我就开始亲政了……我自己亲手要恢复我的祖业！"[1]

清宫珍藏所有权之争

清宫收藏在乾隆年间达到鼎盛，清末国力衰微，外患频仍，这些文物又多次遭到劫掠或毁损，但仍然极为宏富。清宫文物主要藏在溥仪仍居住的内廷。围绕这些清宫旧藏的所有权问题曾有过一场旷日持久的争论。争论的过程，也是认识藏品性质以及赋予其新意义的过程。其所有权的最终解决，也就促成了故宫博物院的诞生。

在封建专制时代，整个天下都是帝王的，皇宫里的所有物品，包括文物珍藏，自然都是帝王的财产，谁也动不得。康熙皇帝曾规定，宫中的一切物件，哪怕是一寸草都不准丢失。养心殿的一个景泰蓝小罐里盛着36根一寸长的干草棍，他拿了几根放在案几上，叫人每天检查一次，少了一根都不行，这叫"寸草为标"。溥仪曾回忆："这堆小干草棍儿曾引起我对那位祖先的无限崇敬，也曾引起我对辛亥革命无限的愤慨。"[2] 不仅溥仪认为清宫旧藏是他的私人财产，当时的中华民国政府也理所当然地认为这些文物产权属于皇室。

皇室的财产不只在紫禁城，还包括沈阳奉天行宫（今沈阳故宫）

1　溥仪：《我的前半生》第98页，群众出版社，2007年。

2　溥仪：《我的前半生》第37页，群众出版社，2007年。

和热河行宫（今承德避暑山庄）的珍藏。1914 年民国政府在紫禁城外朝（三大殿）一带成立古物陈列所，陈列从沈阳和承德皇宫运回的珍宝，共约 70 万件之多。民国政府认为这些宝藏是皇室私有财产的一部分，又由清室派员约同古玩商家逐件审定估价，有些物品由于是无价之宝和稀世珍品而无法估价。根据皇室与民国政府的双边协议，所有物品中，除皇室收回的以外，均由民国政府按估定的价格收购；由于民国政府不能当即支付购买款项，这些宝藏暂被当作民国借自皇室的债款（总计 3 511 476 元），直到民国政府财力允许，能彻底支付时为止。[1]

对于清宫旧藏是否为皇室财产的争论，开始于 20 世纪 20 年代初，这与当时清宫文物珍宝大量遭抵押、拍卖的厄运有关。

《清室优待条件》规定逊清皇室岁用由民国政府拨用，但由于其任意挥霍及内务府人员的中饱和舞弊，加上民国政府也常因财政困难而不能如期按数拨给，清室往往入不敷出，只好靠借债抵押维持。

1922 年 3 月，为筹集溥仪大婚经费，清室内务府拟价 120 万元向各使馆兜售奉天行宫所藏的《四库全书》，日本宫内省意欲购买。4 月 20 日，北京大学教授沈兼士、单不庵、马衡等八人联名发表《为清室盗卖四库全书敬告国人速起交涉启》，反对清室售卖《四库全书》，呼吁政府筹设古物院，公开展览紫禁城所藏书籍。

溥仪全宗档案的一份材料，记载了溥仪“小朝廷”在多个年份欠债的记录，例如“宣统八年十二月份：欠恒利号商借垫银二十八万五千

1 ［英］庄士敦：《紫禁城的黄昏》第 384 页，紫禁城出版社，2010 年。

零五十五两九钱一分六厘八毫四丝；欠亨记号商借垫银六千八百五十二两六钱四分；欠大清银行借垫银十四万两，除欠内帑银七万五千六百两；除欠泰元号商借垫银九万六千零五十两二钱二分；尚欠交通银行借垫银三万九千六百两；除还尚欠中国银行浮借银三万六千两；新欠中国银行息借五十万元，计折合银三十六万两”[1]。

为了还债，筹款的办法之一就是大量拍卖宫中的金银、珍宝、古玩等。1922 年 1 月，内务府在一份公开出售珍宝古物的招商广告上写道：“兹因经费拮据异常，现将库存古瓷、玉器、古铜约五百余件，招商出售，藉资补助。凡属殷实商号，有愿承购此项物件者，由一月七日起至十一日止，赴景山西门内务府筹备处检阅详章，交纳保证金一万元，应以本京殷实银行现银元存单为适用，发给估价物类单一份，听候定期看物估价。”[2]

拍卖珍宝仍满足不了所需，皇室还经常拿出一些金银珍宝抵押和变价，每年都有好几宗。1924 年 5 月 31 日，经溥仪岳父荣源之手，向北京盐业银行抵押金钟、金册、金宝和其他金器，抵押款 80 万元，期限 1 年，月息 1 分。“合同内规定，四十万元由十六个金钟（共重十一万一千四百三十九两）作押品，另四十万元的押品则是：包括八个皇太后在内的金宝十个，金册十三个，以及金宝箱、金印池、金宝塔、金盘、金壶等，计重一万零九百六十九两七钱九分六厘；不足十成的金器三十六件，计重八百八十三两八钱，嵌镶珍珠一千九百五十二颗，宝石一百八十四块。另外还有玛瑙碗等珍品

1 叶秀云：《逊清皇室抵押、拍卖宫中财宝述略》，载《故宫博物院院刊》1983 年第 1 期。
2 叶秀云：《逊清皇室抵押、拍卖宫中财宝述略》，载《故宫博物院院刊》1983 年第 1 期。

四十五件。只这后一笔的四十万元抵押来说，就等于是把金宝金册等十成金的物件当做荒金折卖，其余的则完全白送。”[1]

对于清室拍卖珍宝一事，北京大学研究所国学门委员会于1923年9月26日发布公函，表示坚决反对，并认为这些珍宝应由民国政府收回并保管：“据理而言，故宫所有之古物，多系历代相传之宝器，国体变更以来，早应由民国收回，公开陈列，决非私家什物得以任意售卖者可比。且世界先进各国，对于本国古代之遗迹古物，莫不由国家定有保护之法律，由学者加以系统的研究，其成绩斐然，有裨于世界文化者甚大，而我国于此，尚不能脱离古董家玩好之习，私相授受，视为固然，其可耻孰甚。……北京大学对于此事，似不能坐视不问，为此函请将此事递交国务会议，派员彻底清察，务须将盗卖主名者，向法厅提起诉讼，科以应得之罪。”[2] 湖北省教育会于1923年11月12日致电内务部，要求制止清室出售古物，认为这些古物寄托着立国精神，不能散失。[3]

1923年6月27日故宫建福宫花园大火，敬胜斋、静怡轩、延

图 4-12
1923年6月，
建福宫花园延春阁
火后残迹

1 溥仪：《我的前半生》第111页，群众出版社，2007年。

2 《北大请禁清室盗卖古物》，载《申报》1923年9月26日。

3 中国第二历史档案馆编：《中华民国史档案资料汇编（第三辑）·文化》，第222—223页，江苏古籍出版社，1991年。

春阁一带被焚烧殆尽。此处许多殿堂库房装满珍宝玩物，都是当年乾隆皇帝的珍玩，乾隆去世后，嘉庆把所有宝物封存起来。有的库房至少一百年未打开过。这里还有溥仪结婚时的礼品等。火灾的损失是巨大的。当时已有舆论指出，大火所烧毁的是国家的财产，与民族历史有关："自清帝退位之日起，一切主权，已移于民国，则今番千万以上之损失，实民国国家所有之财产也。非但物质上横遭暴殄，而与历史有关之古物尽付一炬，则尤为堪痛也。因清室不肯遽行迁让之故，使民国所应保存者皆葬送于咸阳焦土之中，其责任应谁负之？此岂可以勿问哉！宜速将溥仪及其家族为适当之处置，以杜将来祸源，而正中外观听。"[1]

对于清室珍藏的所有权争论，是与其所具有的特殊价值的认识联系在一起的。教育界、知识界有关机构认为这些清宫珍藏关乎中国历史文化，是历代相传之物，应属国有。一批国会议员又根据中华民国宪法[2]，要求具体立法并执行[3]。

对于清室珍藏哪些属于清室私产，哪些应属于国有这一问题，也提上了议事日程。1924年5月3日，总统曹锟派冯玉祥、颜惠庆、程克等十人为保存国有古物委员，会同清室所派会员十人，共筹保管办法。两天后就在时任内务部总长程克的宅中召开保存国有古物讨论会，决定："凡系我国历代相传之物，皆应属于国有，其无历史可言者之金银宝石等物件，则可作为私有。属国有者，即由保管人员议定保管条例，呈由政府批准颁布，即日实行。其属于私有者，则准其自

1 《亡清故宫失火之责任问题》，载《京报》1923年6月28日。

2 1923年制《中华民国宪法》（曹锟宪法）第二十四条第十三项规定：『关于文化之古籍、古物及古迹之保存，由国家立法并执行，或令地方执行之。』

3 《李燮阳质问清室盗卖古物》，载《申报》1924年3月15日。

由变卖，此项保管条例已在起草中，大约明后日即可提出讨论，俟通过后，即呈由政府颁布。”[1]

不久后公布的《修正清室优待条件》第五款规定应区分公产、私产，但怎么划分，以什么为标准是人们所关注的。1924 年 11 月 5 日溥仪出宫，《晨报》指出“此公产私产如何划分，划分之后，应由何人点收，何人保存，其标准方法皆不可不从速规定”[2]。《社会日报》则明确提出以“有无历史的价值及与文化有无关系为标准”[3]。对清室古物的处理意见，也有不同的声音。胡适赞同对清室古物永久保存，收归国有，但他认为此项古物属于清室私产，应公平估价，给予代价。[4]胡适将西方法制中保护公民私有财产的思想应用于曾是“普天之下，莫非王土”的前清逊帝溥仪身上，立即引来了知识界的抨击。人们普遍认为，政治变革早已使帝制成为历史，因帝制而存在的皇室古物自然应归国有。

这一争论的过程，使社会在清宫珍藏上有了共识：其一，在价值上，这些珍藏反映着中华数千年文明，关乎中国历史文化，为立国精神的寄托，绝不是一般的古董珍玩；其二，在所有权上，这些珍藏为历代帝室递嬗相传，并非一代一人所得私有，因此是国家的财产；其三，在保护方式上，应该设图书馆与博物馆集中保护。于是故宫博物院应运而生。

1 《清室古物仍难自由拍卖》，载《申报》1924 年 5 月 8 日。
2 《溥仪昨日迁出皇宫　可注意清室古物之保存》，载《晨报》1924 年 11 月 6 日。
3 林白水：《对废帝之善后》，载《社会日报》1924 年 11 月 7 日。
4 中国社会科学院近代史研究所中华民国史组编：《胡适来往书信选》第 271 页，中华书局，1979 年。

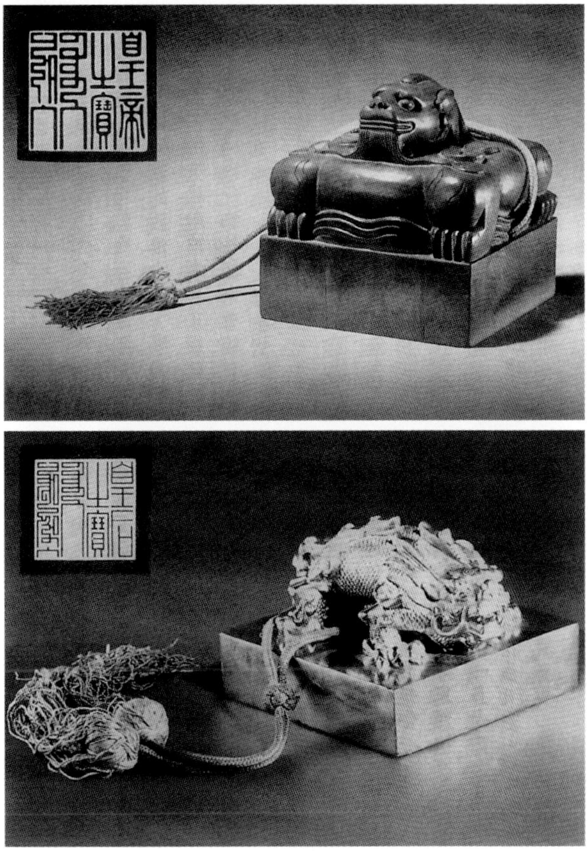

图 4-13
溥仪交出的“皇帝之宝”（上）
与“皇后之宝”（下）

二 故宫成为博物馆

与近现代中国社会、政治、文化有着密切关系的故宫博物院是在斗争中诞生的。故宫博物院成立以来的数次争论，是对故宫遗产价值认识不断深入的过程。明确故宫是一个文化整体，是故宫价值认识上的飞跃。

“逼宫”

1924 年以来，社会上要求“暂居宫禁”的溥仪移居颐和园的呼声日高，“小朝廷”惶恐不已。如果迁居颐和园，数量巨大的清宫珍宝就难以完全带出。这也是他们坚持不离开紫禁城内廷的一个重要原因。1924 年 4 月 20 日，溥仪召集近支王公内务大臣，召开会议应付国会提案取消帝号及优待条件办法。值得注意的是，金梁多次奏请

图 4-14
瑜、瑨二妃箱笼运出神武门情形

溥仪创设“皇室博览馆”，以“古物公有”的形式杜绝社会各界的质疑，并“设博物馆于三殿”，以“合保存古物古迹为一事”的名义向民国政府收回紫禁城前廷空间。[1] 王国维亦于这一年的 5 月 18 日拟就《筹建皇室博物馆奏折》，力劝溥仪长居紫禁城，并建议开放紫禁城一部分宫殿，筹设皇室博物馆，公开皇家收藏。[2] 他们的这一宏大构想后来确实实现了，但却是以另一种性质呈现的。

该来的总是会来的。1924 年第二次直奉战争中，冯玉祥倒戈，于 10 月 24 日发动震惊中外的“北京政变”，软禁曹锟，解散国会，成立黄郛摄政内阁。在冯玉祥的主导下，摄政内阁于 11 月 4 日召开会议，通过《修正清室优待条件》，最重要的有两条，第一条：“大清宣统帝即日起永远废除皇帝尊号，与中华民国国民在法律上享有同等一切权利。”第三条：“清室按照原优待条件，即日移出宫禁。”摄政内阁在公布修改优待清室条件时，特别昭告全国，说明修改的原因：“民国建国十有三年，清室仍居故宫，于原订优待条件第三条，迄未履行，致民国首都之中，尚存有皇帝之遗制，实于国体民情多所抵牾。爰于十一月五日，与清室溥仪商订修正优待条件。”[3]

11 月 5 日上午 9 时，新任京畿卫戍总司令鹿钟麟会同警察总监张璧，社会知名人士、国民代表李煜瀛（李石曾），仅带领军警各二十余名进入神武门，前来执行内阁下达的“逼宫”命令。清室方面对于修改后的优待条件并无多大异议，唯对即日迁居一事颇感棘手。他们希望容期三个月，将颐和园加以整理修葺之后即行迁往。鹿钟麟

1 《甲子清室密谋复辟文证》，载《近代中国史料丛刊续编》第 82 期第 153—161 页，文海出版社，1985 年。

2 《筹建皇室博物馆奏折》，载袁英光、刘寅生编著《王国维年谱长编（1877—1927）》第 400—402 页，天津人民出版社，2005 年。

3 吴瀛：《故宫博物院前后五年经过记》卷一，第 10 页，故宫博物院，1932 年。

态度坚决，不给任何回旋余地，要求溥仪交出“皇帝之宝”和“宣统之宝”两方印玺，表示已交出政权，但从历史照片看，溥仪实际交出的是“皇帝之宝”与“皇后之宝”。溥仪在《修正清室优待条件》上签了字，偕同眷属暂居其生父载沣的醇王府。溥仪出宫当日，国务院向全国发出通电一则，宣布“溥仪已于本日移出宫禁，政府已令行政长官妥为保护”。此后数日，相关太监、宫女亦相继携带随身用物陆续出宫。至此，紫禁城的内廷区域亦回归民国政府管辖。

溥仪在这个过程中表现得比较平静。据《郑孝胥日记》，溥仪 11 月 2 日已在钦安殿向元武求签，云“动凶静吉”，[1] 因此不敢轻举妄动。但他没有想到来得这么突然，这么令人措手不及。他在《我的前半生》中回忆这一事件时写道：那天上午大约九点多钟，他正在储秀宫和婉容吃着水果聊天。内务府大臣们突然踉跄地跑了进来，说冯玉祥派军队来了，还有李鸿藻的后人李石曾，说民国要废止优待条件，拿来文件叫签字，“我一下子跳了起来，刚咬了一口的苹果滚到地上去了”。1925 年 5 月间，俞平伯参与点查储秀宫，用细腻的笔触记下了所见所闻。他在储秀宫卧室发现“北向临窗一大炕置书籍杂物；更有一炕桌，上置苹果半个，是仓皇出走时，未食毕而投之之品”。这半个已经干枯的苹果从当年 11 月到来年 5 月，依然放置在炕桌上，正如俞平伯所言，“乃一有趣的故实也”。

溥仪所居住的养心殿，清室善后委员会点查时，发现正殿陈列有红木宝座、楠木桌、碧玉兽炉、碧玉雕龙香亭、散氏盘、祖丁鼎。在

1 《郑孝胥日记》『民国十三年十月初七日（1924 年 11 月 3 日）』，第四册，第 2025 页，中华书局，1993 年。

图 4-15
1961 年 10 月 13 日，
纪念辛亥革命 50 周年时，
溥仪（中）与熊秉坤（右）
及鹿钟麟（左）
在北京全国政协
会议室合影

宝座上东首者，有嘉庆御笔《得雨敬述册页》、红木镶黄杨砚镜、御制《养心殿铭》错金书镶玉如意。在宝座下西首者，有玉笔筒、玉笔架、玉小水盂、文衡山小砚、镶玉紫檀镇纸。在正殿中间者，有嵌乾隆御题红木字红木屏风、宫扇、红木茶几、玉炉瓶盒、乾隆款切玉剑、浑天仪、描金漆桌、嵌宝石西洋钟。养心殿是雍正以来清代诸帝的居所，溥仪正是在这种反映皇权高贵的氛围中成长的。

俞平伯还记下了溥仪出宫前的最后早餐："野意膳房九月初七日早膳，厨役郑大水恭作：清汤银耳、炉肉熬冬瓜、炒三冬、鸭条烩海参、葛仁烩豆腐、红烧鱼翅、炮羊肉、烩酸菜粉、锅烧茄子、红烧桂鱼、炒黄瓜酱、干炸肉、羊肉烫白菜、大豆芽炒各达英、热汤面、黄焖鸡、摊鸭子、木樨汤。熏菜膳品：酱肘子、熏肝。蒸食膳品，厨役郑恩福恭作：猪肉馒首、烙饼、戗面馒首、包金卷、紫米膳、白米膳、小米膳、甜油炸果、咸油炸果、粳米豇豆粥、玉米身粥、小米粥、香稻米粥。"[1] 这与其先祖的气象自不可同日而语，但仍显示着末世皇室的规矩与排场。

后来溥仪从宫中陆续取回属于自己的财产。对于清宫公私产的具体划分，在实际中并没那么复杂，例如，藏于库内的元宝银，共 6333 斤，合 101 328 两，因该元宝均镌有福禄寿喜字样，每颗均重达 10 余斤，确系当时清帝用以为犒赏之用者，遂留数颗以为将来陈列展览所用，其余则悉数发还。[2] 溥仪两次派人到养心殿取东西，曾要求带走乾隆瓷器及仇十洲《汉宫春晓图》，委员会未允许，唯取走

1 俞平伯：《杂拌儿集·杂记『储秀宫』》第 104—110 页，中国青年出版社，1995 年。

2 吴瀛：《故宫博物院前后五年经过记》卷一，第 15 页，故宫博物院，1932 年。

图 4-16
李煜瀛像

图 4-17
易培基像

不少衣物首饰，所带走的物品详账，已附记在《故宫物品点查报告》第三编第四册《点查养心殿情形》后。

溥仪出宫时，清室善后委员会搜查他所带的行李，发现了藏在其中的《快雪时晴帖》，这是晋代王羲之的作品，乃赫赫有名的稀世珍宝，为乾隆皇帝钟爱的“三希”之一，自然被扣留了下来，但如何处置这件文物却成了问题。因为当时各宫殿已经上锁，所以不能随便打开把它放回去。后来想出一个权宜之计，即马上派人到外面买了一个大保险柜，由清室善后委员会委员长李煜瀛亲手把它锁在柜内，外面加贴封条，再把大保险柜存放在神武门里面的临时办公处。当时保险柜的开启号码，只有李煜瀛一人知道。[1]

旧谓大臣强迫帝王退位为“逼宫”，也有多种“逼宫”旧戏。宣统年间任过直隶总督兼北洋大臣的陈夔龙在《梦蕉亭杂记》中就说：“忽有冯玉祥反戈入京，废斥总统，波及皇室，冒大不韪，致有仓卒逼宫之事。”[2]1925 年 2 月 5 日，溥仪在日本使馆庆祝其二十岁生日，前来祝寿者有五百多人，溥仪即席演说称“逼宫”事为“野蛮举动”。在 1925 年 10 月 10 日故宫博物院建院开幕仪式上，身负“逼宫”之名的鹿钟麟说：“大家听过《逼宫》这出戏，人也指我去年所作之事为‘逼宫’。但彼之‘逼宫’是为升官发财或作皇帝而为，我乃为民国而‘逼宫’，为公而‘逼宫’。”[3]

溥仪从这一天走出故宫后，就在日本人的诱使下，一步一步沦为卖国的罪人。他再次回到故宫是 1961 年春夏之间。当他以导游的身

1 庄严：《前生造定故宫缘》第 28 页，紫禁城出版社，2006 年。
2 陈夔龙：《梦蕉亭杂记》第 136 页，山西古籍出版社，1996 年。
3 吴瀛：《故宫博物院前后五年经过记》卷一，第 10 页，故宫博物院，1932 年。

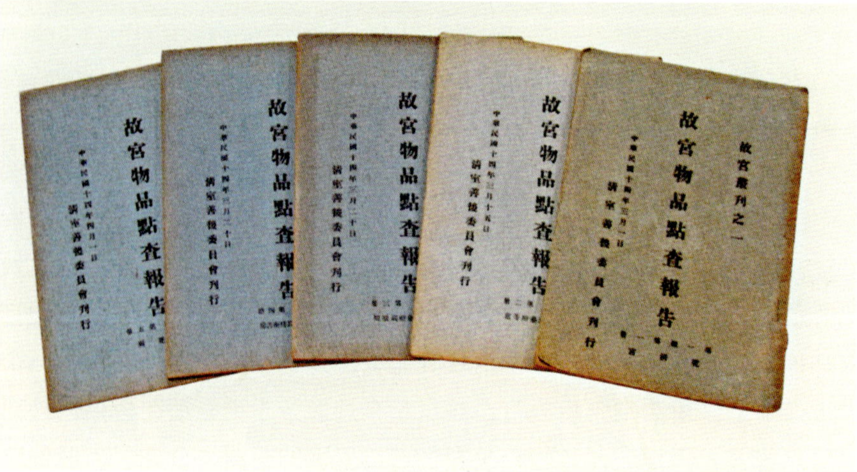

图 4-18
清室善后委员会同人进入交泰殿点查前合影

图 4-19
《故宫物品点查报告》（部分）

份带着杜聿明等人游览这久违的、熟悉而又陌生的紫禁城时，其中种种感慨，自是他人无法想象的。也就在这一年举行的纪念辛亥革命五十周年的活动中，溥仪和武昌起义放第一枪的熊秉坤、三十多年前驱逐他出宫的鹿钟麟见了面。这是历史性的会见。

故宫博物院肇始

在溥仪出宫三天后，摄政内阁令国务院组织“清室善后委员会”，以“会同清室近支人员，协同清理公产私产”，而“所有接收各公产，

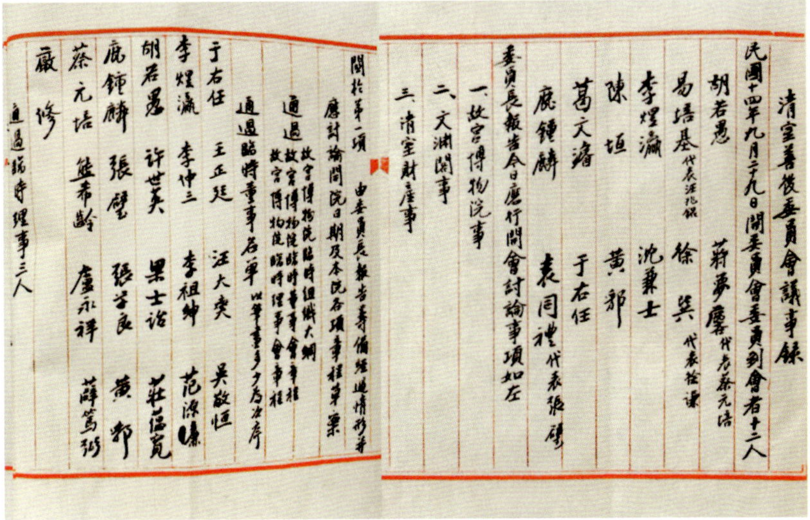
清室善後委員會議事錄
民國十四年九月二十九日開委員會委員到會者十二人
胡若愚　蔣夢麐代表蔡元培
易培基代表汪兆銘　徐　炎代表俞謙
李煜瀛　沈兼士
陳　垣　黃　郛
葛文濬　于右任
鹿鍾麟　袁同禮代表張璧
委員長報告今日應行開會討論事項如左
一、故宮博物院事
二、文淵閣事
三、清室財產事
關於第一項　由委員長報告籌備經過情形并
應討論開院日期及本院各項章程草案
通過　故宮博物院臨時組織大綱
故宮博物院臨時董事會章程
通過　故宮博物院臨時理事會章程
通過臨時董事名單　以筆畫多少為次序
于右任　王正廷　汪大燮　吳敬恒
李煜瀛　李仲三　李祖紳　范源濂
胡若愚　許世英　梁士詒　莊蘊寬
鹿鍾麟　張　璧　張學良　黃　郛
蔡元培　熊希齡　盧永祥　薛篤弼
嚴　修
通過臨時理事三人

图 4-20
1925 年 9 月 29 日，清室善后委员会议事录（部分）

暂责成该委员会妥慎保管。俟全部结束，即将宫禁一律开放，备充国立图书馆、博物馆等项之用，借彰文化，而垂久远”。[1]

国务院随即聘请李煜瀛为委员长，于故宫神武门内东耳房设善后委员会筹备处，接收查封宫中各处所贮事物。11 月 13 日，国务院公布《办理清室善后委员会组织条例》。清室善后委员会在隆宗门内小军机处设善后委员会办事处，随后开始工作。委员 14 人为汪精卫（易培基代）、蔡元培（蒋梦麟代）、鹿钟麟、张璧、范源濂、俞同奎、陈垣、沈兼士、葛文濬及清室指定的绍英、载润、耆龄、宝熙、罗振玉。另有监察员 6 人。

因时局变化，政局变更，11 月 10 日，同情清室的段祺瑞在奉系军阀张作霖的支持下，以临时执政的名义登台，受清室遗老及政府中怀念故主之官员的蛊惑，竟致函内务部制止点查清宫文物。故宫物品点查工作形势陡然生变。在社会各界的斡旋和支持下，以及清室善后委员会复杂的斗争后，点查工作又得以进行。12 月 20 日，清室善后委员会召开第一次会议，讨论并通过了《点查清宫物件规则》。22 日清室善后委员会举行点查预备会议，并就开放故宫为公共博物馆与图书馆等展览场所之事进行讨论，议决设立国立图书馆、博物馆筹备会，以易培基为主任；设工厂筹备会，以吴敬恒为主任，规划古建筑维护事宜。点查工作原定于 23 日正式开始，但因应参与的警察未到，故未点查，在“点查组单”上注明：“本日因警察未来，未实行点查。”24 日，清室善后委员会正式开始点查清宫物品，以内廷最南

1 中国第二历史档案馆编：《中华民国史档案资料汇编（第三辑）·文化》，第 292—293 页。

图 4-21
故宫博物院开院典礼上，李煜瀛理事长正在演讲

端的乾清宫、坤宁宫为起点。

参与点查工作的人员主要有清室善后委员会委员长、委员，或其指定之代表、监察员、各院部所派助理员、委员会所聘请的专门人员、事务员、守卫军警、前清内务府人员等。各成员按抽签方式确定分组，每组分为监察员与点查员，各组人数及组长由委员长临时指定。

清宫物品点查工作从 1924 年 12 月 24 日开始，至 1930 年 3 月基本结束。为了让社会及时了解点查情况，清室善后委员会先后公开刊行《故宫物品点查报告》6 编 28 册。宫中大多数地方的物品点查初步竣事，《故宫物品点查报告》内载物品 94 000 多号，1 170 000 多件。这是故宫文物第一次全面清查建账，至今仍是故宫博物院追溯院藏文物本源的第一手原始资料。

点查清宫物品，是以宫殿为单位，各宫殿按“千字文”编“字”，如乾清宫为“天”，坤宁宫为“地”，南书房为“元”，上书房为“黄”，等等。按照点查规定，顺序则由入口左侧起，逐件编号，依序登录。除文物之外，凡供陈列摆设用的橱柜箱架亦在登记之列。点查是从乾清宫开始，乾清宫内物品就皆编为“天”字号。当时进殿首先看到的是一个二层木踏凳，点查登记的清宫文物“天字第一、二号”竟然是“二层木踏凳”，三号才是“二层雕花大红木柜”，遂成了清宫点查中的一件逸事。

在点查清宫物品的过程中，清室善后委员会与清室及段祺瑞临时政府的反对、抵制、阻挠等活动进行了坚决的斗争。清室善后委员会

图 4-22
故宫博物院古物展厅
摄于二十世纪二三十年代

于 1925 年 3 月在毓庆宫发现 1920 年所记《诸位大人借去书籍字画玩物等糙账》。7 月在养心殿发现《赏溥杰单》及溥杰手书的《收到单》各一束，所录多为宋元明版图书、唐宋以来历代书法名画。清室善后委员会还发现原清室内务府大臣金梁、康有为及庄士敦等图谋复辟的文件一批，清室善后委员会认为事关国家共和政体的安危，当即抄录致函京师地方检察厅（后转向京师高等检察厅），请其对有关人员分别提出公诉，在段祺瑞临时政府的包庇下，此事最后不了了之。

清室善后委员会坚持开展工作并为成立博物院做了充分准备。1925 年 9 月 29 日，清室善后委员会召开会议，决定依照法、俄、德诸国前例，以明清皇室庋藏的文物，成立“故宫博物院”，并通过了《故宫博物院临时组织大纲》《故宫博物院临时董事会章程》《故宫博物院临时理事会章程》。故宫博物院初创时为一临时法人团体，最高决策、监察机构为临时董事会，临时理事会为全院事务的执行机构，其下设业务部门古物馆、图书馆及事务部门总务处。第一任临时董事为严修、卢永祥、蔡元培、熊希龄、张学良、张璧、庄蕴宽、鹿钟麟、许世英、梁士诒、薛笃弼、黄郛、范源濂、胡若愚、吴敬恒、李祖绅、李仲三、汪大燮、王正廷、于右任、李煜瀛。第一任临时理事为李煜瀛、黄郛、鹿钟麟、易培基、陈垣、张继、马衡、沈兼士、袁同礼，李煜瀛为理事长。

1925 年 10 月 10 日，故宫博物院开院典礼在乾清门前举行。这一天的京津各大报都登出了“故宫博物院开幕广告”。开院之日，李煜瀛手书的颜体“故宫博物院”木质匾额已高悬在宫殿入口神武门上

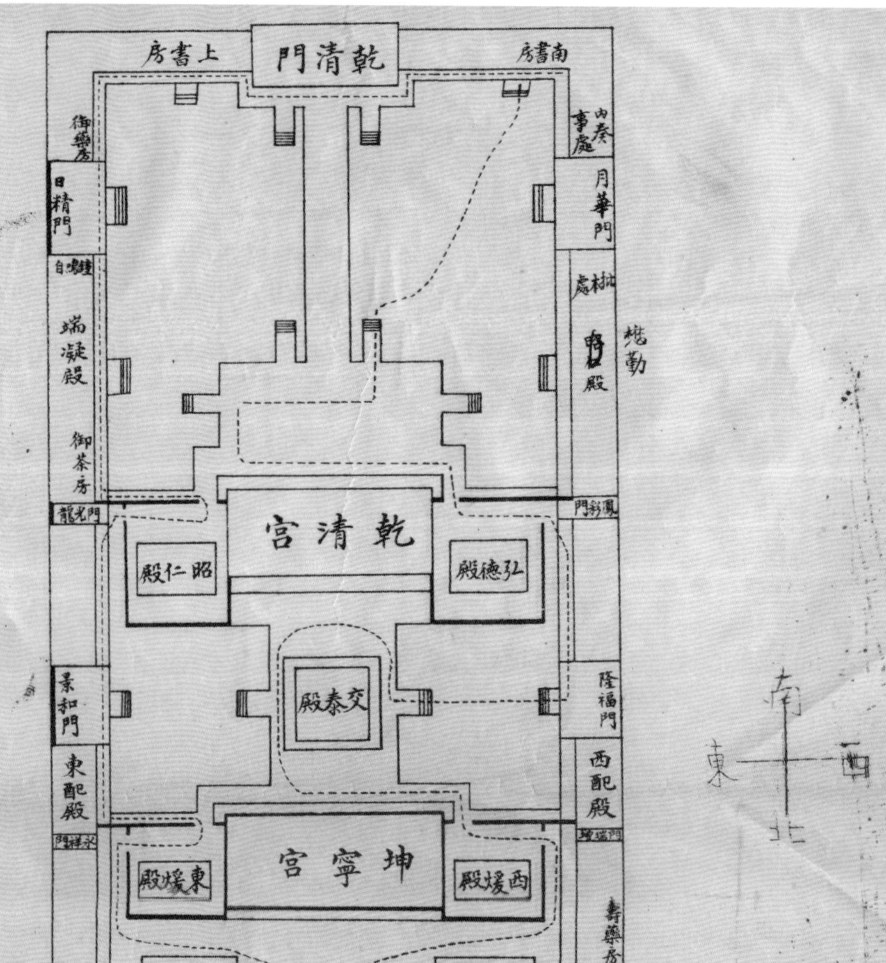
乾清門
上書房
南書房
御藥房
日精門
月華門
內奏事處
端凝殿
御茶房
龍光門
鳳彩門
乾清宮
昭仁殿
弘德殿
交泰殿
景和門
隆福門
東配殿
西配殿
坤寧宮
東煖殿
西煖殿
壽藥房
坤寧門
絳雪軒
養性齋
鹿囿
假山
萬春亭
千秋亭
天一門
欽安殿
澄瑞亭
摛藻堂
延暉閣
位育齋
御景亭
順貞門
出口
入口
南
東
西
北

故宮中路平面圖

图 4-23
1925 年绘
《故宫中路平面图》

方（1930 年 8 月改为石匾）。门外搭起了花牌楼。请柬发出了 3500 份。大会由时任审计院院长庄蕴宽担任主席。李煜瀛理事长以故宫博物院筹备经过为主题做报告。前摄政内阁总理、理事黄郛的发言中说，“今日开院为‘双十节’，此后是日为国庆与博物院之两层纪念，如有破坏博物院者，即为破坏民国之佳节，吾人宜共保卫之”。王正廷、蔡廷干、鹿钟麟、于右任、袁良等分别到会致辞，阐明故宫博物院建院开放的重要意义。他们的讲话均受到与会者的欢迎。[1]

新生的故宫博物院精心筹划，为参观者开辟了多处专门展览室，首度将清宫所藏历代文物公诸国人。设于坤宁宫北侧的古物书画陈列室分书画、铜器、瓷器三馆；设于文渊阁、昭仁殿的图书陈列室展陈《四库全书》及历代善本册籍；设于养心殿、乐寿堂的文献展览室展陈康、乾两帝戎装盔甲，乾隆鞍马戎装画像，后妃画像，南巡图，大婚图，雍正以降诸帝朱批谕旨等文献，金梁等人密谋复辟的文献，以及溥仪与妻妾的生活照片等。顺贞门内竖起了大幅《全宫略图》，指引参观路线。

故宫在民国的国庆日正式对外开放，京城人士及百姓无不大喜过望。故宫又将 10 日、11 日票价由一元减为五角。据统计，仅这两日参观故宫的游客即达五万余人次。京津各报对此热烈场面都有生动的记述，如北京城“万人空巷”，“人们无不向此同一目的涌进故宫，一窥此数千年神秘的蕴藏”，“数千年宫殿尊严，昔为梦想所不可得到者，今则略破悭囊，即允吾人昂首阔步，眺望谈笑于其间。不可谓非建国

1
吴瀛：《故宫博物院前后五年经过记》卷一，第 54 页。

以来，求治益乱，求合益分之现象中，独此一事，是以差强人意者”，“唯因宫殿穿门别户，曲折重重，人多道窄，汹涌而来，拥挤至不能转侧，殿上几无隙地，万头攒动，游客不由自主矣”。参与筹建故宫博物院的吴瀛“适以事入宫略迟，中途车不能行者屡，入门乃与眷属及三数友人被遮断于坤宁宫东夹道至两小时之久始得前进”。[1] 故宫博物院职员傅振伦“次日清理参观路线捡拾妇孺手帕、鞋帽，凡四抬筐，实是博物馆界未有的盛况”。[2]

故宫博物院成立后，由于北洋军阀政府内战及其对博物院的干扰，加上经费的困难，举步维艰。1926 年 3 月 19 日，段祺瑞临时政府忽然以共产党的“罪名”，通缉筹建故宫博物院的组织者李煜瀛、易培基，二人匿居东交民巷，故宫博物院顿失首领。从此至 1928 年 6 月的两年多时间，故宫博物院处于异常艰难困苦的时期，经过了“维持员时期”“保管委员会”“维持会”和“管理委员会”四次改组，庄蕴宽、江瀚等先生为故宫博物院的存续做出了贡献。南京国民政府在北伐胜利，接收了故宫博物院后，于 1928 年 10 月先后公布了《故宫博物院组织法》与《故宫博物院理事会条例》，明确故宫博物院“直隶于国民政府，掌理故宫及所属各处之建筑古物图书档案之保管开放及传布事宜”，确定了院内各部门的业务职责，使故宫博物院基本上适应了现代博物馆的性质与工作规律。

理事会是故宫博物院的决策与监督机构。1928 年 10 月 8 日，中华民国国民政府任命李煜瀛、易培基、黄郛、鹿钟麟、于右任、蔡元

1　吴瀛：《故宫博物院前后五年经过记》第 59 页。

2　傅振伦编著：《七十年所见所闻》第 10 页，华东师范大学出版社，1997 年。

培、汪精卫、江瀚、薛笃弼、庄蕴宽、吴敬恒、谭延闿、李烈钧、张人杰、蒋介石、宋子文、冯玉祥、阎锡山、柯劭忞、何应钦、戴传贤、张继、马福祥、胡汉民、班禅额尔德尼（九世）、恩克巴图、赵戴文等27人为故宫博物院理事。

这一理事名单，包括了国家首脑及政治、军事、宗教、文化、教育等各方面的最有影响力的风云人物。这一绝无仅有的豪华阵容的出现其实有着深刻的时代背景，是特殊历史条件下的产物。1928年8月，蒋介石完成二次北伐，实现了自辛亥革命以来中国第一次在形式上的统一。这无疑是一件大事。须知10月8日是重要的一天，这一天的国民党中委会议决：任命蒋介石、谭延闿、胡汉民、蔡元培、戴传贤、王宠惠、冯玉祥、孙科、陈果夫、何应钦、李宗仁、杨树庄、阎锡山、李济深、林森、张学良为国民政府委员，以蒋介石为国民政府主席，以谭延闿为行政院院长、胡汉民为立法院院长、王宠惠为司法院院长、戴传贤为考试院院长、蔡元培为监察院院长。10日，国民政府主席蒋介石暨国民政府委员及五院院长在南京国民党中央党部宣誓就职，五院制国民政府正式成立。10月8日同时公布的故宫博物院理事名单中，上述诸人除了孙科、陈果夫、李济深、林森，其他人俱列其中，说明两者之间的密切关系。有着回族、藏族、蒙古族及宗教身份的马福祥、班禅额尔德尼（九世）、恩克巴图，以及以前清遗老自居又因主持一些学术机构而颇负盛名的柯劭忞等也榜上有名，则展现了一派共襄盛事的景象。凭借故宫在皇权时代的独有地位与故

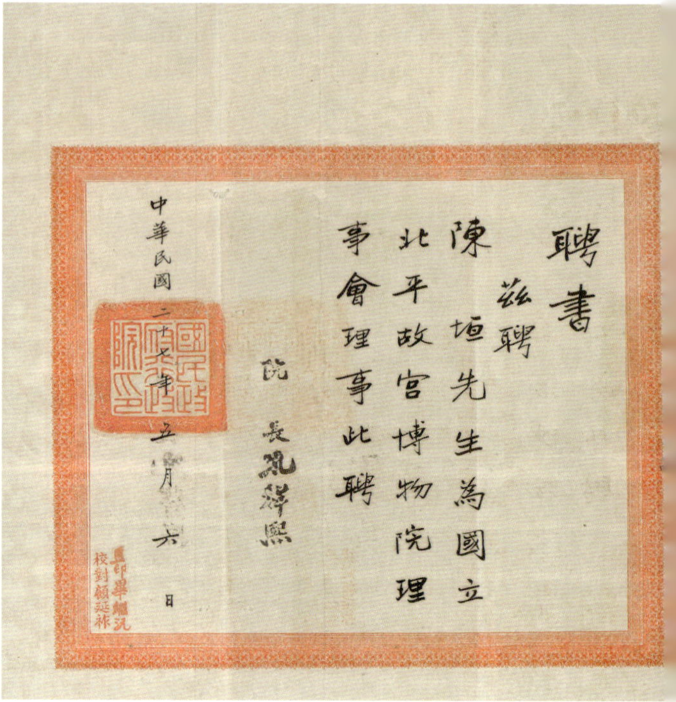
聘書

茲聘

陳垣先生為國立

北平故宮博物院理

事會理事此聘

院長孔祥熙

中華民國二十七年五月六日

宫博物院的巨大影响，作为故宫博物院最高领导机构、决策中心的理事会便成为新的当权者表现新气象的依托，其自然有着重要的象征或宣示意义，同时也说明故宫博物院在国人心目中的地位。

后来，理事会又推举马衡、沈兼士、俞同奎、陈垣、李宗侗、张学良、胡若愚、熊希龄、张璧、王宠惠等 10 人为理事。李煜瀛兼理事长，易培基担任院长。至此，故宫博物院有了法理依据以及法律的保障，加上一个在特殊历史条件下产生的强大的理事会，又有一大批优秀学者作为骨干提供支持，很快迎来了发展的黄金时代，在陈列展览与开放参观、文物整理保护与传拓刊印，以及古建筑管理维修与道路工程方面，都取得了重大成果。

故宫博物院的成立体现着建立在自由、平等、民主基础上的文化共享与文化参与。西方博物馆的诞生以文艺复兴、启蒙运动提供的精神养料为其思想前提。故宫变为博物院，使皇室珍藏社会化，其深层意义是继辛亥革命从政治体制上打倒皇权后，进一步通过改造文化事业，来冲击、打破由“家天下”政治形态所塑造的各种传统观念，反映着新型的“国家”意识，以及与之相伴生的市民意识，也为宫廷藏品赋予了维系中华民族文化、传续中华文明血脉的新内涵。

故宫博物院成立于五四运动高潮之后，北京大学大批学者积极参

图 4-24
1929 年 10 月，
故宫博物院成立 4 周年，
来宾进入故宫神武门

图 4-25
行政院聘任陈垣为
故宫博物院理事的聘书

与，在建院上起了重要作用，其研究所国学门学术研究的新的方法和风气，对博物院也产生了积极影响。皇宫变为博物院不只是重大历史变革，还具有用新文化的思想审视、研究传统文化的意义。皇宫在转变成为博物馆的同时，也经历了一次文化上的转变，即从皇家文化向博物馆文化的转变。这种文化转变是在中国传统文化向现代文化转型的大背景下发生的。

故宫博物院的成立是中国博物馆事业发展中划时代的大事。建院时制定的《故宫博物院临时组织大纲》《故宫博物院临时董事会章程》《故宫博物院临时理事会章程》，直接借鉴西方博物馆管理的经验，确立了董事会与理事会的形式，说明中国博物馆自起步就与国际通行做法接轨。南京国民政府颁布的《故宫博物院组织法》是中国历史上第一部有关博物馆的法律，接着又颁布了《故宫博物院理事会条例》，这两个文件标志着博物院由草创趋向成熟。

故宫博物院的成立，标志着中国博物馆事业进入一个新阶段，同时促进了中国博物馆学科的形成。正如马衡所说：“吾国博物馆事业，方在萌芽阶段。民国以前，无所谓博物馆，自民国二年政府将奉天、热河两行宫古物移运至北京，陈列于武英、文华二殿，设古物陈列所，始具博物馆之雏形。此外大规模之博物馆，尚无闻焉。有之，自故宫博物院始。”[1]

神秘的紫禁城内廷，无与伦比的文物瑰宝，曲折的成立经过，新型的管理体制，法律文件的保障，奋发向上的气象与卓著的工作成就，

1 马衡：《组织中国博物馆协会缘起》，载《中国博物馆协会会报》1935年第1卷第1期。

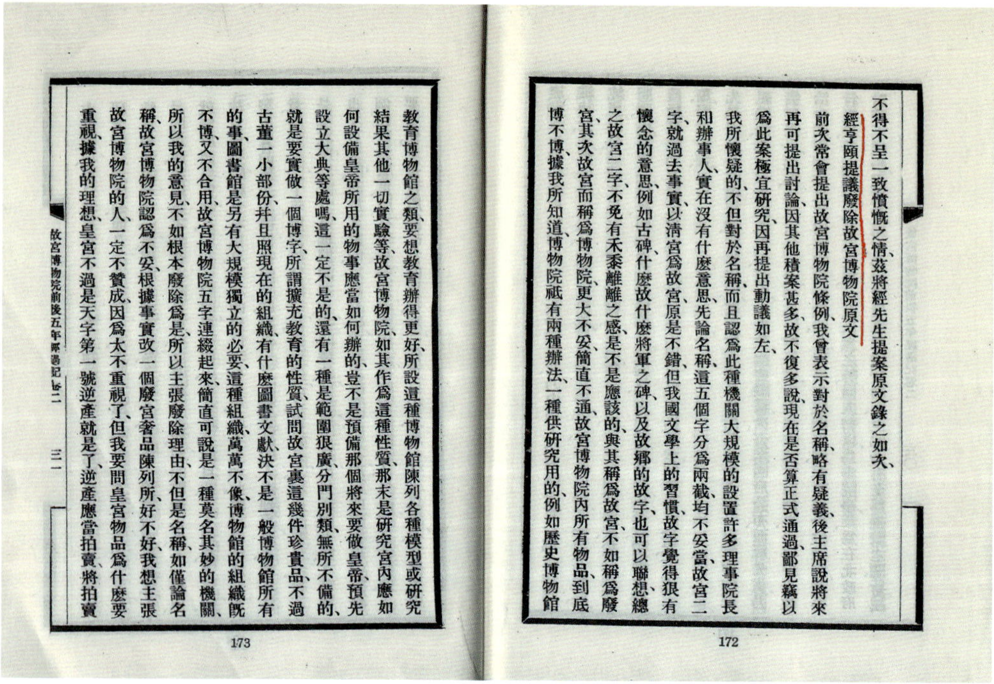

不得不呈一致憤慨之情、茲將經先生提案原文錄之如次、

經亨頤提議廢除故宮博物院原文

前次常會提出故宮博物院條例、我曾表示對於名稱、略有疑義、後主席說將來再可提出討論、因其他積案甚多、故不復多說、現在是否算正式通過、鄙見竊以爲此案極宜研究、因再提出動議如左、

我所懷疑的、不但對於名稱、而且認爲此種機關大規模的設置許多理事院長和辦事人、實在沒有什麼意思、先論名稱、這五個字分爲兩截、均不妥當、故宮二字、就過去事實、以淸宮爲故宮、原是不錯、但我國文學上的習慣、故字覺得狠有懷念的意思、例如古碑、什麼故什麼將軍之碑、以及故鄉的故字、也可以聯想、總之故宮二字、不免有禾黍離離之感、是不是應該的、與其稱爲故宮、不如稱爲廢宮、其次故宮而稱爲博物院、更大不妥、簡直不通、故宮博物院內所有物品、到底博不博、據我所知道、博物院祗有兩種辦法、一種供研究用的、例如歷史博物館

172

教育博物館之類、要想教育辦得更好、所設這種博物館陳列各種模型或研究結果其他一切實驗等、故宮博物院、如其作爲這種性質、那末是研究宮內應如何設備皇帝所用的物事應當如何辦的、豈不是預備那個將來要做皇帝、預先設立大典等處嗎、這一定不是的、還有一種是範圍狠廣、分門別類、無所不備的、就是要實做一個博字、所謂擴充教育的性質、試問故宮裏這幾件珍貴品、不過古董一小部份、并且照現在的組織、有什麼圖書文獻、決不是一般博物館所有的事、圖書館是另有大規模獨立的必要、這種組織、萬萬不像博物館的組織、既不博、又不合用、故宮博物院五字連綴起來、簡直可說是一種莫名其妙的機關、所以我的意見、不如根本廢除爲是、所以主張廢除理由、不但是名稱、如僅論名稱、故宮博物院認爲不妥、根據事實改一個廢宮奢品陳列所、好不好、我想主張故宮博物院的人、一定不贊成、因爲太不重視了、但我要問皇宮物品爲什麼要重視、據我的理想、皇宮不過是天字第一號逆產、就是了、逆產應當拍賣、將拍賣

故宮博物院前後五年經過記 卷二 三一

173

图 4-26
经亨颐提议废除故宫博物院原文
引自吴瀛：《故宫博物院前后五年经过记》

特别是与近现代中国社会、政治、文化的密切关系，都清楚地向世人宣告了这座博物馆所承载的丰富意涵，也使故宫博物院具有了至今人们仍在探讨的不寻常意义。

故宫遗产的价值

故宫博物院是依托故宫遗产建立起来的。在故宫与故宫博物院的关系中，故宫处于主导的、决定性的地位。故宫博物院近百年的历程表明，凡在对故宫遗产价值认识发生偏颇时，故宫保护与博物院发展就会遇到麻烦，受到挫折。

对于故宫价值的认识，故宫博物院成立以来经历过三次争论。

第一次是围绕经亨颐“废除故宫博物院，分别拍卖或移置故宫一切物品”议案的争论。

国民政府委员经亨颐于 1928 年 6 月 28 日提出该议案，第二天国民政府开会即通过，并提请中央政治会议再行复议。经亨颐的根本错误是视故宫为前清逆产，是逆产就要拍卖处理，同时他对博物馆性质与作用的认识也是偏颇的。为了保存故宫博物院，故宫同人向社会散发传单，将建院经过、建院的必要性及经亨颐提案之不当等情况陈述于国人面前。后来经亨颐的提案被否决，命悬一线的故宫博物院保存了下来。

对经亨颐批驳最有力的，是由李宗侗起草、张继以大学院古物保管委员会主席名义驳斥经亨颐错误言论的呈文。文中说："且故宫已收归国有，已成国产，更何逆产之足言？"呈文对故宫博物院"大可列入世界博物院之数"的崇高地位做了充分的肯定，对故宫价值特别是"世界价值"做了至今看来仍然是十分深刻的论述："一代文化，每有一代之背景，背景之遗留，除文字以外，皆寄于残余文物之中，大者至于建筑，小者至于陈设，虽一物之微，莫不足供后人研究之价值。明清两代，海航初兴，西化传来，东风不变，结五千年之旧史，开未来之新局，故其文化，实有世界价值，而其所托者，除文字外，实结晶于故宫，及其所藏品。近来欧美人士，来游北平，莫不叹为大可列入世界博物院之数。即使我人不自惜文物，亦应为世界惜之。还观海外，彼人之保惜历史物品如彼，吾人宜如何努力？岂宜更加摧残？"[1]

故宫博物院的成立，使清宫旧藏的身份、性质发生根本变化，它们已成为人民共享的文化财产，但故宫又曾是封建皇宫，在许多反对封建、推翻帝制的革命者的头脑中，总有一个阴影挥之不去：如此看重故宫对不对？保护故宫与反封建宗旨是否相一致？经亨颐是位民主革命者、著名的教育家，他对故宫博物院及清宫旧藏的认识是片面的，这既由于以推翻帝制为职志的一些革命者的感情因素所致，同时也由

1 吴瀛：《故宫博物院前后五年经过记》卷二，第35—36页。

于对故宫及故宫文物所承载的多重政治文化内涵解读的差异所致。应该看到，拥护故宫博物院、认识故宫文物价值的是多数，但持有像经亨颐那样态度的人在当时也不是个别的，如一向并不激烈的吕思勉，也曾在这一争论发生不久之前提出过“毁清宫迁重器”的看法，直指清宫的存在引起遗老怀念故君之思，提出的解决办法也是将宫内文物“迁之武昌，建馆贮之，光复之业，子孙不忘”[1]。

蒋介石 1929 年 6 月 27 日曾参观故宫，在日记中也留下颇为不佳的印象：“下午，到清宫参观几遍，只感宫殿生活为一变相之牢狱，其腐败、污秽、杂乱，不堪名状。观其历代帝王之像，以顺治为首，次则乾隆，其余无足观者也，只可作为遗迹而已。”6 月 28 日：“游观雍和宫，污秽之处也，其拉马堪布之污浊，亦令人欲呕。”[2] 对于封建帝制的残余物（紫禁城及其他皇家建筑和古物），时人的心理是十分复杂的。

第二次是围绕文物南迁的争论。

1931 年日本发动九一八事变，第二年秋天故宫博物院即着手文物南迁的准备。“北平政务会议”却于 1932 年 8 月 3 日做出决定：“呈请中央拍卖故宫文物，购飞机 500 架。”[3] 经故宫同人多方努力，这一荒唐决定终于被制止了。

1933 年故宫文物南迁消息见诸报端后，舆论哗然，形成反对和支持两种声音，反对的一个主要原因，是认为大敌当前，政府应首先要保护土地和人民，现在政府却如此重视故宫古物，是因为故宫古物

1 吕思勉：《毁清宫迁重器议》，《吕思勉诗文丛稿》下册，上海古籍出版社，2011 年。

2 以上抄自《蒋介石日记》，原件藏于美国斯坦福大学胡佛研究所。

3 《俞同奎致易培基密电》：『今早政会召集讨论保存故宫古物办法……议决，各委员签字，呈请中央拍卖故宫古物购飞机。』故宫博物院档案室藏。

是古董，值钱，才要搬迁。

故宫文物该不该南迁，争论虽然激烈，但其实质是如何看待故宫文物的问题，即这些文物是一般所谓值钱的“古物”“古董”，还是有其特殊的不可代替的历史文化价值。许多人士和社会团体认为，故宫文物虽然来自清宫，曾为皇帝个人所有，但“为我国数千年文化艺术之结晶，尤于学术方面关系非浅，即在世界文化上亦占重要之地位”[1]，“夫故宫博物院、古物陈列所所藏古物，咸为希世之珍。为本国之文化计，为世界文化计，均宜早为之所，妥为保存”[2]。故宫文物不是一般的“古物”“古董”，而是国宝，是民族的历史文化遗产，其价值是不可用币值衡量的，这已成为许多人的共识。敌人入侵，即使失掉土地还有收复的可能，唯有文物留在原地不动，只有受毁损的危险。于是政府不顾一些人的反对，仍然坚持迁运故宫文物。

第三次是对故宫“进行革命性改造”的认识。

1958 年 7 月，文化部宣布故宫博物院下放北京市，归市文化局管理。这年 10 月，北京市文化局党组提出要对故宫“进行革命性改造”，“坚决克服‘地广物稀，封建落后’的现状，根本改变故宫博物院的面貌”，提出两个改革方案：一是“将紫禁城内前后两部分划分为二，后半部分从乾清门后由故宫博物院办陈列，前半部分交园林局建设成为公园”；二是“按第一方案多保留从太和门起三大殿及两庑中间主要宫殿，此外交园林局管理”。

1959 年 6 月 22 日的中宣部部长办公会议否定了北京市的故宫

1 《北平学生抗日救国会致故宫博物院函》，1932 年 8 月 16 日，故宫博物院档案室藏。

2 《多齐云致故宫博物院、古物保管委员会函》，1932 年 8 月 8 日，故宫博物院档案室藏。

改革方案。中宣部部长陆定一在会上说："故宫改革方案文件的精神要整个考虑一下。……我们就是要保留一些封建皇帝的东西，不然的话不能古为今用。解放后几年以来，人们对故宫的兴趣越来越少，恐怕是因为故宫改得多了，应该再恢复一些。""什么是精华？什么是糟粕？文件中的提法值得考虑，我看冷宫应算精华，而不是糟粕。""我们对故宫应采取谨慎的方针，原状不应该轻易动，改了的还应恢复一部分。""故宫的性质，主要应该表现宫廷生活，附带可搞些古代文化艺术的陈列，以保持宫廷史迹。""讲解说明要实事求是地讲清这些史迹即可，少说一些标语口号。""关于故宫藏品的清理，不要忙于进行，外面向故宫来要东西的先压一压，不必有求必应，大量外调。仓库不够可另搞一些，仓库要现代化，以免藏品受损失。关于房子改造问题，小房、小墙可以拆一些，但要谨慎。马路可以宽一些，这是为了消防的需要，不是为了机动车进去。故宫就是要封建落后，古色古香。""故宫的方针，第一条是保持宫廷史迹，使人能详细地、具体地了解宫廷生活；第二条才是古代文化艺术的陈列。"[1]

故宫避免了一场灾难。陆定一的指示，表明在这一狂热思潮面前，在关键时刻，清醒的中国共产党领导人对于故宫价值和故宫保护的认识是明确的、深刻的，态度是鲜明的，从而坚决有力地制止了可能出现的错误。

以上争论，前两次发生在20世纪20年代、30年代，第三次发生在50年代末。围绕故宫、故宫文物、故宫博物院的这些争论，既

1 郑欣淼：《『完整故宫』保护的理念与实践》，《故宫博物院院刊》2012年第5期。

有“左”倾思潮的影响，也有思想方法上的片面性，虽然表现方式不同，但其实质仍是如何对待我国的历史和传统。

进入 21 世纪以来，在对故宫价值的持续探索中，人们认识到故宫是一个文化整体。这是故宫价值认识上的一个飞跃。

故宫作为一个巨大的稀世之珍，囊括了所有古建筑、可移动文物以及非物质文化遗产，但故宫古建筑不是一个简单的“壳”，故宫也不只是“藏宝”之所，故宫的每一件文物、每一处建筑，都不是互不相干的孤立的存在，其中蕴藏着生动的人物和事件，且有着这样或那样的联系，共同构成了宫廷历史文化多姿多彩的场景与长卷。这就是故宫文化的整体性。故宫博物院的宗旨是保护、研究与展示故宫文化，博物院要服从并有利于故宫遗产的全面保护，而不是反过来，让故宫去适应博物院。

文化整体性也因此成为故宫学方法论的哲学基础。故宫学倡导的就是从文化整体的角度去评估故宫的文物价值和文化内涵，提出打通学科界限，将院藏文物、古建筑和宫廷史迹这三方面作为互相联系的整体来研究。这种研究将开拓人们对单体文物研究的思路进入哲学化的思维方式即强调联系与发展，进入美学化的思维方式即导向审美与评赏，进入历史化的思维方式即注重社会与背景，并且扩展到对其他学科的认识，防止孤立地看待文物，防止文物研究（可移动与不可移动文物）的“碎片化”。这就是故宫学的精要所在。

图 4-27
太和殿侧影

三 故宫藏宝

图 4-28
《故宫博物院藏品大系 · 书法编》全套 35 卷

图 4-29
《故宫经典》

故宫是国宝荟萃之所。对清宫散佚文物的关注与征集，是故宫博物院成立以来持续进行的工作。故宫的藏品还在不断地增多和充实，这与社会各界人士的踊跃捐赠密不可分。故宫专设“景仁榜”，就是为了表达对捐献者的崇敬之情，并彰显其事迹，弘扬其精神。

图 4-30
故宫珍宝：
春秋时期的莲鹤方壶

图 4-31
故宫珍宝：
乾隆年制各色釉彩大瓶

国宝荟萃

故宫博物院是中国最为丰富的历代艺术珍品的宝库。从 2004 年至 2010 年，故宫进行了为期 7 年的文物大清理，截至 2010 年 12 月 15 日，珍贵文物、一般文物和标本共计 1 807 558 件套。在这 180 多万件套文物藏品中，约 155 万件套是清宫旧藏和遗存，占藏品总数的 86%，其余约 25 万件套为建院以来的新收藏，占藏品总数的 14%。故宫文物的 93.2% 是珍贵文物，约占全国 4150 座博物馆所收藏珍贵文物的 41.98%。

故宫博物院的文物藏品品类丰富，体系完备，依据不同质地、形式和管理的需要，分为陶瓷、绘画、法书、碑帖、青铜、玉石、珍宝、漆器、珐琅、雕塑、铭刻、家具、古籍善本、文房用具、帝后玺册、钟表仪器、武备仪仗、宗教文物等，共 25 大类，又可分为 243 个细类，反映了宫廷文物遗存的丰富多彩。

明清档案是故宫博物院的重要收藏。1955 年，故宫档案馆及其 580 余万件明清档案整体移交国家档案局，成为中央档案馆的明清档案保管部。1969 年，明清档案保管部及所藏档案又整体划归故宫博物院，仍称明清档案部。1980 年，故宫明清档案部全体职员以及

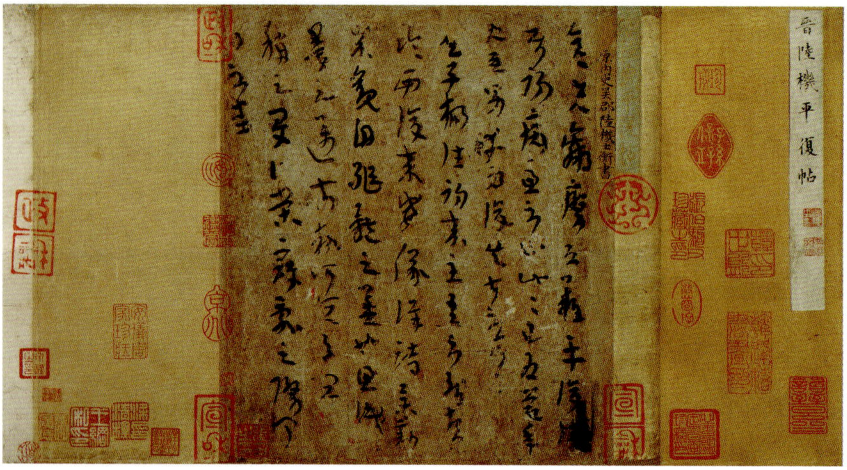

820 万件的明清档案连同 10 万册（函）图书资料再一次划归国家档案局，改称中国第一历史档案馆。现在，故宫博物院仍收藏少量有特色的清宫档案。

清宫收藏以铜、瓷、书、画为大宗，故宫博物院的这四类藏品也是声名远播，蔚为大观。

故宫的铜器以清宫旧藏为主，辅以历年收购、私人捐献及考古发掘之器，计藏历代铜器 15 000 余件，其中先秦铜器约 10 000 件，有铭文的 1600 余件，这三个数量均占中外传世与出土数量总和的 1/10 以上，因此故宫博物院是国内外收藏中国青铜器数量最多的博物馆。另有清以前的历代货币 10 000 余枚、铜镜 4000 余面、印押 10 000 余件，还有一些仿古彝器和古金属器，以及清宫原存从康熙至光绪各朝未曾流通的钱币 13 万余枚。由此可见，故宫的铜器收藏总体数量恢宏庞大，品类俱备。

故宫收藏陶瓷器的数量位居世界第一，达 37 万件之多，其中明清历代官窑瓷器超过 30 万件，明以前的陶瓷器与明清民窑约 5 万件。

图 4-32
故宫珍宝：
西晋陆机草隶
《平复帖》

图 4-33
故宫珍宝：
五代顾闳中
《韩熙载夜宴图》

故宫陶瓷藏品所囊括的文化内涵尤为广博而深厚，从新石器的彩陶、黑陶、红陶，到商周的白陶、印纹硬陶、原始青瓷，汉魏六朝的青瓷、黑瓷，唐代南青北白的代表，宋代的各大名窑瓷器，元代的枢府釉和青花、釉里红瓷器，明清两代的御窑瓷器，直到民国时期景德镇烧造的“居仁堂”款的瓷器和湖南醴陵生产的瓷器，举凡代表并贯穿中国古代陶瓷发展历史的各时期、各地区、各窑场的实物，故宫几乎都有收藏，时间跨度长达6000多年，其产地涉及20多个省区市，足以具体、系统地反映中国古陶瓷数千年的发展历史。

故宫现有绘画、壁画、版画、法书、尺牍、碑帖14.77万件，这个收藏量约占世界公立博物馆所藏中国古代书画的1/4，其中约1/3具有很高的艺术价值和史料价值。5.3万余件绘画，清宫旧藏为1.5万余件；6.4万余件法书，清宫旧藏为2.2万余件；2.9万余件碑帖，清宫旧藏为5800余件。故宫所藏的清宫书画包括碑帖合计4.28万余件。故宫通过持续征集，已经成为海内外书画收藏最多的博物馆。

故宫法书收藏涵盖了一批晋唐宋元大家名作，例如现存最早的名

图 4-34
养性殿西暖阁佛堂

图 4-35
梵华楼掐丝珐琅塔

家法书陆机《平复帖》、王羲之《兰亭序》三种最佳唐摹本、王氏家族唯一的传世真迹王珣《伯远帖》、唐代欧阳询行楷《卜商读书帖》和《张翰帖》、李白《上阳台帖》、杜牧《张好好诗》以及五代杨凝式、北宋李建中、范仲淹、文彦博、欧阳修诸人墨迹，等等。明清法书较为系统全面，清代宫廷法书收藏独占优势。此外，20 938 件的清代帝后书画是故宫颇具特色的一项收藏。

故宫博物院文物藏品有一个重要特点，那就是许多文物仍在原来宫殿的位置。保留文物最多的是十几座清宫佛堂，原状几乎未动过。例如作为清宫“六品佛楼”的典型和成熟代表的梵华楼，账上文物 1058 件，重要文物有一楼的 6 座形态各异、高达 2.5 米左右、“大清乾隆甲午年（1774）造”的掐丝珐琅塔；二楼的 54 尊大型铜佛、732 尊小型铜佛，每尊佛都有佛名，是庞大而直观的藏传佛教神系。这些原状文物保留了更多的历史信息，具有重要的特殊价值。

故宫博物院所藏外国文物也非常可观，约 10 000 件，包括陶瓷、书画、织绣等艺术品及科学仪器、钟表、武备、书籍、生活用品及其他，其来源有西洋传教士进献、藩属国贡品、外交使团礼品、臣工进献、通过贸易渠道采办等多种方式。所藏外国文物中最重要的是西洋仪器。广为人知的 1500 件外国钟表中，英国钟表约 800 件，又以

图 4-36
大禹治水玉山
清乾隆年制
高 224 厘米，宽 96 厘米
重约 5300 千克

图 4-37
金天球仪
清乾隆年制

18 世纪为最多，多数至今仍能正常使用。又有天文、地学、算学及测量绘图仪器 760 件，其中一级品即达 109 件。汇集于清宫的这些仪器，真实地反映了清代科技理论的变化与发展。

藩属国贡品，较多的是琉球国相关文物，110 余种 700 余件，主要为“红型”（冲绳地区流传至今的传统染织工艺品，中国称之为“印彩”或“彩印”）、漆器、武备器具、绘画、书籍以及泥金折扇等工艺品。马戛尔尼使华礼物还有数件火枪、望远镜架子等保存在故宫。

故宫所藏日本文物最多，其中“洋漆”多达 2900 余件；有日本七宝烧即珐琅器 133 件，日本七宝烧制品与中国的掐丝珐琅器（景泰蓝）、画珐琅器一样，皆为世界工艺的奇葩；藏日本陶瓷约 500 件，有 19 世纪中晚期烧制于日本有田地区的伊万里烧；现存故宫的日本家具种类繁多，有屏风、柜格、桌案、椅凳、箱盒等类，在功能和造型方面结合巧妙，既美观又实用；清宫藏书中有一大批日版汉籍、日籍，成书、翻印的时间上至明，下迄清代早、中、晚各期。

故宫博物院的外国文物种类丰富而复杂，相当一部分是艺术珍品，为明清不同时期的收藏，且涉及多个国家，是一座难得的外国文化艺术宝库。这些外国文物大多具有重要的历史价值，往往与一些重大历史事件相联系，是中国明清时期外交史、文化交流史和宫廷史的重要

图 4-38
琉球贡品“红型”：彩印菊花折扇布

图 4-39
马戛尔尼礼物中的火枪

载体与见证。

故宫博物院存藏的非清宫文物同样相当珍贵，有些种类因其数量巨大或相对集中以及珍贵的价值等，为世所重。例如，世界现存殷墟甲骨据调查统计共有 13 万片，故宫博物院所藏甲骨总数，经 20 世纪 60 年代清点，粗估有 22 463 片，占世界现存殷墟甲骨总数的 18%，仅次于中国国家图书馆（34 512 片）和台湾“中央研究院”历史语言研究所（25 836 片），是世界第三大甲骨收藏单位。故宫所藏甲骨来源主要可分为国家转拨、私人捐赠和院方收购三方面。这些甲骨，《甲骨文合集》仅著录 1440 片，绝大部分没有整理出版。许多铭文内容十分重要。从殷商世系讲，包括了武丁、武乙、文丁、帝乙、帝辛各期；从占卜内容讲，保留了殷王社会活动和日常生活诸多方面的史实。经过多年整理研究，60 卷册的《故宫博物院藏殷墟甲骨文》从 2020 年开始出版。

故宫博物院还收藏了 240 件敦煌吐鲁番文献文物；两组著名的汉地佛教造像——一是 271 件有明确纪年的出土于河北曲阳县的白石佛造像（始自北魏晚期、止于盛唐天宝年间），一是 50 尊广东韶关慧能传法之地南华寺的北宋木雕罗汉像；100 多件 1987 年安徽省凌家滩新石器时代遗址出土的珍贵玉器、石器，其所反映的文化内涵晚于同一地域的河姆渡文化而早于良渚文化，被命名为“含山文化”；还有 43 210 件明清尺牍，等等。

图 4-40
蓝地菊花纹
七宝烧敞口瓶一对

图 4-41
故宫藏龟甲

清宫散佚文物的征集

对清宫散佚文物的关注与征集，是在故宫博物院成立前后。1925年7月31日，清室善后委员会在点查养心殿时，发现了一束《赏溥杰单》和一束溥杰手书的《收到单》。故宫博物院后来将此密件及此前发现的《诸位大人借去书籍字画玩物等糙账》编辑成书，取名《故宫已佚书画目录三种》，向社会公开发行。弁言中称，被溥仪兄弟盗运出的书籍字画，“皆属琳琅秘籍，缥缃精品，《天禄》书目所载，《宝笈》三编所收，择其精华，大都移运宫外。国宝散失，至堪痛惜! 兹将三种目录印行，用告海内关心国粹文化者”。

抗战胜利后，故宫博物院北平本院接管和收购了一批散失在外的故宫旧有文物和物品。

溥仪被逐出故宫后，在天津住了7年，偷运出宫的书籍字画，存放在天津英租界戈登路的一栋楼房里。在天津期间，这批文物被卖了几十件，也拿了一些送人。后来溥仪到长春的“伪满洲国”当了“皇帝”，他偷运出宫的古物就存放在伪皇宫东院图书楼楼下东间，即所谓的“小白楼”。1945年8月10日，溥仪一行带着精选的珠宝书画等从伪皇宫逃到了通化临江县（今吉林省白山临江市）的大栗子沟。后溥仪逃走，东北民主联军派代表收缴了其随行人员所带的文物，交给东北人民银行保管。这批文物中，有100余卷法书名画，包括晋、唐、五代、宋时的名家佳作，大多数是《石渠宝笈》所著录的乾隆皇帝鉴赏的名品，其余珠宝玉翠之类的也都是宫中的上乘珍玩。1948 年，东北人民银行将这批文物移交东北行政委员会的东北文物保管委员会。溥仪一行逃出长春后，小白楼贮放的古籍特别是书画即遭到守护伪皇宫的“国兵”的哄抢，大批国宝秘籍书画流散。

对于从小白楼流散的文物，政府方面和关心国宝命运的有识之士一直采取积极措施，千方百计进行征集和收购。根据 1946 年 10 月 21 日故宫博物院第六届第二次理事会做出的“溥仪赏溥杰书籍书画如有发现，即由马院长商请在平理事决定后设法收购”的决议，从 1947 年 1 月至 8 月，总计 6 次共收购书画书籍 14 种，用掉收购专款 26 770 万元。重要的有宋版《资治通鉴》1 部（共 100 册，另目录 16 册），米芾《尺牍》1 卷，唐国诠写《善见律》1 卷，宋高宗书《毛诗 · 周颂 · 闵予小子之什》（马和之绘图）1 卷，《明初人书画合璧》1 卷，宋版《四明志》1 册，元人《老子授经图书画合璧》，龙鳞装王仁煦书《刊谬补缺切韵》1 卷及雍正、乾隆等《朱批奏折》41 本等。这批书籍书画都是从东北流入北平的清宫藏品，合浦珠还，回归故宫。相对于古书画，小白楼的古籍多数保存了下来。1948 年 4 月 13 日，故宫博物院接收了由沈阳故宫博物院转交的珍籍 82 种 1241 册，又接收了文管会和北平图书馆送来的“天禄琳琅”旧本《经典释文》23 册。[1]

抗战胜利后，故宫博物院接收了溥仪天津旧宅留存的文物和溥修宅中留存的溥仪物品。溥仪宅中文物计 1085 件，分藏于 19 个小铁匣

1 郑欣淼：《清宫文物的散佚与征集》，载《华中师范大学学报（人文社科版）》2016 年第 5 期。

图 4-42
收回当年抵押银行的金编钟

和 2 个皮匣中，多为玉器及小件什物，书画 5 件，其中有见于《故宫已佚书籍书画目录四种》中的作品。小件什物上大多有黄色号签，与故宫博物院所存同类物品的号签完全相同。在溥修宅中发现的溥仪物品共 222 件。这两批文物与物品于 1946 年 7 月由故宫博物院接收。溥仪的这些文物，其中珍品古玉达数百件之多，如商代鹰攫人头玉佩即为无上精品；宋元人手卷 4 件，包括宋马和之《后赤壁赋图》卷、元邓文原《章草》卷、元赵孟頫设色《秋郊饮马图》卷及《老子像道德经书》卷；此外，有古月轩珐琅烟壶、痕都斯坦嵌宝石玉碗、嵌珠宝珐琅怀表等，至于黄杨绿翡翠扳指等，更是价值连城。[1]

中华人民共和国成立后，十分重视清宫散佚文物的征集。

国家有关部门拨交给故宫博物院的文物中，有许多是原清宫旧藏后来流失出去的，如当年溥仪抵押给盐业银行的玉器、瓷器、珐琅器、金印、金编钟等，就是由国家文物局于 1953 年拨交给故宫，由故宫博物院工作人员到储藏地点收运回故宫的。

1965 年，故宫从溥仪等人交出的 1194 件物品中，挑选接收了 245 件溥仪的物品，包括古文物、稀有珍宝、宫廷用品及价值很高的艺术品等，绝大部分是溥仪留居紫禁城内廷时期，在 1924 年以前以赏赐名义携出宫外，并由溥仪在服刑期间随身所带，后向政府主动上交的。其中贵重的有康熙皇帝用过的金镶猫儿眼宝石坠；乾隆皇帝搜集的六朝小玉璧、周朝青玉蟞子、黄玉蟞子、汉玉饰、清朝白玉龙纹佩等，特别是乾隆皇帝用的田黄石三联玺；慈禧太后的贵重装饰品如白金镶钻石戒指、

1 王世襄：《锦灰不成堆》第 71 页，生活·读书·新知三联书店，2007 年。

图 4-43
溥仪交出的
田黄石三联玺

白金镶蓝宝石戒指、祖母绿宝石白金嵌钻石戒指、碧玺十八子手串、珊瑚十八子手串、金镶翠袖扣、金镶祖母绿宝石领针等；还有隆裕太后用过的宫廷用品 6 件。另接收了“伪满洲国”张景惠等 9 名战犯的 14 件文物珍宝。

20 世纪 50 年代，国家文物局把五代黄筌《写生珍禽图》卷及北宋张择端《清明上河图》卷、李公麟《仿韦偃牧放图》卷、赵伯驹《江山秋色图》卷等 4 件绘画作品由辽宁省博物馆拨交故宫博物院。

20 世纪 50 年代以来，故宫博物院确定了以清宫流失出去的珍贵文物为主，兼及中国历代艺术珍品的文物征集方针，并在国家给予的资金的支持下，购回了大量珍贵文物。收购的来源主要有文物商店、古玩铺、文物收藏者、拍卖公司等。50 年代初，国家花了大量外汇，从香港购回“三希堂”中的“二希”——王献之《中秋帖》和王珣《伯远帖》，以及唐代韩滉《五牛图》、五代南唐顾闳中《韩熙载夜宴图》、五代南唐董源《潇湘图》、宋徽宗赵佶《祥龙石图》、南宋李唐《采薇图》、南宋马远《踏歌图》、元王蒙《西郊草堂图》、元倪瓒《竹枝图》等一批名珍巨品。

20 世纪 50 年代至 60 年代初，是故宫购藏文物的高峰期，故宫为此专门设立了“文物征集组”，并引进文物鉴定方面的专业人才。当时社会上流散文物多，琉璃厂一带的古董店得到一件珍贵文物后，首先是送故宫，这就为故宫创造了一个极好的大量购进珍贵文物的机会。截至 2005 年 12 月底，故宫共购得 53 971 件，其中一级文物

1764 件。特别是购进了一些书画珍品，如隋人书《出师颂》，唐周昉《地宫出游图》卷，唐颜真卿《竹山堂连句》册，宋王诜《渔村小雪图》卷，宋刘松年《卢仝煮茶图》卷，宋马和之《鹿鸣之什图》卷，宋夏圭《雪堂客话》，宋马远《石壁看云》，张先《十咏图》卷，宋欧阳修《灼艾帖》卷，苏轼《三马图赞》卷，米芾《兰亭序题跋》卷、《苕溪诗》卷以及元明清书画精品，其中一些为清宫旧藏。[1]

景仁榜

故宫博物院的藏品在不断地增多和充实，这与社会各界人士的踊跃捐赠密不可分。

故宫博物院接收国人的文物捐献始于 1939 年。1945 年有陈忠恕先生的汉印 501 方、杨闻泽先生的中国历代钱币 2000 余种；1946 年有德国人杨宁史先生的古铜器、古兵器 263 件，郭葆昌先生的 427 件精品瓷器，张允亮先生的 100 余幅书画与近万册书籍等进入故宫。新中国成立后，向故宫捐献文物形成过几个高潮。

从 1939 年至 2020 年 9 月，向故宫博物院捐献文物的社会各界人士共 793 位，捐献文物等共 19 550 件，其中文物 18 284 件，资料 756 件，复制品 448 件，标本 62 件。在这一串长长的名单中，有国家领导人，也有普通民众；有海外侨胞，也有外国友人。几乎每位捐献者都有令人感动的事迹。他们不只是献出一器一物，还体现了爱

1 梁金生：《藏品的来源和组成》，载李文儒主编《故宫博物院八十年》，紫禁城出版社，2005年。

图 4-44
接收杨宁史捐献的文物时的合影
1946 年 1 月 22 日

我中华的仁心义举，展示了天下为公的嘉德懿行。这些捐赠品，不乏国之瑰宝，极大地丰富了故宫的收藏，使故宫的文物品类更为系统和完整，其中有一些清宫流失出去的珍贵文物。例如，张伯驹先生曾以重金购藏西晋陆机《平复帖》，这是我国传世最早的一件名人墨迹，他爱同身家性命，抗日战争中曾把此帖缝在自己随身穿的棉袄中一同避难。隋展子虔《游春图》是我国现存卷轴山水画中最古老的一幅，张伯驹先生唯恐如此重要的文物被商人转手流到国外，曾变卖房产并搭上夫人的首饰才将其保留下来。20 世纪 50 年代，张伯驹先生将珍藏的《平复帖》《游春图》以及唐李白《上阳台帖》、唐杜牧之书《张好好诗》卷、宋黄庭坚书《诸上座帖》、宋蔡襄《自书诗》册、宋范仲淹书《道服赞》卷、元赵孟頫草书《千字文卷》等书画巨品无偿捐献给了国家，成为北京故宫的珍藏。1947 年故宫博物院拟收购《道服赞》卷，可是已由张伯驹先生议价定为黄金 110 两，而行政院拨款仅 5000 万元，不敷支付，在平理事会拟再呈请行政院续拨 2 亿元，南京理事会的决议是“价过高，暂不收购”，[1] 可见此物当时已价值

1 见《国立北平故宫博物院第六届理事会在平理事第一次谈话会记录》（1947 年 11 月 29 日）。

不菲。

马衡先生任故宫博物院院长长达19年。他在1952年调离故宫时，将珍藏的包括宋拓唐刻颜真卿《麻姑仙坛记》卷在内的甲骨、碑帖等400多件文物捐献给了故宫。在他去世后，他的子女遵其遗愿，又把14 000余件（册）文物及书籍捐献给了故宫，有青铜器、印章、甲骨、碑帖、法书、绘画、陶瓷、牙骨器等，种类众多，数量惊人，精品不少。

朱文钧先生曾任职于民国财政部，一生殚心经史，以著述自遣，尤精于鉴别。他收藏名碑名帖多，如两汉碑刻就近70种；善本精拓多，宋拓20余种，元拓4种，明拓40余种；有鉴家、学者题识为多，如元拓石鼓文，孙克弘故物，附周伯温临石鼓文墨迹，翁方纲、吴云、张祖翼、杨守敬等题识。朱文钧先生曾为故宫博物院专门委员会委员。当年马衡院长拟用10万银元收购朱文钧先生的藏品，朱文钧先生则表示将来要捐赠给故宫。朱先生于1937年6月去世，1953年，由其夫人张宪祇女士率家济、家濂、家源、家溍等四个儿子将全部碑帖706种无偿捐赠给故宫博物院。

郑振铎先生于1952年把他殚精竭力收藏的655件汉唐陶俑全部捐献给故宫，被评为一级品的就有18件之多，其中一件昆仑奴俑特意烧制成黑色，以表示黑人皮肤。唐墓中出土的昆仑奴俑数量不多，且多穿敢曼（用羊皮或布等围系成的短裤）。此俑却穿右衽衣，右衽衣是华夏传统服饰，这表明其已经接受了唐人的生活方式。这

种造型的昆仑奴俑，传世的仅存此一件，是唐朝对外文化交流的历史见证。

曾任全国人大常委会副委员长、全国政协副主席的陈叔通先生于1953年捐献《百家画梅》，凡102家109幅，有唐寅、陈录、王綦、邵弥、原济及扬州八怪等明清诸家的杰作。陈叔通先生病逝后，陈叔通先生的家属又遵照其遗嘱，捐出陈叔通先生收藏的387件文物，其中拓本碑帖、书画不乏佳品。

作为经济学家、革命实业家的章乃器先生也有很高的文物鉴识水平。他向故宫捐赠文物多达1122件，可分青铜器、铜器、石器、雕塑、货币、陶瓷、玉器、竹木牙角和漆器等几大类，其中一、二级品就有90多件。

1955年，为故宫博物院筹建做出贡献的吴景洲（吴瀛）先生欣然同意其长子吴祖光的提议，将自己来之不易、保存尤难的241件珍贵文物无偿捐献给故宫，有法书、名画、青铜、陶瓷、竹木雕刻、石砚、印章等。

萧龙友先生是现代中医名家，医术精湛，被誉为“北京四大名医”之首。萧龙友先生于医学之外，熟读经史，搜访金石书画及古医籍，收藏甚富。1961年，萧龙友先生的家属遵照其遗嘱，将其所藏书画、碑帖、瓷器、古墨等140余件（套）文物捐赠给故宫博物院，其中如宋代《萧翼赚兰亭图卷》、元代赵孟頫《临兰亭序卷》、宋拓《兰亭序》等皆为海内瑰宝。

图 4-45
朱文钧先生在家中
朱传荣女士提供

图 4-46
《捐献大家孙瀛洲》
书影

图 4-47
郑振铎捐献的
唐三彩马

北京故宫所藏的21 000件套玺印中，有相当部分来自22位人士的慷慨捐献。例如，著名收藏家陈汉第先生的旧藏古印曾收录于《伏庐藏印》《伏庐藏印续集》，1945年，其藏印500方进入故宫收藏，属于国家珍贵文物的就有11方之多，均为在多方面具有重要意义的官印遗珍。1956年，陈元章先生捐献晚清收藏大家陈介祺自用印70方。1991年，王承诗女士捐献历代印章文物125方，多有珍品。

尹润生、叶恭绰、张子高、张絅伯四位先生都是京城玩墨名家，又均有专著行世，如尹润生的《墨林史话》，叶恭绰等人编的《四家藏墨图录》等。他们的研究都是以个人收藏为基础，而其家藏都先后捐献给了故宫，使故宫博物院成为名家藏墨的集大成者。

1985年，香港著名医生叶义先生将他收藏的81件罕见的犀角雕刻捐献给了故宫。

这些捐献者的了不起之处，就在于他们对于文物收藏的理解有着完全新的境界，即收藏目的不是为了个人，例如，张伯驹先生斥巨资购藏并用心血保护法书名画，却并不将其视为一己所有。人生有限，文物永生，以往的收藏家也许有这种认识，将个人收藏视为“烟云过眼”，或认为自己收藏只是“暂时”的。此论自与“子孙永宝”之辈别如天壤，然亦只是个人修养而已，而张伯驹先生之初衷就是为国家、为民族而保护这些国宝，将国宝看作全民族的文化遗产。张伯驹先生曾言：“予所收蓄不必终予身为予有，但使永存吾土，世传有绪。”[1]

1 张伯驹撰：《丛碧书画录·序》，上海古籍出版社，2013年。

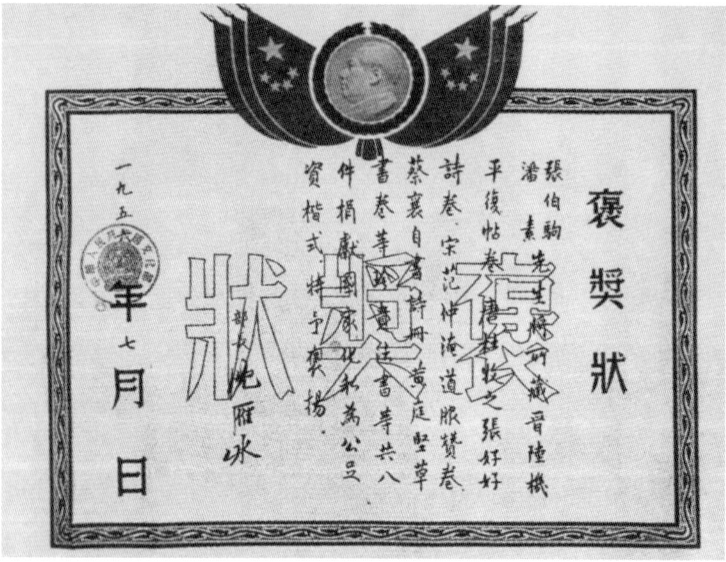
褒獎狀
張伯駒
潘素 先生將所藏晉陸機
平復帖卷、唐杜牧之張好好
詩卷、宋范仲淹道服贊卷、
蔡襄自書詩冊、黃庭堅草
書卷等珍貴法書等共八
件捐獻國家，化私為公，足
資楷式，特予褒揚。
部長 沈雁冰
一九五 年七月日

图 4-48
文化部颁给张伯驹先生的褒奖状

在张伯驹先生看来，自己所藏首先属于国家、民族，只要国家能留住它们，代代流传，他付出多大代价也在所不惜。因此，虽然张伯驹先生与苏东坡等同有“烟云过眼”的感觉，其内涵却大有区别。

向故宫捐献文物者中，不乏既是收藏大家，又是鉴定名家，而且学术成果也享有盛誉的人，孙瀛洲先生就很有代表性。孙瀛洲先生是河北冀县（今冀州区）人，其早年在北京的古玩店当学徒，后独立开办了敦华斋古玩店，成为当时著名的古董商和鉴定家。新中国成立后，孙瀛洲先生到故宫博物院工作，孙先生将自己毕生收藏的 3000 多件文物，全部无偿捐给故宫，特别是其中 2000 多件陶瓷器，十分珍贵，有 25 件被定为国家一级文物。孙先生曾当选第四届全国政协委员。20 世纪 50 年代至 60 年代，孙瀛洲先生主持并参与对故宫博物院所藏瓷器的整理、编目与鉴定，以及藏品等级的划分等，亲自编目制卡，扎扎实实做好基础工作，而这些工作本身也是重要的学术研究。孙瀛洲先生不仅是公认的明清陶瓷鉴定大家，享有“宣德大王”的美誉，而且还是宋、元陶瓷研究的开创者和奠基人，从院藏陶瓷中鉴别出了过去一直未被认识的汝窑罐盖及多件官窑、哥窑瓷器等稀世珍品。《孙瀛洲的陶瓷世界》一书就收录了孙瀛洲先生为数不多但篇篇珍贵的论文。从学徒到经营者，从经营者到收藏家，从收藏家再到文物鉴定专家，从文物鉴定专家最终成为文物捐赠大家，这是一条自学成才的道路，也是由小我到大公的升华过程。这既具有中国的时代特色，也符合世界文物大家的养成规律。孙瀛洲先生的人生道路是与

图 4-49
景仁宫内的景仁榜

他同时代的一批人共同成长历程的缩影。

为了表达对捐献者的崇敬之情，并彰显其事迹、弘扬其精神，故宫博物院于 2005 年 80 周年院庆之际，特在内廷东六宫之一的景仁宫专设“景仁榜”，将捐献者的名字按年份镌刻于墙上，以作永久纪念，还出版了记述捐献者的《捐献铭记》一书，并在景仁宫有计划地举办捐献文物展览。

《景仁榜文》曰：“高山景行，百世不磨；盛典宏制，千秋永志。捐赠者的队伍将会延续，荣登景仁榜的人士将会络绎不绝。绳其祖武，中华幸甚！”

四 典守故宫

故宫博物院在社会各界的支持下，近百年来始终恪尽典守故宫的职守，为故宫保护做出了不可磨灭的贡献。其中努力恢复故宫建筑的整体格局和历史原貌，抗日烽火中文物南迁避敌，完成百年来最大的古建筑修葺工程，都是故宫保护中的光辉篇章。而故宫人与故宫精神，则成为激发故宫活力的内在动力。

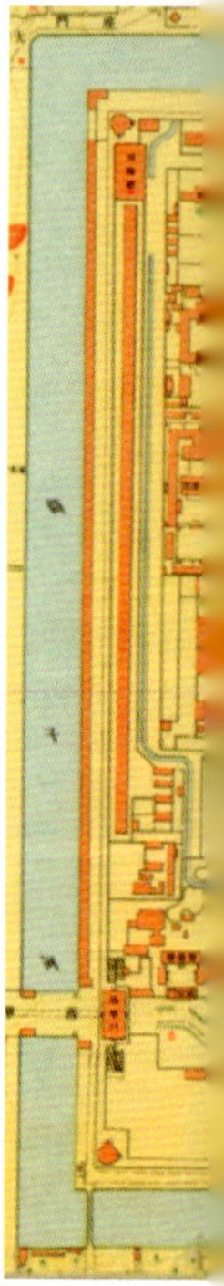

完整故宫保管

很多人感到不解，按照习惯，“故宫博物院”的匾额应挂在南边的午门，为什么却在北边的神武门？其实，故宫博物院从成立那天直到现在，其匾额就一直在神武门上。这是因为故宫博物院成立时，进入的通道只有神武门，它的南面即外朝部分——古物陈列所已存在了十来年。不仅如此，端门、午门还为历史博物馆所占用，也就是说，从端门、午门到故宫的全部，同时有历史博物馆、古物陈列所与故宫博物院三个博物馆。这是二十世纪二三十年代以故宫为中心的古都北京的一个文化奇观。

这三个博物馆由三方管理，故宫博物院由民国政府管理，古物陈列所由内务部管理，历史博物馆由教育部管理。

古物陈列所是民初内务部总长朱启钤一手办起来的。朱启钤在北京城市近代化建设上起了极为重要的作用，又拟将奉天行宫、热河行宫两处所藏文物集中在北京故宫，筹办古物陈列所。此议获袁世凯批准后，从1913年11月到1914年10月，民国政府内务部偕同清室内务府人员，先后赴热河行宫与奉天行宫，将两处20余万件陈设物品运京，存于太和、中和、保和、武英诸殿。1913年12月24日，内务部同意于京师设立古物陈列所，并公布了《古物陈列所章程》，其设立宗旨是：“默察国民崇古之心理，搜集累世尊秘之宝藏，于都市之中辟古物陈列所一区，以为博物院之先导。”[1]

图4-50
从1935年《实测北平市内外城地形图》中，可以看到故宫当时三个博物馆并立的状况

图4-51
古物陈列所全图
20世纪30年代

1 《内务部设立古物陈列所有关文件》，中国第二历史档案馆编《中华民国史档案资料汇编（第三辑）·文化》第268—269页。

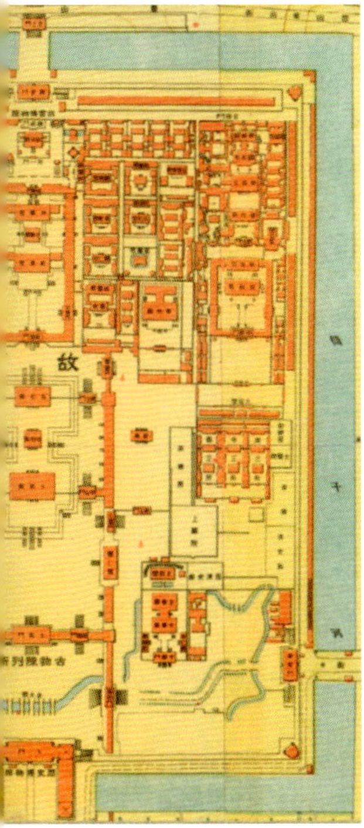

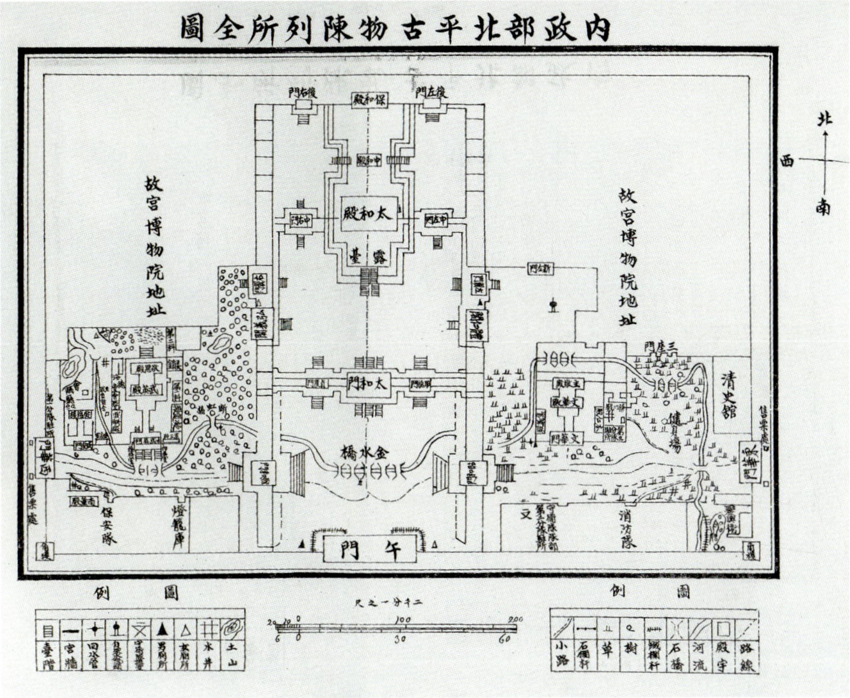

1914 年双十国庆节，古物陈列所在武英殿正式开幕。1916 年 6 月又扩大到文华殿等陈列室，并由美国退还庚款余款内拨出 20 万元，在武英殿西边修建宝蕴楼作为文物库房。

应该明确的是，清代以紫禁城为主体的整个皇家建筑是一个整体，这些建筑物所存藏的文物，都与宫廷有关，或是由宫廷直接移送去的。奉天行宫文物就完全来自北京，例如乾隆四十四年（1779），清宫一次就拨送康、雍、乾年款各色瓷器 10 万件。[1] 热河行宫亦是如此。这 20 万件都是清宫文物。古物陈列所因此成为中国第一个以帝王宫苑和皇室珍藏辟设的博物馆，这也是近代民主革命的重要成果。尤其是在 1914 年至 1924 年的十年间，在逊帝溥仪仍居后宫，封建复辟阴影几度笼罩下，有论者认为，古物陈列所犹如一面共和大旗，在封建堡垒的中心猎猎飘扬；[2] 古物陈列所代表了我国 20 世纪 20 年代博物馆的水平，也受到观众欢迎。[3]1925 年故宫博物院成立前，人们说到的去故宫，就是看古物陈列所。毛泽东主席曾向美国记者斯诺谈到他当年“在公园里，在故宫的庭院里”看到了“北方的早春”，[4] 这个故宫，当然是紫禁城前朝的古物陈列所。

但是，古物陈列所的不足是明显的，“陈列所”的定位使它在发挥博物馆功能上存在欠缺，如鲁迅批评其展品陈列“殆如骨董店

1 武斌主编：《清沈阳故宫研究》第 209 页，辽宁大学出版社，2006 年。
2 段勇：《古物陈列所的兴衰及其历史地位述评》，载《故宫博物院院刊》2004 年第 5 期。
3 王宏钧主编：《中国博物馆学基础》第 81 页，上海古籍出版社，2001 年。
4 [美] 埃德加·斯诺著，董乐山译：《西行漫记》第 128 页，生活·读书·新知三联书店，1979 年。

耳”[1]，也有人指出它“纷若列市，器少说明，不适学术之研究”[2]的不足。特别是北洋政府曾以各种名义多次提取古物陈列所文物作为馈赠品，例如“乾隆款冬青釉中碗”1件，估价仅1角钱。[3]当然这种状况后来得到了纠正。1926年，古物陈列所设立鉴定委员会，分书画、金石、陶瓷、杂品四组，由各委员分任鉴定，业务建设也得到了发展。应该说，古物陈列所对于故宫博物院也起了一定的借鉴作用。

故宫的前朝与内廷是一个不可分割的整体，故宫文物的文化精神也是相互关联的。从博物院成立一直到抗战胜利后，为争取故宫的完整性保管，故宫博物院做了不懈的努力。1930年10月20日，国立北平故宫博物院理事会以理事蒋介石领衔，12位理事签名，向国民政府呈送了“完整故宫保管”计划：“伏求准请国府令行内政部，即将故宫外廷保管之权转移故宫博物院，使故宫博物院之牌额得悬张于中华门外，则观听正而处置为博物院之形式，亦可整个计划完全实现。”10月25日，此计划获政府核准：“故宫博物院门额不必悬中华门，余照通过，由行政院备案。”同意自中华门以内均划归故宫博物院管辖，据此故宫收回太庙、堂子，也办理了古物陈列所归并故宫博物院之事宜。其后因战争原因，合并古物陈列所工作中断，“完整故

1 《鲁迅日记》1914年10月24日，《鲁迅全集》（2005最新修订版）第15卷，第137页，人民文学出版社，2005年。

2 《顾维钧等筹设中华博物院的有关文件》，中国第二历史档案馆编《中华民国史档案资料汇编（第三辑）·文化》，第286页。

3 《国务院秘书厅为『惠赠』友人提取古物陈列所古物清单》，中国第二历史档案馆编《中华民国史档案资料汇编（第三辑）·文化》，第220—222页。

图 4-52
东华门“古物陈列所”门额
门前白色牌匾上写明“国立北平故宫博物院由神武门出入”
摄于二十世纪二三十年代

图 4-53
收回古物陈列所后，故宫博物院匾额曾一度悬挂在午门

宫保管计划”在当时也并未完全实现。

“完整故宫保管”的意愿在抗日战争胜利后终于得以真正实现。1946 年 12 月 3 日，行政院决议，故宫博物院改隶行政院（此前曾一度由教育部管理），古物陈列所归并故宫博物院，古物陈列所留存北平文物（88 202 件）及所辖房屋馆舍，拨交故宫博物院。1948 年 3 月 1 日，古物所正式并入故宫博物院；4 月 3 日，接收古物所原寄管的美籍福开森文物，代为管理；9 月 1 日开始点收古物陈列所文物，11 月 22 日结束。故宫前朝与内廷合一，格局乃臻完整。“故宫博物院”的匾额曾短暂地悬挂在午门中间门洞上。但严格来说，故宫院区还没有实现完全的统一，因为午门尚为历史博物馆所占。历史博物馆是今天中国国家博物馆的前身。

民国元年（1912）的 7 月，由教育总长蔡元培主持在国子监旧址设立国立历史博物馆筹备处。这是中华民国成立后的第一个博物馆。民国六年（1917）教育部决定将该馆筹备处迁往故宫午门。“民国七年，将端门、午门略加修葺，实行迁移。午门城楼及两翼亭楼作为陈列室，门下东西两朝房作为办公室，两廊朝房作为储藏室，端门楼上储粗重物品。”[1] 这个时候，发生了轰动一时的出卖明清档案的“八千麻袋事件”。

1 《中华民国国立历史博物馆概略（1925 年）》，《中华民国史档案资料汇编（第三辑）·文化》第 276 页。

明清档案与殷墟甲骨、汉晋简牍、敦煌写卷被誉为中国近代文化史上的“四大发现”。明清档案为社会所知，始于清末内阁大库档案的流失。内阁大库位于故宫东华门内旧内阁衙门东。王国维《库书楼记》记述：“内阁典籍厅大库，为大楼六间，其中书籍居十之三，案卷居十之七。其书多明文渊阁之遗，其案卷则有列朝之朱谕、敕谕，内外臣工之黄本、题本、奏本，外藩属国之表章，历科殿试之大卷；其他三百年间，档册文移，往往而在，而元明遗物，亦间出其中。”[1]

宣统元年（1909），内阁大库因渗漏而要大修，于是将档案移存于文华殿两庑。大学士管学部事务的张之洞奏请大库所藏书籍，设学部图书馆藏之，其余档案则奏请焚毁。当时学部参事罗振玉被派赴内阁接收书籍，见到奏准被焚之物都是宝贵的史料，于是请张之洞奏罢焚毁之举，将所有档案运归学部，藏于国子监南学和学部大堂后楼两处。民国初年，这部分档案由教育部历史博物馆筹备处管理，并移于端门门洞中存放。1921 年，历史博物馆因经费困难，除拣出一部分较整齐的外，将其余档案装 8000 麻袋计 15 万斤，以 4000 元价钱卖给同懋增纸店，以做“还魂纸”的原料，又幸被罗振玉所知，便以 3 倍价钱将其购回。这就是有名的“八千麻袋事件”。罗振玉后因无力保管，自己仅留一小部分，其余转售于前驻日公使李盛铎。之后李盛铎留下一部分，又把其中大部分档案卖给民国政府的中央研究院历史语言研究所，从此始购为公有。这些档案几经易手，时达六七年之久，损失了约 2 万斤。1922 年 5 月 25 日，午门内存藏之明末清初

1　王国维著，周锡山评校：《库书楼记》，《王国维文学美学论著集》第 264 页，上海三联书店，2018 年。

档案，移交北京大学收管。

故宫博物院成立的第二年即1926年，已筹备达13年之久的历史博物馆正式对社会开放。1948年后，先后更名为“北平历史博物馆”“国立历史博物馆”“国立北京历史博物馆”“北京历史博物馆”。博物馆始终在老地方。1954年，北京历史博物馆和社会科学院考古所联合举办了“全国基本建设工程中出土文物展览”，影响很大。

1954年的故宫还有一件值得一提的事：4月18日下午，毛泽东主席进入神武门，由神武门东登道登上城楼，沿城墙向东再向南直至午门，参观上述展览，并由午门城楼下城墙，回中南海。毛主席似意犹未尽，20日下午直接进入午门，登上午门城楼，继续参观，后下城楼回中南海。21日下午，毛主席又进入神武门，由神武门西登道登上城楼，沿城墙向西再向南直至午门，因天色已晚，未能继续参观。[1]有意思的是，毛主席参观故宫，一次是古物陈列所，两次是历史博物馆。最为重要的内廷部分的故宫博物院，毛主席只在城墙上俯视过，却始终没有进入过院区。这也引起人们的多种猜想。时任故宫博物院院长的马衡曾在日记上记载：1950年8月1日“建军节，毛主席、朱总司令在太和门讲话”。[2]笔者通过多方查询，证明是马院长误记。马院长为什么会误记，当有其原因。[3]

还要说的是，1950年国立革命博物馆筹备处在北京正式成立，后更名为“中央革命博物馆筹备处”，迁至故宫西华门宝蕴楼办公，是为中国革命博物馆的前身。2003年，中国历史博物馆与中国革命

1 李文儒主编：《故宫博物院八十年》第88—89页，紫禁城出版社，2005年。

2 《马衡日记：一九四九年前后的故宫》第144页，紫禁城出版社，2005年。

3 关于毛泽东主席在故宫的这次活动，故宫博物院没有任何记载。笔者委托《人民日报》卫庶同志在报纸上查找。他于2020年7月13日答复：『接《人民日报》图书馆长回复如下：我们查了1950年全年的《人民日报》，都没有主席进故宫的报道。这一年的《人民日报》上报道了很多次故宫举办的各种展览、活动，但都没有毛主席进故宫的报道。』

博物馆合并成立中国国家博物馆，可见国家博物馆与故宫的渊源。

故宫人一直坚持完整保护故宫的理念，努力收复被外单位占用的建筑物，全面恢复故宫建筑的整体格局和历史原貌：2003 年 6 月御史衙门回归；2010 年 6 月 11 日，大高玄殿在 60 年后正式回归；午门城楼多年前已收回，2011 年收回午门东西雁翅楼；2011 年 4 月 29 日国家博物馆将占用 94 年之久的端门交还；2011 年宝蕴楼收回。这些建筑物的先后收回，不仅对故宫的完整保护和整体研究有着重要意义，也极大地拓展了故宫博物院的文化空间，为更好地服务社会提供了契机。

文物南迁

文物南迁是故宫博物院的一段峥嵘岁月。1933 年至 1949 年，故宫博物院约 1.3 万箱文物精品为防日军劫毁，自 1933 年 2 月起迁存于上海、南京，1937 年 11 月后又疏散于西南后方，至 1947 年 6 月全部东归南京。时延十年，地逾万里，辗转颠沛，备尝苦辛，这批中华文明的重要瑰宝终得完整保存。

1931 年，日本策动九一八事变，并陆续侵占东北三省，华北之屏障顿失。为谋文物不因敌寇而有损失，故宫博物院当时遂有选择精品迁地储藏之筹备。

故宫文物南迁准备工作从 1932 年秋天开始，主要是选择精品及

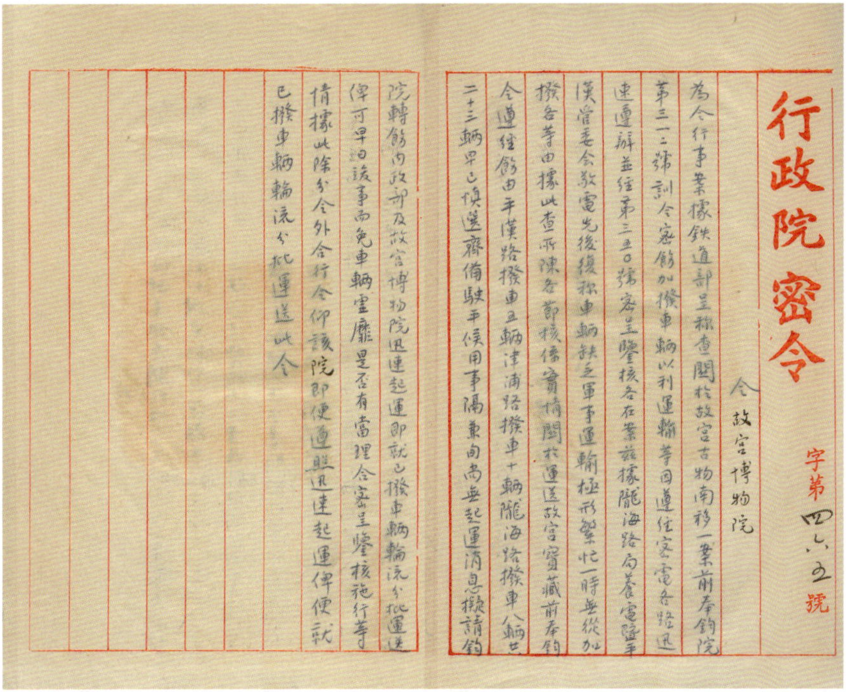

行政院密令

字第四八五號

令故宮博物院

為令行事案據鐵道部呈稱查關於故宮古物南移一案前奉鈞院
第三一二號訓令密飭加撥車輛以利運輸等因遵經密電各路迅
速遵辦並經第三五〇號密呈鑒核各在案茲據隴海路局養電暨平
漢管委會敬電先後復稱車輛缺乏軍事運輸極形繁忙一時無從加
撥各等由據此查所陳各節核係實情關於運送故宮寶藏前奉鈞
令迭經飭由平漢路撥車五輛津浦路撥車十輛隴海路撥車八輛共
二十三輛早已慎選齊備駛平候用事隔兼旬尚無起運消息擬請鈞
院轉飭內政部及故宮博物院迅速起運即就已撥車輛輪流分批運送
俾可早日竣事而免車輛虛靡是否有當理合密呈鑒核施行等
情據此除分令外合行令仰該院即便遵照迅速起運俾便就
已撥車輛輪流分批運送此令

图 4-54
行政院关于南迁文物起运的密令

装箱。故宫博物院理事会坚持古物南迁，因此一面呈文行政院，一面精选文物，集中装箱，做好南迁的准备。政府方面对古物南迁持积极的态度，行政院代理院长宋子文下令文物迁至上海，并代表政府做出“北平安静，原物仍运还”的承诺，同时内务部所属北平古物陈列所、颐和园、国子监以及历史博物馆也奉命积极准备南迁。

日军于 1933 年 1 月 3 日攻陷山海关，1 月 26 日又大举进攻热河，故宫遂决定于 1 月 31 日南运文物，但因受到阻挠，2 月 5 日才正式起运。故宫南迁文物共计 19 492 箱 72 包 8 件，其中故宫博物院 13 427 箱又 64 包，还兼管古物陈列所、颐和园、国子监等处文物 6065 箱 8 包 8 件。

文物运到上海后，设立故宫博物院驻沪办事处，主任为欧阳道达。继任院长马衡决定全面点查文物，点查工作分存沪文物和留平文物两部分，对点验过的文物编印成《存沪文物点收清册》。此后每到一处，无论典守、展览、移运、抽查，故宫文物保管工作皆按要求严格有序地进行。同时在南京建设朝天宫保存库，钢筋混凝土结构，地上三层，北部地下一层建有密库。1936 年 3 月工程兴工，9 月落成。

1937 年日军在北平发动七七事变，抗日战争全面爆发，接着又在上海发动八一三事变，南京情势日趋紧张。根据行政院命令，刚存

图 4-55
故宫太和门广场上装箱待运的南迁文物
摄于 1933 年 1 月

放在南京库房的南迁文物又分三路避敌西迁。

西迁南路。1937 年 8 月 14 日，第一批西迁文物共 80 箱由建国轮在南京起运，到汉口，改用火车运至长沙，存于湖南大学图书馆底层近 5 个月。日军自江苏西侵，两湖受到威胁，奉行政院令绕道桂林迁往贵阳。1938 年 1 月起，文物分两批迁入贵阳。1939 年 1 月，迁至安顺的华严洞，设安顺办事处，主任为庄严。1944 年秋，迁至四川巴县（今重庆市巴南区）的石油沟临时库房。1946 年 1 月集中于重庆，1947 年 5 月始运回南京朝天宫。

西迁中路。1937 年 11 月 19 日及 12 月 3 日，第二批西迁文物共 9331 箱分别由江安轮及黄浦轮从南京下关码头出发，12 月 2 日及 12 月 5 日抵达汉口，12 月 24 日至 1938 年 1 月 6 日从汉口用船运到宜昌，再由宜昌向重庆转移，1938 年 5 月 22 日全部抵达重庆，分藏于川康平民商业银行、安达森洋行、吉时洋行等 7 个库房。随后在重庆成立故宫博物院驻渝办事处。因重庆雾大雨多，常有敌机空袭，最终疏散到乐山安谷乡，择定一寺（古佛寺）六祠（朱潘刘三氏祠、宋祠、赵祠、易祠、陈祠、梁祠）作为文物的临时保存库，在宋祠设立故宫博物院乐山办事处，主任为欧阳道达。文物在乐山存放将近 8 年。1946 年 9 月集中于重庆，1947 年年底运回南京。

图 4-56
马衡像

图 4-57
存放在贵州华严洞的南迁文物
可以看到箱子上北平的“院”字编号到上海的“沪”字编号，封条上还有庄严主任的签署手迹

西迁北路。1937 年 11 月 19 日 7287 箱文物起运，共装运 3 列火车，由南京下关码头火车轮渡到浦口火车站，循津浦路，经徐州转陇海路，到达陕西宝鸡，存于宝鸡关帝庙和城隍庙。不久奉命向汉中及褒城转移，从 1938 年 2 月 22 日起至 4 月 11 日全部运完，分存于汉中文庙及褒城县宗营的马家祠堂、范家祠堂和张寨大庙。因汉中也遭日军飞机空袭，文物再次向成都转移，存放在成都东门内大慈寺。1939 年 6 月 17 日，文物全部运往峨眉，存放在峨眉西门外武庙和东门外大佛寺。1939 年 7 月成立“峨眉办事处”，办主任为那志良。1942 年大佛寺的文物奉命全部运往峨眉南门外 4 公里处的土主祠和许氏祠堂。1946 年 5 月集中于重庆，1947 年运回南京。

抗战胜利，从 1946 年开始，故宫博物院决定将文物东归复员。东归主要分为两个阶段：先将巴县、乐山、峨眉文物集中于重庆，再分批运回南京。

故宫文物南迁具有保护民族文化命脉的意义，对它的保护是社会各有关方面共同努力的结果。故宫文物南迁，具体的筹划、组织、协调由故宫院长马衡等人承担，做重大决策的是故宫博物院理事会，负责押运及具体管理的是故宫同人，但是仅凭故宫上下，要完成如此旷日持久、组织缜密、复杂多变的迁徙行动，显然无法实现；离

开了应有的支持和帮助，甚至会寸步难行。抗日战争是全民抗战，作为抗日战争组成部分的故宫文物南迁，同样体现了全民抗战的特点。整个南迁、西迁的过程中，得到了国民政府以及有关省、市政府和铁道、公路等有关部门的支持；在文物迁移途中与存放地，军人的押送和守卫起了安全保障作用，特别是得到了文物存藏地民众的大力支持。

图 4-58
1938 年，装载南迁文物的军车驶过四川广元城外川陕路旁的千佛崖

图 4-59
1938 年，竹排载南迁文物卡车过河

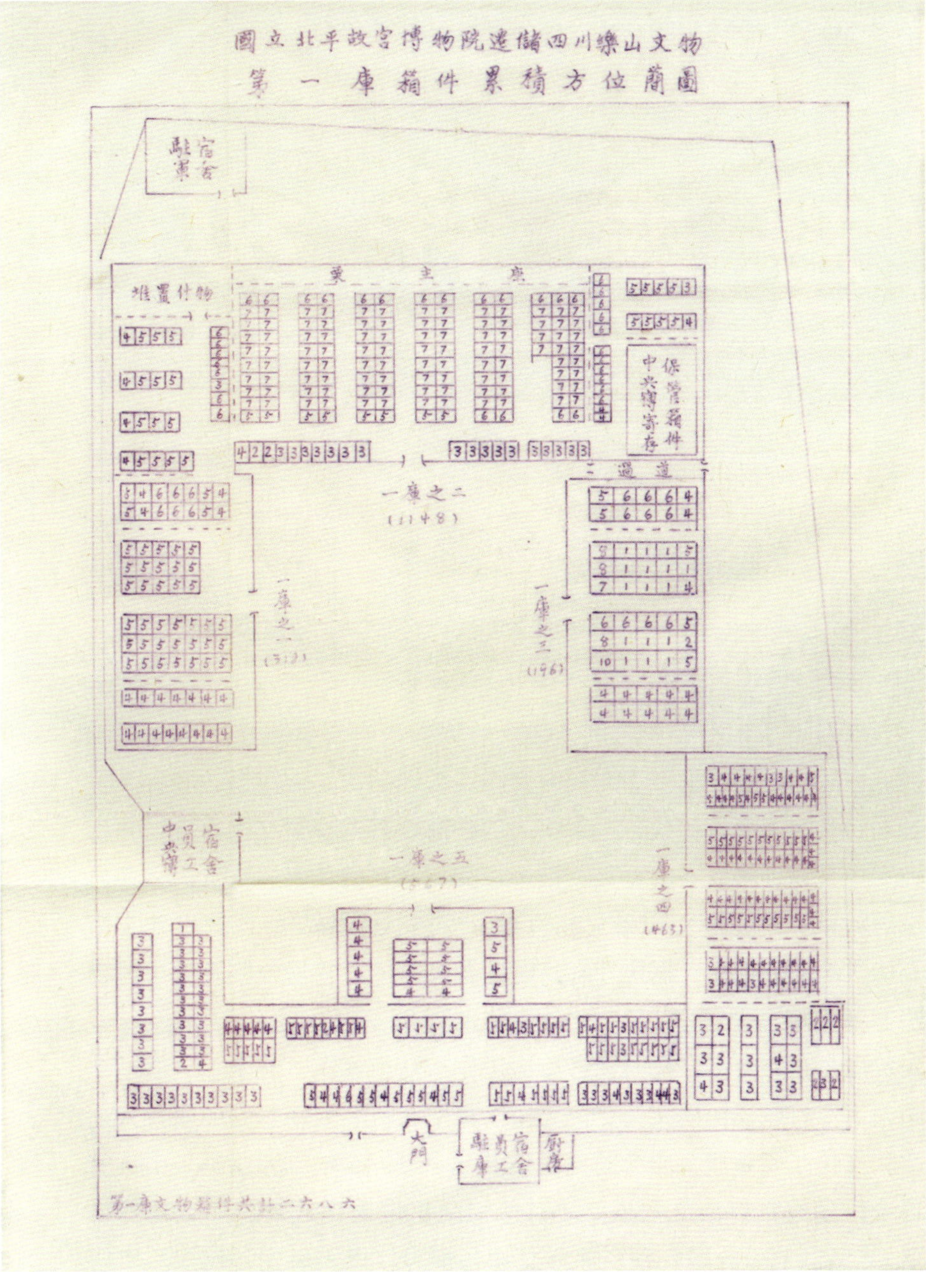

图 4-60
乐山南迁文物第一库箱件方位图

故宫南迁文物，曾经在多处停留，一些地点停留时间极为短暂，或为中转站，或停留数月，但也有一些地点较为长久。例如最初南迁上海，存储达 4 年，后分三路西迁，辗转多次，终于各自安存于三地，南路文物密藏于安顺华严洞 6 年，中路文物妥存于安谷 7 年，北路文物安藏于峨眉 7 年。漫长的时间，艰苦的条件，如果没有当地民众的配合和支持，要保护好这些文物是不可能的。

图 4-61
马衡院长为乐山守护过国宝的各祠寺题写的“功倖鲁壁”匾额

以四川乐山安谷乡为例，民众对保护故宫文物做出了巨大贡献。当选中乐山安谷乡的一寺六祠为文物存放地的决定做出后，安谷乡乡长刘钊多次召集各保长、执事宗族族长商议妥善安置文物事宜，并积极宣传文物迁移安谷的意义。被选作文物库房的各宗庙祠堂，将各自宗牌收藏，腾出庙堂以备文物存放。安谷人杨宗友将自家田地 5 亩无偿供给守卫驻军。据统计，当时驻各库房的故宫博物院及中央博物馆筹备处职员共计 30 名，此外还临时雇用安谷乡民众 21 名。这些安谷雇员在家食宿，按时到各库房工作，从事木工、泥水工、搬运工、勤杂工，有些还协助文物登记工作。其中有位名为易泰安的安谷人还曾随文物东归重庆，服务时间长达 8 年。[1]1946 年，为奖励乐山县安谷乡协助故宫存放文物事，故宫博物院呈请国民政府题颁“功倖鲁壁”[2]匾额七份分赠安谷乡储存文物各祠寺，以表彰安谷民众。事实上，不仅是安谷民众，在各个文物存放地，广大民众在故宫文物保护中都做出了极大贡献，都是“功倖鲁壁”。

故宫同人在本院已有精神资源的基础上，也形成了具有鲜明特色的故宫精神。故宫精神的核心是视国宝为生命的典守精神，[3]这是自故宫博物院成立以来逐渐树立、在文物南迁中不断强化的观念。这是源于对自己所保护的珍贵文物的重大意义以及自己所担当的神圣责任的深刻认识，是故宫同人的价值取向。正如马衡院长所说：“本院西迁以来，对于文物安危原无时不在慎微戒惧、悉力保护之中，诚以此仅存劫后之文献，俱为吾国五千年先民贻留之珍品、历史之渊源，秘

1 『故宫文物南迁乐山史料陈列馆』解说词，内部文稿。

2 『功倖鲁壁』为一典故，鲁壁为孔子故宅之壁，在鲁之曲阜。史载，汉鲁恭王好治宫室，尝坏孔子旧宅，以广其宫，于壁中得古文经传。匾额题词意为安谷民众在保护西迁文物方面所做出的贡献可与当年孔子后裔将典籍深藏『鲁壁』之功相媲美。

3 《论语·季氏》：『虎兕出于柙，龟玉毁于椟中，是谁之过与？』朱熹《论语集注》：『言在柙而逸，在椟而毁，典守者不得辞其过。』

图 4-62
1935 年 7 月，装运“伦敦中国艺术国际展览会”的故宫文物展品的“萨福克号”抵英

籍艺事，莫不尽粹于是，故未止视为方物珍异而已矣。”[1]

故宫人是一群“典守者”。台静农 1946 年曾有一首和申若侠及庄严夫妇的自况诗：“羡尔公牡俩，深山好养真。庋藏可敌国，贫乃到柴薪。小饮三杯满，流亡百劫身。明年出巴峡，依旧老宫人。”这首诗形象地刻画了这群“老宫人”即“典守者”的情操与风范。在这一漫长的典守过程中，故宫同人以储藏整理、保护文物完整为首务，尽管备尝艰难，险象环生，个别工作人员甚至付出了自己的生命，但人们无怨无悔，忠于职守。这种对国宝价值的认识，这种强烈的责任感、使命感，使得故宫同人在保护好故宫文物藏品的同时，也认认真真地做好代管文物的保管工作。他们还不忘博物馆的职责，重视举办展览：1935 年参加了在英国伦敦皇家艺术学院举办的“伦敦中国艺术国际展览会”，1940 年分别参加了在苏联莫斯科和列宁格勒（今圣彼得堡）举办的“中国艺术展览会”，又于 1943、1944、1945 年分别在重庆、贵阳、成都举办了各种形式的展览，负责保管文物的故宫同人还通过在当地教书、讲演等形式传播故宫文物所承载的文化精髓。

抗战期间，这批文物万里间关，多次险遭灭顶之灾，又多次化险为夷，人们都认为这是“国家的福命”，是“古物有灵”，这就是把故宫文物与中华民族的命运连在了一起，与民族独立、民族尊严连在了一起，其中倾注了深沉的民族感情。故宫文物的保护过程，对于抗战精神的形成、民族认同感的增强起到了积极的作用。故宫文物南迁是中国抗日战争的有机组成部分，完整保留这批文物是抗

1 《国立北平故宫博物院理事会 1940 年度会议记录》，中国第二历史档案馆藏。

战胜利的成果，其播迁历程也赋予了故宫文物特殊的价值。从世界反法西斯战争的全局看，故宫文物南迁也为保护人类文化遗产做出了伟大贡献。

1945 年 10 月 10 日，华北战区受降仪式在庄严的故宫太和殿前举行，日军华北方面司令官根本博代表投降方在投降书上签字，第 11 战区司令长官孙连仲代表受降一方，十余万人目睹了这一壮观的历史场面。这一天又恰逢故宫博物院建院二十周年纪念日，古老的皇宫、新生的博物院与中华民族的伟大独立解放事业如此休戚与共，大约也是冥冥之中的安排！

1948 年年底与 1949 年年初，约占故宫南迁文物总数 1/4 的 2972 箱文物分三批从南京运往台湾，此后形成了一个故宫、两个故宫博物院的局面。

两个博物院的一批元老级人物，都曾是国宝播迁中相濡以沫的同事和战友，都曾有过深厚的情谊。在天翻地覆的历史转折关头，个人的作用总是微弱的，故宫同人在去与留的抉择中，道路不同，信念却依然相同，那就是“和文物在一起”。欧阳道达组织人力用混凝土封闭了文物库房，随后迎来了新的政权；庄严、那志良、梁廷炜和吴玉璋等奉命押运文物去了台湾。一些家庭因国宝的分离而父子、兄弟天各一等方。故宫职员梁廷炜，其祖辈两代为清宫画师，他带着两个儿子梁匡忠、梁匡启伴随文物辗转到乐山。他的长子梁匡忠，在峨眉办事处参加管库工作，并与当地一姑娘结婚。梁匡忠的儿女都以出生地

图 4-63
太和殿对日受降仪式
现场盛况

命名：在峨眉出生的儿子叫峨生，在乐山出生的女儿叫嘉生（乐山古称嘉定），抗战胜利返回南京后所生的两个孩子分别叫金生、宁生。梁廷炜的次子梁匡启，1945 年年底也成为乐山办事处的临时佐理员。梁氏一家人在乐山度过了近八年守护国宝的时光。1949 年 1 月，第二批故宫文物运往台湾，梁廷炜奉命押运文物，大约是出于一种预感，他带走了老妻、小儿子匡启及长孙峨生，梁匡忠则与女儿嘉生及儿子金生、女儿宁生留在大陆。一家人从此分隔两岸。后来供职于北京故宫博物院的梁金生与台北故宫博物院有了联系，才知爷爷梁廷炜早已离开人世。此类故事，令人唏嘘！

图 4-64
赴台故宫同人
故宫博物院迁台同人于台中文物库房合影。（后排左起）吴玉璋、黄居祥、牛仁堂、那志良、梁廷炜、王振楷，（前排左起）申若侠、吴凤培、庄严、刘奉璋、王世华

虽然分隔两岸，但同根同源的两个博物院的联系却难以割断。2009年，两岸故宫博物院院长互访，达成 8 点共识，打破 60 年阻隔，实现了正常交往。次年 6 月又合作进行了“温故知新：两岸故宫重走文物南迁路”活动。通过“重走”这一形式，亲身追寻与体味故宫前辈迁运文物的艰难历程，进一步探求与认识这一壮举的价值与意义。这一唤起共同历史记忆的“寻根”行动还在继续，这将成为永久的集体记忆和民族记忆。

百年修葺

紫禁城的维修 600 年来持续不断。故宫博物院向来有“十年一大修，一修要十年”的说法，这是中国土木结构工程的特点所要求的，是古建筑保护最基本的经常性的工作。自从 1925 年故宫博物院成立后，除 1927 年因博物院自身处境艰难未安排项目，1970 年仅有零星工程外，其余每年都有维修项目，即使在抗日战争时的沦陷期间，维修工程也未停过。从 1949 年至 2001 年，故宫的各种维修项目达 600 余项，严格的修缮制度保证了修缮的质量，对故宫的完整保护起了重要作用。但是从清末直至 20 世纪末，由于社会的动

图 4-65
2010 年 6 月
两岸故宫重走文物
南迁路活动

荡或经济条件的限制，从总体上看，故宫没有得到足够的维护机会，很多问题积累了下来，有些是非常严重的，当然，最主要的是自然力造成的影响。

故宫大修的决策是国务院 2002 年做出的。这次保护维修的原则是“完整保护，整体维修”。故宫博物院制定的《故宫保护整体规划大纲》由国务院授权国家文物局做了批复，贯穿“规划”的原则是保护和保存文物及其环境的真实性、完整性，实现文物价值的延续，明确了展现庄严、肃穆、辉煌的风貌，充分展示历史文化价值与内涵的目标。在确定的故宫保护对策中，通过合理利用促进古建筑保护，认为科学地拓展开放有利于古建筑的保护，从根据古建筑相对价值划定的类别及其可辟为展室的几种形式出发，把古建筑保护工程与为将来使用配置的有关设施建设结合在一起。以上这些提法的形成是故宫博物院成立以来故宫保护经验教训的总结，在故宫修缮中发挥着重要的指导性作用。

延续 18 年的维修计划分为两个阶段：从 2002 年到 2008 年，把中轴线及其以外的主要建筑修复好；从 2009 年到 2020 年紫禁城建成 600 周年时，全面完成古建筑内外环境整治和整体保护工作，实现制度化、规范化、数字化的维护管理，进入良性循环。

故宫这次修缮是百年来规模最大的工程，被称为“百年大修”。2002年10月17日武英殿试点工程开工，拉开了故宫百年大修的序幕。经过18年三任院长的持续努力，故宫基本完成了修缮任务，达到了预期目标。

1982年公布的《中华人民共和国文物保护法》规定不可移动文物保护的总原则是“不改变文物原状”。故宫修缮过程中，与文物“原状”关系最大的是木结构材料、琉璃瓦与建筑彩画三个方面，故宫对此都进行了认真的探索与实践，较好地解决了出现的问题，积累了经验。在木构件的保护上，遵循最少干预和减少扰动的工作原则，根据木构件的不同病害，有针对性地采取不同的方法进行维修和保护，主要有加固（木材加固、铁活加固），局部剔补，拼接及木构件的更换等方法。故宫古建筑屋顶覆盖琉璃瓦和琉璃构件是宫殿建筑的主要特征。故宫维修对实施揭瓦的屋顶琉璃装饰构件，采取清洗、粘接及必要时对严重风化部位修补、封护的办法，尽最大可能让构件回到原来的位置上。在揭取过程中对琉璃瓦逐块编号，先了解每一块瓦的保存状况，再决定复位或更换。对外檐彩画的保护处理，是根据价值评估和保存状况进行具体研究。新复原的彩画，一般不“做旧”。故宫彩画维修都是由故宫古建部进行设计，专业彩画工人施工，完全使用传统工艺和技术。此前，故宫一些古建筑的格局、装修和建筑材料，甚至是构造，由于种种原因改变了原状。这次维修中，为了保存古建筑的原状，经过勘察调研和认真论证，加以修复。

2004年6月故宫中轴线周边建筑修缮工程正式开工。太和殿维修无疑是最引人关注的工程。故宫于2004年5月着手对太和殿进行详细的勘测和反复的调查研究，历时1年零4个月完成工程方案设计，分别对具体维修项目和外檐彩画复原做出了详尽的设计图和说明。在施工过程中，贯彻尽可能少干预的思想，尽可能多地保存原材料。在维修屋顶时对全部约10万块琉璃瓦和构件进行了编号，拆卸后逐块甄别，凡是不破碎的均力争把它们安装回原来的位置。故宫古建修缮中心在每一道工序前都对原状进行数据测量，如每坡瓦的垄数、每垄瓦的块数、坡长、屋顶各面的坡度曲线等，保证屋顶修复后与原屋顶具有同样的外观。太和殿的外檐旧彩画是20世纪50年代末的作品，当时并没有完全尊重历史原状。此次按照太和殿内檐彩画（康、乾时期）复制外檐彩画。复制按照传统工艺技术操作，恢复后的彩画色彩丰富、龙纹饱满，与维修后的整个太和殿相得益彰，表现了恢宏富贵的皇家气势。

故宫维修的实践与探索丰富了关于东亚木结构国际文化遗产保护的理论，并进一步将实践经验升华为理论成果。

故宫博物院一直有专门的维修管理机构和施工队伍，不仅服务于故宫，而且惠及社会。有一代宗师单士元，还有王璞子、于倬云等大家，更在保护的实践领域涌现出了一批工艺人才。故宫古建筑在建造、维修过程中同时形成了一套完整的、具有严格形制的宫殿建筑施工技艺，被称为“官式古建筑营造技艺”，2008年被国务院公布为国家级

图 4-66
维修中的太和殿

非物质文化遗产项目。故宫维修是故宫官式古建筑营造技艺的传承过程。在大修中，通过重视维修过程的记录、恢复传统工艺技术、恢复师承制、注重对传统技艺的整理和研究等，挽救一些濒临灭绝的传统工艺，培养更多能工巧匠，使各个传统的工种都有一些接班人。

故宫还积极引入现代科技，联合相关的研究机构、大专院校和文博单位，利用各自优势，共同攻关，取得了重要成果。

2003 年以来，故宫博物院与美国世界建筑文物保护基金会合作，进行了倦勤斋保护工程。倦勤斋的研究保护项目是故宫博物院成立以来对内檐装修进行的首次大规模保护工程。鉴于清代，特别是乾隆年间，装修具有空前绝后的复杂性，而倦勤斋内装修又代表当时的最高水准，所以这一项目既有开创性又有挑战性。特别是倦勤斋通景画面积大、技艺精，是硕果仅存的清代同类型建筑装饰绘画佳作。这幅画

至今保存基本完好，与其所用的“命纸”——乾隆高丽纸优良的质地有着至关重要的关系。“命纸”是直接托在通景画背面上的纸，因纸质的结实程度直接决定着画面保存时间的长短，所以人们把这层纸看作画的命根，简称“命纸”。这是一种桑皮纸，其特点是柔性大，抗压耐折度可与人民币相比。由于非纤维素杂质含量少，纸呈中性或弱碱性，不易被空气氧化，故纸的色泽、纸质经久不变，但是，这种纸的制造工艺已失传。2003 年，故宫博物院与美国世界建筑文物保护基金会合作进行倦勤斋通景画维修时花了三年时间，反复研究工艺技术，实验了 30 多次，终于在安徽一个造纸小厂仿制出了基本满意的桑皮纸，使这幅画恢复了青春。[1]

参与该项目的中美双方专业技术人员团结合作，从前期历史、艺术、工艺、技术调研，病害记录分析，空气环境分析，采光分析，原

1 《倦勤斋通景画的修复——乾隆高丽纸的仿制》，载王时伟主编《倦勤斋研究与保护》第 153 页，紫禁城出版社，2010 年。

图 4-67
单士元先生 1991 年给青年研究工作者讲故宫文物

状陈列复原研究，传统工艺材料的恢复研究等方面，直至全面实施保护，攻克一个又一个难题，做到研究与保护的密切结合，为以后故宫内檐装修保护进行了有益的探索和尝试，并且积累了理论与实践方面的宝贵经验。

故宫大修工程既是重大的文物保护工程，也是重大的文化建设项目。故宫大修工程投入资金之多、花费时间之长，都是前所未有的。保证故宫的历史真实性和完整性，使之更长久地传承下去，不仅仅是对中华民族负责，也是中国对国际社会庄严承诺的认真履行。

故宫人

故宫博物院 1990 年创办了一个叫《故宫人》的内部小报。“故宫人”是个颇令故宫人员引为自豪的称呼。这不只是指人的行政关系在故宫，还有丰富的内涵和严格的要求。一代代故宫的领导者、管理者、研究者及各类工作人员，以自己的责任感和奉献精神，对什么是“故宫人”做了最好的诠释，也不断提升着故宫人的形象。

李煜瀛等一批进步人士为筹建故宫博物院筚路蓝缕，竭心尽力。在 1926 年—1928 年故宫屡遭厄难之际，在北洋政府中长期任审计院院长并任清室善后委员会监察委员、故宫临时董事会董事的庄蕴宽，便以“维持员”身份出面维持故宫院务。其间为了解决经费困难，他没有要求执政府拨款，而是由熊希龄等人担保，以个人名义向东方汇

图 4-68
修缮前的倦勤斋
西三间状态

图 4-69
修缮后的倦勤斋
西三间状态，
图中可见室内戏台
与线法通景画

理银行借贷 3 万元，并多方斡旋成功阻止直鲁联军进驻故宫。在杜锡珪内阁成立的故宫保管委员会要接管故宫时，清室善后委员会委员、故宫图书馆馆长陈垣坚持必须点交，寸步不让，遭宪兵逮捕，后又被软禁在西安门大街家中，两名宪兵住进他家，监视他将近 1 个月之久。此后，易培基院长下决心把五批文物迁到上海。抗战期间故宫文物西迁、东返，马衡院长的贡献永载青史。这些故宫博物院的创始人

故宫人

GU GONG REN

故宫博物院工会编印 创刊号 1990年10月10日

发刊词

在金风送爽的十月，在九十年代第一个收获季节里，在「两节一会」的喜庆气氛中，在故宫博物院迎来了自己六十五周岁生日的时候，《故宫人》与您见面了。

她希望自己能成为一座桥梁，让所有故宫人通过她，奔向一个方向。她希望自己能够成为一条纽带，将所有故宫人的情感，紧密地连结起来。她希望通过自己的工作，能推动故宫人文化精神的建设。她希望自己能成为党的各项政策的坚定的宣传者，她希望自己能成为全体职工合法利益和民主权力的代言人，她希望自己的呼吁能变成一件件深得故宫人心的实事……她更希望自己能被所有故宫人喜欢。她的希望有很多很多，但要做到这一切，又都离不开全体故宫人的合作与支持。我们相信，会这样做的。

热烈庆祝故宫博物院成立65周年

期望与重托

——国家文物局局长张德勤同志谈"故宫人"

我觉得，你们能在学好社会主义理论的同时，适时地开展关于"故宫人"的讨论非常好！由工会协助院领导来做这种属于思想建设方面的引导工作也非常好！加强对职工的职业道德教育，这本身也是工会的主要工作嘛。

"故宫人"这个称谓，是我在去年提出来的。其出发点就是希望故宫的每一个干部和职工都能时时处处地想到自己是一名"故宫人"。大家都该清醒地认识到，故宫在我们的国家占有着一个多么重要又无可替代的位置和我们肩头上的责任。怎样才能完成好这种责任？完成好这种责任需要具备什么样的素质和条件？我想应该是这次讨论中的主要议题之一。如果我们组织好这样的讨论，并能达到预期的效果，那将会极大地调动起全体职工的积极性；各项工作的质量和态度，也会有明显的好转。让每年涌来故宫的上千万观众，不仅看到了这座世界上规模最大、最完美的古建筑群，不仅欣赏到了这里珍藏的丰富多彩的稀世珍宝；而且还能在参观的同时，在每一个细小的环节上，感受到我们故宫人也有着与这座宫殿所反映出来的古代文明相称的素质和一流的工作。这样，就能使中外观众对文物界乃至对整个中国的印象都会美好起来。我就是从这一高度来考虑和提出这个问题的。

反过来说，如果我们不从这一高度来提出和认识这个问题，就会产生非常严重的后果。有些人精神上疲疲沓沓、松松垮垮，长期处于麻木或半麻木状态。在故宫呆得久了、看得久了，对一切都不以为然，责任心也松懈下来，这一切必然会使文物保护工作出现漏洞。而在故宫这样的单位里，是不应该也不允许出现这方面漏洞的。它不但会产生有时是无法挽回的后果，同时还会在国内外造成非常不好的影响。人家会说，你看，这么一座独一无二的、值得全民族、全人类骄傲的文化遗产，这么一个文物精品荟萃的圣地，原来就让这么一群没有教养、素质低下、工作差劲的人看着！此处尚且如此，中国的其它地方就不用看了，肯定比这儿还差！中国人的精神状态、精神文明根本不行。这样就会对故宫、对文物界、对整个中国的形象都有损害。

我在去年的全国文物工作会议上曾提出，没有高度的社会主义现代文明，就不可能真正做好文物保护工作。面对祖先创造的文化遗产，我们能否用无愧于先人的工作质量和态度来对待这种创造，这对我们来说是个考验。这里首先需要强调的是，对这一文化遗产，我们是否真正认识了、理解了。解决了这个问题，我们还要加强学习，以孜孜以求的态度来研究各项工作，努力把文物保护、学习研究及开放服务等工作提高到一个新的层次。前时，联合国教科文组织的专家对我们提出来，故宫内大面积铺设水泥砖不合适。因为水泥砖的蒸发和渗透性能都不好，雨水会被憋到墙角儿去，这对古建会有损害。我听后就想，这样的问题本该由咱们故宫人首先提出来，因为我们是故宫文物的监守人。这就是说光有热情不行，没有高水平的知识、素养和科学技术手段，同样也做不好工作。最后就是精神面貌。象古人的惊人创造一样，我们故宫人的精神风貌也要让人伸出大拇指来。要使观众一进入故宫这种溶注着历史文化与当今文明的特殊氛围，便仿佛如沐春风，确实觉得受到了一次高雅的艺术熏陶并领略到故宫人的美好形象。

我这样讲，并不是说现在没有这样的故宫人，没有这样的一流工作，这一切都已存在，而且就在我们身边。几十年来，故宫就有这么一批老专家、老学者、老干部和职工，他们有着火一样的工作热情、品学高超的素养和无私奉献的精神。我们现在就是要把这些展现给大家，通过讨论把这些好的东西综合起来、形成共性，并使它得到推广。大家不是常讲所谓"文化载体"吗，我看，故宫这个文化载体的载荷量就很重很重。在当前国际形势还比较严峻的情况下，做好故宫这个改革开放窗口的工作，就显得尤其重要。在被世人所景仰的故宫工作是很光荣的，因为每天都有上万人来领略和感受大家的工作成果。这就要求我们无论在任何情况下，都不能放松和降低对自己的要求。

故宫博物院在全国文博界，无论怎样排队都是老大哥、属第一的单位。如何把故宫的工作搞好？并为全国的兄弟单位做出表率。我想，这对大家是个考验，也是一份答卷。我期待着、也相信你们能以自己的实际行动，向党和人民答出无愧于先人、无愧于时代、无愧于后代的壮丽长卷。

思想交流的窗口

——祝贺《故宫人》创刊

工会创办的《故宫人》以其独特的面貌与大家见面了。比起它的前身"职工之声"，内容更加丰富多彩，版面更加新颖活泼，整体质量有了明显提高。《故宫人》可转达领导的意图，可交流各项工作的状况和信息，可沟通职工的思想。它将成为我们互相理解的桥梁。因此，我们欢呼《故宫人》的诞生，祝愿《故宫人》茁壮成长。

我院现有正式职工近1500人，行政部门20多个，分散在72万平方米的各个角落。每一部门的工作都是故宫整体运转不可缺少的部分。各项工作既互相关联，又各具特色。然而长期以来，除各级干部常有接触以外，能使全院每一个职工都能参与交流的机会和场所几乎没有。我们党委办公室的同志，与大家的联系，也多是严肃的会议或正式的各项政治活动。过去我们做过的工作，有正确、也有失误，有的大家能了解，有的就不一定能理解。我们也苦于没有一个比较合适的场所，与大家交心和沟通。党委办公室要做好党务工作，而党务工作就其内涵来说，是管党员的、组织工作、宣传工作都是就党内而言。而它的外延却大的无所不涉及。要做好思想政治工作，就要了解掌握工作对象在想些什么，干些什么。在故宫做思想政治工作，就必须了解故宫人的事业，故宫人的情怀。如果离开故宫的各项具体工作，离开故宫的人，思想政治工作又从何谈起呢？因此，有谁能说，开一个讲座、（下转第四版）

地处北京市中心的故宫博物院是国内最大的综合类博物馆，是全国重点文物保护单位，已被联合国列为「世界人类文化遗产」项目。这里每天要平均接待二万余中外观众。雄伟的古建筑和珍贵的文物藏品为社会各界瞩目。 娄钢平 摄

压题照片 胡锤 摄

图 4-70
《故宫人》创刊号

和杰出的早期领导人，为故宫博物院的创建和发展做出了卓越的贡献。

故宫的学术研究与文物的收藏、保护、展示不可分割，显示着学理性与实践性相结合的特点。二十世纪五六十年代，故宫博物院主要是清理、鉴别、分类和整理藏品，建立统一账号，设立文物库房，其学术研究方向也体现在这一方面。一批享有盛誉的专家学者埋下头来，做着这些基础性的工作。唐兰、罗福颐先生亲自动手，对每件青铜器编目制档，实际上都是一篇篇浓缩的论文。孙瀛洲、冯先铭、耿宝昌等先生主持参与对故宫瓷器的整理与鉴定，以及藏品等级的划分等，亲自编目制卡，扎扎实实做基础工作。徐邦达先生在北海团城收购到大量流散社会的古法书名画，并与王以坤、刘九庵等先生一起，对院藏书画进行鉴别整理，并进行认真细致的考证，发现了许多问题，《古书画伪讹考辨》一书就是他这一时期的收获。朱家溍先生等为了

图 4-71
庄蕴宽像

恢复宫殿原状，既认真调查文献史料、文物藏品，同时还访问过去曾在清宫服役的太监、宫女，弄清了各殿室原状，对三大殿、后三宫、养心殿、西六宫等处均按原状重新布置。故宫研究人员这种从具体文物入手，以相关的文献档案为依据，利用、借鉴有关研究方法，坚持史与物的结合，力戒空论的研究共性，逐渐形成具有一定特色的学术流派，即故宫学中的“故宫学派”。

最为学界所称道的是故宫博物院连续 70 年的古窑址调查，这是陈万里先生 20 世纪 50 年代初开创的一项事业。陈万里带领一批年轻人对北方古瓷窑展开调查，坚持数十年，在百余古窑址采集陶瓷标本 3 万多片，这些标本现因许多古窑址已被破坏而弥足珍贵。冯先铭、叶喆民、李辉柄、李智宴等先生正是从这一系列的调查工作中逐步成长并成为著名学者的。从 2005 年开始，故宫陶瓷研究者又继续古窑址调查，已调查了 24 个省的近 500 处古窑址，采集标本 4 万片。这先后采集到的 7 万多片标本，对于中国陶瓷史研究有着极为重要的意义。而持续 70 年的学术活动，也是故宫治学精神、学术薪火相传的生动体现。在这样的氛围下，日积月累，一些年轻人的业务水平不断提高，逐渐脱颖而出，成为在国内外极有影响力的文物鉴定专家，有的更被誉为“国宝”。

故宫博物院不但收藏了 180 余万件的文物精品，同时还保存了一些中国传统的文物修复复制技艺——非物质文化遗产，如古字画装裱与修复、青铜器修复与复制、古书画临摹复制、古钟表修复、宝玉

石雕刻与镶嵌、囊匣制作、传世漆器与木器修复技艺等，其中前四项已被列入国家级非物质文化遗产名录。这些技艺可追溯至数百年前，有的历史甚至更为悠久，是经过世代相传，在不断完善和发展中形成的，有着完整的工艺技术流程。近年来，故宫博物院还完善了现代分析检测和科学研究实验室，为各类文物保护修复提供科学诊断依据，确保文物的延年益寿。

图 4-72
唐兰先生

图 4-73
徐邦达先生 2003 年
在故宫博物院隋人书
《出师颂》的鉴定会上

故宫保存的中国古代书画临摹复制技术，是中国各博物馆中独有的。中国书画临摹技术的历史非常悠久，从东晋、南朝到唐、宋，特别是明清以来，临摹书画之风更盛，但由于利益的驱使，也出现了古书画“作伪”的情况。民国初期，上海集中了一批专以临摹传世名画作伪的临摹高手，成员主要有谭敬、汤安、金仲鱼、郑竹友、胡经等。与此同时，北京、天津画坛也出现了一批绘画高手，其中包括“湖社画会”的陈林斋和著名女画家冯忠莲（著名画家陈少梅之妻）以及专门临摹书法印章的金禹民。新中国成立后，故宫博物院成立文物修复工厂，聘请金仲鱼、郑竹友、冯忠莲、金禹民、陈林斋等大师临摹故宫收藏的国宝级书画文物。金仲鱼摹制的宋代郭熙《窠石平远图》、冯忠莲摹制的宋代张择端《清明上河图》、陈林斋摹制的五代胡瓌《卓歇图》等，都成了经典之作。这些大师在故宫传承技艺，培养了包括刘炳森在内的一批书画临摹大师。

故宫古字画装裱修复也曾大师聚集。孙承枝主持修复的唐代韩滉《五牛图》、杨文彬主持修复的宋代米芾《苕溪诗卷》、徐建华主持修复的明代林良《雉鸡图》等与装裱修复工作室集体完成的倦勤斋通景画，都已成为这一技艺的典范。事业在继续，人才在成长。纪录片《我在故宫修文物》里的杨泽华，已是徐建华传授的古字画装裱修复技艺的第三代传承人。

在故宫，这一批批接力传承的文物修复者，在红墙下，在小室中，青春入宫，皓首穷“艺”，经年累月，满怀对历史文化遗产的感情，修复着这些凝聚千百年光阴的稀世珍宝，演绎着新时代的“工匠精神”。

故宫还有很多平凡而重要的工作岗位，例如开放“站殿”、警卫、消防等，不可须臾松懈，比较单调，也很辛苦，需要乐于付出，甘于默默无闻。

管钥匙是故宫大事。故宫门多，钥匙也多，1600多把，每把还配两把备用钥匙。撤换下来的锁，各式各样，年代最早的是明代的，也有清代造办处制作的。宫里用的那种古老的长锁，有一根或两根长长的捌棍，最大的铜镀金锁有一尺来长、两斤来重，配着一尺长的镀金钥匙，像这样的钥匙有好几把，用红布包着，捆成一捆。钥匙上的标签是清室善后委员会贴的。“钥匙房”设在神武门东边的一个小屋，屋内一米高、两米长的柜台上，放着登记簿、笔和钥匙单，墙上醒目地挂着《关于领取钥匙办法的规定》和《钥匙房岗位责任制》，下面倚墙是四个大保险柜，里面几百个小抽屉，每个抽屉面上贴着钥匙的名称，密密麻麻的，酷似中药店的草药柜，工作人员娴熟得如数家珍，只要别人说要哪里的钥匙，

图 4-74
冯忠莲先生
在临摹古画

图 4-75
故宫漆器修复组
在太和殿修复蟠龙金柱
韩童摄

话音刚落，钥匙已准确无误地摆在他面前，竟无一重复寻找的动作。从早上七点到下午五点，来来往往领、还钥匙的人从不间断，夜间还设有值班人员。他们就是这样日复一日，年复一年，数十载从无差错。

这就是故宫人的精神！

故宫博物院 1925 年成立之初历经颇多磨难，工作真正走向正轨是博物院成立 4 周年的 1929 年。这一年开始印行的《工作报告》收录了当时故宫所有职员的名单，从院长、各馆馆长到科长，从不同等级的科员、办事员到书记、学习书记，共 143 人。随着故宫事业的兴旺与发展，故宫人的队伍也在接力中不断壮大。到了 2020 年，故宫为纪念紫禁城建成 600 周年、博物院成立 95 周年而编印的《"故宫人"全家福》影集，收录在职职工已达 1760 人，还有离退休 977 人，故宫志愿者 206 人，共 2943 人。

1929 年故宫博物院工作报告中的一段话，揭示了这种精神的内涵基础与一脉相承：

本院职员，多以学术研究为目的，故尽义务者甚多；即有报酬，亦极菲薄。……而同人工作精神，则殊奋发。栉风沐雨，毫无倦容。盛夏严冬，工作尤苦。或冒暑巡行于永巷之间，或呵冻植立于冷殿之内，皆为寻常人所不能忍受者，而本院职员，皆身受之。此无他，一为保存中国历史、文化、艺术计，人人均视为份所当为，故不觉其苦；一则视本院为天然研究所，不为衣食计，而为学问计。同人具此精神，得以维持以至今日，且努力进行不懈，亦职是故。[1]

1 《北平故宫博物院全年工作报告》(1929)，故宫博物院档案室藏。

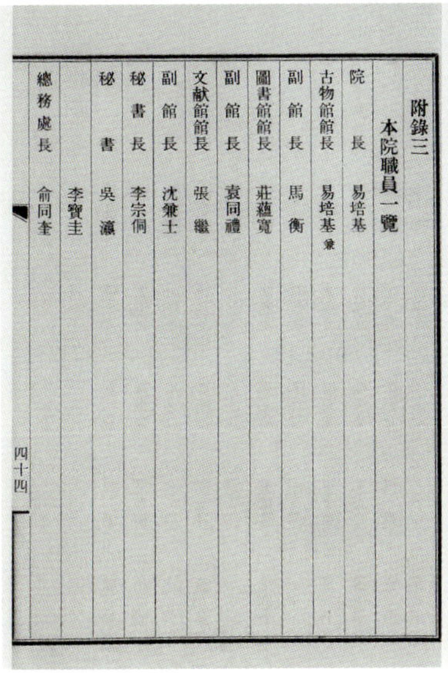

附錄三

本院職員一覽

院長 易培基
古物館館長 易培基 兼
副館長 馬衡
圖書館館長 莊蘊寬
副館長 袁同禮
文獻館館長 張繼
副館長 沈兼士
秘書長 李宗侗
秘書 吳瀛
李寶圭
總務處長 俞同奎

四十四

图 4-76
故宫 1929 年职员名录（部分）

图 4-77
故宫博物院 2020 年
《“故宫人”全家福》影集（封面）

图 4-78
太和门广场，
最后一批离开故宫的游客

后 记

书写紫禁城的整体史

历经六百年风雨沧桑的紫禁城（故宫）是中国传统文化精神最重要的物质载体，又是中国历史文化最有代表性的象征物之一，更因其地位和影响成为享誉世界的鲜亮的中国符号。

紫禁城是说不完的，当然也是写不完的。源源不绝的各种出版物，适应着不同层次的需要，对于传播故宫知识都起了积极作用，但现在相当多的读物采取的是一般地谈文物、讲建筑、话宫史的叙事方式，这就难免导致紫禁城书写和认识的“碎片化”。如何将紫禁城置于大历史、大文化的格局中，提纲挈领、脉络清晰地予以呈现，自然就成为亟待解决的问题。

笔者认为，这既是个写作方法问题、思路问题，也关乎对故宫遗产价值的认识程度问题。价值是人类评判事物的一种尺度，而紫禁城价值的评判则主要在于它所蕴含的历史文化信息。对紫禁城本身所固有的客观存在价值的认识是发展的、不断深化的。我们今天已认识到紫禁城是一个博大精深的文化整体，它的建筑、文物与宫廷历史文化是有机联系的统一体，因此就应该书写一部体现紫禁城完整内涵的整体史。

整体史的紫禁城，要有明清两代的内容。这两个中国历史上的重要王朝，既处于我国封建社会行将灭亡的衰落时期，又处在封建专制主义发展的巅峰时期，从社会形态角度考察，其政治、经济、文化有诸多共同点和延续性。紫禁城作为明清两代的皇宫也充分反映了这一点。紫禁城不仅是明朝修建的，而且在明清 491 年的宫廷史中，在明代的220多年有着丰厚的积淀；清承明制，例如在宫殿建筑、典章制度、宫规习俗等方面都体现了其明晰的因革变化过程与痕迹。因此紫禁城在世界文化遗产中被称作“明清故宫”，这个名称有着特定的丰富的含义。由于清朝离我们现在比较近，清宫留下的遗存相对多，好多人似乎认为故宫就是清故宫，其实此前是明故宫，明宫的遗存也不少，明清之间的联系不能无视或者割断。整体史的紫禁城不能只有清朝而没有明朝，或者详于清而略于明。

整体史的紫禁城，不能孤立地看待这个皇宫，而要把它放在三千多年的宫殿史、两千多年的帝制史中来认识。它的建筑规制，它的设计符号等，无不是中国传统文化的活生生的体现，也以皇权最高威严的形式确认和表述了中国文化的基本内涵。因此，应该通过丰富的细节来呈现紫禁城背后的中华文明史脉络，而非限于建筑、书画、器具等单门独类的分块叙述上。此外，紫禁城的物质呈现是帝国多元地方文化和工匠精神的精华凝聚，是帝国对全国控制力的体现，也见证着帝国的兴衰存亡，因此整体史对此应有一定的反映。

整体史的紫禁城，应有更开阔的视野，在15世纪以来欧亚史变迁的大格局下看待紫禁城。著名世界史家吴于廑先生曾经认为：古代世界各国编撰的史书，实际都是世界史。[1] 紫禁城的形成史既是文明史、政治史，也是世界史的一部分。紫禁城与永乐皇帝定都北京的选择紧密相关，而永乐定都北京与北京在当时欧亚地缘政治格局中的重要地位又息息相关。紫禁城的建立及其功能运转与明清帝国在世界史

1 吴于廑：《关于编纂世界史的意见》，原载《武汉大学学报》（哲学社会科学版）1978年第5期，收入《吴于廑文选》，武汉大学出版社，2007年。

特别是在欧亚史的地位紧密相关，一部紫禁城史就是一部活的15世纪以来的欧亚史。帝王是紫禁城曾经的主人，是帝国运转的决策者，应该从这个角度去看待彼时帝王的审美爱好、治理方式等，这是实实在在的活的紫禁城。紫禁城丰富的文化艺术遗存反映了明清帝国曾有过的开放性、世界性和多民族性的特质。

整体史的紫禁城，自应有多姿多彩的故宫史、博物院史。紫禁城改称故宫已100多年。20世纪的故宫是紫禁城整体史的重要组成部分，应该站在20世纪中国变迁史的角度看故宫，站在20世纪中国人命运的角度看故宫。20世纪中国的方方面面发生了剧烈的变化。这些变化既是世界格局变动造成的，也是中国内在问题发展的必然结果，而故宫的变化、发展就是这个大历史变迁的一个缩影。最明显的一个变化，就是故宫由皇宫成为博物馆，功能上由政治的转向文化的，准确地说是公共文化的。这是20世纪的新概念。以前中国没有博物馆的概念，博物馆的出现担负了一种新的共和公民的人文素质养成的责任。而故宫人，无数故宫的典守者、管理者、文物修复者，他们的努力和奉献，也体现出20世纪中国人可贵的精气神和历史感。

基于以上的一些思考，笔者遂拟通过对丰富的紫禁城内涵的梳理，书写一部新的紫禁城史。这部书从四个方面着眼，即紫禁城作为皇宫的建设史、紫禁城作为朝廷的政治史、紫禁城作为宫廷的生活史、紫禁城作为故宫的博物院史。笔者以为，对这四方面视点的综合考察，庶几就是紫禁城的整体史，或者说是完整的紫禁城史。每方面围绕主题又分设为几个部分，部分下又有若干节，有人，有故事，有文物，人、事、物又结合在一起，力图呈现出一个生动的、立体的、传承变化着的紫禁城，使读者对其600年沧桑有个头绪比较清楚而内容相对丰富的了解。当然，这也许只是笔者的奢望。是否达到了预期，只能请读者诸君评判了。

笔者认为，本书虽是一本面向大众的普及性读物，但能否写得更有新意，最重要的还是看材料的运用，包括材料的搜寻、新材料的挖掘以及材料引用的准确性。笔者在这方面不敢偷懒，抱着严谨的态度，也下了一定功夫。当然，关于紫禁城史的材料浩如烟海，做得不够、有待加强的地方一定还有很多，其他不足之处恐怕也有不少，敬祈方家一并指正。

郑欣淼

2021年4月20日

于故宫清稽查内务府御史衙门旧址

附　录

紫禁城
建筑六百年
大事记

1406 **明永乐四年闰七月**，永乐帝下诏“以明年五月建北京宫殿”，为此遣官员到各地筹工备料，并征集工匠、军士和民丁抵北京听役。永乐十五年（1417）六月兴工。永乐十八年（1420）十二月，紫禁城宫殿全部竣工。

1421 **永乐十九年正月初一日**，永乐帝在奉天殿接受朝贺。四月，奉天（今名太和）、华盖（今名中和）、谨身（今名保和）三殿毁于火。

1422 **永乐二十年闰十二月**，乾清宫毁于火。

1436 **明正统元年九月**，开始修建奉天、华盖、谨身三殿。正统四年（1439）十二月，重建乾清宫。正统六年（1441），奉天、华盖、谨身三殿和乾清、坤宁两宫竣工。

1449 **正统十四年十二月**，文渊阁毁于火，所藏之书悉为灰烬。

1487 **明成化二十三年九月**，修建仁寿等宫。

1490 **明弘治三年二月**，修造隆德等殿。

1498 **弘治十一年十月**，清宁宫毁于火。次年十月，清宁宫重建工程竣工。

1514 **明正德九年正月**，正德帝赏灯放烟火，乾清、坤宁二宫毁于火。正德帝为此下“罪己诏”。正德十四年（1519）重建乾清宫、坤宁宫。

1525 **明嘉靖四年三月**，仁寿宫发生火灾，同年营造仁寿宫。

1535 **嘉靖十四年**，重建未央宫，并改东西六宫宫名：东六宫长安宫改为景仁宫，永宁宫改为承乾宫，咸阳宫改为钟粹宫，长寿宫改为延祺宫（后改为延禧宫），永安宫改为永和宫，长阳宫改为景阳宫；西六宫长乐宫改为毓德宫（后改为永寿宫），万安宫改为翊坤宫，寿昌宫改为储秀宫，未央宫改为启祥宫（后改为太极殿），长春宫改为永宁宫（后恢复为长春宫），寿安宫改为咸福宫。同年改建钦安殿区，殿前添建墙垣和天一门，钦安殿院落从此自成一体。

1536 **嘉靖十五年**，建慈庆宫、慈宁宫。同年十一月，文华殿改为黄色琉璃瓦。文华殿此前用于太子出阁，因此是绿色琉璃瓦；至此改为皇帝设经筵之所，便易为黄色琉璃瓦。

1537 **嘉靖十六年**，增修内阁公署。新建养心殿竣工。

1557 **嘉靖三十六年四月**，外朝奉天、华盖、谨身三殿，文楼、武楼两楼，奉天、左顺、右顺、午门等15门全部毁于火。同年10月兴工重建。嘉靖三十七年（1558）六月，午门、奉天门及周围庑房、门等竣工。奉天门更名大朝门。嘉靖四十一年（1562）秋九月壬午，三大殿及周围建筑竣工。嘉靖帝下旨，奉天殿更名皇极殿（今太和殿），谨身殿更名建极殿（今保和殿），华盖殿更名中极殿（今中和殿）；另文楼为文昭阁（今体仁阁），武楼为武成阁（今弘义阁），左顺门为会极门（今协和门），右顺门为归极门（今熙和门），奉天门（大朝门）为皇极门（今太和门），东角门为弘政门（今昭德门），西角门为宣治门（今贞度门）。

1566 **嘉靖四十五年六月**，建玄极宝殿，同年九月竣工，以奉嘉靖帝之父睿宗。

1570 **明隆庆四年二月**，于道心阁、精一堂、临保室旧址重建隆道阁、仁德堂、忠义室。

1583 **明万历十一年二月**，修武英殿，同年八月竣工。同年修宫后苑，建堆秀山，山上建亭，名御景亭；东西建鱼池，上建浮碧、澄瑞二亭；还有清望阁、金香亭、玉翠亭、乐志斋、曲流馆等。同年十二月，慈宁宫夜一更发生火灾。万历十三年（1585）二月营建慈宁宫，六月竣工。

1594 **万历二十二年四月**，修理紫禁城城垣。

1596 **万历二十四年三月**，坤宁宫失火，延及乾清宫，一时俱毁。万历二十五年（1597）重建，万历二十六年（1598）竣工。

1597 **万历二十五年六月**，三大殿火灾，火起归极门（今名熙和门），延至皇极（今名太和）等殿，文昭（今名体仁）、武成（今名弘义）二阁，周围廊庑一时俱烬。万历四十三年（1615）闰八月，开始重建三大殿。明天启五年（1625）二月，天启帝命御史崔呈秀巡视三大殿及各门庑工程。至天启七年（1627）八月初二日，三大殿工程报竣。

1644 **明崇祯十七年四月二十九日晚**，李自成在武英殿仓促称帝。此夜又“先运薪木积于内殿，纵火发炮，击毁诸宫殿，通夕火光烛天”。紫禁城烧毁严重。同年（清顺治元年）四月，清军入关。顺治帝八月十二日从沈阳车驾起行；九月十九日，自正阳门进紫禁城，在武英殿升座；十月初一日，举行郊天大典；十月初十日，在皇极门（今太和门）即皇帝位，颁即位诏书。

1645 **清顺治二年五月**，改紫禁城外朝三大殿及各门、阁名。改皇极殿为太和殿、中极殿为中和殿、建极殿为保和殿，皇极门为太和门、会极门为协和门、归极门为雍和门（今名熙和门），文昭阁为体仁阁、武成阁为弘义阁。重修乾清宫。**同年**重修三大殿。

1651 **顺治八年**，重建午门。

1653 **顺治十年**，重修慈宁宫，为皇太后居所。

1655 **顺治十二年**，重修内廷各殿，有乾清宫、交泰殿、坤宁宫，东六宫之景仁宫、承乾宫、钟粹宫；西六宫之永寿宫、翊坤宫、储秀宫。其中坤宁宫是仿沈阳清宁宫重修。康熙朝以后大婚合卺礼按满族传统由乾清宫改至坤宁宫，萨满教祭祀活动也于此处举行。

1657 **顺治十四年**，重建奉先殿。

1669 **清康熙八年**，重修太和殿、乾清宫。

1679 **康熙十八年**，建毓庆宫，供太子居住。太和殿遭火毁。

1683 **康熙二十二年**，依旧制重建文华殿。康熙二十五年（1686）二月完工。

1685 **康熙二十四年**，于文华殿之东建传心殿。

1686 **康熙二十五年**，重修内廷东六宫之延禧宫、永和宫、景阳宫，西六宫之启祥宫、长春宫、咸福宫。

1689 **康熙二十八年**，为皇太后建宁寿宫。

1695 **康熙三十四年**，重建太和殿开工。康熙三十六年（1697）完工。

1723 **清雍正元年**，雍正帝在康熙帝驾崩后，决定以养心殿为寝宫。养心殿自此成为清诸帝日常起居与理政之所。

1726 **雍正四年**，在紫禁城内西北隅建城隍庙。

1730 **雍正八年**，于景运门外建箭亭。

1731 **雍正九年**，建斋宫。

1735 **雍正十三年**，于慈宁宫西侧添建寿康宫。乾隆元年（1736）寿康宫工程完工，皇太后入住。寿康宫一区包括前后殿周围庑房、门等大小殿座二百八十八间，加上附属设施等共实用白银七万四千一百二十三两六钱九分八厘，用赤金一百八十八两七钱。

1736 **清乾隆元年**，改乾西二所为重华宫，雍和门更名熙和门。

1742 **乾隆七年**，在乾西五所之第四所及其以南的狭长地段上修建建福宫。同年始建建福宫花园（俗称西花园）。园内建筑以延春阁为中心，有静怡轩、慧曜楼、延春阁、敬胜斋等十余座，至乾隆十五年（1750），渐次构成。

1746 **乾隆十一年**，改撷芳殿为三所，即皇子住的南三所。次年建成。

1747 **乾隆十二年**，于乾清门外内左门、内右门东西各建南向直庐十二间，东为九卿值舍，西为军机处值房。又于直庐南面各建坐南向北五间军机章京值房和蒙古王公值房。

1748 **乾隆十三年**，于箭亭东侧建御茶膳房。

1750 **乾隆十五年**，建雨花阁。雨花阁及附属建筑与其他室内装修和室外设备工程，除旧料抵消银外，实用工料所用白银二万二千五百三十三两有多，用赤金一百九十六两八分一厘。

1751 **乾隆十六年**，为皇太后庆寿，改建咸安宫并更名为寿安宫，并搭建戏台一座。

1757 **乾隆二十二年**，修紫禁城护城河泊岸及东西北三面围房共七百三十二间。

1758 **乾隆二十三年**，太和殿院库房失火延烧至贞度门、西南崇楼、西南围房及熙和门等房屋四十二间，同年重修并竣工。

1762 **乾隆二十七年**，将神武门内东长房一百二十一间改为皇孙住房，重修文华殿。

1765 **乾隆三十年**，慈宁宫花园添建慈荫楼、吉云楼、宝相楼及临溪亭前东西配殿、间等，重修咸若馆。

1767 **乾隆三十二年**，慈宁宫由单檐改建为重檐大殿，并挪盖后殿、拆改宫门等。

1771 **乾隆三十六年**，改建宁寿宫，作为太上皇宫殿。乾隆四十一年（1776）宁寿宫一区改建工程竣工。

后经内务府大臣英廉、和珅于乾隆四十四年（1779）三月初一日奏称，工程费用，除各项旧料抵用核除价值并官办松木价银也扣除外，实需白银一百二十七万三百四十两。

1774 **乾隆三十九年**，敕建文渊阁，包括碑亭一座、阁前水池及单券石桥和阁后堆造云步山石、值房等。乾隆四十一年（1776）建成，专贮《四库全书》。

1783 **乾隆四十八年六月**，体仁阁毁于火，当年重建。

1797 **清嘉庆二年**，乾清宫火灾，延烧交泰殿和弘德、昭仁二殿，全部毁于火。同年重建。嘉庆三年（1798）竣工，十月初十日内阁奉敕旨太上皇乾隆和嘉庆帝进宫阅视乾清宫和交泰殿工程。

1799 **嘉庆四年**，拆除寿安宫院大戏台，交圆明园工程处。

1819 **嘉庆二十四年**，重修宁寿宫、畅音阁、阅是楼、佛日楼、梵华楼，并拆盖扮戏楼，又拆去畅音阁东西配楼改盖二座围房。

1845 **清道光二十五年**，东六宫的延禧宫毁于火，烧房二十五间。

1859 **清咸丰九年**，改建长春宫，将启祥宫（后称太极殿）后殿前后贯通，用为穿堂殿，改名体元殿，长春宫和启祥宫从此连通为一个整体院落。为满足慈禧太后在此的居住需求，同治年间又先后加盖抱厦、游廊、戏台。

1869 **清同治八年**，武英殿火灾，延烧其他殿宇三十余间，当年重建。

1888 **清光绪十四年**，贞度门火灾，延烧太和门、昭德门，次年重建。

1901 **光绪二十七年**，武英殿遭雷火，正殿、后殿、西配殿、浴德堂三十七间被烧毁。光绪二十九年（1903）重建武英殿，光绪三十三年（1907）完工。

1909 **清宣统元年**，于延禧宫址建灵沼轩。宣统三年（1911）尚未完成，后停建。

1912 **民国元年二月十二日**，在养心殿东暖阁，隆裕太后代行颁布《清帝退位诏书》。宣统帝逊位，暂居紫禁城内廷。

1914 **民国三年**，民国政府在紫禁城外朝即三大殿一带成立古物陈列所，陈列从沈阳故宫和承德避暑山庄运回的珍宝。民国四年（1915）六月，在咸安宫旧址建成宝蕴楼文物库房。

1917 **民国六年七月**，张勋复辟，溥仪在乾清宫再次坐上龙椅。

1923 **民国十二年六月二十七日**，建福宫花园大火，敬胜斋、静怡轩、延春阁一带焚烧殆尽，并延烧中正殿、香云亭、淡远楼。

1924 **民国十三年十月二十四日**，冯玉祥发动“北京政变”，并在其主导下，黄郛摄政内阁通过《修正清室优待条件》。十一月五日，溥仪被要求偕同眷属通过神武门离开紫禁城，暂居其生父载沣的醇王府。同年十一月二十日，清室善后委员会成立，聘请专家学者，点查清宫物品，为博物院成立做准备。民国十四年（1925）十月十日，故宫博物院开院典礼在乾清门前举行。

1930 **民国十九年**，故宫博物院制订《故宫旧殿廷修理计划》《建筑防火险库房计划》《古物史料图书各种陈列馆之建筑计划》以及“恢复故宫旧建筑方案”。利用基金收益及社会捐助，慈宁宫花园、御花园、宁寿宫各处破败屋宇以及角楼城墙等陆续修缮利用。同年十月二十日，故宫博物院理事会向行政院呈送“完整故宫保管计划”，提请国民政府将故宫外廷保管之权转移故宫博物院，以博物院的形式保护宫殿建筑及其古物的完整性。民国三十七年（1948）三月一日，古物陈列所正式并入故宫博物院。故宫前朝与内廷合一。

1932 **民国二十一年**，建成延禧宫文物库房。

1934 **民国二十三年至民国二十六年（1937）、民国三十年（1941）至民国三十四年（1945）**，由梁思成负责的中国营造学社和由建筑师张镈主持的基泰工程司，接力式地完成了对故宫及北平中轴线建筑的系统测绘，完成测绘图七百余张，并保留了大量珍贵的古建筑基础资料。这批图纸后由故宫博物院和中国文化遗产研究院共同整理为《北京城中轴线古建筑实测图集》，于 2017 年公开印行。

1945 抗战胜利，**民国三十四年 10 月 10 日**，华北战区受降仪式在太和殿前举行。十余万人目睹了这一壮观的历史场面。

1949 **1 月 31 日**，北平解放，接管故宫的军事管理委员会立即组织成立了故宫工程小组，制定古建筑抢救与整治规划，并拨专款进行古建筑修缮。随着修缮工作的逐步开展，故宫形成了自己的建筑保护力量，培养出能够独立承担大规模修缮工程的队伍，并于1957年完成了西北角楼落架大修工程，迎来了新中国成立初期故宫古建筑保护的高峰。

1957 故宫在中轴线的十七座高大建筑上安装了首批避雷针。

1958 故宫将绛雪轩罩棚、养性斋罩棚、集卉亭、鹿囿、建福门等一批不能体现“人民性”的“糟粕”建筑清理拆除。

1964 故宫被列入首批全国重点文物保护单位。

1966 11月，为了展出泥塑《收租院》，“工”字形的奉先殿被改建为方形大殿，又拆除了奉先殿前的焚帛炉。

1974 以故宫生活用房的名义添建了高度超过16米的5栋楼房，俗称“屏风楼”。因建楼的需要，还拆除了西华门两侧城墙的马道。

1977 故宫引进热力工程系统，从此结束用煤取暖，保障了古建筑的防火安全。

1987 故宫被列入世界文化遗产名录。

20 **世纪80年代后期与90年代后期**，故宫修建了第一、第二期地下文物库房，这是地下三层全埋式的钢筋混凝土结构，两期建筑面积合计22 000平方米。

21 **世纪之初**，国务院做出了故宫大规模修缮的重大决策。2002年武英殿试点工程开工。整个维修按照《故宫保护总体规划》的计划分期进行。2007年10月，太和殿维修工程竣工。2018年9月，养心殿维修工程开工。至2020年紫禁城建成六百周年，基本完成了全面维修的任务。

2005 午门展厅获联合国教科文组织亚太地区文化遗产保护创新奖。

2006 5月，故宫与中国文物基金会（香港）合作，历时五年复建的建福宫花园竣工。2012年11月，双方合作复建的中正殿竣工。

2008 6月，故宫“官式古建筑营造技艺”被列入第二批国家级非物质文化遗产。同年11月，故宫与世界建筑文物保护基金会（World Monuments Fund）合作的乾隆花园倦勤斋保护工程竣工。

2011 12月26日，“故宫世界文化遗产监测中心”正式成立。

2014 8月，“明清官式建筑保护研究国家文物局重点科研基地”在故宫成立。

2016 12月，故宫西城墙内侧的文物保护、修复、研究用房即“文物医院”建成，建筑面积13 000平方米，地上和地下各一层。

图书在版编目（CIP）数据

紫禁城：一部十五世纪以来的中国史 / 郑欣淼著 . -- 桂林：漓江出版社，2023.2（2023.8 重印）
ISBN 978-7-5407-9375-3

Ⅰ . ①紫… Ⅱ . ①郑… Ⅲ . ①紫禁城－史料－文集 Ⅳ . ① K928.74-53

中国国家版本馆 CIP 数据核字 (2023) 第 009797 号

ZIJINCHENG —— YIBU SHIWU SHIJI YILAI DE ZHONGGUOSHI

紫禁城——一部十五世纪以来的中国史

作　　者　郑欣淼
总 策 划　李元君　张　京
总 监 制　李元君

出 版 人　刘迪才　章宏伟
出版统筹　李　弘
责任编辑　苏子新　霍　丽
特邀编辑　王光灿　王志伟　张耀宗　张　东
装帧设计　XXL Studio　张　宇
助理编辑　卢琳桢　王钧易　马玉晨　兰昕悦
责任校对　徐　明　黄文魁　李梦雨　李雨盈
营销编辑　俞方远
责任监印　张　璐　杨　东

出版发行　漓江出版社有限公司　故宫出版社
社　　址　广西桂林市南环路 22 号
邮　　编　541002
发行电话　010-85891290　0773-2582200
邮购热线　0773-2582200
网　　址　www.lijiangbooks.com
微信公众号　lijiangpress

印　　制　北京雅昌艺术印刷有限公司
开　　本　787 mm×1092 mm　1/16
印　　张　31.25
字　　数　200 千字
版　　次　2023 年 2 月第 1 版
印　　次　2023 年 8 月第 3 次印刷
书　　号　ISBN 978-7-5407-9375-3
定　　价　268.00 元
